수사기록으로 본
다큐멘터리 역사책 압축본

12.12와
5.18 상

수사기록으로 본
다큐멘터리 역사책 압축본 **12·12와 5·18 (상)**

2009. 10. 23 초판 1쇄 발행
2018. 11. 10 초판 2쇄 발행
2020. 6. 12 초판 3쇄 발행

저　자 / 지만원
발행인 / 지만원
발행처 / 도서출판 시스템
　　　　　서울특별시 서초구 방배로27길 27 동우빌딩 503호
　　　　　출판등록 / 제321-2008-00110호(2008. 8. 20)
　　　　　대표전화 / (02)595-2563　편집부 / (02)595-2584
　　　　　팩스 / (02)595-2594
　　　　　e-mail : jmw327@gmail.com
　　　　　홈페이지 : systemclub.co.kr 또는 시스템클럽

ISBN : 978-89-961594-9-0(상)
　　　978-89-961594-7-6(전2권 set)
값 : 20,000원

잘 못 만들어진 책은 구입하신 서점에서 교환해 드립니다.

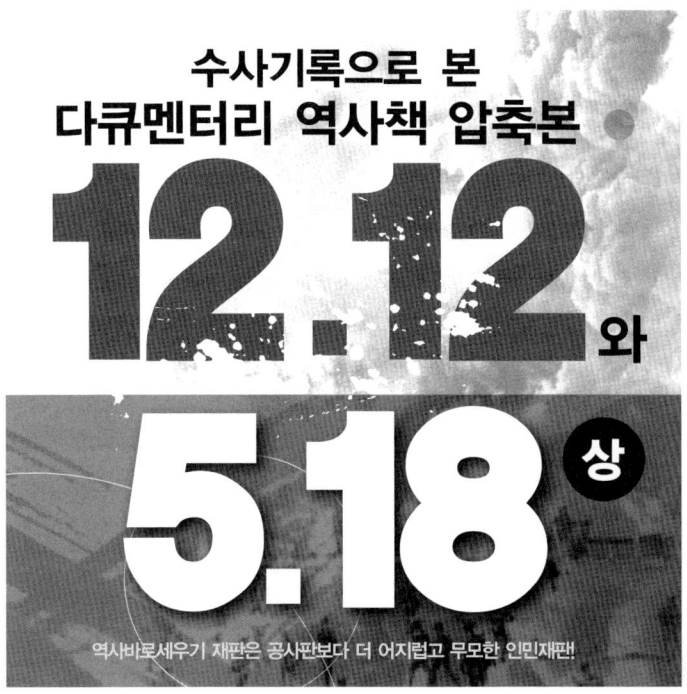

수사기록으로 본
다큐멘터리 역사책 압축본
12.12와 5.18 상

역사바로세우기 재판은 공사판보다 더 어지럽고 무모한 인민재판!

시스템공학박사 지만원 지음

도서출판
시스템

머리말

역사는 어제의 집합체다. 선진국 사람들은 어제의 잘못을 내일에 반복하지 않기 위해 어제로부터 교훈과 지혜를 뽑아내려고 노력한다. 그러나 우리는 어제의 잘못이 누구의 책임이며 누구를 처벌할 것인가를 찾아내기 위해 노력한다. 전자에서는 과학적 진실이 발굴되고 지혜와 교훈이 도출되지만, 후자에서는 처벌을 면하기 위해 진실이 묻히거나 왜곡되고 그래서 교훈과 지혜가 도출되지 못한다. 그래서 우리나라의 미래는 과거의 반복이었던 것이다. 4색당파 싸움에서 노론이 득세하면 노론이 역사를 썼고, 소론이 득세하면 소론이 역사를 썼다. 그래서 우리가 알고 있는 역사 지식들은 많이 왜곡된 것들일 수 있다. 바로 이런 메커니즘으로 쓰인 부관참시의 역사가 이승만과 박정희에 대한 역사요, 12·12와 5·18에 대한 역사인 것이다.

이승만은 콧대 높은 미국사람들과 두뇌싸움을 하면서 남한까지 공산화시키려는 소련의 야욕을 차단하고 미국식 자유민주주의 및 시장경제를 이념으로 하는 오늘의 대한민국을 건국한 위대한 인물이요, 당시의 세계 지도자들 가운데 학력이 가장 화려한 자랑스러운 지도자였다. 이것이 그 시대를 살았던 사람들의 생각이었다. 그는 1948년 7월 17일, 삼권분립주의, 대통령중심제 행정부, 단원제 국회, 농지개혁, 주요 산업의 국영화 등을 골자로 하는 헌법안을 공포하였다. 이 헌법에 따라 이승만은 1948년 7월 20일, 국회 재적의원 196명 중 180명이라는 압도적 다수의 지지표를 획득하여 대한민국 초대 대통령이 되었고, 이때 이승만과 사사건건 대결했던 김구의 표는 겨우 16표였다. 이것이 1948년을 살았던 국민의 인식이었다. 그런데 그 시대를 살지 않았던 지금의 젊은 세대들이 이승만은 친일파의 앞잡이였고 독재자였으며, 그가 세운 대한민국은 태어나지 말았어야 할 더러운 정권이라며 증오하면서 김구를 최고의 존경하는 인물이라 한다. 좌파가 뒤집어놓은 반역의 역사인 것이다.

박정희에 대해서도 두 개의 역사관이 존재한다. 3공화국 시대를 살았던 일반국민은 그를 독재자라고 생각하지 않았다. 그런데 그때를 살지 않는 지금의 젊은이들이 그를 독재자라 한다. 3공의 시대를 20세로부터 38세까지 살았던 필자는 박정희를 예측이 가는 엄격한 지도자요, 애국자라고 생각했다. 독재자는 자기의 일신만을 위해 김정일처럼 주민을 혹독하게 학대하는 사람을 말한다. 그러나 박정희는 대부분의 국민에게 무한한 능력을 가진 인자한 아버지요, 국민을 위해 잠 못 이루며 노심초사하던 애국자였다. 능력은 없으면서 오직 권력에만 눈이 멀었던 건달출신 정치꾼들과 북한의 대남사업에 놀아난 불순한 오열들이 야합하여 '민주화'라는 달콤한 언어전술을 구사하면서 국민을 선동하기 위해 그를 독재자로 매도했을 뿐이다. 출세를 위해서라면 얼마든지 오열들과 야합을 했던 사람들이 바로 이들이었다.

6공은 민주화로 위장된 좌익세력이 우익세력을 무너뜨리는데 협력했던 허수아비 정권이었다. 이때를 틈타 기세를 잡은 386주사파를 포함한 좌익세력은 조·중·동에 이르기까지 모든 언론들을 이용하여 국가를 중흥시켜 온 군사정권을 군사독재라 선동하면서 민주화만이 대세요, 새로운 세상을 여는 유일한 희망인 것으로 착각하게 만들었다. 이런 분위기에 편승하여 이승만, 박정희, 전두환에 대한 역사를 뒤집고, 대한민국의 정통성을 부정하는 반면 민족사의 정통성이 북한에 있다는 새로운 역사책들을 홍수처럼 쏟아냈다. 2001년 8월, 전교조는 '이 겨레 살리는 통일' 이라는 통일교육지침서를 냈다. 표지에는 모자를 쓴 인민군이 가운데 큰 공간을 차지하고 있고, 그 주위를 남한의 어른, 어린이들이 꽃술처럼 받치고 있다. 인민군이 중심이 된 통일사회가 형상화돼 있는 것이다. "학생들에게 6·25전쟁이 북침인가 남침인가 따지지 말게 하라, 북침이라는 이론도 많다. 사진과 비디오를 많이 구해서 전쟁의 참혹상을 가르쳐라. 그런데 이런 전쟁을 일으키는 존재는 오직 미국 하나뿐이다. 미국은 인류의 적이자, 우리의 적이다. 그 다음의 적은 미국을 숭상하는 친미 사대주의 기득권 부자들이다. 여러분, 보세요. 아이스크림은 남한 말, 어름 보숭이는 북한 말, 운동화는 남한 말, 헝겊신은 북한 말, 어느 말에 민족의 얼이 있나요?" "북한 말이오." 역사도 바뀌고 사상이 바뀌고 있는 생생한 증거인 것이다.

세상이 이렇게 변하고 있는 동안 필자는 오직 과학사회를 향한 제도 개선을 위해 열심히 뛰어다녔다. 필자는 전두환 시대에 중령-대령으로 국방연구원에 있으면서 국방개혁을 위해 기득권 세력과 싸우면서 청춘을 보냈고, 역사바로세우기 굿판으로 시끄럽던 1990년대에는 미국에서 돌아와 군사평론과 시스템을 통한 사회경영에 대한 교리를 전파하기 위해 매우 바쁜 생활을 했다. 그래서 필자 역시 세간에 떠도는 역사의 일부를 무비판적으로 수용했었다. "전두환은 학자풍의 죄 없는 정승화 총장을 12·12 쿠데타를 통해 체포하여 고문으로 자백을 받아내 김재규의 내란을 방조했다며 억울한 죄를 씌웠다. 5·17로 김대중을 비롯한 민주화 인사들을 밤중에 잡아 가두고, 그 날로 광주에 공수부대를 투입하여 민주화 시위를 무자비하게 진압하고 시민들을 잔인하게 살해했다. 그 후 무능한 최규하 정부를 무너트리고 정권을 잡았다. 이 모두가 사전에 계획된 집권 시나리오에 의해 계획적으로 실행됐다."

김대중이 제15대 대통령으로 당선될 때만 해도 필자는 김대중이 훌륭한 사람이고, 전두환은 나쁜 사람인 것으로 인식했다. 그런데 김대중이 햇볕정책이라는 근사한 이름으로 추진하는 대북정책이 궤를 일탈하고 도를 넘는 것을 보고 비로소 정신이 들어 김대중과 임동원의 정체를 분석하기 시작하였으며 그 결과 필자는 1999년 중반부터 이 두 사람을 대남사업 전위대요 빨치산들이라고 부르기 시작했다. 시민운동을 조직했고, 살아 있는 권력을 향해 거침없는 공격을 가했다. 옛날에는 정부가 좌익을 잡는 역할을 수행했다. 그러나 김대중 시절에는 대통령 자신이 김정일에 충성하는 좌익이었다. 바로 여기에 김대중과 맞서 싸우는 민간인들이 나타나기 시작한 것이다. 북이 심어 놓고 북이 지휘하는 위장세력과의 전쟁은 앞으로 더욱 치열해질 전망이며, 역사를 바로 잡는 일 역시 그만큼 어려움에 봉착할 것이다.

　적화통일의 일환으로 저들은 민족과 역사의 정통성이 북한에 있다는 것을 선동하기 위해 역사 뒤집기 사업에 몰두했다. 대한민국은 태어나지 말았어야 할 더러운 정권이라 정의했다. 김일성이 보낸 간첩 성시백에 놀아나 1948년 4월 19일, 38선을 넘어가 북한 정권 수립에 찬조연설까지 해주었던 김구는 위대한 통일운동가이고, 김일성에 반대하여 대한민국을 건국한 이승만은 친일 매국노라 정의했다. 6·25전쟁 때 미국만 참전하지 않았다면 통일이 됐을 것이고, 맥아더의 인천 상륙작전만 아니었다 해도 통일이 됐을 텐데, 미국이 원수요 맥아더가 원수라며 인천에 있는 맥아더 동상을 철거 대상으로 정했다. 빨치산이 제주 군경가족을 무참한 방법으로 살해했던 제주 4·3사건도 민주화운동으로 둔갑했고, 7명의 경찰에 신나를 부어 불에 태워 죽인 부산 동의 대사건도 민주화운동으로 등극했다. 이를 지켜보면서 필자는 12·12와 5·18 역시 이런 식으로 뒤집혔을 것이라고 짐작하기 시작했다. 그리고 지난 5년에 걸쳐 역사바로세우기 재판의 수사기록과 재판기록, 그것도 5공세력을 처벌하기 위해 작성된 것들을 가지고 분석을 했다. 그 결과 2008년 10월, 총 4권으로 구성된 다큐멘터리 역사책 "수사기록으로 본 12·12와 5·18"을 펴냈다. 결론부터 말하자면 역사바로세우기 재판을 통해 1980년의 역적이 1997년에 충신이 되었고, 1980년의 충신이 1997년에 역적이 되었다는 것이 필자의 확고한 소신이며, 이는 국가가 북한에 흡수되지 않고서는 도저히 있을 수 없는 기막힌 현상이라고 생각한다. 역사바로세우기 재판은 곧 인민재판이었던 것이다.

1980년, 한국의 법관들은 정승화에게 내란방조죄를 선고했다. "김재규가 범인인 줄 알면서도 기회주의적 발상으로 김재규의 범죄를 은닉하고 김재규의 뜻에 따라 국방장관의 소관사항인 병력동원을 월권적으로 주도하면서까지 김재규의 내란을 방조했다"는 것이다. 1980년의 법관들은 김대중에게도 내란음모죄를 선고했다. "1980년 5월의 학원소요사태는 김대중이 10·26 이후의 국가체제 공백기를 악용하여 북한측 불순분자들과 연합하여 최규하 정권을 무너트리고 정권찬탈 목적으로 일으킨 내란음모 사건"이라는 것이다. 1980년의 법관들은 5·18 광주사건을 반정부 폭동으로 규정했다. "5·18은 김대중으로부터 사주와 자금을 받은 전남대 복학생 정동년 등이 자금을 살포, 선동하여 폭력시위를 유발하고, 홍남순, 김성용 등 반체제인물들이 이에 편승하여 김대중을 수반으로 하는 연립과도정부를 수립하기로 하고 폭도들을 선동하여 방화, 파괴, 살인, 강도 등의 행위를 저질러 광주를 무정부사태로 만들고 계엄군에 총격까지 가한 폭동"이라는 것이다. 이러한 역사는 1995년까지 16년간 정사로 기록돼 왔다.

하지만 1987년부터 세상의 주도권은 민주화세력으로 위장된 좌익세력에 넘어갔다. 북한의 대남사업에 파견된 간첩들과 정권에 눈이 어두운 정치꾼들, 남한에 살면서 위대한 수령 김일성 동지를 외치도록 훈련된 386주사파 학생들이 노동자들을 선동하고 언론을 장악하여 민주화 돌풍을 일으킴으로써 전국을 이성 잃은 광란의 사회로 몰아갔다. 386주사파의 숙주가 된 김영삼이 민주화의 화신이 되고 싶다는 욕심에 이들과 영합하고 꼭두각시가 되어 저들의 뜻대로 역사바로세우기 재판을 지휘했다. 그는 노태우 정권으로 편입하여 당시 민주화세력들이 주창했던 '5공청산'의 5자도 꺼내지 않겠다면서 노태우의 마음을 샀고 노태우의 지원으로 대통령이 됐지만 배은망덕하게도 노태우를 토사구팽했다. 인기영합에 감이 빠르다는 그는 광주사람들의 인심을 사느라 객기를 부렸다. "12·12는 쿠데타적 사건이지만 역사평가는 후대에 맡기자"는 말을 하여 박수를 받았고, 검찰은 그의 말을 받드느라 "12·12는 군사반란이지만 성공한 쿠데타이기 때문에 처벌할 수 없다"는 아부성 결론을 내놓았다. 이로써 기존의 역사는 그대로 지속되는 듯 했다. 죄는 있지만 처벌은 안 한다는 것이었다. 그런데 이변이 발생했다.

1995년 10월 19일, 박계동이 노태우 비자금을 폭로하자 사회는 들끓었고, 이에 중국에 가 있던 김대중이 제 발 저려 10월 27일, "나는 노태우로부터 20억을 받았다"고 선수를 쳤다. 이에 국민은 탄압받는 김대중이 20억을 받았다면 김영삼은 도대체 얼마를 받았느냐며 화살을 김영삼에게 돌렸다. 김영삼은 이런 막다른 국면을 탈출하기 위해 노태우와 전두환을 구속하라 했다. 김영삼에 집중됐던 국민의 관심은 한 순간에 전두환-노태우로 넘어갔다. 결국 노태우-전두환은 김영삼이 달아나기 위해 악용된 희생물이 된 것이다. 김영삼이 말을 바꾸자

권력의 시녀라는 검찰은 또 법 해석을 바꾸고 사실을 왜곡했다. 한국의 국회와 법관들은 헌법이 금지시킨 소급입법을 만들고 그래도 공소시효가 걸리자 12·12로부터 5·18에 이르기까지 6개월 동안의 기간이 다단계 쿠데타 기간이었다는 해괴한 논리까지 조작해내서 전두환 등에게 중형을 씌웠다.

1996년의 법관들은 헌법이 명시한 일사부재리 원칙을 무시하고 정승화와 5·18광주사건 모두에 대해 재심절차 없이 다시 재판했다. 이들에 의해 김대중은 민주화의 화신으로 등극했고, 전두환은 무력으로 국권을 찬탈한 반란수괴요 광주시민을 학살한 내란수괴죄로 사형을 언도받았다. 1997년 4월 17일(96도3376), 대법원은 이런 요지의 판결문을 냈다. "5·18은 전두환 일당이 12·12군사반란을 통해 실질적인 권력을 장악해 최규하 대통령을 위압하여 권력을 행사하면서 내란을 목적으로 광주학살을 자행하였다." 6개월에 걸친 다단계 쿠데타였다는 것이다. 쿠데타 하는 사람이 12·12에 겨우 수사관 7명을 정승화에게 보내 서빙고로 가자고 졸랐으며, 전두환이 대통령에게 가서 재가를 해달라고 앙청했으며, 9시간 동안이나 숨어 다니던 국방장관이 대통령 앞에 나타날 때까지 기다리고 있었을까? 세상에 이토록 희한한 쿠데타는 오직 한국에만 있고, 역사바로세우기 판검사들의 머리에만 있는 것이다.

1995년 12월 21일, 국회에서 통과된 5·18특별법은 연구에 의해 만들어진 것이 아니라 정치인들이 타협과 절충에 의해 만들어 낸 정치물이다. 역사를 정치인이 쓰는 나라라면 독재국가이지 자유민주주의 국가가 아닐 것이다. 특별법 제정도 역사 심판의 대상이 되어야 하고 재판부의 판결문도 역사 심판의 대상이 돼야 한다고 생각한다. 법은 광활한 사회분야 속에서 극히 좁은 한 부분을 차지하고, 이 속에 사는 검사들과 법관들은 역사를 쓸 만큼 훈련되어 있는 사람들도 아니고, 역사를 조명할 만큼 충분한 시간을 가진 사람들도 아니었다. 시대에 영합하는 법관들도 있을 것이고, 분석력과 시각에 제한이 있는 법관들도 있을 것이다. 이런 가능성이 있는 극히 일부의 법관들이 시간에 쫓기면서, 법정에서 쓴 역사를 진실한 역사요, 완전한 역사라고 받아들일 수는 없는 것이며, 따라서 역사바로세우기 재판은 그 자체가 역사의 연구대상이지, 역사의 저자는 될 수 없다고 생각한다. 같은 기록을 가지고 판검사들이 몇 개월이라는 단기간에 걸쳐 분석한 결론과 석·박사 과정에서 분석학을 전공으로 한 필자가 5년여에 걸쳐 분석한 결론이 정반대다. 누가 쓴 역사가 올바른 역사일까? 이에 대한 판단은 전적으로 독자의 몫이다. 대한민국 현대사의 중요한 축을 차지하고 있는 12·12와 5·18에 대한 역사가 날조되고 왜곡됐다면 그에 대한 책임도 따라야 할 것으로 보인다.

4권으로 된 역사책을 읽은 독자들은 이제까지 속아온 것에 대해 전율을 느낀다고 호소해 왔다. 본서는 보다 많은 독자들에게 접근하기 위해 4권의 책을 2권으로 압축한 것이다. 이 압축된 2권의 책과 4권의 총서는 서로 보완적인 관계를 가질 것이다. 4권의 총서가 없었다면 이 압축본을 쓸 수 없었을 것이며, 이 압축본을 읽은 독자는 보다 자세한 정보를 얻기 위해 4권의 총서를 읽고 싶어 할 것이다. 이 책은 당대사(Contemporary History)다. 역사의 주인공들이 현재 살아 있는 것이다. 따라서 이 책에 대한 시각들도 이해관계에 따라 다양할 것이다. 당대의 역사를 바로 잡는 것은 당대를 살아가는 우리의 몫이다. 우리가 잡지 못한 역사는 후손들도 잡지 못한다. 그래서 틀린 역사를 바로 잡는 일이야 말로 현재를 살고 있는 우리들의 의무인 것이며 이는 국민에 지워진 4대 의무보다 천배, 만배 더 중요한 의무일 것이다. 이 책이 이러한 노력들에 촉매제가 되기를 간절히 바란다.

2009. 10.
지만원

CONTENTS

머리말 | 4

수사기록으로 본 12·12와 5·18 〈상〉

01 | 10·26의 밤 |

1　10·26의 시대적 배경　● 25
2　10·26 그 살육의 현장　● 30
3　대통령 비서실　● 43
4　차 속에서(7시 50분부터 8시 05분까지)　● 47
5　B-2 벙커　● 50
6　국방부　● 60
7　슬픈 박흥주　● 72
8　전두환의 등장　● 74
9　김재규 연행과정　● 77

02 | 정승화의 천하 |

1. 김재규는 왜 대통령을 시해했나? • 85
2. 만일 김재규가 정권을 잡았다면? • 91
3. 정승화로 지향된 화살 • 95
4. 김재규와 정승화는 어떤 사이였나? • 97
5. 정승화의 혐의 지우기 행진 • 100
6. 정승화의 수사 방해 • 109
7. 정승화의 김재규 살리기 • 111
8. 철옹성 같은 김재규-정승화의 군 인맥 • 119
9. 정승화 연행 계획 • 120

03 | 12·12의 밤 |

1. 한남동의 총소리 • 127
2. 김진영의 공관출동 • 141
3. 대통령 재가 • 149
4. 노재현의 피신과 재가 지연 • 154
5. 12·12의 육군본부 • 173
6. 내 편 네 편 갈라진 군벌 • 186
7. 장태완의 난동 • 199
8. 12·12의 마감 • 207
9. 12·12의 결산표 • 222
10. 12·12는 사전에 계획된 쿠데타였는가? • 223

04 | 재야의 폭력 |

1. 10·26 직후의 안보상황 ● 233
2. 재야세력의 방해 속에 최규하 과도정부 출범 ● 241
3. 재야 세력과 최규하 정부와의 전쟁 ● 244
4. 김대중의 등장 ● 247
5. 김대중 주도의 선동시국 ● 249
6. 학생의 폭력화를 통한 국가전복 행진 ● 253
7. 학생시위 폭력화의 실체 ● 263
8. 노동자 폭동의 기승 ● 264
9. 노동폭력의 실체 ● 266
10. 최규하 정부의 대응 ● 273
11. 계엄사의 대응 ● 275
12. 보안사의 대응 ● 277
13. 북한의 남침정보 ● 281
14. 5·17 전국주요지휘관회의 및 비상계엄전국확대 ● 283
15. 광주로 몰려든 먹구름 ● 288

05 | 광란의 해방구 5·18의 광주 |

1. 5월 18일, 시위 첫날의 광주 ● 295
2. 5월 19일의 광주 ● 315
3. 5월 20일의 광주 ● 336
4. 5월 21의 광주 ● 365

5 5월 22일의 광주 • 417
   6 5월 23일의 광주 • 429
   7 5월 24일의 광주 • 442
   8 5월 25일의 광주 • 444
   9 5월 26일의 광주 • 457
  10 5월 27일의 광주 • 465
  11 5·18의 지휘부 • 469

수사기록으로 본 12·12와 5·18 〈하〉

06 | 5·18의 총결산 |

1 과격시위냐, 과잉진압이냐? • 15
2 계엄군과 무장시위대, 누가 더 광주를 사랑했는가? • 17
3 진압군 측 사람들의 진술 • 23
4 반-계엄군 측 사람들의 진술들 • 35
5 광주소요 최일선에서 싸운 사람들은 대부분 사회불만 노동세력 • 41
6 전라도의 한(恨)과 5·18 • 47
7 누가 가해자이고 누가 피해자인가 • 50
8 5·18을 반드시 민주화운동으로 불러야 하는가? • 54

9 북한특수군 개입과 5·18측 명예와의 관계 • 56
10 광주에 북한이 개입했을까? • 60
11 5·18단체의 건국60년 기념 배척사건 • 67
12 영화 "화려한 휴가" • 69
13 1996년은 오보의 전성시대 • 78
14 미 헤리티지재단의 "광주사태 재조명"
    (SOUTH KOREA'S KWANGJU INCIDENT-
    REVISITED) • 80
15 광주는 모략전의 휴화산 • 88
16 1980년대 대학가를 붉게 물들인 모략전: 찢어진 깃발 • 92
17 간첩의 배후 조종 없는 소요는 없다 • 100
18 1980년대 민주화의 실체 • 105
19 김대중의 내란 음모 사건 • 113
20 김대중의 정체 • 122
21 전두환과 김대중 • 126
22 탈북인들이 내놓은 증언록 • 128

07 | 뒤집히는 세상 |

1 민주화시국과 5공청문회 • 239
2 권력을 잡기 위한 김영삼의 수모 • 245
3 김영삼의 등장과 함께 되살아난 진상규명 운동 • 249
4 역사 뒤집기의 시동 • 252

08 | 정치검찰의 역사 뒤집기 |

1 정승화의 고발 ● 257
2 1년 3개월 10일 만에 나온 검찰 수사결과 ● 260
3 처음 보는 죄명들 ● 265
4 피고소인들의 죄 ● 266

09 | 토끼몰이의 정국에 흔들리는 헌법 |

1 전두환과 노태우는 김영삼의 희생양 ● 271
2 12·12 재수사의 길 터준 헌법재판소 ● 274
3 검찰, 5·18에도 기소유예 조치 ● 275
4 정동년 등이 낸 헌법소원 ● 276
5 독자행보 작심한 검찰 ● 280
6 5·18특별법 제정 ● 284
7 검찰의 기소행진 ● 286
8 특별법에 대한 위헌성 대두 ● 288

10 | 판사들의 역사 뒤집기 |

1. 제1심 1회 공판 ● 297
2. 전·노씨 변호인단, 1심 변론 포기 선언 ● 300
3. 제1심 판결 ● 303
4. 정승화에 내린 면죄부 ● 306
5. "정승화는 무죄"라는 판결에 대한 분석 ● 311
6. 판결, 논리의 비약을 넘어 억지의 경지 ● 316
7. 정호용은 역사바로세우기 재판의 리트머스 ● 324
8. 대법원 판결, 어떻게 볼 것인가? ● 335
9. 검찰이 재판과정에서 물고 늘어졌던 주요 쟁점 ● 341
10. 김영삼의 객기에 충성한 검찰 ● 360

11 | 쟁점 분석 |

1. 대한민국 검찰의 관심법 ● 369
2. 대법원 법리판단의 주요 요지(1997. 4. 17) ● 381
3. 법원이 신군부에 내린 죄의 요지 ● 384
4. 필자의 반론 ● 388
5. 광주공권력이 필자에 가한 폭력과 린치 ● 423

12 | 중점 정리 |

1 역사바로세우기 재판이 무효라고 생각하는 이유 ● 439
2 판결의 해학적 억지들 ● 441
3 가장 황당한 검찰신문 ● 443
4 사건의 요약 ● 444

13 | 책을 마감하며(에필로그) | 469

부록 | 483

1장

10·26의 밤

1. 10·26의 시대적 배경 / 25
2. 10·26 그 살육의 현장 / 30
3. 대통령 비서실 / 43
4. 차 속에서(7시 50분부터 8시 05분까지) / 47
5. B-2 벙커 / 50
6. 국방부 / 60
7. 슬픈 박흥주 / 72
8. 전두환의 등장 / 74
9. 김재규 연행과정 / 77

10·26의 밤

1 | 10·26의 시대적 배경

1979년 5월 30일, 신민당 전당대회에서 김영삼(1927년생)과 이철승(1922년생)이 총재자리를 놓고 겨뤘다. 평소의 지지율에서는 이철승이 훨씬 우세했지만 기이하게도 투표결과는 반대로 나타났다. 52세라는 새파란 나이에 신민당 총재가 된 김영삼은 정국을 걷잡을 수 없이 흔들기 시작했다. 당시 사회에는 노동운동, 도시산업선교회(도산), 가톨릭농민회, 학생운동 그리고 수많은 불순 재야세력이 우후죽순으로 번성하여 박정희(1917년생) 정권 타도를 목표로 하는 투쟁을 전개했고, 김영삼과 김대중은 이들과 손을 잡고 이들을 이용하면서, 국가의 운명은 아랑곳하지 않고 오직 박정희 정권을 공격하는 일에만 몰두하고 있었다. 심지어는 박정희 대통령을 몹시 싫어하던 미국의 카터 대통령까지 끌어들여 박정희 정권에 타격을 가하려 했다. 이런 동기에서 연타로 쏟아내는 김영삼의 독기 어린 막말들은 박정희 정권을 극도로 자극하기에 충분했다.

1979년 8월 11일, YH사건이 발생했다. 회사 측의 폐업조치에 대항하여 200여 명의 조합원들이 불순분자들의 배후조종을 받아 신민당 당사를 40시간 동안 점거하여 정치투쟁을 벌였고, 김영삼은 이들을 고무했다. 이에 경찰이 당시 중앙정보부장이었던 김재규의 강경진압지침에 따라 무리하게 진압하는 과정에서 신민당 사람들, 취재기자, 노동자들이 부상을 입었고 노조원 김경숙이 사망하게 되었다. YH사건은 순수한 노사분규를 정치문제화시키려는 재야세력 및 야당의 충동질에 의해 빚어진 사건이었다. 사건을 직접 주도한 노조지부장 최순영, 부지부장 이순주, 사무장 박태연, 배후조종자 인명진(목사), 문동환(목사), 서경석(목사), 이문영(교수), 고은(시인) 등 모두 8명이 국가보위에관한특별조치법과 집시법 위반으로 구속됐다. 이들 8명은 국보법 위반 등으로 대한민국 파괴에 인생의 큰 부분을 바쳤던 사람들이다.

박정희와 여권은 YH사건 배후에 김영삼 총재가 있다고 확신했다. 신민당 당사를 40시간 동안이나 노조 농성자들에게 내준 것 자체가 그렇다. 이런 와중에 신민당에 내분이 일었다. 조일환 등 신민당 간부 3명이 김영삼의 총재직 당선은 무효라며 서울지방법원에 직무정지가처분 신청을 냈다. 당시 신민당 내부에서의 평소 지지율이 김영삼보다는 월등하게 높았는데도 김영삼이 당선된 데에는 무언가가 있다는 것이 당시의 의혹들이었다. 9월 7일, 드디어 법원이

가처분 신청을 받아들였고, 이로써 김영삼은 총재직에서 물러났다. 물러난 김영삼은 이를 박정희 정권의 공작으로 몰아가기 시작했다.

감정이 격화된 김영삼은 9월 16일, NYT 회견을 통해 미국에게 "한국에 원조를 중단하고 한국 정부에 민주화 조치를 취하도록 압력을 가하라"고 촉구했다. 당시 여론은 김영삼의 이 발언을 사대주의적 발상이라고 비난했다. 이에 대해 김영삼은 "미국은 우리에게 압력을 가할 수 있는 위치에 있는 나라"라고 반박했다. 이 발언에 박정희가 격노했다. 한국 국민으로서 어찌 이런 발언을 할 수 있느냐는 것이었다. 대통령과 여당은 김영삼의 이 발언에 대해 "국회의원으로서 본분을 일탈하여 반국가적인 언동을 함으로써 국회의 위신과 국회의원의 품위를 손상시켰다"고 규정했다.

사실 당시 우리 국민은 미국의 원조에 크게 의존하면서 생활을 했고, 미국의 군사원조가 아니면 군을 지탱할 수 없는 처지에 있었다. 1956년부터 1962년까지 7개년간의 원조는 연평균 5억 달러였다. 경제원조가 2.8억 달러, 군사원조가 2.2억 달러였다. 환언하면 한국 경제가 현상을 유지하려면 군사면을 제외하고도 2.8억 달러와 무역적자 5천만 달러를 합쳐 3.3억 달러를 새로이 벌어 들여야 하는 것을 의미했다. 이에 연평균 2.88%의 인구, 즉 72만 명의 인구가 매년 증가하고 있었다. 원조를 받지 않고 우리의 힘으로 경제를 운용하는 것은 상상조차 할 수 없는 일이었다. 위기를 고하는 수많은 국민의 생활난, 해마다 늘어만 가는 식량부족, 30%의 실업률,

모두가 시급한 해결의 길을 바라고 있는데 반해 해결방안이 전혀 보이지 않았다. 실업률 30%! 지금의 실업률은 얼마인가? 3.5%. 매년 30만여 명의 대학생들이 졸업을 하지만 겨우 4,000명 정도만이 취직을 하는 지금의 국가전체 실업률이 겨우 3.5%라 하니, 당시의 30% 실업률이 얼마나 살인적인 것이었겠는가! 당시 유엔에 등록된 나라 수는 120여 개국, 필리핀 국민소득 170달러, 태국 220달러, 한국은 68달러였다. 북한은 우리보다 2배, 필리핀은 3배나 더 잘 살았다.

박정희는 이렇게 한심했던 폐가를 재건하여 한강의 기적을 일구어 내고 있었다. 이렇게 했어도 1979년 당시까지 한국군은 미국의 FMS 군원에서 벗어나지 못했고, 민간 경제 역시 미국의 정책적 배려에서만 성장할 수 있었다. 필자는 당시 대위였는데 미국으로 유학을 갔다. 학비는 물론 생활비까지 미국 정부가 지원해 주었다. 미국의 이런 원조가 없었다면 당시 수많은 군인들이 미국의 선진 문물을 습득할 수 없었을 것이며, 이들 교육받은 군인들이 없었다면 당시 군의 현대화는 물론 사회 행정도 현대화될 수 없었을 것이다. 당시 군은 선진 문물을 배워 일반 사회에 공급하는 향도요 전도사였다.

해마다 미국 측과 협상하는 군의 장군들은 물론 정부 인사들도 원조를 조금이라도 더 많이 얻어내려고 혼신의 노력을 경주했다. 이런 사정에 비추어볼 때 김영삼의 위 발언은 결국 국가안보를 희생시켜서라도 정적을 물리치려는 무책임한 소아적 발상에서 나온 표현이었으며, 그래서 국민의 지탄을 받았던 것이다. 이 발언으로 인해 김영삼은 10월 4일부로 의원직을 박탈당했다. 당시의 일반적인 사회정서로는 이런 김영삼이 용서되지 않았다. 하지만 정치꾼들은 예나 지금이나 상식대로 행동하지 않았다. 총재 잃은 신민당은 당연히 그들의 전공인 극한투쟁을 선택했다. 10월 13일, 신민당 의원 66명 전원이 의원직 사퇴서를 제출하였다. 공화당과 유정회는 사퇴를 모두 받아들일 수는 없고, 골라서 선별적으로 받아들이겠다고 발표했다. '사퇴서 선별수리론'인 것이다. 이것이 부산 및 마산 출신 국회의원들과 그 지역의 민심을 크게 자극했다.

10월 15일, 김영삼의 정치적 본거지인 부산에서 민주선언문이 배포됐다. 10월 16일에는 5,000여 명의 학생들이 시위를 주도했고, 여기에 시민들이 합세하여 대규모 반정부시위가 전개됐다. 시위대는 16일과 17일 이틀 동안 정치탄압 중단과 유신정권 타도 등을 외치며 파출소, 경찰서, 도청, 세무서, 방송국 등을 파괴하였고, 18일과 19일에는 마산 및 창원 지역으로 확산되었다. 이른바 '부마사태'였다. 이에 정부는 10월 18일 0시를 기해 부산 지역에 비상계엄령을 선포하고 1,058명을 연행, 66명을 군사재판에 회부하였으며, 20일 정오 마산 및 창원 일원에 위수령을 발동하고 3공수여단을 출동시켜 505명을 연행하고 59명을 군사재판에 회부함으로써 시위는 진정되었다. 이렇게 어지럽던 시절 속에 10·26이 있었다. 10·26은 김영삼의 작품이라 해도 과언이 아닐 것이다.

2 | 10·26 그 살육의 현장

10월 26일, 박 대통령이 삽교호 방조제 준공식을 마치고 돌아오는 길이었다. 오후 4시, 경호실장 차지철이 중앙정보부장 김재규에게 전화를 했다. "오늘 저녁 6시, 각하께서 궁정동 안가에서 만찬을 하실 것이니 준비를 해주시오. 참석인원은 김계원 비서실장, 중앙정보부장 그리고 나요." 궁정동 안가는 담장이 드높은 청와대 안에 있는 것이 아니라 담장 밖에 별도로 위치한 조그만 '안전가옥'이었으며, 주로 대통령과 중앙정보부장이 식사모임이나 작은 연회를 가질 때 사용되는 은밀한 사랑방이었다. 이 안가는 은밀하다는 것

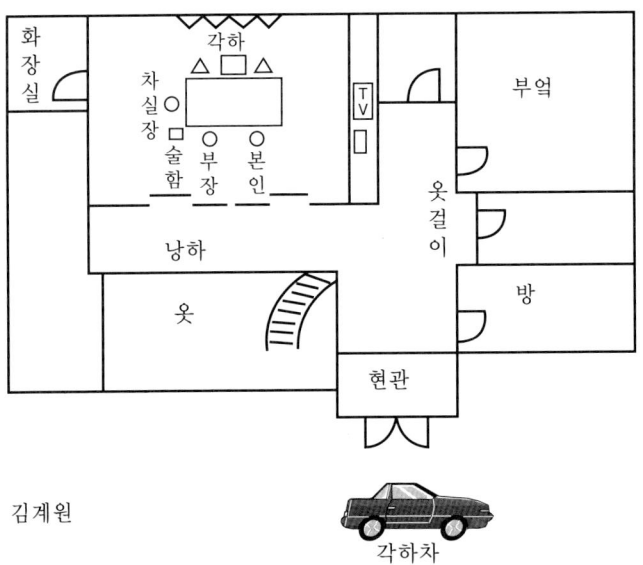

〈김계원이 수사기관에 그려준 약도〉

말고는 초라할 정도로 지어진 가옥에 불과했다. 박 대통령은 낡은 허리띠를 매고, 화장실 물을 아끼기 위해 벽돌을 집어넣을 정도로 검소한 지도자였다. 그런 그가 늘 사용하는 안가식당이 화려할 리

〈만찬 장소〉

없었다. 아래 사진은 박 대통령이 시해 당했던 바로 그 안가식당이다. 방의 크기로 보나 식탁, 문갑, TV로 보나 그 안가의 식당은 일반 서민의 안방 정도로 초라해 보인다.

차지철로부터 전화를 받은 김재규는 '바로 오늘'이라는 생각에 즉시 평소에 공을 들여온 정승화 육군참모총장에게 전화를 걸었다. 오후 4시 15분이었다.

정 총장, 오늘 저녁 좀 만났으면 하오. 궁정동 안가 알지요. 18시 30분까지 궁정동 본관으로 좀 와 주시오.

오후 4시 30분, 김재규는 곧바로 궁정동 안가, 별채 연회장으로 가서 김계원 비서실장이 오기를 기다렸지만 김계원은 오후 5시 40분경에야 나타났다. 두 사람은 안가 정원에 쪼그려 앉았다. 김계원이 먼저 입을 열었다.

차지철 그 사람 월권을 해서 야단이야, 야당 친구 몇 사람의 말만 듣

고 각하에게 보고하여 각하를 강경하게 몰아가고 있단 말야.

기다렸다는 듯이 김재규가 내심을 털어놓았다.

형님, 오늘 저녁 이놈을 해치우겠습니다. 뒷일은 형님이 책임져 주시오.

김계원이 고개를 끄덕여 이에 동의를 표시했다. 김재규는 차지철로부터 늘 인격 이하의 대우를 받아왔으며 대통령이 있는 앞에서 면박을 많이 받아왔기 때문에 차지철에 대한 분노는 뼈에 사무쳐 있었다. 차지철의 오만과 월권에 대한 소문은 당시 사회 전반에 널리 알려져 있었고, 차지철을 바로 옆에서 지켜보던 김계원 역시 그를 눈엣가시로 생각해 왔다. 김계원은 육군참모총장을 지냈던 사람이었고, 차지철은 5·16군사혁명 당시의 계급인 대위로 군생활을 마감한 사람이었지만, 당시의 차지철은 대통령 말고는 안하무인 식으로 행동했다. 김계원이 김재규에게 던진 이 말은, 김재규의 가슴속에 불타고 있는 차지철에 대한 증오심에 불을 지폈을지 모른다. "오늘 해치우겠습니다. 뒷일을 책임져 주시오." 이 엄청난 말에 김계원이 선뜻 동의한 것은 두 가지 의미로 해석될 수 있을 것이다. 하나는 차지철만이 아니라 박 대통령까지도 해치우겠다는 의도에 동의한 것이고, 다른 하나는 김재규가 언젠가는 그런 일을 벌일 것이라는 데 대해 익히 알고 있었다는 것으로 해석이 된다. 그렇지 않았다면 김계원은 "여보, 당신 그게 무슨 소리요?" 하고 놀랐을 것이다. "차지철만 죽이고 대통령을 살려두면 당신과 나는 어떻게 되는 거요." "뒷일이라는 게 뭐요?" 이렇게 연속해서 물었을 것이다. 오후 6시 05분, 대통령과 차지철이 현관에 도착했다. 그리고 곧바로 만찬 방으로 안내됐다.

 대통령 : 오늘 가보니 삽교천 공기는 좋고 공해도 없는데 신민당은 왜 그 모양이요. 오늘 삽교천 준공식 광경을 왜 KBS TV에 보도하지 않지? 정보부장, 신민당 상황은 어떻소?
 김재규 : 공화당 발표 때문에 다 틀렸습니다. 사표 내겠다고 한 친구들이 모두 다 강경으로 돌아섰습니다. 아무래도 당분간 정 대행체제의 출범은 어렵겠습니다. 그리고 주류가 강해져서 다소 시끄럽겠습니다.
 차지철 : 그까짓 새끼들 까불면 신민당이고, 학생이고, 전차로 싹 깔아뭉개 버리겠습니다.

여기에서 정 대행체제라는 것은 9월 7일, 서울민사지방법원이 "김영삼이 불법으로 총재가 되었다"며 신민당 조일환 등 3명의 신민당 원외지구당 위원장들이 낸 '총재단집무집행정지가처분신청'을 이유 있다고 받아들인 결과 김영삼으로부터 총재직을 박탈하고 그 대신 정운갑을 총재로 하는 대행체제를 출범시키라고 판결한 것을 의미했다. 차지철은 "깔아뭉개 버리겠다"는 말을 던져 놓고 옆 대기실로 가서 기다리고 있던 두 여인을 데리고 들어왔다. 한 여인은 24세의 여가수 심수봉(명지대 경영학과)이었고, 다른 한 여인은 22세의 광고모델 신재순(한양대학교 재학중)이었다. 박 대통령 오른쪽에는 신재순이, 왼쪽에는 심수봉이 앉았고, 심수봉은 그녀의 기타를 옆 문갑에 기대어 세워놓았다. 술잔이 돌고 잡담이 오가는 등 주석 분위기가 익어가고 있었다. 만찬을 시작한 지 벌써 한 시간이 지났다. 7시 뉴스가 시작되기 바로 직전 김재규는 정승화가 와 있는지를 확인하기 위해 만찬장을 빠져나와 작은 정원을 사이에 두고 50m가량 떨어진 본관(김재규 집무실) 1층 식당문을 열었다. 정승화는 오후 6시 35분에 안가 별채에 도착하여 중앙정보부 2차장보 김정섭과 함께 식사를 하고 있었다.

정 총장, 미안하오. 내가 저쪽 행사를 마치고 올 터이니 두 분이 식사를 하고 계시오.

그리고 같은 건물 2층 직무실로 올라가 책장 뒤에 숨겨 두었던 소형 권총을 하의 주머니에 넣고 나왔다. 이 때 해병대령 출신 박선호와 현역 육군대령 박흥주(육사18기)가 뒤를 따랐다. 김재규는 식당문 어두운 곳에서, 두 사람에게 손짓을 하여 그에게 바짝 다가오라 손짓을 하고는 무서운 얼굴로 말했다.

김재규 : 박 실장(박선호), 본관에 육군총장과 2차장보가 와 있다. 오늘 해치운다. 너희들은 경호원들을 처치해라.

이어서 주머니의 권총을 보여주며 결의를 확인시켜 주었다.

김재규 : 자네들 각오가 돼 있겠지?

박선호 : 각오가 돼 있습니다.

박흥주 : 예

박선호 : 각하도 하실 겁니까?

김재규 : 응

박선호 : 오늘은 좋지 않습니다. 경호관이 7명이나 됩니다. 다음 기회로 미루는 것이 어떻겠습니까?

김재규 : 안 돼, 오늘 해치우지 않으면 보안이 누설돼. 나는 지금 모든 준비를 하고 있다. 똑똑한 놈 세 놈만 골라 다 해치워.

박선호 : 30분만 여유를 주십시오.

김재규 : 알았네.

김재규는 주머니에 권총을 넣은 채 만찬장으로 돌아왔다. 7시가 가까워지자 대통령이 시계를 자주 보았다. 이에 차지철이 "각하 시간이 되면 TV를 켜 드리겠습니다" 하고 안심을 시켰다. 그리고 잠시 후 자동스위치로 TV를 켜서 KBS를 시청했다. 삽교천 제방 준공식 장면이 나왔고, 김영삼과 미 대사가 만난다는 뉴스가 나왔다. 이 뉴스에 대통령은 심기가 상한 듯 "총재 아닌 사람과 무슨 이야기를 한다는 건지 모르겠다"는 말을 했다. 미8군 뉴스를 보면서 카터 이야기도 했다. 헬기를 타고 오면서 보니까 한강에 다리가 많더라는 말도 했다. 이 때 김재규가 들어와 TV를 끄자고 제의해서 차지철이 TV를 껐다. 대통령은 김재규에게 부산사태 사진을 하나 만들어 달라고 부탁했고, 김재규는 "예" 하고 대답했다. 대통령은 "김 부장이 술을 좋아하니 많이 권하라" 했지만 김재규의 얼굴은 시종 굳어져 있었다(심수봉, 신재순의 진술). 대통령이 노래나 한 곡 들어볼까 하자 심수봉이 기타를 연주하면서 '그때 그 사람'을 불렀다. 앙코르가 요청됐고, 이에 심수봉은 '두만강'을 부른 후 차지철을 지명했다. 차지철은 '도라지'를 부른 후 신재순을 지명했다. 7시 35분이었다. 연회장에서 심부름을 하던 남효주가 들어와 "부장님, 전화입니다" 하고 암호를 전했다. 김재규가 박선호가 있는 부속실로 들어가니 박선호가 대기하고 있었다.

김재규 : 준비되었는가?
박선호 : 완료됐습니다.

7시 38분, 김재규가 연회장으로 돌아왔을 때는 신재순이 심수봉의 기타반주로 '사랑해'를 부르고 있었고, 대통령은 간간히 흥얼거리며 신재순의 가락에 장단을 맞추고 있었다. 바로 이때 김재규가 권총을 하의 주머니에 넣고 들어온 것이다. 앉자마자 김계원을 향해 "각하를 똑바로 모시시오" 하고 툭 친 후, 차지철을 쏘아보았다. "각하, 이 따위 버러지 같은 새끼를 데리고 정치를 하니 올바로 되겠습니까" 하면서 차지철의 팔뚝을 향해 권총을 쏘았다. 이에 놀란 대통령은 "무엇들 하는 짓이야" 하고 나무랐지만, 김재규는 그런 대통령의 가슴을 향해 권총을 쏘아 버렸다. 7시 40분이었다. 식당에 들어간 지 1시간 35분 만에 대통령이 총을 맞은 것이다.

"각하를 똑바로 모시시오" 하고 김계원을 툭 친 이유에 대해 1979년 11월 17일, 제1차 심문조서에서 김재규는 기선을 잡기 위해 한 행동이었다고 진술했지만 이는 김계원에게 던지는 신호였던 것으로 보인다. "아까 말했던 대로 시행할 것이니 밖으로 나가 밖의 일을 도우라." 김재규가 몸을 툭 치는 것을 신호로 김계원은 곧바로 문 밖 입구로 나와 사태가 진전되는 것을 감시하고 있었다. 박 대통령은 곧바로 쓰러져 얼굴을 식탁에 묻었고, 차지철은 대통령을 팽개친 채 화장실로 뛰어들어갔다. 차지철이 총을 팔뚝에 맞은 것은 김재규의 옆쪽에 앉아 있었기 때문이었고, 박정희가 가슴에 맞은 것은 마주보고 앉아 있었기 때문이었다.

김재규는 아직 살아 있는 두 사람에게 다시 총을 쏘려 했으나 장전이 되지 않았다. 반사적으로 뛰어나가자 마루에는 박선호가 권총을 들고 지켜 서 있었다. 김재규는 그 총을 빼앗아 다시 연회장으로 들어갔다. 바로 이때 차지철이 문쪽으로 문갑을 밀고 나왔다. 김재규는 이런 차지철의 복부를 향해 한발을 더 쏘았고, 이어서 식탁에 머리를 기댄 채 심수봉과 신재순의 부축을 받고 있던 대통령의 등 뒤로 가서 대통령의 머리에 총을 대고 한발 더 쏘아 확인사살을 했다. 이 장면을 심수봉은 이렇게 진술했다.

가슴에 총을 맞은 각하를 보니 호흡이 이상하여 "각하 괜찮으십니까"

하고 묻자 "응, 괜찮아"하셨지만 등에서는 피가 많이 흐르고 있었다. 나는 상체를 부축하고 있었고, 신재순은 손으로 흐르는 피를 막고 있었다. 내가 무릎 가까이 각하를 부축하고 있을 때 김재규 부장이 각하 뒤로 와서 총을 더 쏘고 나갔다. 공포에 질린 두 사람은 무서워서 마루로 나와 관리인 사무실로 들어가 숨어 있었다. 그 동안 밖에서는 총소리가 5~6발 정도 더 났다.

"나는 괜찮다"를 끝으로 대통령은 63년의 복잡한 세상사를 마감했다. 대통령을 등에 업고 설치던 차지철은 대통령을 경호할 생각을 버리고 화장실로 도망갔고, 그런 차지철을 대통령은 편애했다. 그리고 박 대통령의 덕을 과분하게 입었던 김재규는 자기를 믿고 아무런 경계 없이 피곤한 몸을 쉬러 온 9년 연상의 대통령을 등 뒤에서 쏜 패륜아가 되었다. 만찬장 밖에 대기하고 있던 박선호는 김재규의 총성을 신호로 만찬장 옆 대기실에 있던 경호처장 정인형과 부처장 안재송에게 권총 1발씩을 쏘았다. 현관 옆에 있던 박흥주, 이기주, 유성옥은 각기 권총으로 주방에 있던 대통령 운전기사 김용태, 경호원 김용섭, 박상범 그리고 식당종업원 이정오, 식당운전기사 김용남을 향해 도합 15발을 쏘았다. 중정요원 김태원은 M-16을 가지고 이미 쓰러져 있는 정인형에게 2발, 안재송에게 1발, 김용섭에게 1발, 차지철에게 2발을 발사하여 확인사살을 했다. 궁정동 좁은 담 안에서 40여 발(명중된 것만 27발)에 이르는 총성이 울렸고, 대통령과 그의 경호원 9명이 순식간에 몰살당했다. 그리고 후에 박상범만이 천운으로 다시 깨어나 살아남았다.

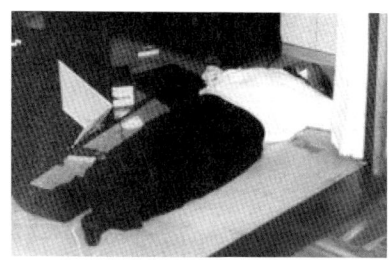
〈차지철이 쓰러져 있다〉

〈주방에 경호관 김용섭과 운전기사 김용태가 쓰러져 있다〉

만찬장 밖으로 나온 김재규는 마루에 서 있는 김계원과 아주 짤막한 대화를 나눴다.

김재규 : 나는 한다면 합니다. 이젠 다 끝났습니다. 보안을 유지하십시오.
김계원 : 뭐라고 하지?
김재규 : 각하께서 과로로 졸도했다고 하던지 적당히 하십시오.
김계원 : 하여튼 알았소.

'나는 한다면 하는 사람'이라고 한 것은 김계원에게 확고한 결의를 보여주고 믿음을 주기 위해 했던 의미있는 말인 것으로 생각된다. 김계원으로부터 협조하겠다는 의지를 확인한 김재규는 현장수습을 김계원에 맡기고 맨발로 정승화에게 달려갔다. 불과 50m의 거리를 달려가는 데는 불과 몇 초 정도만 걸렸을 것이다. 그의 와이셔츠 자락은 밖으로 나와 있었고, 와이셔츠의 허리와 목 부분 여기저기에는 피가 묻어 있었다. 그리고 허리춤에 찔러진 총에서는 화약 냄새가 진동했을 것이다. "물, 물" 김재규는 본관 1층의 식당으로 뛰어들자마자 비서에게 이렇게 외쳤다. 비서가 컵과 물주전자를 가져오자 주전자를 낚아채 벌컥 벌컥 마시고는 "차량, 차량 손님 나오라고 해." 이렇게 외쳤다. 이 순간을 정승화는 1979년 12월 15일에 이렇게 묘사했다.

19시 45분경 김정섭과 본인은 총소리를 듣고 커피를 마시고 있는데 밖에서 떠드는 소리가 나더니 김재규의 비서가 급히 식당 안으로 들어와 그 옆에 있는 주방에서 물을 가지고 나가고 김정섭도 따라 나감으로 본인도 궁금하여 따라 나가니 식당문 앞에 있는 복도에 김재규가 숨을 헐떡이며 물을 마시고 당황한 표정으로 본인의 팔을 붙들고 "총장, 큰일 났습니다"라고 3회 가량 되풀이 하므로 본인은 "무슨 일입니까?"라고 누차 물었으나 김재규는 거기에는 답변치 않고 "빨리 차에 타고 차안에서 이야기 합시다"라고 하여 본인은 만찬회 장소에서 무슨 긴박한 사태가 발생되었다고 생각하고 우선 김재규가 하자는 대로 따르기로 하고 19시 50분경 현관 앞에 대기한 김재규 차에 타자 우측에 있는 김정섭에게 김재규가 차에 타라고 하여 김정섭이가 좌측으로 타므로서 우측에는 김재규 중간에 본인이, 앞 운전석 옆에는 김재규의 비서인 박흥주 대령이 타자 차가 출발하였다.

김재규가 궁정동을 떠난 후 대통령 비서실장 김계원은 김재규가 시킨 대로 뒤처리를 했다. 7시 55분, 김계원은 대통령을 보안사 영내에 있는 국군서울지구병원으로 옮기고, 당직군의관에게 대통령의 용태를 물어 '사망'했음을 확인했다. 그리고 대통령의 시신은 중정요원들이 공포분위기를 조성하면서 철통같이 지키고 있었다. 대통령 사망을 확인한 김계원은 곧바로 청와대로 돌아와 비상소집을 했다. 최규하 국무총리, 장관들, 경호실이 그 대상이었다.

청와대 비서실입니다. 각하께서 유고이십니다. 속히 청와대로 와 주십시오.

시바스리갈! 당시 언론들은 박 대통령이 시바스리갈을 마셨다고 대서특필했다. 시바스리갈은 미국인들의 소주, 가장 싼 술에 속한다. 일국의 대통령이 이 정도의 술을 마신다 해서 흉이 될 건 없을 것이다. 그렇다 해도 이는 사실이 아니다. 박 대통령이 서거했을 때 담당 군의관이었던 정규형 대위는 시신이 대통령일 줄은 상상도 못

했다고 합수부에 증언했다. "당시 박 대통령이 차고 있던 시계는 평범한 제품이었고, 넥타이핀은 멕기가 벗겨져 있었으며, 혁대도 헤어져 있어 대통령이라고는 상상도 못했습니다." 김정렴 비서실장의 증언에 따르면 박 대통령은 청와대에 근무할 때 양주를 마신 적이 한 번도 없고 막걸리를 즐겨했다고 한다. 당시 현장을 검증한 장경삼 검찰관(판사를 지내고 현재 변호사)은 서거 당시 대통령이 마신 술이 시바스리갈이 아니었고 국산 양주였는데 이를 주전자에 담아 마셨다고 한다. 아마도 현장접근이 금지됐던 기자들이 현장사진에 나타난 술병의 모양만 보고 추측성 기사를 쓴 것으로 판단된다. 당시는 국산품 애용시대였고, 양주와 양담배는 사회적 위화감을 조성한다는 이유로 배척됐던 시기였으며, 외화에 대한 통제가 각별했던 시대였다. 이런 분위기에서 박 대통령 같은 지도자가 양주를 마셨다는 것은 납득가지 않는 대목이다. 대통령 전속이발사는 대통령이 입은 러닝셔츠에 군데군데 작은 구멍이 나 있었고 물을 아끼려고 화장실 물통에 벽돌을 넣었다고 밝혔다. 그가 가장 아끼던 사람들은 공돌이와 공순이였다. 그는 이들에게 야간학교를 다니도록 해달라며 고용주들에게 절하는 자세로 편지를 썼다. 서거한 다음, 그가 단돈 몇 푼이라도 감추어 놓았다는 증거는 아직 없다.

3 | 대통령 비서실

　김계원 비서실장의 비상소집에 따라 고관들이 속속 도착했다. 오후 8시 25분부터 8시 40분 사이에 최광수, 고건, 유혁인 등이 나왔고, 이어서 다른 수석비서관들이 줄을 이었다. 8시 40분, 최규하 국무총리가 나오자 김계원은 다른 사람들을 부속실로 내보낸 후, 총리에게만 이렇게 말했다.

　오늘 만찬장에서 김재규와 차지철이 싸우다가 김재규가 잘못 쏜 총에 각하가 맞아 서거하셨습니다. 계엄을 선포해야 합니다.

　최규하를 물렁하게 보고 하는 말이었다. 행여 최규하의 입에서 조사를 해야 한다는 말이 나올까봐 미리 계엄을 선포해야 한다며 입막음을 한 것이다. 바로 이 시점에서 최규하 총리는 박 대통령과 차지철이 함께 김재규의 총에 사살됐다는 청천벽력과 같은 사실을 인지하게 된 것이다. 국무총리는 대통령 유고시에 자동적으로 권한을 대행한다. 그런데도 최규하는 김계원에게 더 이상 아무것도 캐묻지 않았고, 조사를 시키지도 않았다. 대통령과 경호실장이 중정부장의 총에 사살됐고, 이를 김계원이 알고 있다는 사실은 무엇을 암시하는가? 김계원과 김재규가 한통속이 되어 새 세상을 열었다는 말이 되는 것이다. 이를 직감했기에 최규하는 입을 닫은 것이다. 같은 시각인 오후 8시 40분경, 경호실 차장 이재전 중장이 비서실장실로 달려왔다. 김계원이 달려온 이재전 차장에게 차디찬 음성으로 말했다.

각하가 유고다. 지구병원에 모셔놓고 오는 길이다. 차지철 실장은 부대를 지휘할 처지가 아니다. 경호실장 직무를 대행하라. 이 사실을 외부에 알리지 마라. 경거망동 하지 마라. 경호실 병력 출동을 금한다.

대통령과 차지철이 사고를 당했다면 이재전 경호실차장은 당연히 청와대 경호비상 제1호인 '호랑이1호'를 발령하여 경호실 병력을 사고현장으로 출동시켜 대통령과 차지철의 신원을 확보해야 했다. 이런 입장에 있었던 그가 김계원으로부터 "경거망동 하지 말고 병력 출동을 하지 말라"는 말을 들은 것이다. 이는 "나도 관련돼 있으니 너는 더 이상 알려 하지 말고 이 사건에서 손을 떼라"는 명령이었다. 이재전은 8시 40분, 제22특경대에게 안가 접근을 금지시켰고, 이에 따라 안가로 출동하던 태양요원들이 즉시 발길을 돌려 되돌아왔다. 여기까지의 행위로 인해 김계원은 10월 29일 구속됐고, 12월 20일 계엄보통군법회의에서 김재규 등과 함께 사형선고를 받았다. 이날 재판장은 사형선고를 일곱 번이나 내렸다. 죄명은 내란목적 살인 및 내란 중요임무 종사 미수죄였다. 그러나 며칠 뒤 김계원의 사형은 무기징역으로 감형됐고, 1982년 5월 형집행정지로 풀려났다.

경호실 병력의 출동을 금지한다는 것은 무슨 뜻인가? 경호실 병력이 사건 현장으로 출동하여 진실을 밝혀내는 것을 방해하고, 범인을 체포하지 못하도록 방해하기 위한 조치인 것이다. 계엄을 선포한다는 것은 무슨 뜻인가? 쿠데타 또는 혁명에서나 생각할 수 있는 초비상조치인 것이다. 당시 청와대에서 이런 김계원을 지켜보는 사람들은 무엇을 느꼈을까? 김계원이 쿠데타의 중심축에 서 있다는 것을 직감했을 것이다. 이재전 경호실차장에게 "경호실 병력 출동금지"를 지시한 것은 김계원만 취한 조치가 아니었다. 8시 5분경에 육군 B-2 벙커에 도착한 정승화 역시 거의 같은 시각에 이재전에게 전화를 걸어 경호병력 출동을 금지시킨 것이다. 김계원과 정승화는 서로 공모한 사이가 아니다. 하지만 두 사람은 공모라도 한 것처럼 똑같은 사람에게 똑같은 지시를 내렸다. 이것이 육군참모총장 정도를 지낸 사람들의 상황조치 수준이요 일종의 상황처리 공식인 것이다. 정승화(1926년생)는 현역 참모총장이었고, 김계원(1923년생)은 그로부터 10년 전인 1969년경에 육군참모총장을 지낸 사람이었다. 두 사람이 똑같은 사람에게 취한 조치가 똑같다면 이 두 사람의 마음속에 무엇이 있을까? 김재규가 있는 것이다. 그를 보호해야 한다는 마음이 있는 것으로 밖에 해석되지 않는다.

오후 9시 5분, 구자춘 내무, 김치열 법무가 비서실 직원으로부터 "각하가 변을 당했다"는 말을 듣고 달려와 김계원에게 어떻게 된 일이냐고 다그쳐 물었지만 김계원은 "간신배를 제거한다는 것이 각하가 다치셨다"라고만 말했다. 법무장관이 "차지철 그 새끼 무엇을 했어"하고 흥분하자 김계원은 "죽었을지 모른다"라고 대답했다. 여기까지 김계원이 한 발언들을 통해 그 자리에 있었던 국무총리, 장관들 그리고 청와대 수석들은 박 대통령과 차지철이 동시에 총에 맞아 사망했다는 것을 알게 된 것이다. 누군가가 대통령과 차지철을 쏘았고, 그 사실을 김계원이 알고 있다는 것까지 안 것이다. 대통령과 차지철을 쏠 수 있는 사람이라면 직감적으로 김재규 밖에 없을 것이라는 생각도 들었을 것이다. 왜냐하면 차지철은 이들 누구나 싫어했고, 김계원도 싫어했으며, 특히 김재규와 차지철이 앙숙관계라는 것은 세상이 다 알고 있었기 때문이다. 만일 김계원이 사고에 관련되지 않았다면 김계원은 누구보다 더 큰 음성으로 흥분하며 진상을 밝히려 했을 것이다. 그런데 김계원은 사고의 공론화를 막고 있었다. 아마도 그가 던지는 어두운 그림자에서 나오는 무성의 언어는 입에서 나오는 말보다 더 많은 것을 전달했을 것이다. 대통령과 차지철이 동시에 살해됐다는 사실은 그냥 지나칠 수 없는 엄청난 사건이다. 각료들이라면 김계원에게 자초지종을 캐물었어야 했다. 그런데 매우 기이하게도 이들 중에 이를 채근하는 사람이 없었다. 이들 각료들이 침묵한 이유가 무엇일까? 아마도 김계원이 시해사건에 연결되어 있을 것이라는 생각을 했기 때문이었을 것이다. 이처럼 김계원은 김재규가 요청한 바와 같이 비밀을 지키며, 대통령 시신을 수도병원으로 옮겨 사망했음을 확인한 후 비서실장실로 돌아와 계엄선포를 위한 비상국무회의를 소집하고, 국무총리에게는 계엄령을 선포해야 한다고 강조하고, 경호실 차장에게는 경호실 병력이 시해현장으로 출동하지 못하도록 지시하는 등 뒷일을 착실하게 수행했다. 이 정도의 뒷일은 김계원이 충분히 해줄 것이라고 생각했기에 김재규는 대통령에게 마지막 실탄을 발사하자마자 대기 중이던 정승화에게로 달려갔을 것이다.

4 | 차 속에서(7시 50분부터 8시 05분까지)

7시 50분, 안가의 정문을 빠져나온 차는 남산에 있는 중정으로 가기 위해 적선동, 중앙청, 세종로를 통과했다. 차안에서 정승화가 "무슨 일입니까" 하고 물었다. 이에 김재규는 왼손 엄지손가락으로 대통령임을 표시하면서 바른손 인지로 X자를 그리면서 서거하셨다고 표시했다.

정승화 : 각하께서 돌아가셨습니까?
김재규 : 보안유지를 해야 합니다. 적이 알면 큰일입니다.
정승화 : 외부의 침입입니까. 내부의 일입니까?
김재규 : 나도 모르겠습니다.
정승화 : 내부에서 일어난 것이겠지요?
김재규 : 김일성이가 알면 큰일납니다. 보안을 유지해야 됩니다. 빨리 계엄을 선포해야 합니다. 계엄을 선포하면 어떤 부대를 뺄 수 있습니까?
정승화 : 계엄을 빨리 선포해야 합니다. 동원될 수 있는 부대는 20사단, 30사단, 9공수여단이 동원될 수 있습니다.

김재규 : 앞으로 총장께서는 계엄사령관으로 이 나라의 운명을 걸머진 중대한 임무를 맡게 되었습니다. 총장의 양어깨에 국가운명이 달려 있습니다. 잘해 주셔야겠습니다.

차가 3.1고가도로 올라서자 김재규가 당황한 어조로 "어데로 갈까. 부(정보부)? 육본?" 하고 말했다. 이에 정승화가 육본 B-2 방카로 가자고 했고, 박흥주가 여기에 찬동했다. "육본 방카로 가세." 김재규가 결심을 했다. 피 묻은 와이셔츠 바람으로 차에 오른 김재규는 박흥주에게 입고 있는 양복 상의를 벗어달라고 했다. 하지만 박흥주는 늘 예비해 다니던 별도의 상의를 김재규에게 건네주었다. 그리고 박흥주는 그가 신고 있던 신발을 벗어 김재규에게 주었다. 차내에서 정승화는 무슨 생각을 했을까? 1979년 12월 15일 진술서에서, 정승화는 그의 마음을 털어놨다.

만찬 현장에 같이 있던 차 실장이 시해하였다면 자기의 주장을 밝히기 위해서도 사고내용을 세밀히 설명하고 차 실장이 하였다는 것을 밝히는 것이 인간본능인데 이를 밝히지 않고 보안유지를 해야 된다, 계엄을 빨리 선포하여야 된다고 주장하면서 출동병력은 어느 부대인가를 알고자 하고 앞으로 총장께서는 계엄사령관으로 이 나라의 운명을 걸머진 중대한 임무를 맡게 되었다고 본인의 어깨를 두드리면서 격려를 하는 등을 볼 때 김재규가 각하를 시해하고 우선 군부를 장악하기 위하여 본인을 이용코자 하는 것이 아니냐는 의심을 가지면서 김재규는 중정부장으로 막강한 조직과 권력이 있고 각하를 시해한 데는 상당한 계획 하에 조직적인 행동으로 상당한 세력의 배후가 전재되어 있다고 봄으로 본인은 김재규 하는 일에 따르면서 행동을 보면서 행동을 하여야 되겠다고 판단하고 있는데 후암동 병무청 앞을 지나가면서 김재규가 갑자기 엎드려 무엇을 꺼내고 있더니 종이에 포장된 조그마한 사탕 3~4개를 꺼내 본인과 김정섭에게 주며 먹으라고 하면서 자기도 한 개를 입에 넣는 것을 보고 사탕을 받아들고 순간적으로 머리에 떠오르는 것이 김재규가 본인을 차로 가는 도중에 목적대로 행동시킬 계획에서 이상한 약물을 혼합한 사탕을 주는 것이 아닌가 생각이 되어 갑자기 무서워지므로 사탕을 먹는 척하면서 슬그머니 밑에다 버렸다.

위의 진술은 사실로 보인다. 두뇌회전이 빠르기로 이름나 있던 정승화는 차 속에서 이미 김재규가 범인이라는 것을 알아차렸고, 알아차린 이유를 논리적으로 그리고 누구에게나 공감이 가도록 진술서를 통해 설명한 것이다. 김재규가 계엄선포에 자신을 이용하려는 것으로 의심을 했고, 그래서 이용당하지 않으려고 경계를 하면서도 김재규가 배후세력을 뒤에 업고 하는 일이라고 생각하여 일단은 따르기로 했다는 뜻이다. 그리고 정승화는 참으로 간지러운 질문을 했다. 김재규를 범인으로 의심하지 않았다면 참모총장인 정승화는 곧바로 "어느 놈입니까? 그놈이." 이렇게 물었어야 어울린다. 그런데 정승화는 아주 조심스럽게 "외부의 침입입니까, 내부의 일입니까?" 이렇게 간지럽게 물었다. "배후세력을 업고 하는 일이라 생각하고 일단은 따르기로 했다"는 정승화의 마음은 박흥주의 마음과 일치했다. 박흥주의 진술(1979. 10. 28)은 이러했다.

육군총장과 2차장보를 식당 집무실에 대기시켜 놓고, 결심한 듯 아주 강력한 태도로 경호원 살해를 지시하는 것으로 보아, 나 모르게 육군총장 등과 모든 결탁이 되어 있는 것으로 알았다. 각하를 시해하면 변란이 되고, 김재규 세상이 된다. 그가 성공했을 때, 만일 내가 가담하지 않으면 틀림없이 반역으로 몰려 살아남기 어려울 것이고, 공을 세우면 출세의 길이 열릴 것이다. 이렇게 생각하고 범행에 가담키로 작정했다.

박흥주가 김재규에 동조한 마음과 정승화가 김재규에 동조한 마음은 이렇게 같았을 것이고 이것이 통상의 마음일 것이다. 하지만 정승화는 1996년 역사바로세우기 재판에서 위 진술의 해석부분을 전면 부인했다. "12월 26일 밤 11시 40분경, 김계원이 노재현과 정승화가 함께 있는 자리에서 김재규가 범인이라는 것을 말해주는 순간까지 차지철이 범인이라고 의심했다"는 것이다. 과연 정승화의 이 진술이 맞는 말일까?

5 | B-2 벙커

육군본부 B-2 벙커는 국방부 청사 지하에 구축돼 있다. 8시 5분, B-2 벙커 상황실에 도착한 정승화는 당직사령에게 김재규와 김정섭을 총장실로 안내하라는 지시를 하고, 스스로는 쏜살같이 상황실로 들어갔다. 그는 상황장교를 부릴 틈도 없이 그 스스로가 전화기를 들고 전광석화의 속도로 계엄선포를 위한 예비조치들을 취했다. 국방장관, 합참의장, 연합사부사령관, 각군 총장, 참모차장, 정보참모, 작전참모, 본부사령, 헌병감, 그리고 수경사령관을 호출했다. 이들을 비상호출하려면 먼저 노재현 국방장관으로부터 허락을 득해야 했다. 그러나 정승화는 계통을 무시했고, 국방장관을 무시했다. 8시 10분경, 정승화는 수도권의 주요 부대들(4개)의 동정을 체크했다. 체크하는 부대마다 이상 징후를 보이지 않았다. 핵심을 체크하기 전에 외곽부터 조심스럽게 체크한 것이다. 외곽부대들에 이상 징후가 없자 그는 드디어 차지철만이 지휘할 수 있는 핵심부대인 수경사 사령관 전성각에 전화를 걸어 "부대 이상 없느냐, 병력은 장악하고 있느냐"하고 물었고, 이상 없다는 말을 들었다. 이에 정승화는 곧바로 3가지 지시를 내렸다. 1) 앞으로 총장의 명령만 받을 것, 2) 지금 즉시 출동준비를 할 것, 3) 사령관은 즉시 B-2 벙커로 올 것이었다. 차지철이 지휘하는 수경사를 장악했던 것이다. 이는 차지철이 죽었다고 생각하지 않고서는 감히 상상할 수도 없는 월권적 행위였다. 부대에 '이상이 없다'는 것은 차지철이 쿠데타를 위해 대통령을 시해한 범인이 아니라는 뜻이다. 만일 차지철이 쿠데타를 일으켰다면 맨 먼저 수경사 병력이 쿠데타 주도세력이 되어 비상목표들에 출동해 있어야 했기 때문이다. 그렇다면 정승화가 1996년 역사바로세우기 재판에 증인으로 나와 진술한 부분, 즉 "12월 26일 밤 11시 40분경, 김계원이 노재현과 정승화가 함께 있는 자리에서 김재규가 범인이라는 것을 말해주는 순간까지 차지철이 범인이라고 의심했다"는 말은 이치에 맞지 않는 거짓말인 것이고, 이 말이

옳다고 판시한 판사들은 이상한 오판을 한 것이 된다. 정승화는 김재규가 범인이라는 것을 차 안에서 간지러운 질문을 던지는 순간에 알았을 것이라는 생각이 든다. 그리고 8시 20분, '차지철만이 지휘할 수 있는 근위대 수경사'를 장악하기 직전에는 100% 알았을 것이다. 8시 30분, 노재현 국방장관이 벙커로 달려왔다. 그런데도 정승화는 노재현을 무시하고 오직 김재규가 요청한 계엄선포 준비작업에만 몰두했다. 1980년 3월 7일, 정승화내란방조사건 제2차 공판에서 증인으로 나온 노재현은 그 순간을 이렇게 진술했다.

변호인 : 전화로 비상소집 연락을 받을 때 무슨 이유인지 들었습니까?
노재현 : 못 들었습니다. 총장의 음성이 보통 때와는 달리 상당히 당황한 음성이었습니다. "장관님 빨리 나오십시오"해서 "어디요" 했더니 "육본 벙커로 나오셔야 하겠습니다"라고 했습니다.
변호인 : 총장실로는 정 총장이 안내했습니까?
노재현 : 정 총장이 안내해서 바로 옆방으로 갔는데 총장실이 아니어서 다시 나와 총장실로 갔습니다. (주 : 총장실이 아닌 옆방으로 안내한 것은 정승화가 노재현과 김재규를 한방에 넣고 싶어 하지 않았다는 것으로 해석된다. 아마도 김재규의 말실수가 염려됐을 것이다.)
변호인 : 총장실에 김정섭이 있었습니까?
노재현 : 김정섭과 김재규가 앉아 있었습니다.

변호인 : 그때 각하가 청와대 만찬석에서 돌아가셨다는 말은 없었습니까?

노재현 : 그냥 "돌아가셨다"고만 했습니다.

변호인 : "어떻게 돌아가셨냐"고 자세히 물은 적은 있습니까?

노재현 : "아니 이게 무슨 소리요? 어떻게 된거요?" 물었더니 정승화 총장은 아무 말이 없었고, 옆에 있던 김재규가 나서서 "차차 알게 된다. 우선 보안을 지켜야 한다"고 했습니다.

당위성 측면에서 보면 정승화는 바로 이때 국방장관에게, 김재규로부터 전화를 받고 궁정동에 가서 식사를 했던 사실, 김재규와 함께 차를 타고 오면서 있었던 행동들에 대해 말했어야 했다. 하지만 정승화는 그런 사실을 숨겼다. 위 사실을 상급자인 국방장관에게 보고하는 것은 군에서 일생을 보낸 육군총장으로서는 생리와 같은 의무였다. 생리를 자제하면서까지 의무를 이행하지 않은 것은 의도적으로 속인 것으로 해석될 수 있다. 고위직에 있을수록 그래서 행동은 투명해야 하며, 투명하지 않은 행동에 대해서는 억울하더라도 의심과 의혹을 감수해야 하는 것이다. 8시 40분, 합참의장, 연합사 부사령관, 공군총장, 해군총장 등이 도착하자 김재규가 나섰다. "대통령이 유고이니 이 사실을 3일간 비밀에 부치고 즉각 계엄을 선포해야 합니다." 정승화는 이들에게 아무런 말을 하지 않고 묵묵히 상황처리에만 몰두했다. 군 수뇌들을 호출한 것은 육군총장이고, 수뇌들에게 "비밀을 지키고 계엄을 선포해야 한다"는 지시를 한 사람은 김재규인 것이다. 이때의 정승화의 얼굴 표정은 어떠했을까? 어둡고 무거워 보였을 것이다. 정승화와 김재규의 모습들을 지켜본 군 수뇌들은 무엇을 직감했을까? '아니, 웬 중앙정보부장이?' 이런 의문과 함께 아마도 정승화와 김재규가 콤비가 되어 상황을 주도하고 있다고 생각했을 것이다. 9시경, 김재규는 박흥주를 시켜 김계원에게 전화를 대라고 하였다. 박흥주가 여러 가지 통로로 전화연결을 시도하여 김계원과 통화를 했다.

김계원 : 큰 영애가 "아버지는 어디 계시냐"고 묻기에 "다른데 계신다"고 얼버무렸는데 또 물으면 뭐라고 하지?
김재규 : 잘했소.

평소와는 다른 고압적인 말투였다. 대통령 비서실장에게 하는 이 반말은 청와대에서 전화를 받는 김계원에게나 총장실에 있는 군 수뇌들에게나 다 같이 강한 메시지로 인식되었을 것이다. 얼마 후에 김재규는 정승화를 시켜 김계원과 다시 통화를 했다.

김재규 : 여기 국방장관과 각군 총장이 다 모여 있으니 이리로 오시오.
김계원 : 총리께서도 여기 계시니 이리로 오시오.
김재규 : 안됩니다. 국무총리를 모시고 실장께서 이리로 오시오.

김계원이 잠깐 멈칫하는 것 같더니 "알겠소. 내가 그곳으로 가겠소"하고 결심을 했다. 김재규의 승리였다. 김계원이 "김재규가 국방부로 오라 합니다"하고 말하자 최규하 총리는 아무 말이 없었다. 말 없는 총리에게 김계원이 또 이렇게 말했다. "김재규가 청와대 경호실이 무서워 못 오는 것 같습니다. 빨리 계엄부터 선포하여 치안을 유지해야 하니 그리로 가시지요." 이 말에 총리와 장관들이 따라나섰다. "김재규가 청와대 경호실이 무서워 못 오는 것 같습니다." 이 말 속에는 무슨 의미가 들어있는가? '김재규가 대통령을 시해한 범인'이라는 뜻이 들어있는 것이다. 대통령을 시해했기에 청와대 경호실이 무섭다는 것이다. 아마도 이 시점에서는 그 자리에 있던 모든 사람들이 '김재규가 대통령과 차지철을 모두 살해했다'는 것을 재차 확인했을 것이다.

이때 정승화는 1군 및 3군사령관에게 전화를 걸어 진돗개2를 발령했다. 또한 20사단장에게 전화를 걸어 육사로 출동하라는 명령을 내렸고, 9공수여단장에게는 육군본부로 출동하라 명령했다. 이렇게 해놓고 그는 상황실을 나와 김재규가 있는 총장실로 가서 그가 취한 조치들을 설명해주고 계엄군이 점령해야 할 특별한 목표라도 따로 있는가를 확인하기 위해 "계엄군이 점령해야 할 목표가 무엇입니까"하고 물었다. 그러자 옆에 있던 김정섭이 방송국, 변전소, 상수도, 은행 등이라고 불러주자 이를 메모했다. 김재규는 군통수권 선상에 있는 사람이 아니며 따라서 정승화의 직속상관이 아니다. 정승화의 직속상관은 노재현 장관이며 노재현은 그때 정승화 옆에 있었다. 그런데도 그는 국방장관은 무시한 채 김재규의 지시에 따라 병력을 동원해 놓고, 다른 방으로 건너가 그가 취한 조치내용을 보고하면서 계엄군 배치에 대한 지시를 내려달라 했다. 이는 정승화가 이미 국방장관을 돌려놓고 김재규를 군통수권자로 인정하고 있었다는 것으로 해석된다.

9시 10분, 정승화의 호출을 받은 수경사 사령관 전성각 소장이 벙커로 들어왔다. 정승화가 호출한 지 한 시간이 경과한 시각이었다. 정승화는 전성각 사령관에게 청와대 외곽을 포위하라고 지시했다. 이어서 청와대 경호실 차장 이재전 중장에게 전화를 걸어 "수경사 병력이 청와대 외곽을 포위할 것이니, 일체의 경호실 병력을 동결하라, 앞으로는 내 지시만 따르라"고 명령했다. 이 명령으로 청와대 밖인 궁정동 안가의 총성 사태를 조사하기 위해 출동했던 경호실 요원들이 철수하고 말았다. 궁정동 안가는 청와대 울타리 밖에 있었다. 이 포위명령은 청와대 내의 경호실 병력이 청와대 외부에 위치한 궁정동 안가 현장으로 접근하는 것을 2중으로 차단하는 것이었다. 이재전 경호실 차장에게 '경호병력 동결'을 지시할 때의 정승화의 마음은 어떠했을까? 혹시나 이재전이 '경호병력 동결' 지시에 불복할 수도 있겠다 하는 의심을 했을 것이다. 이런 그에게 '수경사 병력이 청와대 외곽을 포위할 것'이라고 알려준 것은 '경호병력이 이미 포위되어 있으니 다른 마음을 먹지 말라'는 묵시적 압력이었을 것이다. 안전조치를 2중으로 취한 것이다. 이에 이재전은 총장이 이미 수경사 병력까지 장악하고 있다는 사실을 직감했을 것이다. 이는 무슨 뜻인가? 정승화가 실세라는 뜻이다.

정승화는 청와대에 있는 김계원과 아주 똑같은 조치를 취했다. 첫째는 경호실 병력이 범죄현장으로 가는 것을 막아 진실규명의 길을 차단한 것이고, 둘째는 범인 김재규를 은닉시킨 것이다. 만일 정승화가 청와대 경호병력을 동결시키지 않았다면? 시해현장을 향해 출동했던 경호실 병력이 현장으로 갔을 것이고, 거기에 남아 있던 중정(중앙정보부) 총잡이들과 한판 전투를 벌였을 것이다. 중정 총잡이들이 사살됐거나 또는 체포됐을 것이고, 그랬다면 김재규와 정승화의 행적이 만천하에 드러났을 것이다. 이렇게 되면 김재규-김계원-정승화가 번개 같은 속도로 체포됐을 것이다. 수경사는 총장의 지휘를 받게 되어 있는 것이 아니다. 오직 차지철만의 지휘를 받도록 되어 있었다. 경호실 병력 역시 차지철만이 지휘할 수 있었다. 그런데도 정승화는 수경사령관과 경호실 차장 모두에게 총장의 지시 이외에는 그 어떤 지시도 받지 말라고 쐐기를 박았다. 서슬 퍼런 차지철이 살아 있다면 언감 생신 상상조차 할 수 없는 월권행위였던 것이다. 이때의 정승화 마음속엔 차지철이 이미 죽고 없었던 것이다. 차지철과 대통령이 함께 식사를 하다가 대통령이 시해됐다면 차지철도 살해됐을 것이라고 믿는 게 상식이다. 그렇다면 맨 먼저 의심이 가는 대상이 대통령과 함께 식사를 했던 김재규일 것이다. 이런 의심이 수경사령관과 경호실 차장으로부터 "부대 이상 없음"이라는 말로 확인됐고, 이를 확인한 정승화는 차지철이 지휘하는 두 사람, 즉 경호실 차장과 수경사령관에게 직접 명령을 내렸고, 그 명령은 김재규를 보호하는 명령이었다. 정승화는 아마도 김재규와 '한 배'를 탔다는 생각을 했을 것이다. 의리문제는 차치하고라도 자신이 살아남으려면 김재규를 살려내야만 한다는 생각을 했을 수 있었을 것이다. 여기까지 생각이 미치지 못했다면 정승화가 감히 그렇게 빨리 경호실 병력을 동결하는 조치까지는 생각조차 하지 못했을 것이다. 1979년 12월 22일자 전성각의 진술조서에는 정승화 총장의 월권행위가 잘 드러나 있다.

정승화의 명령이 이상하다는 것을 느끼고 수경사 상황실에 알아보니 안가 쪽에서 총성이 났다는 보고를 들었다. 이상하다 직감하면서 벙커로 갔다. 정 총장의 모습이 초조하고 당황해 하는 것 같았다. 수경사의 지휘는 경호실장이 한다. 갑자기 총장이 지휘하는 것이 이상했다.

병력출동에 대한 상황처리에서 정승화는 최초에 20사단과 9공수여단에게는 출동명령을 내렸었다. 그리고 나중에 생각하기를 그렇게 하면 사회가 소란스러워지게 되고 사회가 소란스러우면 김재규에 불리할 것이라는 생각이 들어 출동명령을 취소시켰다. 이 역시 정승화가 김재규 편에 서 있었다는 것으로 해석된다. 정승화가 김재규와 한 편이 될 마음이 없었다면 그는 가장 먼저 국방장관에게 전화를 걸어 이렇게 보고를 했어야 했다. "장관님, 금방 각하께서 총격을 받아 사망하셨습니다. 자세한 내용은 만나 뵙고 보고 올리겠습니다. 우선 제 생각으로는 1, 3군에 진돗개2를 발령하고 군 핵심 수뇌들을 소집해야 되지 않을까 생각하는데 어떻게 하는 것이 좋겠습니까?" 어려운 일, 복잡한 일, 민감한 일을 할 때에는 책임을 분산시키기 위해서라도 여러 사람들과 의논하여 공개적으로 처리하는 것이 고위직들의 생리다. 그런데 정승화는 모두를 따돌리고 혼자서 비밀스럽게 상황을 처리했다. 만일 정승화가 국방장관에게 그동안 자기가 겪었던 일들을 소상히 이야기했다면 국방장관은 즉시 보안사령관을 불러 김재규-김계원-정승화를 모두 데려다 조사하라고 지시했을지 모른다. 아마도 정승화는 '비상국무회의'가 끝날 때까지만 잘 넘기면 막강한 계엄사령관이 될 텐데 여기에서 체포될 수는 없다고 생각했을 것이다.

계엄은 전시, 사변 또는 이에 준하는 국가비상사태를 맞이하여 군 병력의 동원이 없으면 공공의 질서가 유지될 수 없을 경우에 한하여 대통령이 국무회의의 의결을 거쳐 선포하는 것이다. 정승화는 육·해·공군 3개군 총장들 중에서 육군참모총장일 뿐이었다. 대통령 유고에 대한 상황처리의 주체는 국방장관과 최규하 총리였다. 국방장관이 핵심수뇌들 및 참모들과 함께 의논하고 의논한 결과를 비상국무회의에 반영시킨 후에 처리했어야 할 그런 중대한 사안을 정승화는 비상국무회의도 열리기 전에 그리고 국방장관과 총리를 배제한 채 불법적인 월권을 했던 것이다.

필자가 보기에 아마도 정승화는 김재규가 차에서 그를 추켜세울 때 이미 계엄사령관이 될 것이라는 생각에 들떠 있었을 것으로 보인다. 그래서인지 그는 김재규가 차에서 시킨 대로 비밀을 지키면서 묵묵히 그리고 재빠른 속도로 계엄을 선포하기 위한 조치들을 취했다. 이에 더해 정승화는 벙커에 오자마자 경호실 병력을 동결시키는 명령을 내려 결과적으로 김재규가 저지른 사고현장을 보호하고, 범인이 누구인지 규명할 수 없도록 했다. 이 모두가 고위급 장군들에게는 합치된 상식이요, 상황처리 공식에 속했던 것이다. 마치 농구나 축구선수들이 일일이 말로 하지 않고 순간순간의 눈치로 팀워크를 이루어 내듯이! 김재규, 김계원, 정승화 이 세 사람이 일치된 행위를 보인 것은 이 세 사람이 한마음을 가지고 있었다는 것으로 해석된다. 김재규가 추진하고 있는 유혈혁명에 공조하는 것으로 해석된다는 것이다. 목적이 같기에 두 사람이 취한 조치가 같은 것이다. 하지만 역사바로세우기 재판을 주도한 법관들은 이러한 장군 세계의 상식을 이해하지 못하고, 정승화가 이재전에게 경호병력을 동결하라 지시한 것이 김재규를 감싼 행위가 아니라고 판결했다.

6 | 국방부

반면 일찍(8시 40분)부터 대통령과 차지철이 살해되었고, 그 범인이 김재규라는 사실을 인지한 최규하 총리의 행동도 상당히 수상해 보였다. 밤 9시 30분경, 국방장관실에는 총리, 국방, 내무, 외무, 법무, 문공, 서종철 특보, 유혁인 정무, 김재규, 김계원, 정승화, 신현확 부총리가 있었다.

김계원 : (총리에게) 비상계엄을 선포하려면 국무회의를 열어야 하지 않겠습니까?

총 리 : 물론이지요. 계엄 사유를 무엇으로 할까요, 유고로 할까요, 서거로 할까요?

김계원 : 대통령 각하 유고로 인하여 27일 00:00부로 계엄을 선포한다고 하면 되지 않겠습니까?

총 리 : 유고만 가지고 납득하겠습니까? 무언가 납득할 만한 이유를 말해야 하지 않겠습니까? 국무위원들도 내용을 알아야 의견을 교환할 수 있지요.

김재규 : 유고는 안 됩니다. 국내치안이 좋지 않아서 계엄령을 선포하는 것으로 해야 합니다.

총 리 : 국내에 데모가 난 것도 아니고, 계엄이 선포돼 있는 부산도 조용한데 그건 이유가 안 됩니다. 대통령 유고를 어떻게 국민에게 안 알리겠습니까? 계속 보안을 유지하는 것도 어려운 일이며 우선은 국무위원들도 납득하지 못할 것입니다.

김재규 : 왜 안 됩니까? 소련은 1주일 이상이나 브레즈네프의 행적을 발표하지 않고 있었는데 2~3일 동안 왜 보안유지가 안 됩니까?

총 리 : 그러면 김부장이 국무회의에서 사유를 설명해 줄 수 있습니까?

김재규 : 예, 하지요.

법무장관 : 비상계엄과 국장 문제 등을 검토해야 합니다.

김재규 : 지금 보안을 지켜야지 국장 문제를 앞세울 수는 없습니다.

문공장관 : 비상계엄의 사유를 명백히 해야 합니다.

김재규 : 소련의 브레즈네프는 1주일간이나 그 행적을 보안유지 했는데 우리는 왜 며칠간 보안유지를 못합니까? 국가에 비상사태가 발생하여 계엄선포한다 하면 되지 사유를 자세히 할 필요는 없지 않습니까?

대통령 서거를 3일간만 보안에 붙이자고 그토록 강경하게 주장한 것은 유고사실을 국민에게 알리지 않고 있다가 3일 후 곧바로 '혁명이 완료되었음'을 선포하기 위한 것으로 풀이된다. '눈치 보기에 급급한 수뇌부'를 3일에 걸쳐, 자기 체제로 흡수시킨 후 곧바로 김재규 자신이 '반민주적인 유신에 종지부를 찍기 위해 혁명을 일으켰다'는 취지의 발표를 하려 했을 것이다. 10시 25분경, 김재규가 중요한 말을 하기 위해 김계원을 밖으로 불러냈다. 김재규가 이야기를 꺼내려 하자 김계원이 먼저 입을 열어 마음에 담고 있던 말을 던졌다.

김계원 : 이 사람아, 어떻게 하려고 각하까지 그렇게 했어.

김재규 : 그런 이야기는 이제 그만하시오. 사태수습이 더 급선무입니다. 보안유지를 해야 됩니다. 최단시일 내에 계엄사령부 간판을 내리고 혁명위원회로 간판을 바꾸어 달아야 합니다.

김계원 : 알겠소.

"이 사람아, 어떻게 하려고 각하까지 그렇게 했어." 김계원의 이 말에는 이미 마음이 김재규로부터 떠나기 시작했다는 뜻이 들어 있었던 것으로 풀이된다. 이어서 두 사람은 지하 벙커에서 국방부 청사 2층에 있는 국방장관실로 올라갔다. 장관실 회의용 탁자의 제일 상석에는 국무총리가 앉았고, 왼쪽 첫 번째로 김재규, 다음 서종철 특보, 그 다음 유혁인 정무제1수석, 국무총리의 오른 편에는 김계원 실장, 두 번째로 부총리, 그 다음 문화공보부장관이 앉았다. 이때 다른 국무위원들은 국방부 회의실에 들어가 있었다. 밤 11시 30분, 국방부 회의실에서 국무회의가 열렸다. 신현확 부총리를 포함한 일부 국무위원들이 반발을 했다. "대통령 사망여부부터 확인해야겠다. 대통령이 서거하셨다면 그 사실을 숨길 이유가 없다. 계엄을 선포하기 전에 병원부터 가봐야겠다." 국무위원들이 이렇게 반발하자 대통령 시해 사실을 숨긴 채, 비상계엄을 선포하려던 김재규의 의도가 좌절됐다. 김계원은 국무위원들이 반발하는 것을 보면서 김재규 배후에 아무 것도 없고, 예비해 둔 특별한 계획도 없다는 것을 다시 한 번 확인했다. 그리고 핸들을 꺾었다. 김재규와 함께 가다가는 김재규와 함께 사형될 것이라는 생각을 했을 것이다.

밤 11시 40분에 발생한 김계원의 밀고는 역사의 기막힌 분기점이라 할 수 있다. 장관 보좌관실에서였다. 김계원은 정승화가 있는 자리에서 노재현 국방장관에게 김재규가 시해범이라는 사실을 알렸다. 박 대통령 시해현장을 지켜본 지 4시간만의 일이었다. 이 말을 들은 노재현은 조건반사적으로 정승화에게 김재규를 즉각 체포하라고 지시했지만 한동안 정승화는 시간을 끌며 미온적인 자세를 취했다. 1979년 12월 15일, 체포된 정승화는 이때 그가 취했던 행동을 자세히 진술했다.

  23시 30분경, 벙커에서 나와 국방장관실로 들어갔다. 장관 부속실에 들어가 상황을 살피고 있는데 김계원 실장이 장관실에서 나와 "조용한 방이 없냐"고 하자 장관보좌관 조 장군이 "자기 방이 비어 있다"고 했다. 김계원 실장이 본인보고 같이 가자고 했다. 김계원 실장이 먼저 들어가고 국방장관이 뒤따라 들어가서 소파에 앉았다. 김계원이 "각하를 시해한 자는 김재규인데 권총도 가지고 있으니 조심해서 체포해야 된다"는 말을 했다. 이때 장관이 "빨리 잡아야지"하므로 부득이 "체포하겠습니다"라고 하고 급히 벙커로 내려오면서 생각했다. 여러 시간이 지났지만 김재규의 세력이 나타나지 않는데다가 국방장관과 같이 있는 장소에서 김재규가 범인이라는 말을 들었으니 체포하지 않을 수도 없는 처지에 놓여 일단 체포키로 결심을 했다. 벙커 내의 총장실로 돌아와 헌병감(김진기)을 불렀다. "중정부장을 빨리 잡아오시오"라고 지시하자 헌병감이 "신병은 어떻게 합니까?"라고 묻기에 총을 가지고 있으니 조심해서 하고 "내가 보잔다고 유인해서 벙커로 오는 도중 잡아서 보안사령관에게 인도하시오"라고 지시했다. 그로부터 20~30분이 지난 후, 헌병감과 보안사령관이 함께 들어왔다. 이때 본인은 김재규가 성공하면 후환이 있을 것이라는 생각을 했다. 그래서 보안사령관에게 "신병을 인수받아 시내에 있는 안가에 수용하고 정중히 대하시오"라고 지시했다. 국무회의 결과가 궁금하여 국방장관 부관실에 가서 있는데 간단한 보고서를 보안사령관이 주어 보니 김재규를 연행하던 도중 그의 언행 등으로 보아 범인이 틀림없는데 조사를 해야겠다는 것이었다. 더 이상 보호할 수 없는 처지가 되어 할 수 없이 조사하라고 지시했다.

1980년 3월 7일, 정승화 내란방조사건 제2차 공판에서 헌병감 김진기는 아래의 요지로 진술했다.

11시 40~50분경, 총장으로부터 체포지시를 받았다. 이유는 모르고 그냥 "잡아오라"고 했다. 무슨 일이 있구나 생각은 했지만 각하에게 이상이 생긴 줄은 몰랐다. 체포해서 보안사령관에게 인계하라고 했다. 헌병 10명에 무장을 지시했다. "정중히 대하라"는 정승화의 지시는 난폭하게 대하지 말라는 뜻으로 받아들였다.

1996년 5월 20일, 제8회 공판에서 전두환은 이렇게 진술했다.

변호인 : 피고인은 정승화 총장의 호출을 받고 벙커 안에 있는 총장실로 찾아갔지요?
전두환 : 그렇습니다.
변호인 : 그곳에는 정승화 총장과 김진기 헌병감 두 사람이 있었지요?
전두환 : 예, 같이 무언가 대화를 하고 있었습니다.

변호인 : 피고인은 총장에게 "노재현 장관이 김재규를 체포하라 말합니다"라고 얘기하자 정승화는 "김재규를 보안사 안가(정동 소재)에 정중히 모셔라"는 뜻밖의 얘기를 했지요?

전두환 : 예.

변호인 : 보안사 정동 안가는 무장병력이 경호하고 있는 곳이 아니지요?

전두환 : 아닙니다.

변호인 : 정동 안가는 중대한 범인을 수용하는 적합한 장소가 아니지요?

전두환 : 아닙니다. 일반 가정과 똑같습니다. 보안사 요원 1명 정도가 배치되어 있습니다.

변호인 : 방첩부대장을 지낸 정승화 총장은 익히 알고 있는 곳이지요?

전두환 : 잘 알고 있습니다.

변호인 : 당시 정승화 총장은 김재규가 대통령 시해범이라는 사실을 알려주든가요?

전두환 : 일체 말이 없었습니다.

변호인 : 김재규를 체포하라는 말은 하던가요?

전두환 : 없었습니다.

변호인 : 수사하라는 말은 하던가요?

전두환 : 안가에 모시라고 했으니까 그런 얘기가 나올 수 없지요.

변호인 : 범인을 보안사 안가에 데려가는 것이 일반적 수사관례

입니까?
전두환 : 아닙니다. 범인은 수사분실로 데려가야 합니다.
변호인 : 보안사 안가는 중요인사와 비밀 회담을 하는 고급스러운 장소이며 범인을 데리고 갈 장소가 아니지요?
전두환 : 전혀 아닙니다.

김재규의 내란음모는 이렇게 끝을 마감했다. 여기에서 짚고 넘어가야 할 중요한 사실이 있다. 이 시각까지 김재규가 대통령을 시해했다는 사실을 확실하게 안 사람은 정승화, 최규하, 노재현이다. 정승화는 김재규가 바라는 대로 군을 움직였고, 최규하는 사실을 알고도 김재규가 체포되는 순간까지 4시간 동안 침묵으로 일관했다. 하지만 노재현은 조건반사적으로 즉각 체포할 것을 명령했다. 더구나 최규하는 김재규가 대통령을 시해했다는 사실을 알면서도 입을 굳게 다물고 회의를 주재하다가 10월 27일 새벽 00시 25분에 김재규가 있는 국방장관실로 가서 김재규에게 중간보고까지 했다. "비상계엄은 27일 04시를 기해 선포하기로 했습니다." 한 다리 걸치는 식으로 행동한 것이다. 이것이 최규하의 진면목이었으며, 침묵했던 다른 국무위원들 역시 떳떳한 입장이 아니었다고 생각한다.

김재규는 10월 27일 새벽 00:30분에 보안사 요원에 의해 전격 체포됐다. 김재규는 정승화와 함께 8시 5분에 B-2 벙커에 도착한 이후 체포될 때까지 4시간 30분간 정승화의 보호를 받으면서 '시해사실을 숨긴 상태에서 비상계엄령을 발동하도록' 영향력을 행사했던 것이다. 국무위원들은 국방장관실에 모여 국무회의를 하자면서도 회의의 목적을 '계엄선포'를 위한 것으로 했다. 그 많은 장관들 중에 "사건의 진상부터 따지고 조사해야 한다"고 주장하는 사람이 없었다. 살아 있는 대통령 앞에서는 충성을 보였을 장관들일 테지만, 일단 서거하고 보니 진상을 캐기보다는 권력이 누구에게 가는가에 대한 눈치부터 본 것이다. 권력의 태양은 서서히 저문 것이 아니라 카메라의 셔터처럼 한순간에 낙하한 것이다.

비상국무회의 결과 10월 27일 새벽 4시를 기하여 제주도를 제외한 전국에 비상계엄령을 선포하기로 했고, 정승화 육군총장을 계엄사령관으로 임명했다. 그리고 최규하 권한대행은 특별담화문을 발표하여 대통령 서거 사실을 공표했다. 비상계엄이 선포되면서 계엄공고 제5호에 의해 계엄사 내에 합동수사본부가 설치됐다. 합동수사본부(합수부)는 계엄사령부 내에 설치된 기구로 검찰, 군검찰, 중앙정보부, 경찰, 헌병, 보안사 등 모든 정보수사기관의 업무를 조정·감독하는 그야말로 막강한 권한을 가지게 되었다. 이들 기관장 회의에서 전두환은 언제나 상석에서 회의를 주재했다. 전두환은 보안사령관 겸 합수부장이었다. 보안사령관으로서의 직속상관은 국방장관이었고, 합수부장으로서의 직속상관은 계엄사령관이었다.

만일 정승화가 시해사건 현장에 있었다는 사실을 알았더라면 국무회의는 정승화를 계엄사령관으로 결정하지도 않았을 것이며, 12·12도 없었을 것이다. 비상국무회의가 열리고 비상계엄령을 선포하고 정승화 육군참모총장을 계엄사령관으로 임명하는 동안, 유고의 내용은 밝혀지지 않았다. 11시 40분, 김계원은 노재현에게 권총을 내놓으면서 바로 이 권총으로 김재규가 대통령을 쏘았다고 발설했다. 이에 노재현은 "체포하라"는 지시만 내렸다. 그는 그 권총을 가지고 국무회의 석상으로 달려가서 권총을 내놓으며 '김재규가 바로 이 총으로 대통령을 살해했으며, 이 총은 살해현장에 있던 김계원이 가져왔다. 김계원이 사정을 잘 알 것이니 자초지종을 들어봅시다' 하고 긴급제안을 했어야 했다. 김재규를 체포하라고 명령한 국방장관이라면 그 정도까지는 했어야 했다. 대통령이 서거하였으면 국무회의는 당연히 청와대에서 최규하 총리에 의해 열렸어야 했고, 김재규가 범인이라는 사실을 김계원으로부터 전해 들어 알고 있는 최규하 국무총리는 경호실에 명령을 내려 대통령 시해의 현장부터 확보하라는 지시를 내렸어야 했다. 그러나 최규하는 김재규-김계원이 유도하는 대로 국무회의를 국방부에 가서 열었고, 김재규가 범인이라는 사실을 숨겼다. 이에 더해 최규하는 회의도중 **빠져**나가 궁금해 하는 김재규에게 국무회의 결과를 알려주는 등 극도의 기회주의적 행동까지 보였다.

새로운 세상의 주역이 될 것임을 직감했을 정승화는 참으로 예리한 판단과 능숙한 솜씨로 김재규를 도왔다. 계엄선포의 필요성은 국무위원들이 결정할 사항이었다. 그러나 정승화는 계엄선포를 위해 자기보다 상위 직책에 있는 국방부장관, 합참의장, 연합사부사령관 등 군 수뇌부를 호출하여 김재규가 있는 육군본부 벙커로 오라 했고, 김계원과 통화를 하고 있는 국방장관에게 국무위원들을 벙커로 부르는 게 좋겠다는 건의까지 했다. 이렇게 해놓고도 정승화는 그의 자서전 "12·12사건 정승화는 말한다"(조갑제 정리)에서 국무회의를 청와대에서 주재하지 않고 국방부에 와서 주재한 사실에 대해 오히려 최규하를 비난했다.

정승화가 20사단과 9공수여단에 출동명령을 내린 것도 용서될 수 없는 월권이었다. 1973년 8월 17일자에 발효된 국방부훈령 43조에 의하면 각군 총장의 병력출동은 국방장관의 승인사항이었다. 그런데도 정승화는 국방장관의 허락 없이 병력을 동원했던 것이다. 국무위원들이 결정하지도 않은 비상계엄을 위해 대통령권한대행과 국방장관의 명령 없이 비상계엄 선포에 대비한 준비를 했고, 계엄이 발동하지도 않았는데 계엄군을 동원했다. 김재규 이외에는 아무도 정승화에게 이런 일을 하라고 명령한 사람이 없다. 작전명령권상, 자기의 수하에 있지 않은 경호실 차장에게 부당한 명령을 내려 경호실 병력을 움직이지 못하도록 동결시켰고, 그것도 모자라 작전명령권상 자기의 수하에 있지 않은 또 다른 수경사 병력을 동원하여 청와대를 포위시킴으로써 시해사건에 대한 진실을 은폐하고, 시해현장에 있는 김재규 수하들을 비호하였다. 또한 자신이 시해현장 부근에 대기해 있었고, 김재규와 함께 같은 차를 타고 육군 B-2 벙커로 왔다는 사실을 숨기고 계엄사령관으로 임명되었다. 군사전문가인 필자의 입장에서 볼 때 이는 김재규와 한 배를 타고 김재규가 일으킨 쿠데타에 중추적인 역할을 하겠다는 생각으로 한 일이라고 밖에 달리 해석되지 않는다.

　1979년 10월 27일, 최규하 대통령권한대행은 특별담화를 발표했다. "국민 여러분! 우리는 오늘 민족중흥의 지도자인 박정희 대통령 각하가 졸지에 서거하신 데 대해 그 충격과 애통함을 가눌 길 없습니다. … 군은 비상시국에 국가수호의 막중한 책임을 다해 북한 공산집단의 동향을 주시하며 철통같은 방위태세에 임하고 있습니다. … 헌법 제48조 규정에 따라 본인이 대통령의 권한을 대행하게 되었습니다. … 우리의 맹방인 미국 정부는 즉각 협조할 것을 명백히 했습니다. … 모두 다 같이 굳게 뭉쳐 위기를 극복해 나가야 하겠습니다." 이어서 계엄포고 제1호가 발령됐다. 모든 집회는 사전허가를 받아야 하고, 시위 등의 단체 활동을 금하고, 언론 및 출판은 사전검열을 받아야 하고, 통행금지 시간은 밤 10시부터 새벽 4시까지로 하고, 태업을 금지하고 유언비어 날조 유포행위를 엄금하고, 대학은 휴교한다는 등의 내용들이었다. 같은 날, 계엄공고 제5호에 의해 합동수사본부(합수부)가 설치되었고, 합수부가 모든 정보수사기관(검찰, 군검찰, 중앙정보부, 경찰, 헌병, 보안사)의 업무를 조정·감독하도록 했다.

7 | 슬픈 박흥주

박흥주는 범행가담 동기를 이렇게 진술했다.

1호차 가방에 둔 독일제 9연발 38구경 권총을 꺼내 7발이 장전돼 있는 것을 확인하고 허리에 찼다. 시간이 좀 있어서 부속실에 들어가 담배를 피우면서 생각하니 너무 뜻밖의 일이었다. 부장의 위치로 보아 나 모르게 이미 계획을 준비해놓고 있다가 오늘 기회가 포착되자 갑자기 거사를 하는 것으로 이해했다. 명령을 내릴 때, 워낙 무서운 얼굴로 해서 나는 아무 말도 묻지 못했다. 육군총장과 2차장보를 식당 집무실에 대기시켜 놓고, 결심한 듯 아주 강력한 태도로 경호원 살해를 지시하는 것으로 보아, 나 모르게 육군총장 등과 모든 결탁이 되어 있는 것으로 알았다. 각하를 시해하면 변란이 되고, 김재규 세상이 된다. 그가 성공했을 때, 만일 내가 가담하지 않으면 틀림없이 반역으로 몰려 살아남기 어려울 것이고, 공을 세우면 출세의 길이 열릴 것이다. 이렇게 생각하고 범행에 가담키로 작정했다.

'가담을 거절하면 틀림없이 반역으로 몰려 살아남기 어렵고, 성공하면 출세의 혜택이 있을 것이다.' 바로 이 마음이 김계원의 마음이었을 것이고, 정승화의 마음이었을 것이고, 최규하의 마음이었을 것이라는 생각이 든다. 그리고 김재규가 범인이라는 것을 벌써 알아차렸을 국무위원들의 마음이었을 것이다. 박흥주를 생각하면 참으로 어이없고 안 됐다는 생각이 든다. 김재규의 수행비서 박흥주는 육사18기의 현역 포병대령, 당시 41세로 부인과 1남2녀를 두고 있었다. 그는 중위 시절인 1964년 8월부터 1년간 제6사단장이었던 김재규의 전속부관이 된 이후 1969년 3월부터 만 3년간 보안사에서 근무했고, 1978년 12월부터 사고 당시까지 김재규 수행비서관이었다. 1979년 10월 28일, 그는 합수부에서 참으로 슬픈 진술을 했다. 그리고 1980년 3월 6일, 42세의 꽃다운 나이로 경기도 소래의 한 야산에서 총살형에 의해 생을 마감했다.

02시경, 육군 일등병이 오더니 누가 좀 보자고 하여 따라갔더니 헌병 대위 한명이 '상부의 지시에 의해 무장해제한다' 하기에 권총과 무전기를 제출했다. 이때, 경호조장 홍 대위와 경호원 1명이 나처럼 불려가는 것을 보고 밖으로 나오며 '이제는 다 틀렸구나' 생각했다. 부장 차를 타고 남산순환도로를 거쳐 한남동 주택가에 정차시킨 후 심정이 착잡하여 1시간 30분간 차안에 있었다. 04시 30경, 행당동에 있는 나의 집에 가서 문을

1979년 12월 군사재판으로 진행된 1심 선고공판에서 김재규를 비롯한 피고인들이 사형선고를 받고 있다. 김재규와 박선호는 1980년 5월 24일 서울구치소에서 교수형에 처해졌다.

두드리니 처가 나오기에 문밖에서 '일이 있어서 급히 간다' 했더니 처가 '아빠, 무슨 일이예요' 하고 놀라기에 더 이상 말하기 싫어 차를 달려 강변도로로 해서 잠실아파트에 세우고 운전수 유석문과 같이 쉬다가 07시경, 뉴스를 들었다. '김재규가 차지철을 살해하여 계엄사에 구속 수사를 받고 있다'는 내용이었다. 27일 오후 3시경, 보안사 수사관들에 의해 연행됐다.

8 | 전두환의 등장

보안사가 시해소식을 들은 것은 시해현장에서 총소리가 멎은 지 40분 후, 오후 8시 20분이었다. 김계원이 시신을 싣고 국군서울지구병원에 도착한 시각은 7시 55분, 병원을 가려면 보안사 정문을 통과해야 했다. 청와대 차량이 병원에 와서 사람을 실어 나르는 것을 목격한 근무병이 보안사 당직총사령 이상연 대령에 보고를 했고, 당시 근무를 하고 있던 정도영 보안처장(육사14기)이 사실을 확인하기 위해 병원장에게 전화를 걸었다. 하지만 중앙정보부 요원이 밀착 감시를 하기 때문에 병원장의 대답이 엉거주춤했다. "코드원(대통령)이냐, 위독하시냐" 했더니 병원장은 겨우 "예"라고만 대답했다. 이때 전두환은 연희동 자택을 떠나 서빙고 수사분실로 부대순시를 나가고 있던 참이었다. 이런 전두환에게 이상연 대령은 대통령이 지구병원에 입원했는데 용태가 위태로운 것 같다는 내용을 무전으로 보고했고, 전두환은 즉시 보안사 중요 간부들을 비상소집했다. 8시 30분이었다. 서빙고 수사분실에 도착한 전두환은 청와대 경호실에 전화를 걸었지만 경호실장은 물론 차장과도 통화를 하지 못했다. 그 다음의 보고가 전두환에게 들어왔다. "노재현 장관이 보안사령관을 찾고 있습니다. 정승화 총장이 각군 수뇌부를 B-2 벙커로 소집하고 있습니다."

오후 9시경, 전두환이 B-2 벙커에 도착했다. 이때 김계원과 최규하는 청와대에 있었고, 정승화 총장이 혼자서 독자적으로 상황을 처리하고 있었다. 벙커 내의 총장실에는 김재규가 있었고, 상황실에는 노재현 장관과 군 수뇌들이 있었다. 전두환이 노재현에게 "대통령에 무슨 일이 있습니까?"하고 묻자 노재현은 "대통령이 서거했다. 자세한 건 모른다"고 일러주었다. 전두환이 대통령 서거 사실을 처음으로 확인한 시점이 바로 밤 9시경이었다. 이때부터 전두환은 발 빠르게 육군본부 보안대 사무실에 임시 지휘본부를 차리고 사태 파악에 나섰다. 11시 40분, 노재현 국방장관은 전두환에게 "각하가 서거했다." "김재규를 체포하라." 이렇게 지시했다. 반면 11시 50분에 정승화는 전두환에게 "국방장관실에 김재규 중앙정보부장이 있다. 헌병이 체포하면 인계받아 보안사 안가에 정중히 모셔라." 이렇게 지시했다. 노재현은 '김재규가 대통령을 죽인 범인'이라는 사실을 알려준 반면, 정승화는 김재규를 안가에 정중히 모실 대상이라고 말해준 것이다. 이에 사태를 어느 정도 눈치 챈 전두환은 보안사 보안처 군사정보과장 오일랑 중령에게 명령을 내렸다. "국방장관실에 김재규가 있다. 육군총장이 찾는다는 구실로 유인하여 보안사 안가로 연행하라." 모시라고 명한 것이 아니라 연행하라고 명한 것이다. 그리고 오일랑 중령은 김재규를 글자 그대로 연행했다. 10월 27일 새벽 00시 30분이었다.

정동 안가로 연행된 김재규는 누가 묻지 않는데도 제일성을 이렇게 냈다. "이제 세상이 바뀌었다, 나에게 협력하라." "내가 박 대통령을 시해했다, 내일이면 세상이 바뀐다." 수사관들은 김재규의 언행으로부터 김재규가 대통령 시해범이라는 확신을 얻었고, 이는 즉시 전두환에게 보고됐다. 전두환은 정승화에게 "대통령 시해범은 김재규입니다. 구속해야 합니다"라며 압박했다. 정승화는 더 이상 저항할 명분이 없었다. 이로써 시해된 지 6시간 후인 10월 27일 새벽 01시 30분에 비로소 김재규가 정식으로 구속된 것이다. 김재규가 범인이라는 말을 들은 정승화는 김재규를 고급 안가에 정중히 모시라 했고, 안가에 모시라는 이유는 김재규에게 혁명 배후세력이 있을지 모른다는 생각 때문이라고 진술했다. 전두환 역시 배후세력이 있을 것이라는 생각을 했다. 그러나 전두환은 김재규를 범인으로 지목하자마자 즉시 고급 안가에서 서빙고 수사분실로 호송한 후 김재규를 비호하는 정승화를 압박하여 범인을 정식으로 구속시켰다.

김재규를 체포하기 직전까지의 사태는 정승화, 김계원, 김재규가 주도했다. 최규하 내각은 무기력했고, 국가는 무주공산이 되었다.

그래서 먼저 점령하는 세력이 임자로 보였다. 김재규가 이끄는 중앙정보부, 김계원이 이끄는 청와대, 정승화가 이끄는 60만 육군이 단합했던 당시의 상황은 누가 봐도 막강했다. 이런 힘이면 역모를 할 만한 세력이었다. 이 엄청난 세력이 그 힘을 발동하려 기지개를 펴는 순간, 2성 장군에 불과한 전두환이 재빠르게 선수를 쳐서 예봉을 꺾은 것이다. 전두환이 아니었다면 아마도 김재규-정승화가 주도하는 쿠데타 세력이 국가를 지배했을지 모른다. 전두환의 사태 파악 속도와 거침없는 행동이, 당시 최규하가 이끄는 국무위원들의 무기력함에 비하면 단연 돋보이지 않을 수 없다. 최규하와 국무위원들은 '무엇이 내게 이로우냐'에 따라 눈치를 보고 있었고, 전두환은 '무엇이 정의냐'에 따라 과감하게 행동했던 것으로 보인다.

9 | 김재규 연행과정

10·26 밤, 당시 중령으로 보안사 보안처 군사정보과장을 맡고 있던 오일랑 중령(갑종155기)은 1994년 7월 22일, 서울지검 918호 검사실에서 당시 김재규의 연행과정을 상세하게 진술했다.

… 육본 내 보안부대로 들어가 업무준비를 하고 있던 중 보안사령관이 들어와 나를 부르더니 김재규 얼굴을 아느냐고 물었다. 안다고 대답하니 그러면 김재규가 너의 얼굴을 아느냐고 물어 보았다. 모를 거라고 대답

을 하니 김재규가 현재 국방부 장관실에 있는데 헌병복장을 하고 가서 체포하여 정동 분실(보안사 안가)에 있는 허화평 비서실장에게 인계하되 정중하게 모시고 무장을 해제시켜라, 그리고 체포할 때는 '육본 B2벙커 총장실에서 정승화 총장이 부장님을 오시라고 합니다' 이렇게 유인하여 체포하고 만일에 대비하여 참모장 차(레코드) 등 3대를 준비하고, 헌병감이 현지에 헌병을 배치할 터이니 헌병지원을 받아 체포하라고 지시했다. 조금 후 김진기 헌병감이 들어와 보안사령관과 상의를 했다. 이어서 보안사령관이 나를 다시 불러서 들어갔더니 "헌병감과 협조하라"는 지시를 추가했다.

육본 보안대장실을 출발했다. 헌병감이 먼저 국방부로 가고 나는 동근무복에 헌병완장을 차고 차량 3대를 인솔했다. 국방부 정문 쪽에는 김재규 경호원들이 많이 있을 것 같아 뒷문을 통해 들어갔다. 국방부 본청 및 후정에는 이미 긴급 동원된 헌병장병 10여 명이 있었다. 나는 중정요원의 접근을 차단하기 위해 국방부 청사 사방에 헌병 2명씩을 배치했다. 그리고 김재규를 체포하여 나간 후 중정요원들이 뒤 따라 오는 것을 막기 위해 연행차량이 빠지자마자 모든 출입문을 일거에 봉쇄할 수 있도록 인원을 배치했다. 그리고 본부청사 2층으로 올라갔다. 회의실에는 전 국무위원들과 김재규 등이 있었고, 복도에는 장관 수행비서관들로 보이는 사람들이 많이 있어 체포에 지장을 받을 것으로 판단했다. 마침 그 곳에서 국방부 보안부대장 김병두 대령을 만났다. 나는 그에게 사령관의 지시로 김재규를 체포하러 왔음을 알리고 복도에 있는 수행원들을 다른 방으로 몰아넣어 달라고 부탁했다.

김 대령이 그들을 주위에 있는 방안으로 들어가게 하니 복도가 조용해졌다. 나는 헌병감인 김진기 장군과 함께 국방장관 비서실장인 조약래 준장의 안내를 받아 장관실에서 비밀통로를 통해 그를 차에 태우기까지의 코스에 대해 예행연습을 했다. 나는 조 장군에게 보안사령관이 지시한 유인방법을 알려주면서 협조를 구했다. 먼저 여러 사람들과 함께 있는 김재규를 자연스럽게 옆방으로 유인해 달라고 부탁했다. 조 장군은 2층 회의실 옆에 붙은 장관 별실로 유인하겠다고 말했다. 나와 김진기 장군은 미리 장관 별실에 가서 기다리고 있었다. 약 2분 뒤에 김재규가 장관 별실로 나오기에 나와 김 장군이 경례를 했다. 김 장군이 나섰다. "육본비서실장입니다. 정승화 총장이 B2벙커 총장실에서 부장님을 오시라고 합니다." 김재규를 비밀통로 쪽으로 유인하여 가는데 1층으로 내려가는 계단 부근에 이르자 김재규가 "박 대령, 박 대령"하며 박흥주 대령을 불렀다. 내가 "곧 따라 옵니다"하자 그는 계속 내려갔다. 비밀통로에 이르자 그는 "왜 이리 어두운 길로 가는가"하고 물었다. 내가 "이 길은 국무위원들이 다니는 비상통로인데 최규하 총리도 이 길로 들어오셨습니다"하니 아무 말 없이 계속 걸어 나갔다. 지상으로 나오자마자 미리 나가기 좋게 주차된 레코드승용차가 대기하고 있었다. 그 차의 조수석과 뒷좌석의 왼편에는 무장헌병이 미리 승차되어 있었다. 나는 김재규를 뒷좌석 가운데로 강하게 밀어 집어넣고 그 오른쪽 옆에 탔다. 타자마자 "무장해제 하겠습니다"하니 김재규가 "무장?" 하면서 자신의 바지 오른쪽 호주머니에 손을 집어넣기에 내가 얼른 손을 집어 넣어보니 38구경 리벌버 권총 1정이 들어있었다. 이를 낚아채 밖에 있는 헌병에게 전해주고 나머지 신체 부위를 수색하여 비무장임을 확인한 후 즉시 출발하여 뒷문을 통하여 나가 삼각지 로타리 쪽으로 갔는데 그 때 시간을 보니 00:40분 이었다.

그때 나는 '김재규 체포'를 눈치 챈 중정요원들이 뒤따라와 우리를 공격하고 납치해 갈지 모른다는 생각을 했다. 차가 삼각지를 지나 남영동 쪽으로 갈 때 김재규가 내게 누구냐고 묻기에 '육본헌병대장 오일랑 중령'이라고 대답했다. 조금 후 다시 "누구라고 그랬지?"라고 다시 물으면서 어디로 가느냐고 묻기에 "안전한 곳으로 모시겠으니 조용히 계십시오"라고 했더니 '어디냐'고 다시 물었다. 내가 "그건 말할 수 없습니다" 하자 김재규는 "세상이 달라졌어"라고 말했다. 내가 "무슨 말입니까?"하고 물었더니 그는 "대통령이 죽었단 말이야"하고 말했다. 미8군 수송대 앞에 이르자 통행금지용 바리케이드가 쳐져 있었고, 경찰관들이 나와 있었다. "육본헌병대장인데 누구를 태우고 어디로 가는 중이다" 했더니 통과시켜 주었다. 이어 남영동 소재 검문소에 이르러서도 같은 방법으로 통과하려는데 시동이 꺼져 버렸다. 뒤 따라온 2대의 예비용 차량 중 1대를 우측에 바짝 붙여 대기시킨 후 양 차량의 뒷문을 통하여 김재규를 옮겨 태우고 김재규를 밖에서 경찰들이 알아보지 못하도록 고개를 누른 상태에서 계속 진행하여 전 국회의사당 건물과 덕수궁 사이 길로 들어가 보안사 정동분실로 가려고 하였는데 내가 그 정확한 위치를 몰라 망설이다 보니 인근에 있는 중앙정보부 분실까지 가게 되었다.

그곳에서 예비군 복장을 한 머리긴 경비병이 뛰어 오는 것을 보자 김재규가 "우리 분실이구만" 하기에 아차 싶어 차를 돌려 나오니 보안사

분실이 보이고 밖에 사람들이 나와 기다리고 있었다. 즉시 2층으로 김재규를 데리고 올라가니 붉은색 카페트가 깔려 있었고 허화평 대령이 기다리고 있어 그에게 인계하고 나는 즉시 육본 보안부대장실로 귀대하여 그곳에서 기다리고 있던 보안사령관에게 임무 수행완료를 복명했다. 김재규가 무슨 말을 했는지 물어보기에 그대로 대답하니 말한 내용을 적어서 가져다 달라고 하여 김재규가 말한 그대로를 적어 드렸고 아울러 인근에 정보부 분실이 있다는 것까지 보고를 드렸다. 그러자 사령관은 계엄이 곧 발령될지 모르는데 계엄이 발령되면 필요한 조치를 취하고 특히 공항에 대한 통제를 철저히 하여 시해사건 연루자들이 국외로 탈출하는 일이 없도록 하라고 지시하였다. 당시는 몰랐는데 사후에 보니 정도영 보안처장이 사령관의 별도 지시를 받아 나를 엄호하였고, 국방부 본부에서는 김병두 대령이 박흥주 등 중정요원들을 체포했다. 정동분실에 있던 김재규는 그날 밤에 미니버스로 서빙고 분실로 옮겨졌는데 그 이동과정에서 미니버스가 전복되어 애를 먹었다고 했다.

2장

정승화의 천하

1. 김재규는 왜 대통령을 시해했나? / 85
2. 만일 김재규가 정권을 잡았다면? / 91
3. 정승화로 지향된 화살 / 95
4. 김재규와 정승화는 어떤 사이였나? / 97
5. 정승화의 혐의 지우기 행진 / 100
6. 정승화의 수사 방해 / 109
7. 정승화의 김재규 살리기 / 111
8. 철옹성 같은 김재규-정승화의 군 인맥 / 119
9. 정승화 연행 계획 / 120

02 정승화의 천하

1 | 김재규는 왜 대통령을 시해했나?

더러는 김재규가 차지철의 횡포에 화가 나서 우발적으로 사고를 저질렀다고 생각하기도 한다. 하지만 그가 우발적으로 사고를 저질렀다면 어째서 미리부터 육군총장을 시해현장 부근에 불러다 대기시켜 놓았으며 아끼는 부하들에게 사전명령을 내려 7명의 경호원들까지 살해하라고 준비를 시켰겠는가? 김재규가 박정희 대통령을 시해한 것은 소요사태 수습에 대한 그의 무능함이 노출되어 있는데다 본인 및 형제들의 비위가 대통령에게 노출되어 곧 있을 인사에서 밀려날 것이라는 점 그리고 차지철로부터 늘 수모를 당하고 있는데도 대통령이 차지철을 편애하고 있는 점 등의 감정적 차원에서 비롯되었으며, 이런 처지가 급기야는 대통령을 시해하고 그 자신이 정권을 잡으려는 독한 마음으로 비화되었던 것으로 조사됐다. 10월 27일, 김재규는 수사관 앞에 이렇게 털어놓았다.

본인은 76년 12월 4일부터 정보부장으로 근무해 왔다. 정국이 시끄럽고, 야당의 활동이 날로 적극화돼 가고 있었다. 이에 대한 본인의 수습방안이 실패를 반복하여 무능함이 노출됐다. 본인 및 형제 등의 이권개입과 비위가 노출되어 대통령으로부터 경고 친서를 받아 놓고 있었다. 군 후배이자 연하의 차지철이 너무 오만방자하여 수차에 걸쳐 수모를 당했고, 대통령은 이런 차지철만 편애했다. 이런 사유로 1979년 4월경부터 대통령과 차지철을 살해하고 군부의 지지를 받아 직접 집권하려고 결심했다. 그 후 기회를 엿보기 시작했다. 곧 있을 대통령의 중요 인사 단행에 본인이 포함될 것이라는 데 대해 불안을 느꼈다. 10월 19일, 부산지역 소요사태를 관찰했다. 정부에 대한 불신이 매우 컸다. 이런 소요가 서울, 대구 등 5대 도시로 확산되면 경제가 침체되고 현 정권이 끝장을 맞을 것이라고 생각했다. 이럴 때에 거사를 하면 국민적 지지를 받을 수 있다고 생각했다. 여러 가지 사정으로 보아 본인은 10·26 만찬기회가 결행의 적기라고 생각하게 됐다.

이학봉은 김재규와 잘 아는 사이였다. 김재규가 보안사령관이었을 때 보안사에서 함께 근무했기 때문이었다. 당시 이학봉은 41세였지만 친화력이 있었다고 한다. 그는 김재규가 경계심을 늦추기 위해 필기를 하지 않고 옛날 상사와 부하 사이의 대화인 것처럼 꾸며 안심하는 분위기를 만들어 가기 위해 머리에만 입력했다. 두 사람 사이의 대화는 매우 허심탄회하게 진전됐다.

이학봉 : 왜 그렇게 허술하게 일을 저지르셨습니까?

김재규 : 내 원대한 꿈이 앞섰다.

이학봉 : 부장님은 박 대통령이 살아 계실 때 인정도 받고 빛이 나는 것이지 박 대통령이 돌아가시면 부장님의 입지도 동시에 무너지는 것이 아닙니까?

김재규 : 모두가 나에게 절절 매고 따르기에 거사 후에도 계속 그렇게 하리라 생각했다.

이학봉 : 이번 거사에 동원될 부대는 어느 부대였습니까?

김재규 : 정승화가 내편이라 그런 건 염려하지 않았다.

이학봉 : 대통령을 시해하려면 누구를 시키던지 하시지 왜 부장님의 손에 직접 피를 묻이셨습니까? 부장님이 직접 대통령을 시해했다는 것이 알려지면 나중에 얼마나 많은 비난을 받으시려구요?

김재규 : 나의 심복인 안전국장 김근수를 시키면 내가 직접 하지 않은 것으로 다 처리될 수 있다고 생각했다.

이런 수사가 이루어지고 있을 동안 전두환으로부터 자주 전화가 왔다. 거사에 동원되는 부대가 분명히 있을 텐데 빨리 알아내라는 전화였다. 그만큼 초조했던 것이다. 이를 지켜본 김재규는 전두환을 빨리 만나게 해달라고 부탁했다. 이에 이학봉은 "이유만 정당하면 금방이라도 만나 뵙게 해 드릴 수 있습니다. 이유를 어떻게 전해 드릴까요?"하고 물었다. 이에 김재규는 "지금 곧바로 혁명을 해야 한다. 시간을 지체할 겨를이 없다. 매우 안타깝다. 빨리 만나야 한다"며 시간을 재촉했다. 이때부터 3단계 혁명 계획에 대한 구체적인 진술이 술술 풀려나오기 시작했다. 11월 8일. 김재규는 구체적인 "3단계 혁명 계획"을 실토했다. 제1단계는 정승화를 시해현장에 유인, 공범자로 만듦으로써 군이 '혁명'에 참여할 수밖에 없는 상황으로 몰아가는 것이고, 제2단계는 정승화로 하여금 군 주도 하에 계엄을 선포하고 군부대를 동원케 하여 주요 기관과 시설을 장악케 하는 것이며, 제3단계는 '혁명위원회'를 발족하여 김재규가 의장, 정승화가 위원장을 맡도록 하는 것이었다. 김재규의 이 3단계 혁명 계획은 매유 정교하게 진술됐다.

나의 분신 같은 심복이 있다. 그는 중정의 안전국장 김근수다. 계엄이 선포되면 그 즉시 중정으로 가서 김근수에게 나의 의도와 범행내용을 실토하고 그에게 임무를 주려 했다. 현장에 남아 있을 궁정동 중정 요원들을 연행, 남산에 수용시키고, 사건현장만 조사케 한 후, 현장증거를 인멸케 한 후 중정 간부를 소집하여 나의 범행에 대해서는 일체 함구한 채, 안전국장이 진상을 조사하고 있다고만 알리게 할 계획이었다. 육군총장을 설득 또는 협박하여 혁명위원회를 발족시켜 국민이 납득-호응할 수 있게 홍보하고, '10·26 혁명'을 '국민혁명'으로 전환한다. 현 정부 조직을 최대로 활용, 참여의식을 갖게 한다. 혁명위원회 의장은 내가 되고, 부의장은 국무총리, 위원장은 정승화와 상의하여 총장 또는 국방장관으로 하고, 위원은 전 각료, 각군 총장, 군사령관, 군단장, 관구사령관, 해군함대사령관, 공군작전사령관, 각 도지사로 한다. 위원은 상임위원과 비상임위원으로 한다. 혁명검찰부와 혁명재판소를 설치하고, 검찰부는 군민 합동으로 참신한 검사 및 검찰관으로 임명하고, 재판부는 군에서 명

망있는 장성급으로 구성하고, 반혁명분자를 처단케 한다. 빠른 시일 내에 내가 대통령에 출마하여 집권하고자 했다. 내가 정보부장으로 국내외 정보를 분석해 보니 우리나라에는 지도자가 될 수 있는 인물이 없고, 나의 권한을 최대로 활용하면 대통령 시해도 간단하게 처리할 수 있으며, 중정의 조직력과 권한으로 군부의 세력을 장악할 수 있어, 본인은 일약 위대한 지도자가 될 수 있다는 확신을 가지고 있었다.

이어서 11월 17일 김재규는 "3단계 혁명계획"을 더 자세하게 털어놓았다.

본인은 금년 4월경부터 보안 유지를 위하여 단독으로 구상하여 왔습니다. 왜냐하면 이조시대 이래 2인 이상이 역모를 해서 성공한 사례를 볼 수 없었기 때문에 혼자서만 골몰히 구상했습니다. 그 내용은 대통령 각하를 시해한 후 우선 늘 참석하는 김계원 실장에게는 보안을 유지시키고 그를 현장 목격자요, 동조자로 확보하고 현장 부근에 군 실력자를 유인 대기시켜 놓고 거사 직후 본인이 거사 목적과 의도를 설득 또는 협박하여 끌어들이고 비상국무회의를 소집하여 비상계엄을 선포한 후 계엄사령관을 조종하여 사태를 장악하고 계엄사령부를 서서히 군사혁명위원회로 전환시켜 국민혁명으로 이끌려고 하였습니다. 그리고 최단시일 내에 혁명과업을 완수하기 위하여 국회를 해산시키고 기존 정당을 해체시키고 집행기관인 혁명위원회를 구성하여 위원장은 본인이 부위원장은 육군참모총장으로 하여 군인들로만 구성하고 이를 감독하기 위하여 혁명위원회를 구성함에 있어서는 본인이 의장이 되고 국무총리는 부의장으로 하여 혁명위원회에는 사령관급 이상의 육군 주요지휘관, 함대사령관급 이상의 해군 주요지휘관, 작전사령관급 이상의 공군주요지휘관, 도지사급 이상의 각료전원으로 하고 다시 재경지구에 재직하는 사람은 상임위원으로, 지방에 재직하는 사람들은 비상임위원으로 구성하려고 하였습니다. 또한 혁명회의는 입법과 행정을 관장하고 부설기구로서 혁명재판소와 혁명 감찰부를 그 산하에 설치하되 혁명 감찰부는 군민합동으로 참신한 검사와 군 검찰관으로 구성하고 재판부는 군에서 명망 있는 장성급으로 구성하여 유신헌법 기초에 참여한 자, 5.16혁명 주체로 권력주변에서 치부한 자 및 악덕기업 및 특혜 재벌 등 비 동조세력을 처단하고 재산을 국고에 환수한 후 거사목적과 의도를 국민에게 널리 홍보하여 국민의 지지를 확보하려고 하였으며 또한 헌법 기초위원회를 설치하여 국민이 원하는 헌법안을 연구 작성케 하여 국민투표에 회부함으로써 확정시킨 후에 선거를 실시하려고 하였습니다.(진술 끝)

이상과 같은 혁명계획에 따르면 김재규는 제2단계까지 성공한 것이다. 김재규의 군맥은 대단했다. 정승화는 김재규의 강력한 추천에 의해 육군총장이 된 사람, 특전사라는 최정예부대를 이끌고 있던 정병주는 김재규가 5사단 36연대장을 할 때 대대장으로 시작해서 그 후 줄 곧 김재규의 심복으로 알려졌던 사람, 수도권을 장악하고 있는 3군사령관 이건영은 김재규가 정보부장일 때 차장으로 데리고 있다가 다시 3군사령관으로 내보낸 심복이었다. 이처럼 당시 김재규는 사실상의 군권을 장악하고 있는 사람이었다. 이들이 서로 자주 만나 시국을 의논하고 의기를 투합했던 사이라는 것쯤은 누구나 짐작할 수 있었다. 이러한 군맥이라면 쿠데타는 얼마든지 꿈을 꿀 수 있을 만큼 대단한 것이었다. 그런데 제2단계까지는 성공한 계획이 어째서 실패하게 됐는가? 이에 대해 김재규는 같은 날 이렇게 털어놓았다.

다 된 밥에 김계원이 배신을 했다. 아쉽다. 그러나 정승화는 배신하지 않고 나의 뜻을 받들었다. 이렇게 생각하는 데에는 이유가 있다. 육본 벙커에서 정승화는 부대출동 등 중요한 상황처리를 했다. 국방장관이 와 있는데도 정승화는 나에게는 보고 및 의논을 하면서도 국방장관은 돌려놓았다. 이는 국방장관은 안중에도 없고, 나를 받들고 있다는 뜻이었다. 만일 정승화가 말을 안 들으면 쏘아 죽였을 것이다.

이러한 자백이 나오자 합수부는 비로소 사건의 전모를 파악할 수 있었다. 이학봉 수사국장은 전두환 합수본부장에게 정승화의 구속 수사를 건의했다. "김재규가 검찰로 넘어가기 전, 우리 손 안에 있을 때 정승화를 연행 조사하게 해 주십시오."

2 | 만일 김재규가 정권을 잡았다면?

김재규가 정권을 잡았다면 어떻게 됐을까? 그는 자신이 대통령을 죽인 사람이기 때문에 그 누구에게도 정권을 이양하려 하지 않앉을 것 같다. 만일 그가 대통령이 되었다면 그는 대통령을 시해한 살인자라는 비난, 그것도 자기를 끔찍하게 챙겨준 박 대통령을 시해한 패륜아라는 비난에 시달렸을 것이다. 이런 것들을 억압하기 위해서라도 그는 아주 가혹한 독재자가 됐을 것이라는 생각이 든다. 그는 실제로 진술서에서 "반혁명분자를 처단한다"는 혁명 계획까지 실토했을 만큼 과격한 사람이었다. 1979년 11월 18일, 계엄군법회의에서 김정섭은 YH사건에 대한 김재규의 과격한 상황처리에 대해 이렇게 진술했다.

1979년 8월 9일 10:00시경, YH회사 200여 명이 회사내 문제해결을 요구하며 신민당사에 집결하여 농성을 벌임으로서 발단이 됐습니다. 8월 10일 10:00경, 김계원과 김재규가 강제 해산을 결의했습니다. 사람들이 투신을 하면 그물망, 매트리스 등의 안전장구가 있어야 하는데 당시는 숫자가 부족함으로 며칠간 연기하자는 실무자들의 건의가 있었지만 김재규 부장의 강행 지시로 안전대책이 불충분한 상태에서 8월 11일 02:00시에 경찰을 투입하여 강제 해산한 적이 있습니다.

이어서 김정섭은 김재규가 학생, 근로자, 종교인 모두에 대해 박 대통령보다 더 강경한 탄압 수단인 긴급조치 10호를 건의했다가 대통령에 의해 거절된 적이 있다고 진술했다.

1979년 8월 중순경, YH사건의 후유증과 도시산업선교회 및 가톨릭 농민회 등의 활동을 견제하기 위한 청와대 회의가 있었습니다. 이 때 김재규 부장은 '긴급조치 9호는 칼날이 무딥니다. 아주 강한 10호를 주십시오' 라고 건의했습니다. 그 후 10월 하순경, CPX기간 중 B-1방카에서 같은 회의가 열렸습니다. 이때에도 김재규 부장은 '각하, 긴급조치 10호를 주십시오. 그래야 정국을 수습할 수 있습니다' 라고 건의했습니다. 이에 대해 각하는 '학생, 근로자, 종교인 모두를 적으로 돌리면 정국수습이 되겠느냐, 당분간 9호를 가지고 정치와 종교를 분리하는 방법을 연구해 보시오' 라고 지시하셨고, 그 후 10호는 다시 거론되지 않았습니다.

이어서 김재규의 범행동기를 물었을 때, 김정섭은 이렇게 대답했다.

부산 계엄사태로 부산에 다녀온 김 부장은 이렇게 말했습니다. '부산에 가보니 300만 시민 중 70% 이상은 유신에 호의적이더라. 시가지와 항만이 눈부시게 발전했다는 것이다. 30% 이하의 반대세력은 행정기관이 잘만 선도하면 회복될 것 같더라.' 김재규는 소영웅주의 과대망상에 빠진 사람으로 그를 따를 사람 별로 없을 것입니다.

이에 대해서는 1979년 11월 9일, 계엄군법회의에서 있었던 김계원의 진술과 일치한다. 김계원은 위 김정섭의 진술을 뒷받침해 주는 보다 자세한 진술을 했다.

1979년 8월 10일 10:00시경 YH 노무자 200여 명이 신민당 당사에 집결, 계속 취업을 요구했습니다. 배후에는 도시산업선교회가 있었고, 장차 노동계와 종교계가 합세, 강력한 대정부투쟁 세력으로 진전될 우려가 있었습니다. 이에 대한 수습대책을 논하기 위해 8월 10일 10:00시경 청와대 제 사무실에서 김재규, 유혁인 정무1수석, 고건 정무2수석, 김정섭 등이 모여 논의를 했습니다. 중론이 나왔는데 그것은 보사부장관이나 노동청장이 신민당사에 가서 해명과 시책을 설명하자는 것이었습니다. 그러나 김재규는 정부 고위관리가 신민당사에 가서 사과하는 식으로 문제를 해결하면 전례가 될 것이다. 금일 중으로 경찰을 투입해 강제해산을 해야 한다고 강력히 주장하여 결국 그날 야간에 경찰을 투입하여 강제해산을 시킨 바 있습니다.

이 계엄군법회의에서 김계원은 긴급조치 10호에 대해서도 진술을 했으며 그 진술 내용은 김정섭의 진술과 정확히 일치했다. 김재규는 긴급조치 9호보다 더 강한 10호를 강구했고, 박 대통령은 이를 허락하지 않았다고 했다. 박정희를 비난하는 사람들은 김재규가 다방면의 민주화 인사들과 만나 민주화를 의논한 바 있었다고 주장한다. 이에 대한 어느 정도의 증거가 있는 지는 알 수 없으나 위 두 사람이 법정에서 진술한 내용들이 정확히 일치하고, 그 진술 내용들은 한 결 같이 김재규가 박 대통령보다 오히려 더 강경하고 탄압적이었다는 것을 입증하고 있다.

3 | 정승화로 지향된 화살

김재규가 왜 사형을 당했느냐에 대해서는 당시의 국민과 지금의 국민들 사이에 별 다툼이 없다. 하지만 정승화에 대해서는 전두환 시대의 정서와 민주화 시대의 정서가 판이하게 엇갈린다. 전두환 시대에는 정승화가 시해현장에 있었고, 그 후 김재규를 비호하면서 내란을 방조한 죄인으
로 인식됐고, 민주화 시대에는 전두환이 죄 없는 학자풍의 정승화를 체포하고 죄를 뒤집어 씌움으로써 군 지휘권을 찬탈한 죄인으로 인식됐다. 권력이 누구의 손에 있었느냐에 따라 어제의 충신이 죄인이 되고, 어제의 죄인이 충신이 된 것이다.

무엇이 진실인가? 이제부터 알아보자. 10월 27일 새벽 01시 30분, 합수부(합동수사본부)는 김재규를 서빙고 분실로 데려가자마자 김재규로부터 자신이 범인이라는 사실, 범행장소 근처에 정승화가 있었다는 사실, 그리고 김재규와 정승화가 같은 차를 타고 B-2 벙커로 함께 왔다는 사실을 처음으로 알아냈다. 이어서 정승화가 김재규의 범행 사실을 알면서도 대통령 시해 사실을 최규하 총리 및 수사기관에 알리지 않고 은닉한 채, 김재규의 의도에 따라 비상조치를 했던 사실도 알아냈다. 이를 인지한 합수부는 정승화 총장을 구속하려 했지만 때는 한발 늦었다. 10월 27일 밤중인 00시 25분경에 국무위원들은 국무회의에서 정승화를 계엄사령관으로 임명했다. 이로부터 1시간 후인 01시 30분경에 전두환은 정승화의 혐의를 포착했다. 정승화는 참으로 아슬아슬한 시간 차이로 계엄사령관이 된 것이다. 일단 계엄사령관이 된 정승화를 2성장군에 불과한 전두환이 체포한다는 것은 감히 엄두조차 낼 수 없는 일이었다. 당시 계엄사령관의 위세는 대통령보다 더 강했다. 행정과 사법권을 한 손에 거머쥐고 절차를 생략한 채 총을 든 군인들을 통해 비상조치를 취할 수 있는 폭넓은 권한을 가지고 있었으며 이는 매우 살벌한 것이었다. 1996년 5월 27일 '역사바로세우기' 재판에서 이학봉은 1979년 10월 27일 새벽에 있었던 상황을 이렇게 진술했다.

나는(이학봉) 김재규의 진술에 의해 정승화가 사건 현장 부근에 있었고, 그 후 김재규와 같은 차를 타고 육본에 왔다는 사실을 알았다. 이를 즉시 보안사령관에 보고했고 이어서 보안사 요원들을 궁정동 사건 현장으로 보냈다. 그 때까지 시해 공범들이 남아 있어서 모두 체포했다. 이어서 수사요원들을 국군서울병원에 보내 시신을 감시하던 정보부 요원들을 무장해제하여 체포했다. 이어서 보안사령관에게 정승화의 구속수사를 건의했다. 정승화가 김재규와 함께 같은 차를 타고 육본 벙커로 오면서 최소한 김재규가 시해범일 거라는 의심을 하면서도 김재규와 머리를 맞대고 계엄선포 및 병력동원 등을 상의했고, 또한 승인 없이 전투부대를 동원하는 등의 행동을 한 것은 최소한 내란방조행위에 해당한다고 생각했기 때문이다. 보안사령관은 그렇게 하라고 승인했지만 곧 다시 나를 불러 정승화가 이미 계엄사령관으로 임명된 상태라 구속이 불가능하니 극비리에 내사하라고 다시 지시했다. 따라서 합수부가 10월 28일에 발표한 "박정희 대통령 시해사건 제1차 수사결과 발표"에서는 정승화에 관한 언급을 일체 하지 않았다. 한편 합수부는 시해사건이 김재규와 정승화가 주도한 조직적인 내란행위라 판단하고 군부에 지원 동조세력이 있을 것이라는 데 촉각을 곤두세웠다. 정승화를 언급하면 그 지원세력이 일거에 들고 일어날 것이고, 이는 사태를 더욱 악화시킬 수 있었다. 따라서 극비의 내사가 필요했던 것이다."

10월 27일 새벽에 있었던 이학봉과 전두환 사이에 오간 위 대화의 내용들을 보면, 12·12는 이미 예약되어 있었다. 전두환은 "10·26이 국가전복을 기도한 내란행위이고, 여기에 관련된 자는 예외 없이 조사해야 한다"는 입장인 반면, 정승화는 "전두환에 잡히면 끝장"이라는 생각을 했을 것이다. 결국 정승화는 극비의 기습작전에 의해서만 체포될 수 있었던 성격의 사람이었던 것이다.

4 | 김재규와 정승화는 어떤 사이였나?

정승화는 10월 26일 오후 4시 15분, '6시 30분에 궁정동 안가에서 저녁을 하자'는 김재규의 제의를 받고 순순히 응했다. 김재규가 정승화를 부른 목적은 시해장소 근처에 정승화를 대기시켜 공범으로 확보했다가 그로 하여금 비상계엄을 선포함과 동시에 계엄군을 동원하게 하기 위한 것이었다. 정승화와 김재규와의 관계는 그만큼 돈독했다.

1979년 12월 29일, '정승화내란방조사건' 조사 당시 김재규는 증인자격으로 이렇게 진술했다(수사기록 287-304쪽).

정승화 총장을 이용할 계획은 1979년 4월 이후 줄곧 해 왔다. 본인은 정 총장이 내란에 가세할 것으로 판단했다. 정 총장은 본인이 총장으로 추천했고, 동향인인 데다 친밀한 사이였기 때문에 계획에 가세할 것으로 믿고 있었다. 1979년 1월, 청와대 오찬 때, 각하께서 본인에게 육군총장 대상자를 추천하라는 말씀이 계셨다. 본인은 감찰실장에 지시하여 박희동 대장, 김종환 대장, 정승화 대장 세 사람을 올리되 정승화가 가장 적임자라고 해서 보고서를 만들라 했고, 그 후 1979년 2월 1일에 정승화가 임명됐다. 나는 각하의 결재사실을 가장 먼저 당시 1군 사령관으로 있던 정승화에게 전화로 알려주면서 격려한 바 있다.

그러나 1979년 11월 1일, 계엄사령관이라는 막강한 자리에 앉은 정승화는 전혀 다른 말을 했다. 그는 "김재규 내란사건"의 참고인 자격으로 조사관들을 계엄사령관실로 불러 아래와 같이 구술로 진술했다.

나는 김재규를 잘 모르고 가까이 지내는 사이가 아니다. 그는 나를 이용하려 했겠지만 나는 그런 사람에게 이용당할 사람이 아니다. 나와는 성격차이도 많고, 관료적이며 고답적인 사람이다. 그와 같이한 시간도 별로 없다. 내가 총장이 된 것은 김재규의 추천으로 된 것도 아니며, 그의 영향력으로 된 것도 아니다.

정승화는 12월 12일 전격 구속됐다. 이로써 정승화는 "김재규 내란사건"의 참고인 자격에서 피고인 자격으로 변했다. 구속된 상태에서 12월 15일에 한 진술은 계엄사령관실로 수사관들을 불러들여 위압적인 자세로 구술해 주었던 위 내용과는 또 달랐다.

오래 전부터 많은 인연으로 자주 만났다. 김재규가 대통령의 신임을 받고 있다는 사실을 알면서부터 그에게 적극 접근했다. 그의 도움으로 참모총장이 됐다. 총장 임명에 대한 각하의 결재 사실도 김재규가 가장 먼저 알려줬다. 79년 10월, 추석 선물로 김재규가 300만원을 주었을 정도로 친밀하게 지냈다.

같은 진술서에서 정승화는 1962년부터 김재규와 접촉한 사실들을 11개 항목에 걸쳐 나열했으며, 호형호제하는 사이로 진전되기까지의 친밀했던 접촉과정을 자세히 진술했다. 결론적으로 김재규와 정승화는 의리와 신뢰로 정을 쌓은 막역한 사이라는 것이 두 사람들의 진술에 의해 드러났으며, 이는 당시 군 사회의 상식과도 일치했다. 김재규가 정승화를 안가에 부른 것은 정승화가 거사에 동참할 것이라는 믿음 때문이었다는 김재규의 진술은 사실로 보인다.

5 | 정승화의 혐의 지우기 행진

　전두환은 10월 27일 새벽 4시에 정승화 총장을 찾아가 "시해 장소가 궁정동 안가 식당이었다 합니다"라는 말을 던져 반응을 살폈다. 이에 정승화는 '김재규의 요청으로 안가에 갔었다'는 사실도 숨겼고, 궁정동에 '안가'가 있다는 말은 처음 듣는다며 시치미를 떼었다. 전두환이 돌아가자 정승화는 새벽 5시에 황급히 노재현 국방장관을 찾아가 자신이 김재규의 초청으로 중정 안가에 갔었다는 사실, 그 하나만 처음으로 실토했다. 김재규를 신문한 이학봉 수사국장은 10월 27일 새벽에 김재규의 자백을 통해 정승화의 행적을 알아냈고, 이런 정승화가 국방장관이나 합참의장 등과 일체 의논하지 않고 독단적으로 그리고 예행연습이라도 한 사람처럼 일사불란하게 비상상황을 처리하는 것을 수상히 여겼다. 27일 오전 11시, 이학봉은 오희명 수사계장을 대동하고 전두환 보안사령관에게 가서 정승화를 구속수사 하자고 건의했고, 전두환은 즉석에서 그렇게 하라고 결재를 했다. 그런데 문을 열고 나가려는 순간 전두환은 이학봉 중령을 다시 불렀다. 결재를 번복한 것이다. 국무회의가 정승화에게 이미 대권을 주었을 뿐만 아니라 군내에는 김재규-정승화 인맥이 상당했고, 여론도 생각해야 하기 때문에 전두환은 불구속 상태에서 극비로 은밀하게 내사하라는 지시를 다시 내린 것이다.

　합수부는 정승화가 계엄사령관이 된 다음날인 10월 28일, 수사에 대한 중간발표를 해야만 했다. 발표내용은 정승화에 의해 사전에 조율됐다. 따라서 이 중간발표("박정희 대통령 시해사건 제1차 수사결과 발표")에서는 정승화가 관련됐다는 것을 일체 언급하지 않고, 김재규가 범인이었다는 사실, 범행동기, 김재규 및 그 수하들의 범행과정을 약술한 후 합수부가 김재규를 구속하여 죄상을 수사하고 있다는 점까지만 발표했다. 이를 놓고 역사바로세우기에 동원된 검찰과 재판부는 "위 발표문에는 정승화 관련 부분이 없었는데 어째서 후에 정승화 관련 문제를 새로 제기했느냐, 없는 죄를 조작한 것이 아니냐" 이렇게 주장하지만 이는 설득력이 없어 보인다. 1996년 5월 27일, 역사바로세우기 1심 10회 공판에서 이학봉은 이렇게 진술했다.

변호인 : 10월 28일 당시 합수부에서는 10·26시해사건이 김재규와 정승화가 주도하는 조직적인 내란행위이고, 그 배후에는 상당한 군부의 동조세력이 있을 가능성이 있을 것으로 판단하고 있었지요?
이학봉 : 예.
변호인 : 동조세력에 의한 또 다른 내란이 일어날 수 있다는 가능성에 대해 우려하고 있었지요?
이학봉 : 예.
변호인 : 이와 같은 이유로 10·28일 제1차 중간발표에서는 정승화의 행적에 대해 언급하지 않았지요?
이학봉 : 예.

정승화가 시퍼런 칼을 휘두르는 마당에 2성장군인 전두환이 "정승화가 수상하다"라고 발표하는 것은 상상 밖의 일이었다는 것이다. 그 후 수사본부는 끈질기게 정승화에게 질문을 했지만 정승화는 김재규가 범인이었다고 생각해 본 적이 없다고 했다. 수사본부는 차 내에서 병력배치 사항을 주고받은 사실, 김재규와 같은 차를 타고 벙커에 도착하여 군수뇌를 소집하고 병력을 동원한 후, 이를 김재규에게 보고하면서 병력배치 장소를 문의한 사실, 이재전 경호실 차장에게 경호실 병력 출동을 금지시킨 사실, 수경사령관에게 청와대를 포위케 한 사실, 국무회의 장소를 청와대가 아닌 국방부에서 하도록 노재현 국방장관에게 건의한 사실 등에 대해 질문했지만 정승화는 이 모든 핵심사항을 숨겼다. 그리고 "총장의 말을 못 믿는 것이냐" 화를 내며 4일간에 걸쳐 윽박질렀다.

내사가 진행되고 있다는 사실을 눈치 챈 정승화는 10월 28일, 합수부장에게 시해사건 당일의 정황을 설명해 줄 테니 수사관을 총장실로 보내달라고 통보했다. 이에 따라 다음 날인 10월 29일 오후 8시부터 12시까지 이학봉 수사1국장, 검찰에서 파견 나온 정경식 검사 그리고 2명의 수사관들이 총장실로 갔다. 거기에서 정승화는 "나는 김재규와 교분이 전혀 없다"고 진술했다. 하지만 이는 위에서 살펴본 바와 같이 사실이 아니다. "나는 안가가 어디에 있는 지 전혀 몰랐다. 10월 26일에 간 것이 처음이었다"는 진술도 했다. 하지만 이 역시 사실이 아니다. 정승화는 1977년 12월, 1군사령관으로 발령받자 궁정동 안가의 김재규 사무실에 찾아가 부임인사를 했고,

1979년 4월 김재규가 육·해·공군 총장들을 만찬에 초대했을 때도 갔었다. "김재규가 대통령과 함께 식사를 하고 있었다는 사실은 알고 있었지만 그 장소는 청와대 경내인 것으로 알고 있었다"는 진술도 했다. 이 역시 설득력이 없다. 그날 밤 7시에 김재규는 와이셔츠 바람으로 정승화를 찾아와 먼저 식사를 하고 있으라는 간단한 말을 던지고 바로 돌아갔으며, 총소리가 나자마자 맨발에 피 묻은 와이셔츠를 입고 달려왔다. 다중의 문으로 겹겹이 둘러싸인 구중궁궐에 사방으로 널려 있는 그 많은 경호원들이 보는 앞에서 와이셔츠 바람으로 왔다 갔다 할 수는 없는 것이다. 청와대 경내는 맨발과 와이셔츠 바람으로 다닐 수 있는 여염집 마당이 아닌 것이다. "나는 자하문 밖에서 나는 몇 발의 M-16 총소리로 들었다"는 진술도 했다. 이 말 역시 앞뒤가 맞지 않는다. 당시 시해현장에서 수백m 떨어진 30경비단에서도 총소리를 듣고 병력출동을 준비했었으며, 대통령 경호실에서도 안가로 병력을 출동시킨 사실이 있었다. 불과 50m 정도에서 난 40여발의 권총 및 M-16 총소리를 멀리에서 난 가느다란 총 울림으로 들었다고 하면서 그 총소리가 M-16 총소리라고 단정한 것도 앞뒤가 맞지 않는다. M-16 총소리는 병사들이 내는 소리이지만 권총소리는 병사들이 내는 소리가 아니라 의미가 아주 큰 총소리인 것이다. 성격이 이러하기에 정승화는 그는 M-16소리 밖에 듣지 못했다 한 것이다. 총소리에 대해 정승화는 진술할 때마다 표현이 다 달랐다.

진술내용에 앞뒤가 맞지 않기에 수사관들이 이해되지 않는 부분들을 이리저리 지적하자 그는 화를 내며 당신들이 감히 계엄사령관의 말을 의심하느냐며 윽박질렀다. 그리고 그는 10월 29일 오후 8시부터 밤 12시까지, 10월 31일 오후 4시부터 5시까지, 그리고 11월 1일 오후 2시부터 4시까지 추가로 3차례나 더 불러 구술 내용을 수정시켰다. '노재현의 지시로 김재규를 체포하였다'는 그 전 내용을 '총장 단독으로 결심하여 체포를 지시했다'고 바꾸라 했다. '차안에서 20사단을 동원할 수 있다고 말한 것'을 삭제하라고도 했다. '10·26 이전에 김재규를 만나 김영삼이 민주당 총재로 당선된 배경에 대해 대화를 나눴다'는 내용을 삭제하라고 했다. 이는 조사에 협조한 것이 아니라 자신에게 면죄부를 주기 위한 것으로 인식됐다.

정승화는 10월 29일 오후 8시의 조사를 앞두고, 그날 낮 12시에 1, 2, 3군사령관과 1, 5, 6군단장을 초청하여 오찬을 가졌다. 이 자리에서 그는 김재규가 대통령을 시해한 다음 자기를 중앙정보부로 유인하려 했지만 역으로 자기가 육군본부로 그를 유인하였으며, 김재규에 대한 체포도 자기가 지시하였다는 말을 했다. 김재규의 내란음모를 저지시킨 사람은 바로 정승화 본인이라는 점을 부각시킨 것이다. 정승화의 이런 행동은 계엄사령관의 지위를 악용하여 자기가 일등공신이었다는 분위기를 만들면서 그를 향한 수사를 봉쇄하려는 것으로 비쳐졌다. 이에 이학봉 수사1국장은 11월 2일, 또 다시 정승화의 연행조사를 건의했다. 이에 전두환은 노재현에게 이런 사실을 보고하고 연행조사를 넌지시 떠보았다. 하지만 노재현은 "계엄사령관을 지금 조사하면 난리가 나고 시국이 불안해지니 정국이 안정될 때까지 기다리라"며 만류했다. 이 역시 이해가 간다. 당시 사회에는 10·26에, '정승화를 포함한 군부'가 개입됐을 것이라는 의혹이 번지고 있었다. 이런 사회분위기에 대해서는 정승화도 알고 있었다. "12·12 사건 정승화는 말한다"의 88쪽에는 이런 대목이 있다.

김재규의 범행에 대한 전모 발표를 국민들이 몹시 기다리고 있는 데다 꾸준히 나의 관련 여부에 대한 소문이 무성하였다. 나는 속히 전모 발표를 하라고 본부장에게 여러 차례 독촉했다.

10월 말부터 정승화는 합수부에 김재규내란사건 조사를 빨리 종결하라는 압력을 여러 차례 가했다. 사건을 정승화 자신이 관할하는 육군본부 계엄보통군법회의에 빨리 송치하라는 것이었다. 이와 동시에 정승화는 본연의 임무를 제쳐두고 전-후방 부대를 수시로 방문하여 여러 장군들을 불러 모아 놓고 자신은 대통령 시해사건과 무관하다는 것을 변명했다. 이는 수사의 조기종결을 위한 분위기를 만들기 위한 힘자랑이자, 확산돼 있는 '총장 연루설'을 불식시키기 위한 행위로 보였다. 벌써부터 정승화는 노재현과 함께 과도정부 수립에 주역을 담당하고 있었다. "12·12 사건 정승화는 말 한다"의 103~104쪽을 통해 정승화는 이를 인정했다.

1979년 11월 초, 노재현 장관은 국무위원들이 다음 대통령으로 최규하가 가장 무난한 인물이라는 결론을 내리고 있다는 말을 전해왔다. 나는 이에 동의하며, "군은 내가 설득할 테니 장관께서는 국무위원들을 단합시켜 최규하 총리를 잘 설득 하시지요"라고 말했다. 노재현 장관은 국무위원들이 자기의 눈치를 살피는 듯 하다고 말했다. 우리 두 사람은 최규하가 과도정부의 대통령으로서 적임자라는 데 의견의 일치를 보았고, 과도정부는 1년 전후 길어도 2년을 넘어서는 안 된다는 데 합의했다. 다음날 장관은 국무위원들이 최규하 총리의 동의를 얻었다고 알려왔다.

위 책의 105~106쪽에도 정승화의 정치개입 사실이 드러나 있다.

대통령 후보 등록 마감일을 며칠 앞 둔 11월 15일 조찬회의가 있었다. 조찬회의의 주요논제는 김종필 문제였다. 김종필이 공화당 대통령후보로 결정될 것 같다는 것이었다. 나와 노재현 장관은 내가 공화당에 압력을 넣는 것이 좋겠다는 데 합의했다. 나는 공화당 길전식 사무총장과 장경순 정책위 의장에게 전화를 걸었다. 이미 최규하 총리를 대통령으로 밀기로 합의했는데 공화당이 후보를 내면 혼란만 가중되니 조정해 달라고 부탁했다. 그날 공화당 의원총회는 김종필을 후보로 옹립하기로 가결했고, 김종필이 이를 수락하지 않는 형식으로 입후보를 포기했다.

위와 같이 수사의 대상인 정승화는 노재현 국방장관과 함께 사실상 정국을 주도하고 있었다. 정치인들과 내각이 정승화의 눈치를 살필 만큼 세상은 정승화의 것이 되어 갔다. 2성장군에 불과한 전두환으로서는 국방장관과 계엄사령관의 이러한 기세에 도전할 엄두를 내지 못했다. 국민적 의혹은 점점 더 고조되고, 수사종결시한(20일)은 가까워지고, 전두환은 초조했다. 11월 6일, 전두환은 서둘러 12일간의 수사결과를 발표했다. "군부 또는 여타 세력의 조직적 관련이나 외세의 조종이 개입된 사실이 없다."는 내용이었다. 1996년 3월 18일, 역사바로세우기 제2차 공판에서 전두환은 이런 말을 했다.

> 김상희 검사 : 11월 6일 최종수사결과를 발표하면서 기자들의 질문에 답변형식으로 정승화 총장은 당시에 김재규의 범행에는 관련이 없고, 오히려 적절하게 대처를 했다 이렇게 답변한 사실은 기억이 나십니까.
> 전두환 : 기억납니다. 왜 그런고 하면 박 대통령이 시해당한 지 며칠 안 됐지 않습니까? 정부는 아주 무력하고 상대적으로 계엄사령관이 국가권력을 거의 다 장악하게 됐습니다. 그 권력 쥔 사람을 합수부에서 아주 은밀히 내사를 하고 있는데 공개석상에서 당신 합수부가 내사하고 있소, 이런 소리하다가 모가지 몇 개가 견디겠습니까, 겁나서 그런 소리 못했지요, 그것은 방편입니다.

발표문은 정승화의 심사를 거쳐 작성되었기 때문에 정승화에게 불리한 내용이 별로 없었다. 단지 두 가지 사실, 즉 사건 당시 정승화가 김재규의 초청으로 궁정동 안가에 있었으며, 그 후 김재규와 같은 차를 타고 육본에 갔다는 내용이 들어 있었다. 정승화가 사건

현장 부근에 있다가 김재규와 함께 차를 타고 육본으로 왔다는 사실 하나만으로 국민은 경악했다. 그동안 나돌던 "총장연루설"이 한층 더 증폭된 것이다. 정승화가 김재규 행위에 묵시적으로 동조했을 것이라는 의혹이 비등해졌고, 정승화의 관련설에 대해 끝까지 조사하지 않는 합수부를 향해 정승화와 야합했다는 식의 여론이 새롭게 일고 있었다. 이러던 차에 11월 8일, 김재규가 "3단계혁명계획"을 실토했다. 이 계획은 정승화를 사건 현장에 개입시켜 빠져나갈 수 없게 만들고, 정승화를 시켜 계엄을 관리시키고, 정승화를 혁명위원장으로 하는 계획이었다. 이 계획은 정승화의 적극적 참여 없이는 불가능한 계획이었다. 정승화가 B-2벙커에서 취했던 행동은 바로 이 '3단계혁명론'을 뒷받침해 주는 것이었다. 정승화를 구속해야 한다는 확신이 더욱 강해진 것이다. 하지만 시국은 정승화와 노재현이 한 편이 되어 주도하고 있었다. 울분을 참으며 전두환은 11월 13일, 정승화를 뺀 나머지 8명이 포함된 내란사건에 대해서만, 정승화가 관할하고 있는 육군본부 보통군법회의 검찰부로 송치했다. 김재규 사건이 전두환의 손을 떠나 정승화의 손으로 넘어간 것이다. 이로써 합수부는 닭 쫓던 개 지붕 쳐다보듯 바라만 봐야 할 처지에 놓이게 되었다. 이제부터의 재판은 정승화가 관할하게 되었고, 김재규에 대한 생사여탈권은 정승화의 손으로 넘어간 것이다. 정승화는 김재규를 어떻게 살려낼 것인가!

6 | 정승화의 수사 방해

 10월 27일 새벽, 전두환은 김계원이 박 대통령 시해계획에 동의를 했다는 김재규의 진술을 받아냈다. 전두환은 곧바로 정승화를 찾아가 이 사실을 보고하고 김계원을 구속 수사할 것을 건의했다. 이 당연한 건의에 대해서도 기 싸움이 있었다. 정승화는 김계원의 구속을 강력히 반대했고, 전두환은 이에 질세라 물러서지 않고 강력하게 밀어붙였다. 결국 정승화는 마지 못해 동의를 했다. 11월 13일 보통군법회의 검찰부로 송치한 8명 중에는 경호실 차장 이재전도 포함되어 있었다. 직무유기죄로 기소의견을 낸 것이다. 수사기록에 의하면 그는 직무를 유기했음은 물론 범인 은닉에 협력했다. 시해 직후인 8시 35분경, 김계원이 이재전에게 이런 말을 했다. "각하가 시해 당했다. 경호실장도 직무수행 불가능한 상태다. 경호차장이 직무대행 하라. 병력출동을 일체 하지 마라. 보안을 지켜라, 경거망동 하지 말라."

 이 말을 들은 이재전은 그의 본연의 임무를 버리고 김계원의 말대로 행동했다. 그는 대통령 시신부터 확인하고, 만찬이 계획돼 있던 안가로 병력을 보내고, 대통령 주치의를 병원으로 급파하는 조치를 취했어야 했다. 또한 자동 규칙에 따라 "호랑이1호"를 발령하여 부대를 전투태세로 돌입시켰어야 했다. 그러나 이재전은 경호실로 돌아와 간부들에게 유고사실을 일체 숨기고, 처장급 이상만 소집하여 병력출동 금지령만 내렸다. 이에 따라 안가를 향해 가고 있던 "태양사찰요원"들이 철수했다. 거꾸로 경호실 간부들이 시해 사실을 알게 되자 마지 못해 처장회의를 열어 "각하가 시해됐다. 상황은 이제 끝난 것 같다"고 잘라 말했다. 처장들이 나서서 시신을 보호하고, 현장조사도 해야 한다고 건의했지만 묵살했다. '대통령과 경호실장 모두가 없어진 공백상태에서 앞으로 누가 실권을 쥘 것인가?' 아마도 이재전은 이런 생각을 했을지 모른다. 그리고 자기에게 명령을 내린 김계원과 정승화가 실세라고 믿었을지 모른다. 이렇게 명확한 죄과가 있다고 판단하여 합수부가 이재전을 구속 송치했지만 정승화는 군검찰에 불기소처분하도록 압력을 가했고, 징계조차 하지 못하게 했다. 그 결과 12월 5일, 이재전에게는 기소유예처분이 내려졌다. 이로 인해 항간에는 정승화와 전두환 사이에 불화가 있다는 소문이 나돌았다.

만일 이 시점에서 이재전을 구속했다면 어떻게 되었을까? 정승화가 경호병력의 현장출동을 금지시켰던 사실이 법정공방을 통해 만천하에 드러나게 될 것이고 이는 그야말로 정승화에게는 감당할 수 없는 악몽이었을 것이다. 경호실 병력을 시해현장으로부터 차단시킨 김계원-정승화-이재전은 그야말로 공모는 하지 않았다 하지만 사실상의 공범이라 해도 할 말이 없을 것이다. 경호실 병력의 현장접근 금지령은 이를 지시한 김계원과 정승화에게는 사활이 걸린 대목이었다. 그래서 정승화는 김계원과 이재전에 대한 기소를 적극 방해했던 것으로 보인다.

7 | 정승화의 김재규 살리기

 김재규가 계엄군법회의에 송치되자 기다렸다는 듯이 재야에서는 김재규를 "유신에 마침표를 찍은 민주화투사", "유신의 심장을 쏜 민주화투사"로 미화하기 시작했다. 구명운동도 활발했다. 이에 고무된 김재규는 태도를 바꾸었다. 전두환이 지휘하는 합수부에서는 "자신이 집권하기 위해 대통령을 시해했다"고 말하다가 정승화가 관할하는 군검찰로 사건이 송치되고 나자 "유신체제에 비수를 꽂기 위해 대통령을 시해했다"고 말을 바꾸었다. 11월 17일, 군검찰관이 작성한 진술조서에서 김재규는 자신이 유신체제를 종식시키기 위해 대통령을 살해했고, 당시 대통령 물망에 오른 3김은 자격이 없기 때문에 그 자신만이 대통령 자격이 있다는 취지로 아래와 같이 말했다.

 나는 유신체제의 폐해와 부작용에 대해 잘 알고 있었다. 힘을 가진 세력을 무너뜨리기 위해서는 대통령 시해 방법 밖에는 없었다. 이런 뜻을 실행에 옮긴 후 자살하거나 망명을 하지 않은 이유는 내가 주도권을 쥐고 혼란한 정국을 수습—설거지를 하고, 내가 구상한대로 통치하기 위해서였다. 여당에는 인물이 없다. 김대중은 사상적으로 하자가 있는 사람이다. 김영삼은 역량이 미미하다. 이철승은 '사꾸라'라서 지지기반이 없다. 그래서 이후의 정국을 이끌 사람은 나 밖에 없었다.(내란음모사건 소송기록 1079~1090쪽)

여기에 정승화가 가세했다. 이로부터 1주일 후인 11월 24일, 계엄 선포 이후 처음으로 민과 군이 함께 참여한 '계엄확대회의'가 있었다. 여기에서 정승화는 이런 발언을 했다.

10·26사건은 애석하나 국가와 국민 전체의 불행은 아니다. 박 대통령 체제는 잘못되었으므로 시정돼야 한다.

이는 박 대통령에 대한 비난임과 동시에 김재규의 범행이 정당한 것이었다고 옹호하는 실로 놀라운 발언이었다. 이에 대해 진종채 2군사령관, 백석주 육사교장, 이건영 3군사령관 등, 수많은 장군들이 심하게 반발했다.

박 대통령이 서거한지 며칠이나 지났다고 그런 말을 하느냐, 말을 하려면 살아계셨을 때 해야지, 왜 지금 하느냐, 박 대통령 체제가 잘못되었다면 여기에 있는 군 지휘관들도 책임을 지고 물러나야 한다.

이로 인해 회의가 중단됐다. 1996년 3월 18일, 제2회 공판에서 전두환은 이렇게 진술했다.

김상희 검사 : 오전에 우리 황영시 피고인의 답변을 원용해서 묻습니다. 11월 24일. 계엄확대회의가 끝난 후 중앙일보사 부근에 있던 안가에서 황영시 피고인을 만나 정승화 총장을 조사하는 문제에 대해서 두 사람이 의견을 나눈 사실

이 있습니까?

전두환 : 11월 24일, 전국비상계엄확대회의를 처음 했는데 그 때 정승화 총장의 발언에 황 피고인이 아침에 진술한대로 전국에 있는 장성들이 다 흥분했어요. 언제는 박 대통령이 아니면 나라가 망한다고 앞장서던 정 총장이 박 대통령이 돌아가시고 피도 안 말랐는데 김재규가 군법회의, 군 검찰에 와서 진술한 내용과 똑 같은 내용을 얘기했습니다. 그래서 우리 합수부에서도 그 발언을 대단히 중요시 여기고 거기에 있는 장성들도 흥분해서 회의가 중단이 되어 버렸습니다. 황영시 피고인은 성질이 곧고 거짓말할 줄 모르는 분이기 때문에 그 길로 저한테 와서 "김재규 수사를 철저히 하라, 디디하게 하니까 이런 얘기가 벌써 나오지 않느냐, 김재규가 영웅이라는 게 아니냐", 이러면서 김재규 사건 진상을 철저히 규명하라고 제게 야단을 치더라고요.

1996년 5월 20일, 제8차 공판에 출두한 피고 전두환은 변호인 질문에 이렇게 답했다.

변호인 : 10·26 사건 이전에 정승화 총장은 '박 대통령은 이 나라의 태양이요, 민족의 지도자요, 우리나라 중흥을 이끈 위대한 지도자'라고 했지요?
전두환 : 예. 그리고 그 때는 박 대통령이 아니면 나라를 구할 수

도 없고, 발전시킬 수도 없었다고 말했습니다.

김재규를 옹호하고, 박정희를 비난하여 군과 사회에 물의를 일으킨 지 이틀만인 11월 26일, 정승화는 언론사 사장단과 편집국장들을 초청하여 또 이런 말을 했다.

김대중은 사상적으로 불투명한 사람이다. 김영삼은 무능하다. 김종필은 부패했다. 만일 이런 사람들이 대통령이 되면 군은 쿠데타를 일으켜서라도 막을 것이다.

이는 소위 "3김 비토론"으로 신문을 도배케 했다. 11월 17일 김재규는 육군본부 보통군법회의에서 김대중은 사상에 하자가 있고 김영삼은 무능하고 이철승은 사꾸라라는 말을 했다. 결국 정승화는 김재규가 법정에서 한 말을 열흘 만에 그대로 이어받아 확대 방송했던 것이다. 위 사실들을 요약해 보자. 11월 17일, 김재규는 3김 중에서는 대통령 감이 없다며, 자기가 대통령이 되기 위해 박 대통령을 살해했다고 말했다. 11월 24일, 정승화는 "10·26사건은 애석하나 국가와 국민 전체의 불행은 아니다. 박 대통령 체제는 잘못 되었으므로 시정돼야 한다"며 김재규의 범행을 정당화시키려 했다. 11월 26일, 정승화는 김대중은 사상적으로 불투명하고, 김영삼은 무능하고, 김종필은 부패했기에 절대 안 된다. 이런 사람들이 대통령이 되면 군은 쿠데타를 통해서라도 막을 것"이라고 말했다. 위 세 가지 발언들을 종합해보면 첫째, 김재규가 잘못된 유신에 종지부를 찍은 사람이고, 둘째, 당시 대통령으로 물망에 오른 3김은 모두 대통령 자격이 없으므로 군을 이끌고 있는 자신이 용납하지 않을 것이라는 무서운 내용들이다. 김재규가 정권을 잡아야 하고 계엄사령관인 자기가 그렇게 몰고 가겠다는 뜻으로 풀이될 수도 있는 민감한 내용이었던 것이다. 당시 최규하가 대통령 권한대행(10. 26~12. 6)으로 엄연히 존재하는 마당에 계엄사령관이 쿠데타를 통해서라도 대통령을 자기 마음대로 시키겠다는 식의 발언을 한 것은 통수권자와 국민 모두를 무시하는 참으로 안하무인적인 발언으로 이해됐다. 이 발언은 정가와 군에 엄청난 충격을 주었다. 정승화가 국정에 대한 정치적 의도를 가지고 있다는 것이다. 이에 야당이 반발하여 당시 예산안을 심의하던 예산결산위원회가 유회되는 사태까지 발생하였다. 정승화는 여기에 그치지 않고 최규하 권한대행에 대한 약점을 잡으려 했다. 이는 자신의 영향력을 최고의 수준으로 상승시키려 했던 것이 아닌가 하는 의심을 갖게 할 만한 행동이었다. 1996년 7월 4일, "역사바로세우기" 재판 제1심 19차 공판에서 증인으로 나온 정승화는 이렇게 진술했다.

계엄군법회의로 송치된 기소장에는 '최규하가 김계원으로부터 김재규가 대통령 시해범인이라는 말을 들었다'는 부분이 있었다. 이에 대해 나는 군검찰 부장 전창렬 중령에게 직접 최규하에 대한 참고인 조사를 하라고 지시했다.

정승화의 이 진술은 맞는 말이었다. 10월 26일 오후 8시 40분,

김계원은 다른 사람들을 물린 후 최규하 총리에게 김재규가 시해범이라는 사실을 알려주었다. 최규하는 사실상 김재규의 범행을 숨겨준 사람이었다. 정승화로부터 이 명령을 받은 사람은 중령인 검찰관이었다. 중령인 그로서는 명령을 수행할 방법이 난감했다. 따라서 당시 모든 수사기관을 조정 통제하는 전두환 합수부장에게 이를 도와달라고 건의할 수밖에 없었다. 이런 요청을 받은 전두환은 최규하 대통령에게 갔다.

> **전두환** : 각하, '정승화 총장이 군 검찰에 각하를 참고인 자격으로 조사하라'는 지시를 했습니다. 그래서 군 검찰이 제게 찾아왔습니다.
> **최규하** : 좋다. 언제든지 와서 조사하라.

그리고 전창열은 최규하 대통령에게 가서 아주 조심스럽게 그리고 대통령에게 흠이 가지 않도록 조서를 작성하였다. 전두환을 비난하는 사람들은 이를 전두환이 며칠 후 정승화 연행에 대한 재가를 받기 위해 최규하에게 미리 손보기를 한 것이라고 왜곡했다. 하지만 필자는 전두환이 최규하를 손보려 한 것이 아니라 정승화가 최규하를 손보기 한 것이라고 생각한다. 기소장에 있는 최규하 관련내용은 정승화보다 전두환이 먼저 알았다. 그런데도 전두환은 최규하를 조사하지 않았다. 반면 합수부가 작성한 기소장 내용을 뒤늦게 살펴본 정승화가 최규하를 조사하라고 한 것이다. 이는 최규하 손보기를 전두환이 시도한게 아니라 정승화가 시도한 것으로 풀이된다. 당시는 정승화의 시대였다. 정승화 위에는 오직 최규하 한 사람만 있었다. 정승화는 그의 자서전 "12·12사건 정승화는 말한다"에서 권력과 권한은 다르다고 했다. 박정희에게는 권한과 권력이 다 주어져 있었지만, 별 지지기반이 없는 최규하에게는 권한만 있었고, 물리력을 갖춘 권력은 전두환에게 있었다고 말했다. 하지만 이 당시 누가 보아도 물리력을 갖춘 권력은 계엄사령관인 정승화에게 있었다. 최규하에 대한 참고인 조사를 하라는 것은 차후 그가 하는 일에 최규하가 더 이상 걸림돌이 되지 못하게 하기 위한 손보기였을 것으로 해석될 수 있다. 최규하만 고분고분해지면 사실상 정승화의 독재가 가능했던 것이다.

이렇게 활활 타오르고 있던 정승화의 불꽃에 김재규는 돌연히 찬물을 끼얹었다. 12월 8일, '김재규내란음모사건' 제2회 공판에서 김재규는 정승화가 자기의 범행의도를 알고 있으면서도 협조했다고 말했다.

  검찰관 : 만일 정승화 총장이 피고인의 의도에 불응했더라면 어떻게 할 생각이었습니까?
  김재규 : 불응하지 않으리라 생각했습니다. 그리고 그 때 당시의 상황은 모든 것이 기정사실화되어 있었습니다.

이 말은 10월 26일 밤 B-2벙커에서 취해졌던 상황처리와 국방부에서의 분위기가 김재규 천하로 돌아가고 있었다는 것을 의미하는 것이다. 이는 김재규가 11월 8일에 했던 진술과 맥을 같이 한다. "정승화는 배신하지 않고 나의 뜻을 받들었다. 육본 벙커에서 정승화는 부대출동 등 중요한 상황처리를 했다. 국방장관이 와 있는데도 정승화는 나에게는 보고 및 의논을 하면서도 국방장관은 돌려놓았다. 이는 국방장관은 안중에도 없고, 나를 받들고 있다는 뜻이었다." 이어서 12월 10일에 열린 제3차 공판에서 김재규 변호인 김정두는 그의 분수를 한참 넘는 참으로 희한한 발언을 했다. 첫째, 정승화는 시해사건과 무관하고, 둘째, 김재규를 선처하는 것이 계엄사령관의 내심이라는 폭탄발언을 한 것이다. "12·12사건 정승화는 말한다" 129~130쪽에는 이를 뒷받침하는 대목이 장황하게 기술돼 있다. 이런 사항들을 종합해 보고 젊은 합수부 장교들은 어떤 생각을 했을까? 정승화를 연행하지 않고서는 김재규에 대한 재판을 공정하게 수행할 수 없을 것이라고 생각을 했다. 정승화를 가만 두고서는 김재규가 민주화투사로 각색되어 방면될 것이며, 향후 정국은 재야세력, 김재규, 정승화가 주도하게 될 것이라는 생각도 했을 것이다. 이학봉은 여러 차례에 걸쳐 정승화를 연행하여 조사하자고 강력하게 건의했지만 전두환은 미루어 왔다. 그러다가 최종수사결과를 발표한 12월 6일, 전두환은 실로 어려운 결심을 했다. "연행조사하자" 이는 김재규와 정승화의 심복들이 이끄는 수도권 정예부대들과의 전투행위까지 각오해야 하는 모험이었다. 그래서 보안과 속도가 생명이었다. 12월 6일은 최규하가 대통령으로 선출된 날이기도 했다.

8 | 철옹성 같은 김재규-정승화의 군 인맥

정승화는 '김재규에 동조하는 세력이 있을 것으로 생각하여 후환을 입지 않기 위해 김재규를 안가에 정중히 모시라고 명했다'는 진술을 했다. 이 마음이 바로 세태를 반영한 것이기도 했다. 일국의 대통령과 경호실장을 살해한 중앙정보부장이라면 반드시 배후에 막강한 추종세력과 쿠데타 세력이 있을 것이라고 추측하는 것이 일반 상식이었다. 따라서 그 막강한 배후세력을 경계하는 것은 계엄사령관과 합수부장 모두에 부여된 초미의 임무인 것이다. 그런데 정승화는 김재규의 군 인맥을 그대로 유지하면서 거기에 그 자신의 군맥을 보탰다. 수도권 전체를 장악하고 있던 3군사령관 이건영 장군은 김재규가 중앙정보부장이었을 때 제1차장으로 기용되어 1년 9개월간 그의 휘하에서 근무했고, 1978년 10월에 김재규의 추천으로 참모차장으로 승진했으며, 정승화가 총장에 임명되자 3군사령관으로 승진한 사람이다. 정병주 특전사령관은 김재규와 안동농림학교 선후배 관계로 김재규가 6사단장일 때 참모장으로 발탁됐다. 하소곤은 정승화가 7사단장이었을 때 작전참모, 정승화가 1군사령관을 할 때 참모장으로 재직했다. 수도기계화사단장 손길남, 26사단장 배정도, 30사단장 박희모 역시 정승화 계열의 장군들로 알려져 있었다.

여기에 정승화는 1979년 11월 16일, 그의 심복을 중용하는 인사를 단행했다. 참모차장에 윤성민, 수경사령관에 장태완, 육군 작전참모부장에 하소곤 장군을 중용하고 중앙정보부장서리에 이희성을 임명했다. 이와 더불어 정승화는 수도경비사령부설치령(대통령 제9218호, 1978. 12. 19)을 개정했다. 유사시 대통령 경호실장의 지휘를 받던 것을 육군총장의 지휘를 받도록 개정함으로써 정승화 자신의 군 장악력을 한층 강화시킨 것이다. 이와 같이 정승화는 김재규-정승화의 군 인맥을 바탕으로 노재현을 끌어들여 한국의 정치-군사적 영향력을 거머쥐게 되었다. 이런 세력에 포위돼 있는 상태에서 수사를 계속한다는 것은 사실상 계란과 바위와의 게임이었다.

9 | 정승화 연행 계획

12월 6일, 전두환은 정승화의 연행일을 12월 12일로 정했다. 이 날은 육군진급심사 발표 날이었기 때문에 진급심사에 충격을 주지 않을 저녁 시간으로 정한 것으로 보인다. 그러나 전두환은 역사바로세우기 재판에서 12·12라는 숫자가 좋아서 그날을 역사적인 날로 택했다고 진술했다. 12월 6일, 전두환은 이학봉 수사국장(중령)에게 '정승화를 김재규 관련사건의 관련범'으로 연행 수사할 수 있도록 재가문서를 작성하라 명했다. 재가문서는 이학봉 수사1국장이 작성했다. 당시에는 군의 주요 지휘관이 형사사건에 관련되어 조사를 할 경우 국방장관을 경유함이 없이 보안사령관이 대통령에게 직접 보고하는 것이 관례였다. 박임항 내란음모사건, 윤필용 사건 등이 그 대표적인 예였다. 이승만 때에는 특무대장 김창룡 대령이 늘 이승만 대통령에게 직보(직접보고)를 해서 군의 고급 지휘관들을 얽어 넣었다. 더구나 당시 정국은 노재현과 정승화의 콤비에 의해 주도되고 있었기에 노재현 장관에게 정식으로 보고한다면 이는 즉각 정승화에게 알려지게 될 것이고, 이렇게 되면 전두환은 계엄사령관에 의해 역공을 당할 것이 뻔했다. 이에 이학봉은 최규하 대통령에게 직보하는 문서를 작성하여 12월 8일 전두환에 보고했다. 한편 정승화에 대한 연행 계획은 이렇게 작성되었다.

> 1) 대통령 보고 시점에서 정확히 30분 만에 연행조를 총장공관에 보낸다.
> 2) 연행조는 우경윤 합수부 수사2국장, 허삼수 합수부 조정통제국장 및 7명의 합수부 수사관으로 한다.
> 3) 총장공관에는 1개 분대 규모의 헌병이 특별경계를 하고 있고 외곽에는 50여 명의 해병대 병력이 상주하기 때문에 수사관을 보호하고 통과로를 확보하기 위해 당시 합수부에 배속돼 있던 33헌병대 병력 60여 명을 활용할 것 등이었다.

12월 12일 아침 9시 반, 전두환은 부관인 황진하 소령에게 대통령 비서실과 협조하여 그날 오후 7시에 보고시간을 잡으라고 명했다. 절충결과 보고시간은 그날 오후 6시 30분으로 잡혔다. 이에 따

〈1979년 12월 21일 최규하 대통령 취임선서〉

라 정승화 연행 시간은 7시로 정해졌다. 최규하는 12월 6일, 통일주체국민회의에서 대통령으로 선출되었다. 따라서 12월 12일에 최규하는 대통령 신분이었다.

12월 8일, 이학봉이 전두환에게 보고한 연행계획은 정승화가 연행요구에 순순히 따라 줄 것이라는 전제 하에 작성됐다. 대통령에게 사전보고가 된 다음에 연행하는 것이기 때문에 별 충돌이 없을 것으로 예상한 것이다. 연행팀은 어떻게 구성할 것인가? 이학봉은 전두환을 수행하여 대통령 공관에 가야함으로 연행 지휘는 허삼수 보안사 조정통제국장과 우경윤 수사2국장이 맡기로 했다. 원래 우경윤의 당시 직책은 육군범죄수사단장이었다. 당시 전두환이 허삼수를 지명한 것은 그가 똘똘한 장교라고 믿고 있었기 때문이었다. 연행팀은 총 9명, 위 두 대령과 7명의 합수부 수사관으로 편성했다. 연행절차는 가급적 정승화로부터 협조를 이끌어 내서 '임의동행' 하는 것을 기조로 할 것이지만, 만일 불응하면 긴급구속 절차에 따라 강제연행하기로 했다. 당시 군법회의법에 의하면 구속영장 발부 권한은 군법회의 관할관에 있었다. 그런데 육군본부 계엄군법회의의 관할관은 바로 정승화였다. 당시 국방부에는 군법회의 자체가 존재하지 않았고, 따라서 계엄군법회의도 설치되어 있지 않아 국방장관에게는 사전구속영장을 발부할 권한이 없었다. 따라서 정승화를 구속하려면 정승화로부터 사전구속영장을 발부받아야 하는 것이었다. 이러한 법적인 맹점으로 인해 부득이 긴급구속이라는 법절차에 따라 사전영장 없이 강제연행할 것을 계획했던 것이다. 이 긴급구속의 합법성에 대해서는 이 책의 뒷부분에 자세히 다루어져 있다.

이학봉은 연행을 대통령실과 약속된 보고시각으로부터 30분 후에 하는 것으로 계획했다. 30분의 간격만을 둔 것은, 전례로 보아 대통령의 재가는 보고 즉시 이루어 질 것으로 예상을 했고, 국가 최고자에 대한 연행계획이 누설되면 커다란 반격과 혼란이 이어질 것이기 때문에 비밀의 노출시간을 최소한으로 줄이기 위한 것으로 보인다. 전두환은 이학봉의 위 연행계획을 그대로 수용했다. 그리고 다음날인 12월 9일, 허삼수와 우경윤을 불러 이학봉과 함께 실무준비를 하라고 지시했다. 이 지시를 받은 두 사람은 총장공관 주위를 답사하여 경비상황을 파악했다. 그 결과 10.26사태 이후 총장공관에 대한 경비가 삼엄하다는 것을 발견했다. 10여 명의 육군헌병이 상주하고 있고, 50여 명의 해병대 헌병들이 공관 외곽초소들을 경비하고 있었다. 두 사람은 이 삼엄한 경비에 대한 대비책이 필요하다고 생각했다. 그리고 두 사람은 전두환에게 이학봉이 작성한 연행계획을 보강할 필요가 있다고 보고했다.

우경윤은 연행 시에 헌병감실 성환옥 대령과 육본헌병대장인 이종민 중령을 총장 공관에 동행케 하여 경비헌병들에게 연행의 배경을 설명하고 마찰을 예방하는 것이 좋겠다는 생각을 했다. 성환옥은 전직 육본헌병대장이고, 이종민은 현직 육본헌병대장이기 때문에 육군 헌병들에게 잘 알려져 있는 얼굴들이었다. 육군 헌병들이라면 이 두 사람의 얼굴만 보아도 복종할 것이라고 판단한 것이다. 한편 허삼수는 정승화가 경비병들을 동원할 경우를 대비했다. 그래서 그는 당시 합수부에 파견돼 있는 33헌병대를 한남동 로터리 근처에 대기시켰다가 긴급한 경우에 사용하기로 했다. 12월 12일, 5시 40분, 정승화 총장이 공관으로 퇴근했다. 부관인 이재천 소령(육사28기)이 오늘 무슨 계획이 있느냐고 묻자 정승화는 "저녁 먹고 외갓집(처가집)에나 가보자"고 했다. 그의 처가는 청담동 경기고 부근에 있었다. 그날 끝난 진급심사에서 그의 처남 신대진 대령(육사15기)의 진급소식을 장모에게 알리고 기쁨을 나누려는 것이었다. 이에 따라 이재천 소령과 경호대장 김인선 대위(육사31기)가 청담동까지의 경호를 위해 사복 속에 권총을 휴대하고 있었다. 6시 10분, 보안사령관 수석부관인 황진하 소령으로부터 전화가 왔다. "정보처장 권정달 대령이 퇴근길에 보고드릴 급한 보고서가 있으니 받아서 총장께 드리라"며 차종과 차량번호를 알려주었다.

3장

12·12의 밤

1. 한남동의 총소리 / 127
2. 김진영의 공관출동 / 141
3. 대통령 재가 / 149
4. 노재현의 피신과 재가 지연 / 154
5. 12·12의 육군본부 / 173
6. 내 편 네 편 갈라진 군벌 / 186
7. 장태완의 난동 / 199
8. 12·12의 마감 / 207
9. 12·12의 결산표 / 222
10. 12·12는 사전에 계획된 쿠데타였는가? / 223

 # 03 12·12의 밤

1 | 한남동의 총소리

12월 12일 오후 3시, 이학봉은 서빙고 수사분실에 있는 한길성 수사계장(소령)에게 전화를 걸어 "오늘 정총장을 연행한다. 연행에 필요한 준비를 하라"는 아주 짧은 지시를 했다. 이에 한길성은 총과 포승줄 등을 준비했다. 이어서 이학봉은 또 다른 수사계장 김대균 소령에게 전화를 걸어 "오늘 총장을 연행한다. 수사관들을 대기시켜라"는 지시를 했다. 이에 김대균 소령은 수사관들을 선발했다. 5시, 허삼수가 신동기 준위를 분실장 방으로 불러 합수부장의 의전용 차량인 일제 토요다 슈퍼살롱을 운전 연습하라고 지시했다. 신동기는 1961년 경희대 체육학과를 수료하고 일반병으로 입대했다가 1963년 대간첩작전으로 공을 세워 하사로 특진하여 1964년부터 보안사에 근무했으며 체격이 매우 건장했고, 단련돼 있었으며 허삼수와는 호형호제하는 사이로 알려져 있었다. 허삼수로부터 명령을 받은 신동기는 '오늘 사령관에게 아주 중요한 비밀모임이 있구나' 혼자 생각하면서 40분간 연습을 했다. 6시, 허대령이 다시 불러 공관촌의 약도를 주면서 "오늘 정 총장을 연행하러 가는데 네가 운전해라"는 명령을 내렸다.

6시 40분, 수사분실장 방에는 허삼수 대령, 우경윤 대령, 김대균 소령, 한길성 소령, 신동기 준위, 박원철 상사, 양일근 준위, 김덕수 준위, 이장석 준위 모두 9명이 모였다. 허삼수 대령 주재로 회의가 열렸다. "7시에 정총장을 연행하러 간다. 모두들 신중하게 하라." 그는 공관지도를 보여주며 임무를 분담했다. 한길성 소령, 김대균 소령, 박원철 상사는 총장 부관실에서 우발상황에 대비하고, 양인

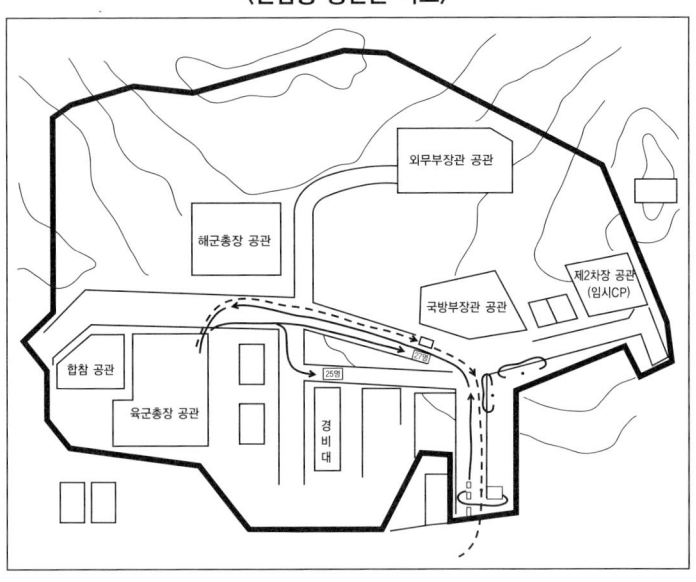

〈한남동 공관촌 약도〉

근, 이장석, 김덕수는 성환옥 대령과 함께 경비병을 관리한다는 것이었다. 7시, 토요다 슈퍼살롱에는 6명이 탔다. 앞좌석에는 신동기(운전), 김대균, 박원철이 탔고, 뒤에는 우 대령, 허 대령, 한 소령이 탔다. 당시 슈퍼살롱 앞좌석은 지금과 같이 운전석, 조수석으로 칸이 처진 것이 아니라 긴 소파처럼 되어 있었다. 그리고 지프차에는 성환옥 대령과 나머지 수사관 3명이 타고 출발했다.

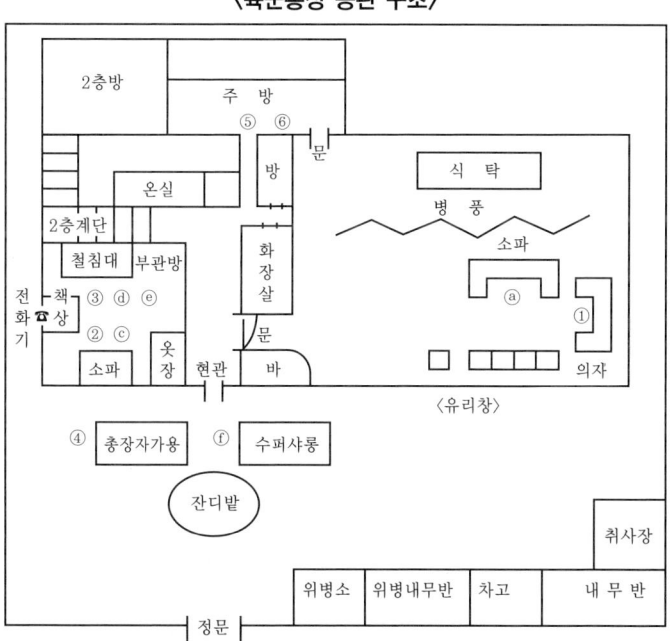

〈육군총장 공관 구조〉

사격시에 각 요원의 위치는 ①번 위치에 참모총장, ②번 위치에 전속부관, ③번 위치에 반일부 준위와 김영진 병장이 있었으며, ⓐ와 ⓑ 위치에 우경윤 대령과 허삼수 대령, ⓒ와 ⓓ 그리고 ⓔ 위치에 사복요원이 있었다. ⓕ 위치에 그들이 타고온 슈퍼살롱이 대기하고 있었다.

7시 5분, 여러 공관들이 이웃해 있는 소위 '공관촌' 입구에 다다르자 해병초소에서 차를 세우고 검문을 했다. 당시 공관촌 일대의 경비는 해병 헌병이 담당하고 있었다. 검문병에게 우경윤 대령이 유리문을 내리고 말했다. "나 보안사 정보처장 권정달 대령이다. 총장님 공관에 이미 연락이 돼 있다." 해병 헌병이 총장공관으로 연락을 하더니 통과시켰다. 7시 10분, 슈퍼살롱이 총장공관 현관에 도착했다. 우경윤 대령은 헌병출신이라 총장 경호대장인 김인선 헌병 대위가 금방 알아보고는 거수경례를 했고, 이에 우대령은 악수를 청했다. 급히 총장님께 보고할 사항이 있어서 왔다고 하자 이재천 소령이 우대령과 허대령을 응접실로 안내하고 다시 부관실로 와서 책상에 놓여 있는 인터폰으로 2층 거실에 인터폰을 했다. 이때 부관실에는 김인선 대위, 한길성 소령, 김대균 소령, 박원철 상사가 서 있었다. 인터폰은 정승화의 둘째 아들인 정태연이 받았다. 정태연은 당시 연세대 식품공학과 3학년이었다. 그리고 셋째 아들인 정이연은 육사 2학년으로 사건 당시 육사에 있었다. "아빠, 보안사 사람들이 급한 보고를 드리러 왔대요."

  7시 15분경, 총장이 2층 계단으로 내려오자 이재천 소령이 뛰어가 응접실 문을 열고 총장을 안내하고 다시 부관실로 갔다. 응접실에는 정승화 총장이 상석에 앉고 그 앞에 길게 놓인 소파에 우 대령과 허 대령이 앉았다. 우 대령(육본범죄수사단장)이 분위기를 부드럽게 하기 위해 입을 열었다. "이번에 진급을 시켜 주실 줄 알았는데 서운했습니다." 이에 대해 총장이 웃으면서 "다음에 하면 되지"

하면서 시간이 없다는 식으로 "그래 보고할 사항이 무어요" 하고 서둘러 물었다.

우 대령 : 김재규 재판과정에서 새로운 진술이 나와 총장님의 진
　　　　　술이 필요해서 왔습니다.
총　　 장 : 그게 무언지는 모르지만 여기에서 하자.
허 삼 수 : 여기는 준비가 되어 있지 않으니 녹음 준비가 되어 있는
　　　　　곳으로 가주시면 좋겠습니다.
총　　 장 : 김재규가 뭐라고 했는데 그래(짜증을 내며).
허 대 령 : 총장님과 돈 관계가 있었다고 합니다.
총　　 장 : 그런 일 없다고 했잖아(고함을 치며).
허 대 령 : 저희들도 그렇게 믿고 싶습니다. 그러나 절차상 필요하
　　　　　니 같이 가시는 게 좋겠습니다.

　1962년에 방첩부대장 경력을 가지고 있었던 정승화는 이 말의 뜻을 금방 알아차렸다. 이에 총장은 노발대발하며 소리를 질렀다. "이놈들, 가긴 어딜 가. 내가 적어도 육군참모총장이야. 너희들 누구 지시 받고 왔어, 대통령 전화 대, 장관 전화 대" 두 대령은 대통령에게 이미 보고된 것이니 조용히 같이 가시자 했지만 총장은 연행을 거부하면서 "부관, 경호대장, 이놈들 잡아" 하면서 고함을 쳤고, 두 대령은 총장의 겨드랑이를 끼고 "이러시면 안 됩니다. 조용히 가시지요" 하면서 일어섰다. 한편 부관실에서는 이재천 소령과 김인선 대위가 3명의 수사관들에게 앉으라 권했지만, 수사관들은 두 장교

가 사복 속에 권총을 차고 있는 것을 금방 감지하고 소파를 그들에게 극구 양보했다. 앉으면 제압당한다는 생각에서였다. 양측이 총을 휴대한 상황에서 누가 기선을 제압하느냐, 마음속에서는 불꽃 튀는 전투를 하고 있는 것이었다. 총장의 고함소리를 들은 근무병 7~8명(허삼수는 5~6명이라고 진술, 우경윤은 7~8명이라고 진술)이 순차적으로 들어왔다. 이들은 놀라 들어와 지켜보기만 하고 달려들지는 않았다. 이에 우경윤이 총장의 겨드랑이를 놓고 이들 근무병들에게 "너희들은 무엇하는 놈들이야, 나가" 하고 소리를 치며 다가섰더니 그들의 일부가 슬금슬금 나갔다. 혹시 외부에 무슨 일이 있는가 싶어 밖을 살펴보고 현관으로 돌아오는 순간 총성이 울리면서 우 대령이 쓰러졌다. 이 장면에 대해 우 대령은 이렇게 진술했다. "몸을 일으킬 수가 없어 고개를 돌려보니 나로부터 2~3m 지점에 옅은 갈색 옷을 입은 청년이 권총을 겨누고 있었다."

총알은 우 대령의 오른쪽 팔뚝을 위에서 아래로 뚫고 들어가 좌측 하복부 쪽에 박혔다. 위에서 밑으로 쏜 것이다. 우 대령은 덩치가 크고 우람했다. 그런 그를 어깨에서 하복부로 총알을 날렸다면 사선의 심한 각도로 보아 그 총알은 계단 정도에서 날아왔을 것으로 보인다. 우 대령과 합수부측은 이 청년을 정승화의 아들이거나 공관경비요원으로 생각하고 있지만, 누가 우 대령을 쏘았는지는 아직도 모른다. 우 대령은 그 청년이 총장의 아들일거라는 생각에 규명하지 말고 그냥 덮어두라고 했고, 우 대령이 후송된 다음 합수부는 우 대령의 요청에 따라 이에 대해 더 이상 문제 삼지 않았다.

1994년 7월 25일, 국립과학수사연구소에 근무하는 총기분석실장을 맡고 있던 이정필은 서울지방경찰청에 나와 당시의 X-레이 사진을 판독하며 사진 상으로는 우경윤의 몸속에 박힌 총알이 38구경일 가능성이 높다고 진술했다. 우경윤이 어떤 상태에서 누구로부터 총을 맞았는가에 대해서는 심증만 있지 확실한 증거가 없다. 우경윤은 미국으로 가서 치료를 받았지만 반신불수가 되어 있다. 38구경의 권총이라면 총장의 것이거나 수사관들의 것이다. 그러나 당시 상황은 수사관이 우 대령을 쏘았을 만큼 복잡하게 엉키지는 않았다. 이후 정승화의 아들이 총을 가지고 있는 것은 두 차례 더 목격된다.

이 틈에 총장은 소파의 은밀한 곳에 붙어 있는 버튼을 눌렀다. 부관을 부르는 벨이 울렸다. 이 소령이 뛰어나가 응접실 문을 열고 "부관입니다" 하고 복명했다. 총장은 "총리나 국방장관에게 전화를 대" 하고 화가 난 음성으로 지시했다. 부관실로 뛰어온 이 소령이 수화기를 들고 막 전화를 돌리는 순간 응접실에서 "경호대장, 경호대장" 하고 김인선을 긴급히 부르는 소리가 또 들렸다. 총장의 위기를 감지한 김인선 대위가 허리에 찬 권총에 손이 가면서 응접실로 뛰어가려 했다. 이 모션을 수사관들은 김 대위가 권총을 뽑아들고 총장에게 가려는 것으로 이해했다. 이렇게 되면 연행이 어렵게 될 것이라는 생각이 스치자 박원철 상사가 왼손으로 김 대위의 손을 김 대위가 차고 있던 권총 위에 대고 누르면서 오른 손으로 자기 가슴에 차고 있던 리볼버를 꺼내 개머리판으로 김 대위의 좌측 머리를 세게 후려쳤다.

바로 이 때 복도에서 한 발의 총성이 울렸고, 이 총알에 의해 현관문 가까운 복도에서 우 대령이 맞고 쓰러졌던 것이다. 위 총소리와 동시에 부관실에 있던 3명의 수사관이 흥분하여 김 대위와 이 소령을 마구 쏘았다. 이 소령은 복부에 1발을 맞고 김 대위는 5발을 맞았다. 상대방이 총을 가지고 있다는 사실은 이렇듯 과잉행동을 부르는 것이다. 이것이 바로 전쟁심리인 것이다. 이 소령에게 두 발을 쏜 사람은 한길성 소령이었다. 한발은 복부에 맞고 다른 한 발은 요행이도 권총 피에 맞았다. 두 사람을 제압한 후 박원철은 현관 밖으로 뛰어나오다가 우경윤 대령이 피를 흥건히 흘리며 쓰러져 있는 것을 보고 공포심에 휩싸이면서 격한 감정이 폭발했다. 소위 전투심리가 작용한 것이다. 그는 1994년 2월 1일 수사관 앞에서 무서움과 분노를 느꼈다고 했다. 박 상사는 하늘에 대고 권총으로 공포 5발을 연속하여 쏘았다. 이 총소리에 공관관리관인 반인부 준위가 정문 초소 쪽을 향해 달려갔다. 박 상사는 "저 새끼 봐라"하고 소리쳤다. 이에 정문에서 현관 쪽을 감시하던 김덕수 준위 등이 앞으로 나섰다. 반 준위는 다시 현관 쪽으로 달려왔다. 박 상사는 그를 향해 격발을 했지만 총알이 없었다. 이 사이에 반 준위는 높은 담을 넘어 해병대 내무반으로 피했다.

같은 시각, 한길성 소령은 복도에 쓰러져 있는 우 대령을 보고 놀라며, 허 대령이 어디 있느냐고 물었다. 우 대령은 괴로운 표정에 손가락으로 응접실을 가리켰다. 응접실 문을 열고 들어가자 총장이 "당신 누구야"하고 경계했다. "수사관입니다. 빨리 가시지요"하며 총장 옆으로 다가가 일어서기를 종용했다. 한편 권총 실탄이 떨어진 박원철은 슈퍼살롱 옆에 대기하던 신동기에게 달려갔다. "형, 트렁크 빨리 열어". M-16 소총 1정을 꺼내 옆구리총 자세를 하고 현관으로 들어갔다. 그러자 좌측 2층 계단에서 청년이 권총을 겨누면서 내려오고 있었다. 박원철은 그에게 M-16을 겨누며 "이 새끼" 하고 소리쳤다. 청년은 놀라 쏜살같이 2층으로 올라갔다. 박 상사는 복도에 더 있다가는 어느 곳에서 총이 날아올지 모른다는 생각에 밖으로 나왔다. 사격을 주고받는 상황에서는 시간이 갈수록 변수가 발생한다. 이는 상식이다.

박 상사는 유리창을 통해 응접실 안을 들여다 보았다. 총장의 좌측에는 허 대령이, 오른쪽에는 한 소령이 서 있었다. 연행을 조르고 있는 듯 했다. 박 상사는 M-16 개머리판으로 유리를 위에서 밑으로 내려쳤다. 유리가 요란한 소리를 내며 깨졌고 그 유리를 밟고 뛰어들어가 총장의 가슴에 총구를 들이댔다. "빨리 나갈 것이지 무얼 우물쭈물해" 이에 정승화는 겁을 먹었다. 총장의 양 옆에 서있던 허 대령과 한 소령이 총장의 겨드랑이를 끼자 총장은 순순히 연행에 응했다. 이 때 정태연 군이 응접실 문을 열고 들어와 "아버지 총 여기 있어요" 하고 총을 내밀었다. 그러나 총장은 총을 가지고 올라가라고 했다. 나오는 광경을 총장의 부인(신유경, 당시 51세)이 계단에서 내려다보고 있었다.

시동이 걸려있던 슈퍼살롱 뒷좌석 가운데에 총장을 앉혔다. 그

좌측에는 한길성, 우측에는 허삼수, 앞좌석에는 김대균 소령이 타고 신동기가 운전을 하고 나왔다. 현관 출발시간이 7시 22분이었다. 불과 12분 만에 총장이 체포된 것이다. 총장을 태운 차는 저항 없이 공관 정문을 나왔다. 해병대 초소에 이르자 헌병이 M-16 소총을 겨누며 차를 세웠다. 운전을 하던 신동기가 유리를 내리고는 "이놈들, 총장님이 타고 있는데 어디라고 총을 겨누느냐"하고 소리를 쳤다. 헌병이 차안을 들여다보자 총장이 "나다, 총장이다" 하고 신분을 밝혔다. 비상라이트를 켜고 클랙슨을 연속 울리며 달렸다. 그러자 경비병들이 바리케이드를 순순히 열어주었다. 서빙고 분실에 도착한 시각은 7시 30경이었다. 쓰러져 있는 우경윤 대령은 몸집이 매우 컸다. 두 사람이 달려들어 간신히 총장 차량에 태울 수 있었다. 박원철 준위는 조수 자리에 헌병 하사를 태운 후 총장 차를 운전하여 7시 25분 정문을 출발하여 10분 후 수사분실에 도착했다. 그리고 곧바로 한 소령이 그를 마이크로버스에 옮겨 싣고 통합병원 서울분소로 후송했다.

한편 이재천 소령은 의식을 회복하여 상황실장에 전화를 걸었다, "보안사 정보처장 권정달 대령과 범수단장이 총장님을 납치해 갔습니다" 그리고 부상을 당했으니 앰뷸런스를 보내달라고 했다. 7시 40분경이었다. 그에게 시간은 일각이 여삼추였다. 상황실에서 아무런 연락이 없자 그는 상황실로 다시 전화를 걸었다. 이때는 윤성민 참모차장이 직접 전화를 받았다. 이 소령은 상황실장에게 했던 보고를 그대로 한 번 더 반복했다. 7시 50분이었다. 이 7시 40분에 윤성민은 총장이 합수부에 의해 연행된 사실을 인지한 것이다. 윤성민 역시 1994년 3월 8일 918호 검사실에서 이를 인정했다. 보안사 권정달과 우경윤이 10·26과 관련하여 연행한 사실을 상황실에 와서 인지했다고 진술한 것이다. 하지만 윤성민은 어찌된 일인지 역사바로세우기 재판 제17차 공판정에 나와 이 사실을 극구 부인하고, 총장을 불순분자들이 납치해 간 것으로 알고 비상령을 내렸으며, 병력도 그래서 동원하게 된 것이라고 주장했다. 그러다가 변호인들이 육성녹음을 들려주자 그때서야 시인을 했다. 윤성민을 증인으로 세워놓고 변호인과 검사가 벌이는 신문 과정에서 재판장이 편파적인 태도를 보였고, 이로 인해 변호인들이 일괄 사퇴를 하게 되었다. 사실상의 법관기피였던 것이다.

총장실 이 소령과 김 대위는 통합병원에서 20일간 치료를 받고 서빙고 분실에서 수감생활을 하다가 1980년 1월 31일 풀려났다. 그리고 이 두 사람은 1994년 2월 당시 모두 대령으로 진급해 있었다. 정 총장이 연행되어 공관지역을 유유히 빠져나간 다음에 33헌병대와 해병대 헌병 사이에 총격전이 발생했다. 33헌병대는 11월 초순부터 육군본부 작전명령에 따라 합수부에 배속되어 합수부의 지시에 따라 수사업무를 보조하고 있었다. 33헌병대장인 최석립(육사19기)은 12월 11일 오후에 허삼수로부터 정승화 연행에 따른 임무를 부여받았다. 12일 오후 6시까지 헌병 병력 50명을 이끌고 수사분실에서 대기하고 있다가, 연행조가 출발하면 즉시 한남동 로터리로 가서 대기하고, 요청이 있을 때 공관으로 진입하여 경비병들을 제압하고 연행통로를 확보하라는 지시를 받은 것이다.

　최석립 헌병대장은 12일 오후, 황길수, 한성동, 차영복 대위를 불러 연행계획을 알려주면서 우발사태에만 대비하고 가급적 충돌을 피하도록 조심할 것을 지시했다. 최석립 헌병대장은 1대의 지프차와 마이크로버스 2대에 65명의 병력을 태우고 오후 6시경에 수사분실에 도착했다. 그리고 연행조가 출발함과 동시에 출발하여 7시를 조금 지난 시각에 공관의 외곽초소로부터 150m 떨어진 한남동 로터리 근처 슈퍼마켓 주차장에 도착한 후 대기하고 있었다. 이들이 도착한 후 10분 정도가 경과한 시각에 공관에서 총성이 났고, 공관 울타리 바로 밖에서 총소리를 들은 성환옥 대령은 일이 어려워지고 있다고 생각하여 최석립 중령에게 지원을 요청하는 무전을 쳤다. 최석립 헌병대장은 황길수 대위 등 6명에게 해병 위병소를 장악하라고 지시했다. 그리고 한성동 대위가 이끄는 팀은 총장공관으로 보내고, 차영복 대위가 이끄는 팀은 해병대 내무반으로 보냈다. 한성동 대위가 이끄는 팀이 공관에 갔을 때는 이미 총성이 멎은 상태였다. 그래서 성환옥 대령은 한성동 대위 팀을 공관 밖에 대기시킨 후 사태를 관찰하고 있었다. 그러자 곧 총장을 태운 차량이 공관 외곽초소를 무사히 빠져나갔다는 무전을 접수했다. 이에 성환옥 대령은 한성동 팀에게 철수를 지시하고 그들과 함께 철수를 시작했다. 하지만 해병대 매복조가 이들을 기다리고 있었다. 총장이 이미 연행되어 간 다음이기에 성환옥 대령은 해병대와 충돌할 필요가 없다고 생각하여 해병대 요구에 순순히 따르라고 지시했다.

반면 위병소와 해병 내무반으로 간 황길수 대위 및 차영복 대위가 이끄는 팀들은 매우 난처한 상황을 맞게 됐다. 차영복 대위 팀이 해병 내무반에 도착했을 때는 이미 해병 내무반에 비상이 걸려 있었다. 총장공관을 관리하던 반인부 준위가 해병 내무반으로 가서 불순분자들이 공관을 습격했다는 허위제보를 했기 때문이었다. 차영복 대위 팀이 해병 내무반에 도착했을 때에는 해병대 주력이 이미 실탄을 지급받고 배치를 완료한 상태에 있었고, 나머지 일부는 내무반에서 실탄을 지급받고 있던 중이었다. 이를 알 리 없는 차영복 팀은 내무반으로 가서 내무반에 있던 병사들을 제압했지만 곧이어 역공을 당했다. 밖에 나가 있던 해병들이 돌아와 반격을 가하기 시작한 것이다. 밖으로 배치돼 있던 30여명의 해병이 두 갈래로 나누어 한 팀은 해병대 내무반을 장악하고 있던 차 대위 팀에 사격을 가했고, 다른 한 팀은 위병소를 포위하여 황길수 팀에게 사격을 가했다. 이로 인해 위병소에 있던 황길수 대위 등 4명이 죽고 부상을 입는 사고가 발생했다. 반면 해병 내무반에 갔던 차대위 팀은 차대위의 지시에 따라 무장을 버리고 연금을 당했다. 이처럼 이들 33헌병대는 연행 시에 공관에 들어가지도 않았고, 연행 업무에 관여하지도 않았다. 정승화는 자서전에서 이런 취지의 글을 썼다.

반인부 준위가 공관의 정문 쪽에 있는 내무반 안을 창문을 통해 들여다보니, 보초병들이 땅바닥에 엎드려 있고, 사복 수사관들이 소총으로 보초병들을 겨누고 있었다. 이 순간 반 준위와 수사관의 눈이 마주치게 되었다. 눈이 마주치는 순간 수사관이 반 준위를 향해 드르륵 M-16을 갈

겼고, 반 준위(1987년 당시 택시기사)는 총탄들이 귓전을 스치는 상황 하에서 높은 담을 뛰어 넘어 해병대 내무반으로 들어갔다. 해병대를 관장하던 해병 황 소령의 사무실에서 반 준위와 황 소령 그리고 해병대원들이, '수사관들이 데려온 경호원 복장을 한 수많은 부대원들'에게 질질 끌리고 짓밟히고 무자비한 폭행을 당해 피가 튀었으며, 이 때 밖에 나가 있던 해병대 병력이 들이닥쳐 이들을 제압했다. 이제는 해병대원들이 합수부 요원들을 붙들어 개 패듯 한 뒤 바깥에 세워 둔 마이크로버스 안으로 떠밀어 넣었다. 해병대원들은 40명쯤 되는 합수부 요원들과 헌병들을 버스에 가두어 놓은 뒤 이들을 에워싸고 총부리를 겨누고 있었다.(자서전 173쪽).

자서전의 내용은 일목요연하지 않고 들쑥날쑥하여 현실감이 없어 보인다. 특히 수사관이 공관에서 반 준위에게 M-16을 난사했다는 것은 믿겨지지 않는다. M-16을 난사했다면 반 준위는 높은 담을 뛰어넘지 못했을 것이다. 이상은 모든 관련자들의 진술을 토대로 필자가 엮은 것이다. 검찰조서에는 전속부관, 경호대장, 당번병, 반 준위 등 정승화 측 사람들의 진술이 담겨 있고, 모든 수사관들과 당시 헌병요원들의 진술이 담겨 있지만 이들의 진술은 기억력과 입장에 따라 차이가 있다. 위에 정리한 내용들은 필자가 이들의 진술 중, 군의 상식과 전술적 식견에 비추어 가장 합리적이라고 생각되는 것들을 선택하여 정리한 것이다. 결론적으로 정승화가 조사에 순순히 응했다면 사상자도 없었을 것이고 양 측이 병력을 동원하는 극한 상태는 발생하지 않았을 것이다. 이 시기에 이르기까지 정승화는 군내·외로부터의 의혹에 시달려왔다. 그렇다면 신분이 확실한 육군범수단장인 우 대령과 보안사의 허삼수 대령이 수사분실로 가자고 했을 때에는 이미 저항해야 별 도리가 없는 막다른 골목에 있다는 것을 직감했어야 했다. 이 순간에 소리를 지르고 저항한 것은 매우 미련하고 무모한 선택이었다고 생각한다. 부질없는 행동 때문에 그의 부하들이 다치고 숨진 것이다.

2 | 김진영의 공관출동

세상에는 장세동(30경비단장, 경복궁 위치)이 김진영(33경비단장, 필동 수경사 외곽에 위치)에게 무장병력을 주면서 총장공관에 가서 해병에게 포위돼 있는 33헌병대를 구출해 오라고 시켰다는 이야기가 있다. MBC 제5공화국에서는 김진영이 30경비단을 향해 질주하는 탱크 앞을 막아서서 감언이설로 설득하여 탱크를 회군시켰다는 내용이 들어있다. 1994년 7월 1일 서울지검 918호 검사실은 장세동, 김진영 그리고 당시 수경사 전차대대장이었던 차기준 중령(육사21기)을 불러 신문했다. 신문결과는 세상에 떠도는 말이나 '제5공화국' 내용과는 딴판이었다. 김진영 대령은 부대와 부대 사이에 오해로 인해 발생할 수 있는 더 이상의 총격전을 예방하기 위해 위험을 무릅쓰고 공관으로 가서 소기의 목적을 달성하고 30경비단으로 돌아왔고, 돌아와 보니 그에게는 이미 사살명령이 내려져 있었다. 이 때 현저동에 있던 전차들이 광화문 네거리를 통해 필동으로 가면서 내는 우렁찬 소리를 듣고 일시 긴장해 있었다. 검사는 차기준 중령을 통해 MBC 드라마 제5공화국의 소설내용을 확인하려 했지만 허사였다. 당시 차기준 중령은 수경사 전차대대장으로서 전차를 여러 집단으로 나누어 각 부대에 분할 배속시켰다. 당시 전차들은 장태완의 수중에도 있었고, 장세동 수중에도 있었다. 만일 이들이 서로 전투를 벌이면 양 진영에 배속된 전차들이 서로를 향해 공격을 해야 했다. 차기준 중령 입장에서는 부하들끼리 피를 흘리게 되는 것이었다. 1996년 11월 4일 서울고법 제9회 공판에서 검사는 김진영을 증인으로 불러 추궁을 했다. 검사는 주로 제5공화국 전사 등의 야사를 인용했다. 여기에서 김진영은 이렇게 진술했다.

30경비단은 대통령 방호부대다. 설사 수경사 사령관이 공격해 오더라도 이를 방어할 의무가 있다. 청와대 울타리 내부 경비는 55대대(당시 임재길 중령, 육사22기)가 담당했다. 55대대의 모체부대는 30경비단이다. 외곽경비는 나머지 30경비단이 담당한다. 외곽과 내곽이 뚫리면 마지막으로 경호실 경호관들이 대통령을 보호한다. 30경비단장이 부대를 이끌고 그의 예하 부대인 55대대가 경비하는 곳을 향해 진군해 와도 그 예하인 55대대 대대장은 상관을 상대로 방어를 해야 한다. 여기에 하극상이란 있을 수 없다. 12월 12일 오후 4시경, 장세동으로부터 전화가 왔다. "저녁에 30단에 장군 몇 분이 오시게 되어 있다. 장군들에 대한 시중을 병사들에게 맡기기도 좀 뭣하다. 차나 마신다고 하니 인사도 드릴 겸 해서 나와 함께 안내하는 일을 해주었으면 좋겠다." 이 전화를 받고 나는 6시 15분경에 30경비단 단장실로 갔다. 어느 장군이 오는지, 왜 오는지에 대해서는 일체 들은 바 없었다. 30경비단장실에는 유학성, 황영시, 노태우가 앉아 그날 끝난 장군 진급심사에 대한 이야기들을 나누고 있었다. 장군 세계에서 장군들의 진급소식은 최대의 관심사였다. 그 후 다른 장군들이 속속 도착했다. 6시 30분경, 장세동이 전화를 받더니 장군들에게, '합수부장이 대통령 보고사항이 있어서 좀 늦는다'는 전갈을 전했다. 보안사 비서실장 허화평으로부터 받은 전화내용을 그대로 전한 것이다. 늦겠다는 전갈을 받은 장군들은 장세동에게 "뭐 먹을 것 좀 없나, 있으면 좀 가져오지" 하여 초밥과 맥주를 급히 구해드렸다. 7시 40분경, 장세동이 허화평으로부터 또 다른 전화를 받았다. 그리고 장세동이 전화 받은 내용을 장군들에게 알렸다. "정승화가 10·26과 관련하여 연행되었다. 그 과정에서 총격이 있었다. 대통령 재가는 이에 관한 것이다.

이 전갈을 들은 장군들은 웅성웅성하며 놀라고 긴장했다. 곧이어 당번병 방으로 걸려온 전화를 장세동이 직접 받았다. 전화를 받은 장세동이 나를 손짓으로 부르더니 총장공관으로 갔던 33헌병대가 해병대 헌병에 포위되어 자칫 아군끼리의 충돌이 일어날지도 모른다며 걱정을 했다. 일단 총을 쏘면 다음부터는 전쟁심리가 발동되어 걷잡을 수 없는데 어찌해야 좋겠느냐는 것이었다. 나는 서종철이 참모총장을 할 때 전속부관을 했기에 총장공관과 그 주변의 지리를 잘 알고 있었다. 비상사태가 발생하면 총장공관 경비는 본부사령이 관장하며, 당시 본부사령은 육사12기 황관영 장군으로, 나와는 월남에서 같은 연대에서 근무했기 때문에 친숙

해 있던 사이였다. 나는 서종철 총장의 부관을 오래 했기 때문에 많은 장군들과 잘 알고 지냈다. 장세동은 이런 점을 잘 알고 있었고, 또한 당시 30경비단에서 이런 사태를 수습할 사람은 오직 나 한 사람 밖에 없어 나에게 그런 제안을 한 것이다. 그때 장세동은 장군들을 모셔야 하기 때문에 자리를 뜰 수 없었다.

장세동 : 절박한 사태다. 누군가가 막아야 한다. 당신이 좀 나가는 게 어떠냐?
김진영 : 그래야지요
장세동 : 손발이 필요하지 않겠느냐, 당신이 부대에 돌아갈 시간적 여유가 없으니 우리 5분대기조를 데려가는 게 어떠냐?
김진영 : 그러지요. 저는 그냥 저 혼자 가려 했는데요.

이렇게 하는 데는 불과 1분도 걸리지 않았다. 급하다는 생각에 이것저것 깊이 따질 여유가 없었다. 이 때 나는 이런 생각을 했다. "합법적인 수사관들이 수사를 하러 갔는데 거기에서 충돌이 생겼다면 이는 오해에 기인한 것이다. 따라서 내가 가서 연행이 합법적인 것이고, 대통령에게도 보고된 것이라는 사실을 말해주면 아주 쉽게 해결될 것이다." 총격이 벌어지는 살벌한 지역에 대령 계급을 달고 혼자 간다는 것은 사리에 맞지 않았다. 8시 30분경, 진돗개 하나가 발령됐다. 최세창과 장기오가 "비상이 걸렸으니 부대로 가봐야겠다"며 일어섰고, 나머지 장군들도 부대에 전화를 걸어 부대장악을 잘 하고 있으라는 당부들을 하면서 전두환이 오기를 기다리고 있었다. 이 때 장군들이 부대출동을 결심했다는 것은 상상할 수 없는 일이었다. 모두가 놀라 부대에 전화를 걸어 부하들을 챙겼을 뿐이다. 나는 5분대기조를 인솔하여 총장공관으로 향했다. 도착해보니 거기에는 본부사령실 5분대기조 40여명, 수경사 헌병, 해병대 헌병 등이 어지럽게 혼재해 우왕좌왕했다. 공관 입구에는 해병대가 엎드려쏴 자세로 총구를 높이 올린 채, "접근하면 쏜다"는 식으로 위협사격을 가하고 있었다.

검찰 측은 이를 놓고 김진영이 장세동의 명령에 따라 5분대기조를 이끌고 총장공관으로 간 것이 전투를 하기 위해 출동한 것이라고 몰아갔다. 그러나 장세동은 육사16기, 김진영은 17기, 1년 선후배관계이지만 군에서는 똑같이 30단장이요 33단장이었다. 더구나 김진영은 참모총장까지 했던 사려 깊은 인물이다. 그런 그가 남이 지휘하는 5분대기조를 가지고 살상을 수반할 전투에 임한다는 것은 상상 밖의 일이다. 더구나 김진영과 장세동은 총장공관에 얽혀 있는 부대들의 상황을 알지 못했다. 전투를 하려면 적의 상황부터 파악해야 한다. 전투의 목표는 이기는 것이다. 작전지역의 상황도 모르고, 상대 병력이 어떻게 움직이는지 알지도 못하는 상황에서 남의 부대를 가지고 살상을 수반하는 전투를 하는 대령은 없다. 그는 33헌병대를 구출하러 간 것이 아니라 단지 오해로 인한 우군끼리의 총격을, 오해를 풀어줌으로써 중단시키겠다는 생각을 가지고 간 것이다. 이는 그가 인솔했던 5분대기조(80명) 인솔 장교에게 내린 명령에도 잘 나타나 있다. "절대로 실탄을 지급하지 말 것, 공관에 진입하지 말 것, 승차 상태에서 단국대 정문 앞에 대기할 것"

이 명령은 끝까지 시행되었다. 몸집이 우람한 김진영은 혼자서 공관 입구로 걸어갔다. 이때 오 상사라는 낯모르는 군인을 만나 "여기 있는 병력은 모두 우군이다. 북에서 침투한 사람들이 아니다. 해병대 경비병들이 위협사격을 하고 있으니 가서 중지시켜 보라"고 했다. 그 오 상사는 정문으로 걸어가 해병을 지휘하는 중사에게 김진영의 말을 그대로 전했고, 이로써 위협사격은 중지되었다. 30경비단으로 돌아와 보니 김진영은 장태완에 의해 해임당해 있었고, 사살명령까지 내려져 있었다. 그가 지휘하던 33경비단 1,200명은 장태완이 직접 장악하고 있었다. 헌병단도 1,200명이었다. 장세동이 지휘하는 30경비단 1,000명을 제외한 모든 병력이 장태완의 수중으로 들어간 것이다. 장태완이 장악한 전차 2개 중대에는 전차 24대, 장갑차 50여 대가 있었다. 포병단에는 토우미사일 23문, 발칸포 100여 문, 무반동총 등 대단한 화력이 있었다. 장태완은 후에 그가 장악했던 병력이 100명 정도였다고 하는데 이는 사실과 다르게 보인다. 이 때 김진영은 현저동에 있던 수경사 전차대대가 광화문 거리를 통과하여 필동 수경사로 이동하고 있는 소리를 듣고 긴장했다고 한다. 김진영은 또 변호인 질문에 따라 이렇게 술회했다.

12·12 이후 장태완은 예편해 있었다. 나는 그와 여러 차례 만났다. 장태완은 12·12 때 그가 병력을 동원한 것을 후회했다. 합수부가 박 대통령 시해사건을 규명하기 위해 끝까지 노력한 것은 정의로운 애국의 길이

었다고도 말했다. 장태완을 한국전산회사에 사장으로 근무시켜 걱정없이 살도록 배려해 준 것에 대해 장세동에게 고맙다고 전해 달라고 부탁하여 전해 준 일이 있다. 그리고 장태완이 심근경색증을 앓고 있었는데 노태우 대통령이 경비를 부담해서 미국에 가서 수술을 받게 해 준데 대해 고맙다고 했고, 또 이 고맙다는 이야기는 장태완이 여러 사람들에게 한 것으로 안다.

김진영의 진술이 사실이라면 장태완은 세상이 바뀌면서 마음을 바꾼 것이 된다. 장태완은 한 때 은인이라고 고마움을 표했던 노태우와 장세동 등에게 등을 돌린 것이 된다. 여기에서 채동욱 검사는 5공화국, 5공전사 등의 내용을 근거로 김진영이 장세동의 명령을 받고 해병에 포위돼 있는 33헌병대를 구출하려고 무장 병력을 이끌고 출동하지 않았느냐, 왜 장태완에게 보고도 하지 않고 다녔느냐 등 군대상식에 어긋나고, 고급장교에게는 어울리지 않는 질문들로 문제 삼으려 했지만 김진영의 대답은 일목요연하게 일관돼 있었다. 여기에서 김진영은 "검사가 자꾸 진돗개를 거론하는데 진돗개는 대단한 것이 아니라 이상 징후가 있으면 연대장도 발령할 수 있는 것"이라고 가르쳐 주었다. 검사는 김진영에게 이렇게 물었다. "증인은 참모총장까지 한 사람이다. 당신이 총장으로 있을 때 만일 33경비단장이 당신이 12·12에 취했던 조치를 취했다면 용서가 되겠는가?" 이에 대해 김진영은 충분히 이해되는 사정이라고 대답했다.

김진영을 꺾지 못한 검사는 나중에 이렇게 쏘아 붙였다. "12·12

사건 당시 30경비단 반란 지휘부의 일원으로서 33헌병대를 구출하기 위해 무장병력을 이끌고 총장공관으로 출동하는 등의 중요한 역할을 한 혐의로 이 사건의 피고인이 될 뻔한 사람이었기 때문에 피고인들에게 유리하게 증언할 수밖에 없는 것 아닙니까?" 변호인이 부적당한 신문이라고 이의를 제기했지만 재판장은 이의를 기각했다. 그리고 김진영은 사실대로 답변했을 뿐이라고 받아 쳤다. 검사의 이런 질문은 검사의 패배를 의미하는 것으로 보인다. 이어서 검사는 "장태완에 의해 사살령이 내려졌다 해도 부대로 복귀하는 게 도리가 아니냐"고 추궁했다. 이에 김진영은 이렇게 답했다.

그래서 나도 부대에 가려고 장군들에게 인사를 하고 나섰다. 그런데 방안에 있던 최고 고참인 노태우 장군이 상황이 많이 악화돼 있으니 일단 전화를 해보고 가라 했다. 그래서 부대에 전화를 했더니 작전과장이 전화를 받았다. 단장이 해임되고 부단장이 대리하고 있습니다. 단장님에 대한 사살명령이 내려져 있어 오시면 사살됩니다. 이어서 북악산 CP(지휘소)로 전화를 다시 했다. 3개 중대가 배치돼 있는 지휘소였다. 전화당번이 전화를 받더니 군수과장이 3개 중대를 인솔하여 떠나고 없다며, 더 이상 단장의 지시를 받을 수 없다고 했다. 이렇듯 이성이 마비된 상태에서 나는 부대에 갈 수가 없었다.

3 | 대통령 재가

6시 30분경, 전두환은 이학봉 수사1국장만 대동하고 대통령 공관으로 갔다. 수사1국장은 부속실에 대기했고, 대통령실에는 두 사람만 있었다. 전두환은 정승화에 대한 혐의점을 요약하고 정승화를 합수부로 연행하여 조사할 필요가 있다고 보고했다. 순순히 재가를 해줄 것이라고 생각했던 예상을 깨고 최규하는 노재현 장관을 대통령 공관으로 오라고 지시했다. 이에 전두환은 당황했다. 전두환은 직보의 '관례'를 설명했지만 최규하는 끄떡도 하지 않고 노재현을 기다렸다. "과거에는 그랬는지 몰라도 나는 내 방식대로 하겠다"는 것이었다. 당시는 한 치 앞이 캄캄했고, 대세가 누구에게 가느냐에 따라 책임을 지느냐 마느냐가 좌우되는 긴장과 불확실성의 시기였다. 이런 처지라 아마도 혼자서 서명하는 것보다는 노재현 국방장관의 건의 형식으로 서명하는 것이 후환이 없을 거라는 보신주의 때문이 아니었는가 싶다. 부결하려면 그 자리에서 얼마든지 부결의 뜻을 전했지, 구태여 국방장관을 찾지는 않았을 것이다. 하지만 문제는 시간이었다.

반면 이미 약속되어 있던 대로 정승화 공관에서는 체포 작전이 진행됐다. 7시 40분경 대통령 부속실에서 대기하고 있던 이학봉 수사1국장은 허화평 합수부 비서실장으로부터 전화를 받았다. 정승화를 수사분실에 연행했고, 연행과정에서 총격전이 벌어져 우경윤 대령이 부상을 당했다는 내용이었다. 이 전화를 받은 이학봉은 즉시 접견실로 가서 보고 중에 있던 전두환에 알렸고, 전두환은 이를 대통령에게 보고했다. 그래도 대통령은 국방장관이 오기만을 기다리기로 했다. 하지만 이 시간에 국방장관은 직무를 팽개치고 단국대-육군본부-국방부-연합사를 오가며 피신에 피신을 거듭하면서 숨어 다니기에 바빴다. 답답한 전두환은 8시 20분경, 자기가 나가서 국방장관을 찾아보겠다고 건의를 하고 대통령실을 나와 장군들이 기다리고 있던 30경비단으로 갔다.

오후 7시 직후에는 세 가지 일이 거의 동시에 벌어지고 있었다. 전두환 합수부장은 최규하 대통령 집무실에서 정승화 연행에 대한 재가를 청하다가 대통령이 노재현 국방장관을 부르기로 하면서 지연되어 기다리고 있었고, 정승화 연행조는 이미 약속해 놓은 대로 총장공관에서 실랑이를 벌이고 있었으며, 30경비단에 전두환이 초청해 놓은 9명의 장군들은 장태완으로부터 "너희들은 반란군이다. 모두 사살하겠다"는 협박성 전화를 받으면서 대통령실에 간 합수부장을 초조하게 기다리고 있었다. 당시 군에서는 "정승화에 대한 조사를 해야 한다" "정승화는 최소한 도의적 책임을 지고 물러나야 한다"는 정서가 팽배해 있었고, 이러한 군내부의 정서는 일반 국민들의 정서보다 더욱 강열했다. 정승화 연행은 극도의 보안이 요구되는 것이기 때문에 전두환은 연행 계획을 아무에게도 사전에 누설할 수 없었다. 그렇다고 해서 언제까지나 보안을 유지하게 되면 나쁜 의도가 개입된 것으로 오해를 받아 고립될 수 있었다. 따라서 전두환은 가장 빠른 시간 내에 동조자를 확보해야만 했을 것이다. 연행에 동조할 수 있는 철학을 가진 군의 여론 주도층에게 연행에 대한 당위성을 설명하고 동조를 얻어내야만 했던 것이다. 그 빠른 시각이 바로 대통령 재가가 끝나는 시각이었다. 그래서 전두환은 수도권 가까이에서 여론을 주도하는 8명의 장군들을 보안사로 초청해 놓았다. 하지만 보안사에는 이목이 많기 때문에 장소를 30경비단으로 옮긴 것이다.

초청된 장성은 유학성(군수차관보), 차규헌(수도군단장), 황영시(1군단장), 노태우(9사단장), 박준병(20사단장), 박희도(1공수여단장), 최세창(3공수여단장), 장기오(5공수여단장), 백운택(71방위사단장), 이렇게 9명이었다. 여기에서 백운택 장군은 우연히 보안사에 들렸다가 합석을 하게 된 것이다. 이들은 전두환에 대한 충성을 하는 사람들이 아니라 박 대통령에게 충성하는 사람들이었고 단지 그 중심에 전두환이 있었던 것이다. 특히 유학성, 차규헌, 황영시는 정승화로부터도 높은 신임을 받고 있었다. 전두환이 대통령실에서 나와 30경비단에 도착했을 때에는 이미 윤성민 참모차장이 '진돗개 하나'를 발령하고, 장태완 수경사령관은 30경비단을 전차와 대포로 공격하겠다는 협박성 전화를 하고 있었다. 전두환은 답답한 심정을 이렇게 털어놨다. "대통령께 보안사령부의 특수성과 관례를 설명했지만, 이를 이해하지 못하는 것 같았습니다. 장관님을 빨리 찾아야 할 텐데요."

수경사령관은 병력과 포를 가지고 공격해 오겠다 압박을 가해오고, 참모차장을 중심으로 하는 반대세력은 거병을 하려는 긴박한 상황이 벌어지고 있는 마당에 마냥 노재현이 나타나기를 기다릴 수는 없다는데 이들 장군들의 의견이 일치했다. 이에 유학성, 차규헌, 황영시, 백운택, 박희도 등 5명의 의협심 있는 장군들이 나서서 전두환과 함께 대통령실로 갔다. 9시 30분경이었다. 이들은 최규하 대통령 앞에 일렬로 서서 거수경례를 했고, 전두환은 이들 장군 한 사람 한 사람을 대통령에 소개했다. 이들은 대통령 하석에 앉아 '국방장관의 행방이 묘연한 상태에 있으니 대통령이 대통령의 전권으로 전두환의 건의를 재가해 달라'는 취지의 건의를 정중하게 전했다. 10시 10분 경, 이들 장군들이 대통령 앞에 앉아 있을 때 연합사에 있던 노재현 장관과 대통령 사이에 전화통화가 이루어졌다. 대통령은 노재현에게 즉시 오라고 명령했고 노재현은 곧 가겠다고 대답했다. 그 전화를 유학성 장군이 이어 받았다. 유학성은 노재현에게 정승화가 10·26 내란사건과 관련하여 합수부에 연행되었다는 내용을 곁들여 간단한 사정을 설명했다. 국방장관이 곧 오리라는 것을 확인한 장군들은 10시 30분경에 공관을 나왔다. 사실을 모르는 사람들은 훗날 이 대목을 놓고 신군부가 권총을 차고 대통령을 협박하러 갔다고 비난한다. 심지어 당시의 일부 언론들은 전두환이 최규하에게 권총을 들이대고 겁박했다고도 했다. 1996년 5월 23일, 제9회 공판에서 전두환은 이렇게 진술했다.

변호인 : 대통령과 면담을 하는 자리는 정승화 연행조사뿐만 아

니라 여타의 이러저러한 잡담을 나누는 극히 자연스럽고 부드러운 분위기가 아니었습니까?

전두환 : 그 자리에는 신현확 총리와 비서실장 최광수, 의전수석 정동렬도 같이 배석을 해서 차를 마시면서 환담을 했습니다(수사기록들을 보면 이는 사실이었다).

변호인 : 22시가 조금 지난 시각에 비서실장이, '노재현 장관과 전화가 연결되었습니다' 하는 보고를 대통령에게 했지요?

전두환 : 그렇습니다.

변호인 : 최규하 대통령이 노 장관에게 "지금 어디 있소, 어떻게 된 것이오, 빨리 대통령 공관에 오시오" 이렇게 분부 말씀을 하셨지요?

전두환 : 분명히 그렇게 말씀 하셨습니다.

변호인 : 이 지시에 노 장관은 "곧 출두하겠습니다"라고 대답한 것으로 알고 있지요?

전두환 : "곧 온대" 이렇게 말씀 하셨습니다.

변호인 : 노 장관에게 지시를 하신 최규하 대통령은 피고인과 장성들에게 "이제 곧 노재현 장관이 온다니, 오면 정승화 연행 조사문제를 곧 결정해서 재가를 하겠다" 이렇게 말씀하셨지요?

전두환 : 그렇게 말씀 하셨습니다.

변호인 : 이 말씀을 듣고 더는 건의할 것이 없어 30분 정도 이런 저런 이야기를 나누다가 10시 30분경에 공관을 나

왔지요?

전두환 : 그랬습니다.

4 | 노재현의 피신과 재가 지연

　총장공관은 한남동에 있었다. 그 이웃에 국방장관 공관이 있었다. 7시 20분경, 정승화 총장 연행과정에서 총소리가 발생했다. 노재현 장관은 이 총소리에 놀라 부인 및 아들과 함께 이웃 단국대학으로 피신했다. 단국대 체육관에 피신했던 노재현은 8시 40분경에야 국방부 상황실에 전화를 걸어 이경률 합참 작전국장을 단국대로 오도록 하여 그의 차량 편으로 단국대를 나섰다. 복잡한 교통을 뚫으면서 가족들을 여의도 이경률 장군의 집으로 데려다 놓은 후 9시 30분경에야 육본에 도착했다. 당시의 국방장관에게는 국가보다 가족이 먼저였던 것이다. 뒤늦게 육본에 도착한 노재현에게 국방차관 김용휴는 "정승화가 합수부에 연행됐고, 이는 대통령에 보고됐으며, 장관께서 사태를 원만히 수습해 주십사 하는 합수부의 통고가 있었다"는 내용의 보고를 했다.

　이 보고를 받고 노재현은 사태수습을 위한 아무런 조치도 취하지 않고 다시 한미연합사 상황실로 피신했다. 거기에서 10시 10분에 최규하 대통령과의 통화가 이루어진 것이다. 대통령은 즉시 오라고 했지만 노재현은 이를 무시하고 계속 연합사 상황실에 있었다. 한편 노재현을 찾아달라는 합수부의 요청을 받은 김용휴 차관은 연합사에 있는 노재현과의 전화연결에 성공하여 즉시 대통령실로 가라고 수차례 간청했지만 노재현은 이를 무시하다가 13일 새벽 01시 30분에야 연합사를 떠나 국방부로 갔다. 속이 탄 김용휴 차관은 노재현을 보자마자 대통령 호출에 즉시 응하라고 강력히 주청했다. 노재현은 유병현 한미연합사 부사령관을 불렀다. 그리고 김용휴 차관이 있는 자리에서 정승화 연행에 대한 사후 대책을 물었다. 두 사람은 빨리 대통령실에 가서 대통령을 만나 뵙고 사태를 수습해야 한다고 강력히 역설했고, 이에 비로소 노재현은 대통령실로 가기로 했다. 12월 13일 새벽 01시 50분이었다.

바로 이때에! 국방부로 출동한 1공수여단(박희도 준장) 병력과 국방부를 경비하던 수경사 병력 간에 총격전이 벌어졌다. 국방부로 출동하던 1공수여단 제5대대(대대장 박덕화 중령)가 국방부 청사 옥상에 설치된 수경사 발칸포로부터 집중사격을 받아 쌍방 총격전이 있었던 것이다. 이 총소리를 들은 노재현 장관은 부관인 배상기 소령만을 데리고 국방부청사 1층 계단 밑 컴컴한 곳으로 가서 숨었다. 장관의 체신이 말이 아니었다. 노재현의 출두가 지연되자 13일 새벽 02시 30분에 신현확 총리와 이희성 중앙정보부장서리가 그들 스스로 국방부에 가서 노재현을 찾아 데려오겠다는 건의를 한 후 대통령의 승인을 받아 국방부로 갔다. 한편으로는 1공수여단을 풀어서 청사 내외를 수색케 하고, 다른 한편으로는 구내방송을 여러 차례 했지만 국방장관은 나타나지 않았다. 새벽 03시 50분경에야 노재현은 국방부청사 지하 1층 계단 밑에서 1공수 수색조에 발견됐다. 두 사람을 발견한 병사들은 "누구야" 하고 총을 겨누었고, 이에 노재현은 "나 장관이다" 이렇게 대꾸했다. 그러자 병사들은 거수경례를 했고, 장관과 부관은 스스로 장관실을 향해 걸어갔으며, 병사들은 장관의 뒤에서 장관을 호위했다. 증거들에 나타난 사실이 이러한데도 검찰과 판사는 공수여단이 무력으로 장관을 체포하여 장관실로 압송했다고 판결했다. 필자의 군 상식으로는 도저히 이해할 수 없는 판결인 것이다.

결국 장관은 새벽 04시경, 신현확 부총리와 이희성 서리의 권유에 의해 비로소 국방부를 떠나 대통령 관저로 향했다. 신현확 총리의 차에는 신현확, 노재현, 이희성이 탔다. 대통령 관저로 가던 중 노재현은 도중에 합수부에 들려 보고를 받은 후, 대통령 재가 문서에 먼저 서명을 했다. 그리고 이학봉이 작성한 그 재가 문서를 가지고 대통령에게 갔다. 당시의 노재현은 대통령에게 빈손으로 갈 수는 없는 일이었다. 당연히 재가 서류를 가지고 가야 했던 것이며, 그 재가 서류는 합수부장이 가지고 있었다. 함께 차를 탔던 이희성은, 차가 보안사 정문에 이르렀을 때 노재현이 '합수부장실에 가서 재가 서류를 가지고 가야 한다' 며 스스로 내렸다고 진술했다. 1994년 3월 16일, 903호 검사실에서 이희성은 이렇게 진술했다.

신현확 총리 차량에 노재현과 내가 함께 타고 국방부를 떠났다. 보안사 앞에 이르자 장관이 '대통령을 만나기 전에 합수부장을 먼저 만나야겠다' 하면서 스스로 내렸다. 대통령이 머무는 공관 주변에 무장 경계병이 있기는 했지만 거슬려 보이지는 않았다. 공관 내부에는 무장한 사람이 일체 없었다. 재가 장소에는 신현확과 최광수 비서실장이 배석했고, 나는 멀리서 그들을 바라보았다. 의사를 강요하는 분위기는 없었다. 12월 3일 조치한 노태우(보안사령관)와 정호용(특전사령관)에 대한 인사는 누가 건의한 게 아니라 내가 독자적으로 조치한 것이다. 그리고 명령이 나기 전에 그들에게 구두로 명령을 하달했다. 나를 중정부장서리로 발탁한 사람은 정승화 총장이며, 나는 다시 군에 복귀한다는 약속을 받고 서리가 되었다.

그런데 판사는 보안사 앞에서 무장병력이 차를 강제로 세워 노재현을 보안사령관실로 압송했다고 판결했다. 고급 장교들 세계에서는 도저히 있을 수도 없고 상상조차 할 수 없는 그런 행동을 했다고 판결한 것이다. 증거자료들을 읽으면 판검사들의 눈에 군은 기율도 없고, 예의도 없는 막가파 인생들만 사는 집단인 것으로 비쳐진 것이 아닌가하고 생각되는 장면들이 수도 없이 많이 있다. 새벽 04시 30분경, 대통령 앞에 나타난 노재현은 대통령 호출에 장시간 응하지 않은 데 대해 꾸중을 들은 후 재가 문서에 서명해 줄 것을 건의했고, 대통령은 여러 가지 질문을 한 후에 서명을 했다. 최규하는 배석한 신현확 총리에게도 서명하라 했다. 그 재가 문서에는 총리가 서명하는 난이 별도로 만들어지지 않았다. 그래서 신현확은 여백에 서명을 했다. 여러 사람이 공동으로 책임을 지겠다는 최규하의 마음이 여기에도 잘 드러나 있는 것이다. 이 때 대통령실에는 최규하 대통령, 신현확 총리, 노재현 국방장관 그리고 최광수 비서실장, 이렇게 네 사람만 있었고, 이희성은 같은 접견실이긴 하지만 재가 장소에서 멀리 떨어져 앉아 있었다. 그 자리에 전두환은 없었다. 재가가 끝나고 나오면서 노재현은 이희성에게 '총장에 임명됐으니 빨리 가서 지휘를 하라'고 했다. 대통령은 노재현에게 총장을 누구에게 맡겨야 하느냐고 물었고, 노재현은 이희성을 추천했던 것이다. 그날 밤, 노재현은 국방장관으로서 정승화의 뒤를 이을 사람을 생각해두지 않을 수 없었을 것이다.

역사바로세우기 재판에서 검사들은 이렇게 이루어진 대통령의 재가에 대해 끈질기게 물고 늘어졌다. 1, 2, 3심 판사들은 대통령의 재가는 사전 승인이 아니라 사후 승인이며 이에 더해 사후 승인은, 공관 주변을 무장병력으로 에워쌈으로써 대통령에게 외포감(공포감)을 준 상태에서 그리고 늦은 시간에 6명의 장군들이 떼로 몰려가 공포감을 한층 더 증폭시켜 가지고 강압적으로 얻어 낸 것이기에 무효라고 판결했다. '사후재가'의 효력을 인정하면 전두환의 군사반란죄는 성립하지 않는 것이 되고, 효력을 인정해주지 않으면 죄가 성립하는 것이 된다. 그런데 법관들은 상당한 근거 없이, 오직 무장군인들이 공관을 에워쌌고, 6명의 장군들이 대통령에게 서명을 주청한 사실만을 가지고 대통령에게 공포감을 주고 협박하여 강압적으로 서명을 얻어 냈다고 판시했다. 관심법이 증거보다 우선한 것이었으며, 법관이 곧 법이었던 것이다.

필자는 육군본부와 주월사령부에서 전속부관을 하여 장군 세계를 잘 알고 있으며, 고급 장교시절인 중령 때에는 당시 중앙정보부에서 근무하면서 고위직들을 많이 접촉했으며, 대령 때에는 연구소에 있으면서 군 최고의 계급을 단 장군들을 아주 많이 접촉하면서 살았다. 장군 세계에는 아주 간혹 부족한 사람들이 있기는 해도 그래도 장군들이라 하면 사회지도층에 어울리는 기본 정도는 갖추고 있는 사람들이다. 순수하고, 정중하고, 매너에 신경 쓰고, 공분에 민감한 사람들이다. 그렇지 못하면 부하들이 따라주지 않으며, 부하들로부터 경멸당하면 장군은 커녕 중령도 될 수 없다. 물론 예외는 있다. 그런데도 검사와 판사는 이런 장군들을 조폭 정도로 취급하고, 조폭 수준에 어울리는 판결을 내린 것이다.

재판부는 또 총리 공관을 경비하던 육군 헌병대 구정길 중령(갑종191기)을 고명승 등이 무장해제시키고, 막사에 억류시키고, 청와대 경호실 병력이 총리공관을 장악하여 공포분위기를 조성하여 재가를 압박했다고 판시하지만 이 역시 기록들과 다르다. 1993년 12월 20일, 서울지검 903호 검사실에서 구 중령(1993년 당시 군인공제회 감사과장)은 이렇게 진술했다.

12월 12일, 6시경, 전두환과 이학봉 중령이 들어오기에 내가 안내를 하고 부속실에서 대기했다. 8시경, 헌병감 김진기가 전화를 걸어와 지금 보안사령관을 검거할 수 있느냐 묻기에 명령만 내리면 가능하다고 답했다. 이후 전화가 더 왔지만 체포하라는 말은 없었다. 8시경에 전두환과 이학봉이 쏜살같이 나가서 나는 그들을 미처 안내하지 못했다. 그 후 위병소에서 전화가 와 청와대 경호실 사람들이 나를 만나자 한다고 했다. 정동호 경호실장(육사13기), 고명승 대령(육사15기), 사복 입은 사람(최영덕 총경 101경비단장), 1명의 소령, 군인 2명 정도가 있었다. 정동호가 내게 보안사령관의 지시인데 이 시간 이후 이곳 경비를 자기에게 인계하라고 했다. 반대 의사를 밝히자 곧바로 무장해제 됐고, 막사에 가서 대기하라 했다.

이처럼 전두환 일행이 총리 공관을 나갈 때까지 총리 공관 경비는 구정길 중령이 담당했던 것이다. 전두환 측이 무장 경비병을 깔아놓고 재가를 받기 위해 최규하에게 공포감을 주었다는 검사의 주장과 판사의 판시가 억지인 것이다. 구 중령의 진술에 대해 당시 총리공관 경비를 인수한 최영덕(1928년생, 당시 총경) 101단장은 1994년 2월 15일, 서울지검 918호 검사실에서 이렇게 진술했다.

12월 12일, 7시30분경, 고명승 대령이 만나자 하여 경호실 차장실로 갔더니 고 대령이 함께 총리 공관으로 가자하여 동승했다. 고 대령이 구 중령에게 공관경비를 101단에 맡기고 철수하라 하자, 구 중령이 자기에게도 지휘계통이 있으니 알아보고 조치를 취하겠다며 나가더니 20~30분 후에 의전수석인 정동열과 함께 왔다. 정동열은 이 사람들이 그동안 수고했는데 오늘은 공관 막사에서 자고 내일 철수할 수 있도록 하는 게 어떠냐 하기에 고 대령이 동의했다. 나는 즉시 명령을 내려 공관경비를 인수했다. 경호실장 정동호는 정수석이 오기 조금 전에 도착했다. 체면을 중시하는 높은 사람들이 구정길을 강제로 제압했겠는가? 그런 일은 결코 없었다. 공관으로 갈 때 나와 고 대령 두 사람만 갔다. 그날 밤 내내 두 사람이 함께 근무했다. 그 후 간혹 55경비대장인 임재길 중령이 안내소를 방문한 적은 있었다. 공관 출입자 통제는 의전비서실이 하는 일이었고, 우리는 경비만 했다. 출입자를 통제한 적도 없고, 공포감을 조성한 일도 없다.

1994년 5월 20일, 서울지검 920호 검사실에서 고명승은 이렇게 진술했다.

8시 30분경 경호실장으로부터 인터폰이 왔다. 101경비단장 최영덕 경무관과 55경비 대대장 임재길 중령에게 101경비 1개 소대와 55경비대대 2개 제대를 총리 공관에 증강 배치하라고 했으니 고 차장이 현장에 가서 직접 지휘를 해야겠다는 지시였다. 승용차를 타고 2~3분에 걸쳐 총리 공관에 도착했다. 8시 40분경이었다. 최영덕을 태워 간 것은 기억하지만 병력은 나중에 온 것 같다. 구정길 중령에게 비상이 발령되었으니 합동근무를 하자고 제안했더니 긍정도 부정도 하지 않았다. 그에게 2가지를 설명하였다. 첫째, 10.26 당시 경호체제가 경호실과 안기부 직원으로 이원화되어 있어 당했다. 둘째, 정승화 장군이 박 대통령 시해사건과 관련하여 연행되었는 데 계엄사령관의 지시를 받는 헌병감의 지휘 하에 있는 구 중령이 단독으로 경비하는 것은 적절치 않다. 이에 구 중령은 아무 말이 없었다. 수긍하는 것으로 알고 기존병력과 경호실 병력을 1 : 1로 붙여 합동근무를 시작했고 구 중령도 같이 서 있었다. 9시경 내가 초소 직원에게 안에 누구 있느냐고 물었더니 합수부장이 보고를 하고 있다고 했다. 곧 합수부장이 나가면서 나를 알아보더니 차문을 열면서 무슨 군대 병력이 이렇게 와 있느냐며 불쾌한 표정을 지으면서 떠났다. 빨리 떠나가기에 아무런 설명을 드릴 여유가 없었다. 초소 안에 들어와 보니 구 중령, 101단장, 경찰관, 헌병 등이 있었다. 헌병감이 구 중령에게 전화를 걸었는데 내용을 들어보니 첫째, 총리 공관을 완벽하게 장악하라. 둘째, 너는 내 명령에만 따르지? 라고 하자 구 중령이 그렇다고 대답했다. 나는 섬뜩한 생각이 들어 경호실장에게 전화하여 통화 내용을 알려 주고 정승화와 김진기와의 관계가 이상하니 합동근무가 아니라 교체근무를 해야겠다고 건의했다. 이에 경호실장은 병력을 교체하라 지시 했다. 나는 구 중령에게 이와 같은 사실을 자세히 설명해 주었다. 이에 구 중령은 저희는 김진기 헌병감의 지휘를 받는 사람이다. 고차장의 지휘를 받을 수는 없다며 저항을 했다. 바로 이때 정동호 경호실장이 들어 왔다. 내가 그간의 사정을 보고하고 구 중령이 거부를 해서 인계가 안 되고 있다고 했더니 정동호 실장이 대통령실에 들어가 정동렬 의전 수석과 상의해서 결정해 주겠다고 하며 들어갔다가 잠시 후 나오더니 경호실 병력으로 단독 근무를 시키라고 지시했다. 그런데도 구정길은 거부하고 자리를 피하더니 조금 후에 다시 나타나 철수를 했다. 무장을 해제했다는 말은 거짓말이다.

 이처럼 오래 전의 일이라 사람들마다 기억이 흐린데다가 입장에 따라 진술이 좀 다르다. 하지만 군에서 자란 필자의 판단으로는 이런 상황에서 같은 고급장교들끼리 무장해제시키고, 감금한다는 식

○ 경호실 작전부대 지휘계통

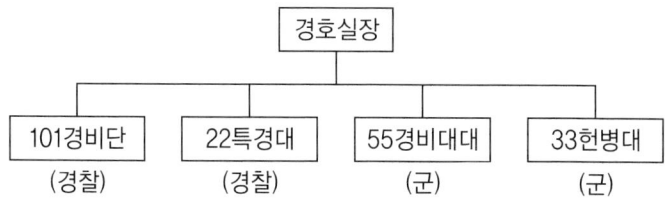

작전부대 지휘 및 장악은 경호실장이 직접 작전부대를
지휘하거나 작전담당관(대령)이 대행함.

○ 위치도

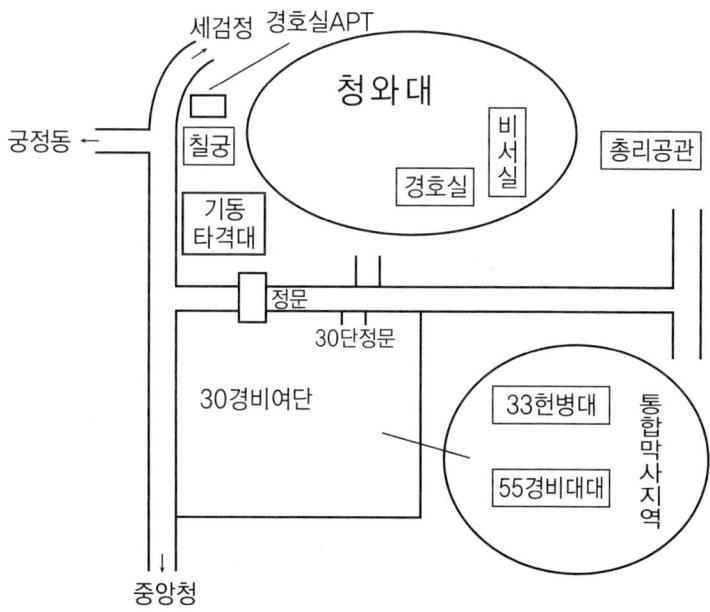

당시 55경비대대 병력
- 청와대 외곽 초소 근무 병력
- 기동타격대 1개대대 대기 병력
- 나머지는 통합막사에서 휴식중

의 유치한 행동은 할 필요도 이유도 없다고 생각한다. 당시는 계엄이 선포돼 있는 최고 수준의 비상사태였다. 비상사태 하에서 대통령 관저에 대한 경계를 삼엄하게 하는 것은 당연한 것인데도 법관들은 이를 '대통령에 압박을 가하고 공포감을 주기 위한 조치'였다고 판결했다. 6명의 장군들이 대통령에게 공포감을 주면서 결재를 요구했다면 대통령은 그 당시 그 장군들 앞에서 즉시 서명을 했어야 했다. 그러나 재가는 이로부터 만 7시간 40분 만에 이루어졌다. 6명의 장군들이 대통령실을 찾아간 시각은 9시 30분, 재가가 이루어진 시각은 이튿날 아침 05시 10분이였던 것이다. 이는 무엇을 말하는가? 최규하 대통령은 본인의 소신대로 국방장관이 나타날 때까지 8시간 가까이 기다렸고, 국방장관이 나타나자 본인의 의지에 따라 재가를 했다는 것을 의미하는 것이다. 이걸 놓고 병력으로 공관을 에워싸고 장군들이 떼로 몰려가 공포감을 조성하여 강압적으로 얻어낸 결재이기 때문에 무효라고 한다면 과연 얼마나 많은 사람들이 동의를 할까!

12월 12일 저녁 7시부터 최규하 대통령과 한 방에서 하룻밤을 꼬박 새운 사람은 오직 신현확 총리뿐이다. 재가를 공포에 못 이겨 해주었는지 아닌지를 가장 잘 아는 사람은 최규하 대통령과 신현확 총리다. 최규하가 공관을 경비하는 경비병들과 6명의 장군들로부터 공포감을 느꼈는지 아니었는지에 대해서도 이 두 사람이 가장 잘 아는 일이다. 그런데 최규하 대통령은 끝내 증언을 거부했고, 신현확 총리는 1996년 7월 1일, 형사법정 417호실에서 열린 제18회 공판에 나와 증언을 했다. 이 증언은 매우 중요한 대목이기 때문에 생생한 증언록을 그대로 발췌 수록한다(총서 4권). 증언내용은 1, 2, 3심 재판관들의 판결과 정반대로 나타나 있다.

6명의 장군들은 최규하 대통령에 공손했고, 협박 같은 건 전혀 없었으며, 예의를 깍듯이 갖추어 건의했고, 대통령이 국방장관을 먼저 만나본 후에 결정하겠다고 하자 공손하게 인사하고 나갔다. 무장병력이 공관을 포위하고 있는 사실도 몰랐고, 대통령 역시 장군들이나 경비원들로부터 위압감이나 공포감 같은 것을 전혀 느낄 수 없었다. 최규하 대통령이나 총리인 나는 합수부장이 노재현 국방장관의 사전 결재를 생략하고 곧바로 대통령에게 직보하는 것이 절차상 있을 수 없는 일이라고 생각했다.

이승만 대통령이나 박정희 대통령은 보안사령관의 직보를 정당한 것으로 인정했지만 민간출신인 최규하나 신현확은 이런 직보의 의미를 모르고 타 정부기관에서와 똑같이 결재라인을 거쳐야 하는 것으로 알고 있었던 것이다. 당시의 정치판도는 노재현과 정승화가 밀착 연계되어 주도하고 있었기 때문에 정승화에 대한 연행계획을 노재현에게 보고한다는 것은 자살행위나 다름없었다. 이러한 사정을 최규하나 신현확 등이 알리 없었을 것이다. 1996년 3월 18일 역사바로세우기 제2회 공판에서 채동욱 검사는 전두환 피고인을 상대로 대통령실에서 재가를 거절하는 대통령을 상대로 2시간(6시 30~8시 30분)에 걸쳐 재가를 조르지 않았는가를 집중 거론했다.

채 검사 : 최규하 대통령은 현직 계엄사령관을 연행하여 조사한다는 것은 중대한 사안이므로 국방부 장관의 의견을 듣지 않고서는 재가를 해 줄 수 없다는 이유로 거절했지요?

전두환 : 그렇지 않습니다. 대통령께서는 국방장관을 배석시켜 재가를 해 주시겠다고 했습니다. 국방장관을 빨리 찾아서 배석시키는 것이 중요하지 않습니까? 그래서 제가 나가서 빨리 찾아오겠습니다 말씀드리니까 비서들 시키면 빨리 찾아올 텐데, 서울에 있는 사람이 어디로 갔겠나, 앉아서 차나 마시고 기다려 봅시다, 그래서 제가 대통령을 두 시간 이상 모시고 여러 가지 말씀을 듣고 저도 여러 가지 말씀드리고 있었습니다. 만약에 그 어른이 기분이 나빠서 장관의 결재도 없이 이런 것 결재할 수 없어, 저보고 나가라고 하면 나가야 할 것 아니겠습니까, 그런데 이런 저런 시국 얘기도 듣고 저도 말씀드리고 그래서 근 두 시간 반을 모시고 있었습니다. 그러니까 이것은 중대한 문제이기 때문에 국방장관의 결재 없이 내가 결재하지 못하겠다, 이런 말씀을 하신 적은 전혀 없습니다.

채 검사 : 피고인은 총리 공관에서 약 두 시간 동안 최대통령의 재가를 계속 요구하거나 또 설득했지만 결국은 최대통령이 재가를 거부했기 때문에 30경비단장실로 저녁 8시 반경에 건너온 것 아닙니까?

전두환 : 그렇지 않습니다. 대통령 각하가 어느 분인데 거기서 보안사령관이 가서 10분, 20분은 모르지만 두 시간이 넘도록? 그것이 상식적으로 되는 줄 아십니까, 대통령 각하를 모셔보지 못해서 그런데 대통령 각하가 누군데 '결재 안 돼 가져가' 그러면 그만이지 거기서 어떻게 어린애 같이 추근덕거릴 수 있겠습니까. 그럴 분위기가 아닙니다.

검사는 또한 대통령이 묶고 있었던 총리 공관을 병력으로 위압하여 결재를 강요했다는 참으로 기막힌 억측에 대해서도 추궁했다.

채 검사 : 같은 날 저녁 8시 10분경 김진기 헌병감이 구정길 총리 공관 경호대장에게 전화를 걸어 보안사령관이 아직도 그곳에 있느냐, 지금이라도 보안사령관을 체포할 수 있겠느냐고 묻자 구정길은 지금이라도 명령만 내리면 체포할 수 있다고 보고 하였다고 하는데 피고인은 그 당시 이러한 사실을 알고 있었습니까?
전두환 : 그런 사실 모르고 저는 대통령 끝나고 난 다음에 그 사실을 알았습니다.
채 검사 : 피고인은 김진기 헌병감과 구정길 총리 공관 경호대장 사이에 체포 전화가 있은 직후에 황급히 총리 공관을 빠져 나갔는데 그 이유는 체포에 대한 통화 내용을 도청한 보안사로부터 피고인이 전화연락을 받았기 때문

이 아닙니까?

전두환 : 전혀 그런 사실이 없습니다. 급하게 빠져 나간 일도 없고 시간이 너무 오래되었기 때문에 30경비단에 초청해 놓은 사람들에게 미안하고 해서 대통령께서 국방부 장관이 도착할 테니까 이왕 기다린 김에 좀 기다렸다가 가라고 그러는데 제가 윤허를 받고 나왔습니다. 빨리 나온 게 아니에요.

채 검사 : 혹시 피고인은 총리 공관을 빠져 나오기 전에 30경비단 장실에 있던 노태우 9사단장에게 전화를 걸어 총리공관을 장악하도록 지시한 사실은 없습니까"

전두환 : 없습니다.

채 검사 : 정동호, 고명승 등이 병력을 이끌고 총리 공관으로 출동해 그곳을 경비하고 있던 구정길 등 경호대원들을 무장해제시켜 막사에 억류시키고, 그 대신 자신들의 병력을 그 일대에 배치함으로써 총리 공관을 장악했다고 그러는데 그 사실을 알고 있습니까?

전두환 : 모릅니다. 알 수가 없지요. 저도 대통령이 되고 난 다음에 사정을 알았는데, 최규하 대통령께서 대통령 권한대행이 되면 그것은 육군에서 경호를 할 수가 없는 거예요. 월권입니다. 그리고 대통령 경호실이 당연히 대통령 경호를 위해서 조직되어 있고, 법에 다 임무로 부여되어 있는 경호실에서 경호임무를 수행해야 하는 것 아닙니까? 그런데 헌병이 대통령 경호를 맡는다? 이것은 아주

후진국의 아프리카나 이런 데서는 있을 지 모르겠는데 우리나라 정도 돼가지고 대통령 경호를 경호실이 엄연히 존재하고 있고, 경호관이 수백 명 있는데 전문가들이 경호를 해야지 헌병들, 의무적으로 들어간 군인들이 경호한다는 것은 뭐가 크게 잘못된 것 같습니다. 나중에 알았습니다만 그게 잘못된 거예요. 대통령 경호를 헌병이 했다면 이는 엄청난 월권입니다.

채 검사 : 결국은 청와대 경호실 병력으로 하여금 총리 공관을 갑자기 경호실과의 사전협의 절차도 없이 장악하도록 한 것은 대통령의 경호보다는 오히려 보안사령관인 피고인 등의 신변을 보호하고, 총리 공관의 출입자와 전화를 차단해서 대통령을 사실상 연금하고 대통령의 동태를 파악해서 보안사측에 알려주도록 함으로써 대통령의 재가를 받는 등에 있어서 피고인 등의 일련의 행위를 효과적으로 풀기 위해서 그랬던 것 아닙니까?

전두환 : 그것은 비약된 논리 같습니다. 그럴 필요가 없어요. 대통령을 누가 만나든지 합수부장은 아무런 상관도 없고, 또 누가 출입하든지 그것을 무슨 이유로 통제를 합니까.

채 검사 : 늦은 시각에 현역장성들이 떼 지어 대통령에게 몰려가 그와 같이 집단적으로 재가를 다시 요청한다는 것은 상식에 반할 뿐만 아니라 또 대통령에 대한 예의에도 어긋나는 것 아닙니까?

전두환 : 보통 때 같으면 대통령이 들어오라 소리도 안하지요. 계

계엄사령관을 연행하고 비상시국이기 때문에 대통령께 보고를 드려서 대통령이 들어오라고 다 허가를 맡고 들어간 것입니다.

채 검사 : 피고인 등의 이러한 재가요구에 대하여 최규하 대통령은 "왜 절차를 무시하고 연행부터 하였느냐 재가를 받기 전에 행동을 일으킨 것은 위법이다. 이 자리에서 이야기하는 것만 듣고 재가해 줄 수는 없다. 사건경위를 다 들어보고 판단해 보고, 또한 책임자의 이야기를 듣는 등의 정식절차를 밟지 않으면 재가를 못하겠다. 국방부장관을 데리고 오라"고 하면서 그 당시에 강력한 거부의사를 표명했다고 하는데 사실이 아닙니까?

전두환 : 수사 총책임자는 본인입니다. 만약에 수사를 잘못 했을 때 직무유기라든지 법적으로 책임지는 사람은 본인이예요. 국방장관은 그 수사에 대해서 아무런 책임이 없습니다. 대통령께서도 그 사실을 잘 알고 계십니다. 그러나 절차상 국방장관을, 과거는 어떻게 됐든 간에 자기가 대통령이 일단 된 이상은 대통령에게 바로 직보로 하지 말고 앞으로는 관계 국무위원을 통해서 하도록 하겠다 하신 겁니다. 그 분이 외교관 출신이시고 의전에 워낙 밝으신 분이기 때문이지요. 한국적인, 그러니까 우리나라에서 보안사가 대통령한테 직보하는 것은 본인 시절에만 한 게 아니라 보안사의 모체인 특무대로부터 시작되었습니다. 김창룡 대령이 특무대장이었을 때 시작되었

지요. 당시 특무대는 육군의 예하부대였습니다. 김창룡은 일개 대령이지만 모든 주요지휘관에 대해서 수사를 할 때는 육군의 예하부대이면서도 총장이나 장관의 결재를 거치지 않고 전부 대통령에게 직보를 해서 사건처리하고 장관이나 총장한테는 추후 보고하는 것이 40년 가까이 보안부대의 하나의 특수성이고 관례입니다. 최규하 대통령은 외교관이시니까 이런 특수한 관례를 잘 모르시고 의전적으로 국방부장관이 결재를 해야 되지 않느냐 해서 좀 늦은 것이지, 수사의 총책임자가 본인이라는 것을 대통령이 너무 잘 아시고 또 정승화 총장을 연행해 조사하는 이 자체도 이미 익히 알고 계시더라고요. 그런 사항입니다.

채 검사 : 그러한 것이 관행이라는 것은 피고인 개인의 생각이 아닙니까?

전두환 : 지금 대한민국의 역대 방첩대장 출신, 보안부대장 출신이 아주 많이 살아 있습니다. 그분들한테 가서 물어보세요.

1994년 9월 17일 서울지검 공안1부 장윤석 부장 검사는 최규하 대통령에게 증인으로 출석해 줄 것을 요청하는 문건을 보냈다. 이에 대해 최규하는 9월 27일 답신을 보냈다. 답신 내용의 취지는 이러했다.

전직 대통령이 대통령으로 재임중 처리했던 국정 행위의 이유, 배경, 경위 등에 대해 일일이 해명해야 한다는 것은 국가 경영상 문제야기를 할 수 있는 일이어서 우려된 바 크다. 대통령이 공적인 행위 즉, 헌법과 법률이 부여한 책무에 의하여 처리된 국정행위에 대하여 후일에 와서 일일이 조사를 받아야 한다고 해서야 어떻게 국정을 소신대로 처리할 수 있겠는가? 이런 조사를 받는다는 것은 전례를 만드는 것이며, 이러한 전례는 대통령 직무 수행에 계속 부담으로 작용할 것이 예상된다. 그동안 귀 검찰에서는 관련 인사들에 대한 조사를 마친 것으로 듣고 있는데 그만하면 진상이 밝혀졌을 것으로 보고 있다. 특히 1979년 12월 12일 저녁 7시에 다른 일로 삼청동 공관에 왔다가 이튿날 새벽 6시가 가깝도록 대통령인 본인과 같이 접견실에서 밤을 지새우며 의견을 나누고 문제 처리에 임하는 등 12·12사태의 자초지종을 겪은 신현확 총리도 이미 참고인 답변을 마친 것으로 알고 있다. 이 분들을 통해 당시 대통령이나 정부에 대해 알고자 하는 바를 다 알았을 것으로 생각한다. 지금은 미래를 향해 국민 모두의 역량을 합칠 때라고 생각한다. 이러한 과거사는 훗날 역사의 평가에 맡기는 것이 보다 타당하며 국익에 도움이 되리라고 믿는다.

최규하는 법원의 계속되는 증인신청 요구에 불응하다 1996년 11월 14일 역사바로세우기 재판 항소심 11차 결심공판 때, 강제구인 절차에 의해 법정에 섰지만, 위와 같은 취지의 간단한 성명만 낭독한 후 증인선서도 거부하고 모든 질문에 묵묵부답으로 일관했다. 결국 최규하의 위 답신은 12·12 밤 대통령 공관에서 있었던 일은 신현확 총리가 가장 잘 안다는 것이다.

5 | 12·12의 육군본부

7시 15분경, 윤성민 참모차장은 퇴근하여 육본 내에 있는 참모차장 공관에 있었다. 7시 30분경, 총장 부인(신유경)으로부터 전화를 받았다. "총격전이 벌어졌어요, 살려주세요" 그는 즉시 군복을 갈아입고 헌병상황실에 갔다가 정보를 얻지 못하고 B-2벙커로 갔다. 여기에서 상황실장과 정승화의 부관 이재천 소령을 통해 총장이 합수부에 강제연행되어 간 사실을 알았다. 이때 윤성민은 총장연행은 있을 수 없는 하극상이며 합수부에 의한 군사반란이라고 생각했다. 생각과 판단의 차이는 이렇듯 입장에 따라 다른 것이다. "10·26과 관련해 총장이 합수부에 의해 연행됐다"는 간단한 말을 듣고 대부분의 장군들은 올 것이 왔다며 합수부의 당연한 임무수행이라고 생각한 반면, 정승화와 김재규를 따르던 장군들은 있을 수 없는 하극상이라고 분개했던 것이다. 30경비단에 모였던 사람들은 정승화가 도덕적으로 책임을 지고 스스로 물러나든지 아니면 합수부가 철저하게 조사를 해야 한다고 생각했고, 몇몇은 그러한 생각을 전두환에게 전했던 사람들이었다.

8시경, 윤성민은 진돗개 하나를 발령하고, 본부사령 황관영 장군

인솔 하에 헌병감실 5분대기 기동타격대를 공관으로 출동시키고, 이어서 육군 의장대와 수경사 기동타격대(신윤희 중령)를 공관으로 출동시켰다. 1, 2, 3군 사령부와 육본 직할대들에 직접 전화를 하여 "군사반란이 일어났다. 앞으로는 내 육성 지시에 의해서만 행동하라"는 지시를 내렸다. 군사반란! 윤성민은 정승화 사람으로 알려진 사람이며, 10·26이후의 가장 중요한 시점에서 정승화는 그를 참모차장으로 발탁했다. 이런 윤성민이 정승화 총장에 고마워하고 충성하고 싶어 하는 것은 당연한 것이었다. 2성장군에 불과한 합수부장이 감히 3성장군인 자기가 하늘같이 여기는 총장을 연행한 사실은 이런 윤 차장에게 참으로 쉽게 받아들일 수 없는 일이었을 것이다. 그가 분개한 것은 인지상정에 속하며 인간사회에서 얼마든지 있을 수 있는 자연스러운 현상이었다. 당시 군의 풍조로는 "자기를 알아주는 사람을 위해 목숨 바친다"는 것을 저항 없이 받아들였고, 이것이 무장(사무라이)의 덕목이라고 생각들 했다. 이런 문화 속에서 3성장군에까지 이른 윤성민이 소위 "새까만 후배"의 겁 없는 행동을 보고 하극상이라고 분개했던 것도 전혀 무리는 아니었다. 그러나 이런 윤성민은 여타 대부분의 장교들이 그러하듯이 법이라는 것을 모르고 커온 것이다. 반면 합수부 측은 총장의 연행이 합수부의 당연한 임무수행이며, 이 당연한 임무수행을 군사반란이라고 호도하면서 비상을 걸고 병력을 동원한 윤성민 측이 법보다 개인적 연줄을 중시하여 반란을 일으켰다고 주장한다.

작전에는 정규전과 대간첩작전이 있다. 정규전에서는 상황의 위급정도에 따라 데프콘1에서 데프콘5까지 있으며 데프콘1은 전쟁돌입 직전상태를 의미한다. 대간첩작전에서는 진돗개 하나에서 셋까지가 있다. 진돗개 하나는 북한의 무장간첩이나 특수부대원 등이 침투했다고 판단됐을 경우에 취해지며 대간첩작전의 최고 경계령으로 군병력뿐만 아니라 경찰병력까지도 동원되는 비상령이다. 진돗개 하나는 그 자체가 출동 준비명령이라 할 수 있다. 윤성민 참모차장은 7시 30분과 7시 40분에 각각 상황실장과 이재천 부관으로부터 두 차례에 걸쳐 보고를 받았다. 총장을 연행한 기관은 합수부이고, 연행은 10·26과 관련한 수사 목적에서 이루어졌다는 사실을 인지했던 것이다. 이 합법적인 법집행조치에 대해 간첩이 출현했을 때에나 발령할 수 있는 출동 준비명령을 내린 것은 직권남용이요, 공과 사를 구분하지 못한 무모한 행동이었다고 생각된다.

비상령이 내려지자 육본 보안대장 변규수 대령이 육본상황실로 달려갔다. 참모들과 김진기 헌병감, 문홍구 합참 본부장 등이 있었다. 당시 상황실이 파악하고 있는 내용은 "우경윤 대령 등이 총장을 납치했고, 총격전이 벌어지고 있다"는 내용까지였다. 연행계획에 대해 전혀 아는 바 없는 변규수 대령은 이 정보를 즉시 합수부 보안처장 정도영 장군에 보고하면서 무슨 일이냐고 물었지만 정도영 역시 아는 바가 전혀 없었다. 정도영은 허화평으로부터 사태의 진상을 파악하게 되었고, 즉시 변규수에게 전화를 걸어 "정승화 총장은 10·26과 관련하여 합수부가 조사차 연행한 것이니 육군 지휘부에 이를 알려주고 병력출동을 하지 말라고 조언하라"는 지시를 내렸다. 변규수 보안대장은 이를 즉시 윤성민에게 보고했다. 8시 20분경이었다.

당시 군 내부와 일반 국민의 여론은 온통 정승화에 대한 의혹으로 들끓고 있었기 때문에 윤성민 정도의 고위급 장군이라면 "올 것이 왔구나" 하고 생각을 하였을 것이다. 그러나 윤성민의 반응은 이와는 정반대로 달렸다. 그는 총장의 대행자였다. 그런데 합수부로부터 연행의 진상을 보고받고도 이를 예하 지휘관들에게 알리지 않았다. 오직 수경사령관 장태완과 이건영 3군사령관에게만 알렸다. 이어서 정병주 특전사령관에 전화를 걸어 9공수여단을 육본으로 출동시키라고 지시했다. 비상이 걸렸을 때 국방부와 육군본부를 경비할 책임은 1공수여단에 주어져 있었다. 따라서 윤성민의 이러한 조치는 일종의 파행이었다. 1공수여단장은 육사출신(박희도)이었고, 9공수여단장은 비육사출신(윤흥기)이었기에 육군본부 경비를 비육사출신에게 맡기려는 의도였을 것이다. 당시 육본에 상황실에 있었던 대부분의 비육사출신 장군들에게 육사출신들은 이미 적으로 간주되고 있었다.

8시 20분경에는 1, 3군 지역에 추가로 비상을 발령했다. 사정을 알지 못하고 비상령을 받은 예하 지휘관들은 혼란에 빠지고, 각가지 추측이 무성했다. 국방부 및 육군본부 참모들 역시 우왕좌왕하며 무성한 추측에 따라 중구난방식으로 의견을 제시하는 사태가 발생했다. 8시 40분, 윤성민은 성남에 있는 육군행정학교 교장 소준열 장군에게 전화를 걸어 행정학교 영내에 주둔하고 있던 20사단 박준병 사단장을 체포하라 지시했고, 이어서 특전사 정병주 사령관에게 전화를 걸어 그 지역에 주둔하고 있는 71사단의 백운택 사단장을 체포하라 지시했다. 그들이 움직이면 문제가 커진다는 생각에서였다 하지만 윤성민의 체포 지시는 법에 어긋나는 멋대로의 처신이었다. 그 때 이 두 사람은 30경비단에 있었다.

9시 20분경, 전두환은 윤성민에게 직접 전화를 걸어 '정 총장이 박 대통령 시해사건에 관련된 사실이 확인되어 대통령에게 보고하고 연행하였다'는 취지의 배경을 설명했다. 그러나 1996년 6월 27일 제17차 공판에 증인으로 나온 윤성민은 이 보고받은 사실을 전면 부인했다. "위와 같은 조치들을 취했을 당시에 나는 총장을 합수부가 연행해 간 사실을 몰랐다" 그러자 변호인이 카세트를 틀어, 12월 12일 밤 윤성민과 이건영 3군사령관 사이에 있었던 통화내용을 들려주었다. 본인의 육성녹음을 확인한 윤성민은 비로소 전두환으로부터 보고받았던 사실을 인정했다. 이에 더해 윤성민은 1994년 3월 8일 서울지검 918호 검사실에서 '10·26과 관련하여 합수부가 총장을 연행해 간 사실을 7시 30분경에 상황실장으로부터 보고를 받고 인지하였다'고 진술했다. 윤성민은 왜 검찰에서도 인정했던 사실을 1996년 6월에 법정에 나와 뒤집었을까? 그날 밤 정승화가 합법적으로 연행한 사실을 알았으면서도 그가 비정상적인 조치를 취했다 하면 이는 법관의 눈에 정당한 행위로 보일 수 없다는 것을 알고 있었다는 증거일 것이다. 합수부가 연행했다는 것을 알면서도

1, 3군에까지 진돗개 하나를 발령하고, 육본 경비와는 거리가 먼 9 공수여단을 육본으로 출동하라 명령하고, 2명의 사단장들을 체포하라 명령한 것은 정당한 법 집행을 방해한 처사였다는 것을 인정했기에 '알면서 한 행동'을 '모르고 한 행동'으로 탈바꿈시키려 한 것이 아닌가 하는 생각이 드는 것이다.

9시 20분, 윤성민이 전두환으로부터 '연행목적'에 대한 보고를 받은 직후, B-2벙커에는 30경비단에 유학성, 차규헌, 황영시, 박준병 등이 모여 있다는 사실이 알려지기 시작했다. 김진기 헌병감 등 정승화 직계 장군들은 총장 연행에 격분하여 강경 분위기를 조성했다. "황영시, 차규헌, 유학성 등이 영관급 장교들을 이끌고 30경비단에 모여 정승화 연행을 지휘하고 있으니 무장헬기를 보내 정승화를 구출하고 경비단에 있는 장군들을 체포하자." 그러나 이러한 강경기류는 김종환 합참의장 및 대다수 군 수뇌부 간부들의 반대에 직면해 수그러들었다. 9시 30분경, 단국대로 피신했던 노재현 국방장관이 여의도에 가족을 피신시켜 놓고 육본 상황실에 나타났다. 장관을 찾고 있었던 김용휴 국방차관은 노재현 장관이 나타나자마자 정승화 연행과 총격전의 자초지종을 자세히 보고했다. 이를 통해 노재현 장관과 육군본부 상황실에 있던 장교들은 정승화 총장이 연행된 이유와 과정에 대해 소상히 알게 된 것이다. 윤성민 역시 같은 시각에 사건의 진상을 알고 있었지만 그는 아무에게도 알리지 않았다. 같은 시각에 같은 사실을 알고 있었으면서도 김용휴 국방차관은 장관과 장교들에게 사실을 알렸지만, 윤성민은 알리지 않은 것이다. 알리지 않은 것은 합수부의 정당한 법 집행에 대해 그가 당시 취하고 있던 비상조치 즉 2인의 사단장을 즉시 체포하라는 등의 과격한 조치들이 어울리지 않는다는 비판을 불러올 수 있을 것이라는 우려에서 기인하지 않았을까 하는 생각이 든다.

노재현 장관이 육본 상황실에 온 지(9시 30분) 얼마 안 돼서, 하소곤 작전참모부장에게 보고가 들어왔다. 박희도 1공수여단장이 부대를 이끌고 서울로 출동한다는 것이었다. 그러나 그때 박희도 준장은 30경비단에 있었다. 오보였던 것이다. 이 오보를 들은 노재현은 군 지휘를 팽개치고, "나는 연합사로 가 있을 테니 육군본부는 자체 방어 능력이 있는 수경사로 가는 것이 좋겠다"는 말만 던지고 또 다시 미8군 영내로 도피했다. 이로 인해 군에는 지휘 공백상태가 이어지게 되었다. 특전사령관 정병주는 모든 특전부대에 무장해제를 명령했고, 1공수여단(육사출신)이 가지고 있던 모든 차량을 9공수여단(비육사출신)으로 이관하라는 지시를 내렸다. 이는 1공수여단의 부대출동을 막기 위한 조치였다. 하지만 당시 1공수여단은 수경사에 작전 배속되어 있어 작전지휘권은 수경사에 있었지 특전사에 있지 않았다. 그러나 마음 바쁜 정병주는 5~6회에 걸쳐 똑같은 명령을 반복해 내렸다. 윤성민은 무장과 출동을 전제로 하는 비상령을 내렸고, 정병주는 무장해제를 명했으니 특전사 장교들은 참으로 혼란스러웠다.

이 시각, 1공수 여단장인 박희도 준장은 30경비단에 있었기 때문에 부대는 부여단장인 이기룡 대령이 장악하고 있었다. 여단장은 자리에 없고, 위에서 내리는 명령은 앞뒤가 맞지 않고, 1공수여단에 대해 작전지휘권을 갖고 있지 않은 특전사령관이 부적합한 명령을 반복해서 내리는 상황을 맞이하여 혼란에 빠질 수밖에 없었다. 9시 30분경, 1공수여단이 이미 출동했다는 오보가 접수된 바로 그 시각에 이기룡 부여단장은 사태 파악을 위해 작전참모 권대포 소령, 헌병대장 백남석 대위만을 태우고 육군본부로 직접 찾아갔다. 따라서 밤10시, 1공수 여단에는 여단장, 부여단장, 작전참모 모두가 비어 있어 부대출동을 명할 사람이 없었다. 이렇게 비어 있는 부대에 정병주가 보낸 감시자들이 찾아와 부대출동을 하지 못하도록 감시하고 있었다. 이순길 특전사 부사령관, 강리건 인사참모, 홍덕현 교육발전처장이었다. 사실이 이러한데도 1공수여단이 박희도의 지휘하에 서울로 출동하고 있는 것으로 윤성민과 노재현에게 보고가 된 것이다. 후에 밝혀지기로는 제1한강교를 통과하는 이기룡 부여단장의 지프차를 본 초병이 이를 보고하는 과정에서 생긴 오해였다 한다.

검찰은 또 이기룡 부여단장이 소령 1명과 대위 1명을 태우고 한강교를 통과한 것을 놓고 1공수여단이 출동하기 위한 통로를 미리 개척하려 한 것으로 몰아갔다. 검찰 스스로 그날 밤 10시에는 1공수여단의 출동이 없었다는 것을 인정한 것이다. 하지만 대위 1명과 소령 1명을 가지고 무슨 통로를 개척한다는 말인지 어이가 없다. 9시 30분경에 부대를 떠난 이기룡은 밤 10시경에 육군본부 B-2벙커에 갔지만 너무 혼잡하여 들어갈 엄두를 내지 못하고, 인근 민가에서 전화를 빌려 작전처장 이병구 준장과 통화만 했다. 특전사령관의 명령과 육군본부의 명령이 서로 반대되니 확실한 명령을 내려 달라고 했지만 이병구는 육본과 국방부 경계는 9공수여단이 출동하여 맡기로 되어 있다는 말만 했다. 1공수가 출동하기로 되어 있는 국방부와 육본에 9공수여단이 대신 출동하도록 되어 있으니 1공수여단은 가만히 있으라는 뜻이다. 1여단을 따돌림 한 것이다. 이는 이기룡에게는 황당하기 이를 데 없는 조치였다. 이기룡은 이 사실을 박희도 여단장에게 보고를 하려 했지만 전화연락이 되지 않아 곧장 부대로 돌아가기 위해 10시 30분경에 국방부 지역을 출발했다. 바로 이 시각이 육군본부 수뇌들이 수경사로 옮겨가는 시각이었다. 이기룡을 태운 지프차가 제2한강교에 이르렀을 때 검문소 헌병들이 총을 들고 차량을 세웠다. "수경사령관이 체포하여 사살하라는 명령을 내렸다"는 것이다. 이들은 강제로 하차되어 체포되었다. 한편 박희도는 10시 30분경에 대통령 관저를 나와 부대를 향해 출발하였고, 밤 12시경에 김포에 있는 여단본부에 도착했다. 이에 대한 이기룡의 진술은 검사가 그토록 물고 늘어졌던 1공수여단의 출동 주장이 얼마나 허구였는지 잘 표현해 주고 있다. 1994년 2월 22일 서울지검 908호 검사실에서 이기룡(육사17기)은 아래와 같이 진술했다.

나는 제2훈련소장을 끝으로 전역한 후 고향에서 농사를 짓고 있다. 당시 1공수여단은 강서구 공항동에 있었다. 12월 12일, 진돗개 하나가 발령되자 나는 영외거주장병들을 비상소집한 후 마포 소재 제3대대를 제외한 모든 부대에게 차량 할당을 하고 출동 준비를 지시했다. 당시 여단의 모든 작전사항은 부여단장인 내가 전적으로 담당했다. 여단장은 거시적 지침만 주었다. 그날, 진돗개 하나가 발령됐는데도 여단장의 소재가 한동안 확인되지 않았다. 8시 30분경에야 여단장으로부터 전화가 왔다. 나는 여단장에게 비상이 발령된 사실을 알리고 내가 취한 상황조치 내용을 보고했다. 여단장은 알았다고 한 후 경복궁 30단에 있으니 특이사항이 있으면 연락하라며 30단 전화번호를 알려 주었다. 원래 비상이 발령되면 1공수여단은 국방부와 육본으로 출동하여 경비하도록 되어 있었다. 그런데 진돗개 하나라는 비상령만 발령되고 이렇다 할 지시가 없으니 참으로 답답했다. 계엄사인 육본과 1공수에 대한 작전명령권을 가진 수경사에 연락을 취했지만, 연결이 되지 않았다.

그러다가 9시경 정병주 특전사령관으로부터 전화가 왔다. 그는 아무런 배경 설명도 없이 무조건 전부대원의 무장을 해제하고 1공수가 보유하고 있는 차량을 9공수(부천)여단에 보내라고 명했다. 이에 나는 "저희 여단은 서울 계엄군으로서 임무가 따로 있는데 사령관 말씀대로 따를 수가 없습니다" 했더니 전화를 끊었다. 약 2분후에 다시 전화를 걸어 똑같은 지시를 하기에 나는 또 "진돗개 하나가 발령된 비상사태에서는 계엄사의 지시에 따라 임무를 수행해야 할 의무가 있는데 계엄사 지시도 없이 무장해제를 한다는 것이 무슨 말이냐"고 항의를 하자 사령관은 아무 말도 못하고 전화를 끊었다. 그 후에도 6회 정도에 걸쳐 무장해제와 차량인도를 요구했으나 나는 그때마다 거절했다. 마지막엔 "1공수여단은 계엄사에 작전배속이 되어 있으므로 부당한 요구를 중단해 주기 바란다"라고 단호하게 말했다. 그리고는 더 이상의 전화가 없었다. 출동용 차량은 특전사 차량이 아니고 제2군수지원사(인천시 북구, 산곡동)와 제3군수지원사(의정부)에 소속돼 있는 수송자동차대대의 차량이었는데 이 차량을 9공수여단으로 주라는 것은 특전사령관의 작전권한 밖의 일이였다. 9시 10분경, 이 기막힌 상황 전개에 대해 그는 여단장인 박희도의 지시를 받기 위해 30단으로 전화하여 박희도와 통화가 되었다. 그동안에 있었던 내용을 보고하고 '현재 병력출동 준비는 완료되었지만, 육본이나 수경사에는 연락이 되지 않아 답답하니 제가 직접 육본에 가서 알아보겠습니다' 라고 건의했다. 박희도 여단장은 그렇게 하라고 했다.

9시 20분경 작전참모 권대포 소령과 헌병파견대장 백남석 대위를 지프차에 동승시켜 육본으로 출발했다. 제1한강교를 경유하여 10시경에 육본B-2벙커 출입구에 도착했으나 그 일대가 차량으로 대혼잡을 이루고 있어 근처의 민간전화를 빌려 계엄사 작전처장 이병구 준장과 통화를 할 수 있었다. "1공수여단은 비상사태 하에서 당연히 출동하여 육본과 국방부를 경비하도록 되어 있는데 아무런 지시가 없으니 어찌된 일입니까?" 하고 문의했더니 이병구 장군은 "9공수여단이 들어오게 되어 있는 것 같다,"며 어물어물 하다가 전화를 끊었다. 이 해괴한 사실을 보고하기 위해 여단장을 찾았으나 연결이 되지 않아 그는 차를 되돌려 부대를 향해 출발했다. 10시 30분경이었다. 11시경 제2한강교 근처에 이르렀을 때 박희도 여단장과 무전이 통했다. "지금 어디에 계십니까?"하고 묻자 여단장은 부대로 복귀하기 위해 신촌을 통과 제2한강교로 가고 있다고 했다. "2한강교는 완전히 막혔습니다. 행주대교로 돌아가셔야 됩니다." 이 말을 끝으로 무전이 두절되었다.

11시 10분경 제2한강교에 진입하니 차량이 막혀서 운행이 불가능 했다. 4명이 지프차를 인도로 들어 올려 통과하려고 하던 중 헌병 4명이 M-16소총을 내 옆구리에 들이대고 체포하겠다고 했다. 영문을 모른 나는 "나는 1공수여단 부여단장이다 지금 서울 계엄군으로 임무 수행중인데 무슨 짓이냐"며 호통을 쳤지만 예사치가 않아 보였다. 시민들이 보는 앞에서 실랑이를 하기도 곤란해서 순순히 연행되어 갔다. 수경사 작전참모와 통화를 하도록 해 달라고 요구했지만 헌병장교는 "수경사에서 1공수 부여단장에 대해 체포·사살 명령이 내려졌다"며 나와 권소령에게 수갑을 채우고 초소 지하실로 데려 갔다. 12월 13일 03시경, 헌병장교가 지하실로 내려와 수갑을 풀어 주고 권총을 되돌려 주면서 무릎을 꿇고 "잘못했으니 용서해 주십시오" 하고 사과하면서 돌아가라 했다(진술 끝).

1994년 4월 26일, 서울지검920호 검사실에서 당시 1공수 5대대 14지역대 6중대장으로 근무했던 이경택(1994년 당시 여의도에서 '군' 지 발행)은 다음과 같이 진술했다.

1공수는 모두 5개 대대로 구성돼 있다. 1개 대대에는 4개 지역대가 있고, 1개 지역대에는 4개 중대가 있다. 중대에는 장교 2명(대위, 중위)과 하사관 10명으로 구성돼 있다. 2.5톤 트럭에 1개 중대가 탑승한다. 12월 12일 밤 9시 30분경으로 생각된다. 그 때부터 "탑승하라", "하차하라" 하는 명령을 20~30분 간격으로 8~9회나 반복하며 훈련을 했다. 검사는 신월동 3거리까지 출동했다가 되돌아 온 적이 있느냐고 물었지만 그런 일은 없었다(진술끝).

당시 1공수 제1대대 대대장은 육사 22기 김경일 중령이었다. 그는 1994년 8월 27일, 서울지검 908호실에서 이렇게 진술했다.

여단장이 30경비단에 갔다는 사실도 몰랐고, 비상이 왜 걸렸는지 통 몰랐다. 단지 밤 10시경, 여단의 누군가가 대대에 전화를 걸어 신월동 3거리까지 출동하여 대기하라고 해서 출동했었다. 신월동 3거리는 여단본부로부터 5분 정도 떨어진 곳이며, 2개대대 이상의 병력이 출동할 때에 집결지로 사용되는 곳이었다. 거리가 넓어서 대규모 차량이 집결하는 데 좋은 장소였다. 1개 대대만 출동하는 경우에는 대대에 집결했다. 그러나 2개 대대 이상이 출동하면 늘 신월동 3거리에 집결하여 출발한다. 신월동 3거리에 나갔더니 다른 대대가 오지 않아 이상하여 여단에 무전을 하니 일직사령 이풍길 소령이 그냥 되돌아오라고 했다. 근무자가 바뀌고 혼돈이 있었던 것 같았다. 당시 공수부대가 출동하면 목표를 정해 주는데 그때는 출동 목표가 주어지지 않았다(진술끝).

위의 진술을 보면 검찰과 재판부의 판단이 억지라는 생각이 든다. 진돗개 하나가 발령되면 1공수는 당연히 출동준비를 해야 했고, 출동명령이 떨어지면 곧바로 국방부와 육본으로 출동하게 되어 있었다. 이를 놓고 검사는 박희도 여단장이 8시 10분에 30경비단에 있으면서 출동 준비명령을 내렸고, 신월동(1공수에서 5분 거리)까

제3장 12·12의 밤 | 185

지 불법 출동했었다고 뒤집어 씌운 것이다. 8시 10분에 출동을 지시했는데 어떻게 여단장도 없는 상태에서 부여단장과 작전참모가 9시 30분에 모두 부대를 떠나 삼각지에 있는 B-2 벙커로 지프차를 타고 갈 수 있었겠는가? 윤성민은 특전사가 9시 20분경에 이미 출동했다고 주장했다. 하지만 제1대대가 신월동 3거리에 나왔던 시각은 10시였다. 9시 20분에는 1공수여단이 영외로 나온 사실이 없는 것이다.

6 | 내 편 네 편 갈라진 군벌

한남동에서 총소리가 울릴 때, 장태완 수경사령관은 신촌의 모음식점에서 술을 곁들인 저녁 식사를 하고 있었다. 전두환 측 주장으로는 그날 대령에서 장군으로 진급한 수경사 헌병대장 조홍이 수경사령관 장태완, 특전사령관 정병주, 헌병감 김진기, 전두환을 함께 초청한 자리라 하지만 전두환 측이 미리 만든 장소일 가능성도 있다. 정승화 쪽 사람들을 한 곳에 모아둔 후 재가가 끝나면 따로 가서 사정을 설명하려 했던 것으로 생각된다. 신촌에 정승화 계열의 장군들이 모여 있을 때 전두환은 대통령실에서 곤욕을 치르고 있었다. 그날 아침 전두환은 미리 보안사 참모장 우국일 장군을 불러 "내가 그 시각에 대통령 보고가 잡혀 있으니 보고를 끝내고 갈 때까지 대접을 하고 있으라"는 지시를 했다. 이 신촌모임을 놓고 검사들은 전두환이 반대파들을 묶어 두기 위해 사전에 계획한 음모라고 몰아갔다. 1996년 3월 18일, 역사바로세우기 제2차 공판에서 이에 대해 김상희 검사와 전두환 피고인과의 문답이 있었다.

> 김상희 검사 : 그 세 사람을 한 곳에 모은 것은 그들의 부대지휘를 효과적으로 하지 못하도록 차단할 목적이 아니었습니까?
> 전두환 : 그 사람들의 지휘를 차단하려 했다면 아주 쉽게 할 수가 있지요, 모아놓고 예를 들면 통신수단을 차단해 버린다든지 몇 시간 연금시키는 게 간단하지요. 그런 목적이 아니고 내가 대통령 재가 받고 난 다음에 30단에 들렀다가 그 분들한테도 가려고 했습니다. 그 분들이 정승화, 소위 말하는 김재규 심복들이기 때문에 정승화 총장에 대한 연행조사가 불가피하니까 그렇게 이해하라고, 이해도 시키고 협조도 받아야 하겠다는 순수한 생각으로 했는데 그것이 결과적으로는 여러 가지 오해를 받게 됐습니다. 그런 저의는 전혀 없었습니다. 만약 그런 저의가 있었다면 다른 방법으로 그 사람들을 가둘 수가 있지요.

장태완 등을 연금할 생각을 가졌다면 그들은 전화 한 마디에 식당에서 나와 각기의 부대들로 갈 수 없었어야 했다. 30경비단에 있는 장군들과 신촌 만찬에 있던 장군들은 성분이 다른 두 집단이라

할 수 있었다. 전자의 장군들은 김재규에 대한 재판을 제대로 하려면 김재규를 비호해 온 정승화를 조사해야 한다는 장군들이었고, 후자의 장군들은 정승화에 무조건 충성하는 사람들이었다. 따라서 그날 두 부류의 장군들에게 따로 따로 재가의 결과를 설명하려 한 것은 좋은 착상이었다고 생각된다. 국방장관만 제 자리를 지켰다면 아마도 전두환은 계획대로 대통령 재가를 신속하게 마치고 30경비단에 있던 장군들과 신촌에 있는 장군들을 모두 만났을 수 있었을지 모른다. 이렇게만 되었다면 12·12는 총장연행이라는 간단한 사건으로 종결되었을 것이다.

장태완과 정병주 등은 이 '신촌모임'(일명 연희동 모임)에서 술을 곁들인 식사를 하다가 밤 8시경에 육군본부로부터 전화를 받았다. 총장이 괴한에게 피습되어 납치된 것 같다는 내용이었다. 이에 장태완은 총장 공관에 전화를 걸었지만 부관 이재천 소령은 정승화가 합수부에 연행됐다는 사실은 숨긴 채 "총장님을 구해 달라"는 말만 하고 전화를 끊었다. 장태완은 부대로 복귀하면서 정 총장이 불순세력에 납치된 것으로 오해하고 수경사로 가서 구조대를 보내 정승화를 구하고 범인을 체포하라고 무전으로 지시했지만, 참모들은 총격전이 일고 있는 공관에 상황파악도 하지 않고 구조대를 보내는 것은 무리라며 반대했다. 이 때 윤성민으로부터 무전이 날아왔다. "정승화 총장이 합수부에 연행되었다" 이 내용을 전해 듣고 비로소 장태완은 사태의 성격을 알게 되었다. 8시 40분경이었다.

이에 대해 장태완의 첫 반응은 이러했다. "합수부장은 계엄사령관의 부하인데 부하가 어찌 상관을 연행할 수 있느냐, 이는 명백한 하극상이다. 합수부를 용서할 수 없다." 윤성민의 반응과 100% 일치하는 반응이었던 것이다. 당시의 군사문화권에서는 정승화의 심복이라면 100이면 100 모두 똑같은 반응을 보였을 것이다. 장태완은 수경사 전 병력을 사령부로 집결시키라고 비상령을 내렸다. 심지어는 청와대 외곽경비를 맡고 있던 33경비단 소속의 3개 중대 병력까지도 근무지를 이탈해 수경사령부에 집결하라고 지시했다. 당시 33경비단에 대한 지휘권은 청와대 경호실에 있었기에 이 명령은 분명한 월권이었다. 그리고 전 장병에게 실탄을 지급하고 전투준비 태세에 임하라고 지시했다. 이 때, 김기택 수경사 참모장이 30경비단에 장군들이 모여 있다는 사실을 처음으로 보고했다. 장태완 소장은 이들이 연행의 배후세력이라 단정했다. 육본으로 간 김진기 등 정승화 계열의 장군들이 헬기를 동원하여 유학성 등을 체포하자는 생각과 똑같은 생각을 장태완도 한 것이다. 장태완은 30경비단장실에 전화를 걸었다. 그 전화는 유학성 중장이 받았다. 장태완 소장은 유학성에게 "그 곳에서 여러 사람이 모여 무슨 작당을 하느냐, 계엄사령관을 납치해서 어쩌자는 거냐, 빨리 총장을 원위치로 돌려보내라"고 호통을 쳤다.

유학성이 상황의 자초지종을 차근차근 설명해 주었다. "나도 연행 계획을 모르고 이 자리에 초청돼 왔다. 여기에 와서 비로소 연행 사실을 알게 되었고, 그 과정에서 총격전까지 있었다는 사실을 알고 지금 걱정을 하고 있는 중이다. 총장 연행은 10.26과 관련하여 대통령께 보고한 사항이며, 여기 30경비단에 와 있는 우리와는 전혀 관계가 없다." 이 말에 장태완 소장은 유학성 중장에게 욕을 퍼부었다. "이 반란군 놈의 새끼야! 너희 놈들 거기 있거라, 내가 전차를 몰고 가서 싹 깔아 죽이겠다." 이런 장태완의 흥분을 가라앉히기 위해 유학성은 평소 장 소장과 친분이 두터운 황영시 중장에게 수화기를 넘겨주었다. 황 중장이 또 다시 자세하게 설명해 주면서, 못 미더우면 여기에 와 보라고 했지만 장태완 소장은 "이놈들! 꼼짝 말고 거기 있어, 내가 포를 갖고 와서 네놈들의 머리통을 모두 날려버리겠다"고 하면서 전화를 끊어 버렸다. 술에 취한 채 흥분해 있던 장태완에게는 아래도 위도 없었다.

30경비단을 반란군의 본거지라고 단정한 장태완은 9시 30분경, 김용휴 차관과 윤성민 참모차장에게 전화를 걸어 30경비단을 공격하여 총장을 구출하려 하니 26사단, 수도기계화사단, 9공수여단을 출동시켜 자기의 휘하로 넣어달라는 요구를 했다. 군 상식을 많이 벗어난 요구였던 것이다. 이어서 그는 3군사령관 이건영에게 전화를 걸어 30경비단이 반란군 본거지이고, 병력을 동원하여 쳐들어가야 하니 예하 병력을 동원해 주고 후방지원을 해달라고 요구했다. 이에 이건영 대장은 한 수 더 떴다. "그 못된 놈들이 장난을 치는 모양인데 장 장군이 잘해야 한다. 황영시 1군단장, 차규현 수도군단장 두 놈들의 지휘 하에 있는 부대는 절대 서울로 출동할 수 없도록 조치할 테니 걱정 말고 그 놈들을 즉시 소탕하라"고 부추긴 것이다.

　장태완은 이어서 특전사령관 정병주 소장에게 전화를 걸어 "30경비단 공격을 성공시키기 위해서는 26사단과 수도기계화사단을 먼저 출동시켜 합수부와 30경비단을 동시에 제압하는 방법밖에 없으니, 정병주 당신은 그 동안 육사출신이 여단장으로 있는 1, 3, 5 공수여단은 출동하지 못하게 하고, 9공수여단을 출동시켜 달라"고 요청했다. 정병주 소장은 육본 작전처장(이병구)과 특전사 작전참모(신우식)의 만류를 뿌리치고 9공수여단에 출동을 지시하고 이를 장태완에게 알려주었다. 같은 시각에 윤성민 차장은 행정학교 교장인 소준열 장군에게 전화를 걸어 행정학교에 주둔하고 있는 20사단장 박준병 소장(육사)을 즉각 체포하라 지시했고, 이어서 정병주 특전사령관에게 전화를 걸어 71사단장인 백운택 소장(육사)을 즉시 체포하라 하였지만 이들은 경비병들을 뚫지 못해 체포를 단념했다. 하지만 두 사단장들은 그때 30경비단에 있었다. 이어서 장태완은 자기의 지휘선상에 있지도 않은 26사단장(배정도)과 수도기계화사단장(손길남)에 전화하여 전 병력을 서울운동장과 장충공원에 출동하라는 월권적 명령을 내렸다.

　한편 육본 작전참모 하소곤 소장은 1공수여단이 이미 출동한 것으로 오해하고 장태완에게 한강 1, 2교를 차단하라는 명령을 내렸다. 장태완은 한강교에 퇴근중인 시민 차량을 강제로 세워 이들 시민차량을 빼앗아 바리케이드를 치게 했다. 수도권 일대의 헌병초소에 "검문에 불응하는 자는 무조건 사살하라"는 기막힌 지시를 내렸다. 하지만 장태완은 1공수여단이 출동한다는 하소곤 소장의 말이 사실이 아니라는 것을 이미 알고 있었다. 장태완은 하소곤으로부터 '1공수여단이 출동했다'는 말을 듣기 전에 정병주 특전사령관으로부터 이미 "1공수여단이 출동한다는 말이 있으나 확인한 바 여단장 박희도는 부재중이고 이기룡 부여단장은 출동계획이 없다고 했고, 만약을 위해 이순길 특전부사령관을 1공수여단에 보내 감시케 하고 있다"는 내용을 설명들은 바 있었다. 그런데도 장태완은 이를 시정해주지 않고, 옳다 싶어 위와 같이 무서운 조치를 취한 것이다.

수경사에 온 윤성민과 수경사 사령관 장태완은 한동안 서로를 격려하며 난동을 주도한 콤비가 되었다. 여기에서 필자가 난동이라고 감히 말할 수 있는 데는 이유가 많이 있다. 합수부장은 10·26과 관련돼 있는 정승화를 합법적으로 연행했고, 연행한다는 사실을 대통령에게 보고하고 있었다. 당시에는 여기까지만 알려져 있었다. 그렇다면 결과를 보고 순리적으로 문제를 풀어야지 병력을 풀어 우격다짐으로 합수부의 법 집행을 방해할 일이 아니었다. 날이 새면 모든 것을 파악할 수 있고, 그에 따라 잘잘못을 가리면 되는 것이었다. 필자는 윤성민과 장태완이 당시 어째서 '세상이 그날 밤 안에 모두 끝나고 내일이 없다'는 식으로 무모한 일을 저질렀는지 도저히 이해할 수 없다. 이는 사(私)를 공(公)보다 앞세운 처사임에 틀림없어 보인다. 윤성민은 전두환으로부터 전화를 받은 사실도 부인하려 했다. 그렇다면 윤성민은 전두환에게 전화를 걸어 사실을 파악하거나 또는 설득시키거나 하는 시도를 하지 않았다는 말이 된다. 대화를 스스로 포기하고 무조건 전두환을 반란군이라고 생각하고 병력을 동원하고, 두 사단장을 체포하라 지시하고, 육본 보안대장 변규수 대령 등을 체포 구금시킨 것이다. 1996년 6월 27일, 윤성민은 법정에서 이렇게 진술했다.

내가 8시경, 수도권 일대에 진돗개 하나를 발령한 것은 총장이 공비들에 의해 납치된 줄 알았기 때문이다. 합수부장으로부터 합수부가 정 총장을 10·26과 관련하여 연행했다는 보고를 받은 바 없다. 그러나 나는 총장 연행을 반란행위라고 생각했다. 8시 30분경, 대통령에게 전화를 하려고 전화를 했으나 최광수가 대통령을 대주지 않았다. 그 후 신현확 총리에게 전화를 해서 사정을 설명하고 의견을 구했지만 신 총리는 '지혜롭게 수습하라'는 말만 하고 전화를 끊어 버렸다. 8시 40분에 소준열에게 전화를 걸어 박준병을 체포하라 지시했다. 아까는 전두환과 통화한 적이 없다고 했는데 변호인이 들려주는 녹음테이프를 들어보니 통화한 것 같다. 아니 확실히 통화했다. 통화내용은 '지금 10·26사건과 관련해서 간단한 조사가 있어 연행을 했는데 그것이 의외로 에스컬레이트 되어 총격전까지 벌어졌다. 그래서 그 조사 후에 갈 테니 잘 수습해 달라'는 보고였다.

이 때 변호인들은 윤성민에게 합수부가 법 집행차원에서 정승화를 연행하였다는 사실을 알았으면서 어떻게 합수부를 반란군으로 단정하고 무모한 명령들을 내렸는가에 대해 집요하게 몰아갔다. 신정철 변호인이 윤성민에게 아래와 같은 요지의 신문을 집요하게 하고 있었다.

윤성민 당신은 8시 10분경에 합수부가 정 총장을 연행했다는 보고를 받고서도, 합수부를 반란군이라고 단정하여 무모한 명령들을 내렸는데, 그 때 당시는 전두환이 대통령에 보고를 했는지 하지 않았는지, 결재를 하러 갔는지 아니었는지에 대한 정보가 없었고, 적어도 계엄사령관을 체포하는 일에 대통령에게 보고조차 하지 않고 마구잡이로 체포한다는 것은 상상조차 할 수 없는 일인 줄은 누구나 알 수 있는데 어째서 그때 벌써 반란군이라고 단정을 할 수 있는가?

변호인들이 바꾸어 가면서 이런 취지로 몰아가는 데 반해 윤성민은 답답할 정도로 "결국 대통령 재가를 받지 못하지 않았느냐, 그래서 나는 반란군으로 규정한 것이다"라는 취지의 답변만 반복했다. 나중에야 안 사실을 가지고 12월 12일 밤에 그가 취했던 부당한 행동을 정당화하려 하니 참으로 딱해 보였다.

신정철 변호인 : 박준병과 백운택 장군을 체포하라 명령한 것은 그들이 반란에 가담했기 때문에 그렇게 한 것이지요?
윤성민 : 예
신정철 : 반란에 가담했다는 정보가 있었나요?
윤성민 : 결과적으로는 박준병이 가담하지 않았습니까?
신정철 : 아니 결과적으로가 아니라 체포명령을 내린 8시 40분경

에 박준병이 반란에 가담했다는 것을 어떻게 알았나 하는 것입니다.

윤성민 : 30단에 가서 합류해서 주 멤버로 행동하지 않았습니까?
신정철 : 그러나 그날 8시40분경 체포명령을 내렸을 당시에는 박준병 등이 30단에 있었는지 없었는지 모르지 않았습니까?
윤성민 : 여튼 그 후에 안 사실이지만 30단에 가 있었다는 것이 확인되지 않았습니까?

너무 답답한 대답만 반복하고 있기에 전상석 변호인이 끼어들었다.

전상석 : 나중에 안 것 가지고 머리가 자꾸 굳어 있는데 그러면 안 돼요. 그 때 안 사실을 가지고 이야기 해야지요.

바로 이 순간 재판장이 끼어들어 변호인들과 말싸움을 했다.

재판장(김영일) : 지금 신정철 변호인이 신문하시는데 왜 옆에서 갑자기 들어왔습니까?
전상석 : 같이 하는 변호가 아닙니까?
재판장 : 그래도 순서가 있고 법정에서 그렇게 막 하시면 되겠습니까?
전상석 : 같은 변호인들로 중간에 들어설 수 있지요.

재판장 : 순서가 있지 않습니까? 왜 변호인이 법정에서 정중하게 안 하고 왜 그러십니까?

전상석 : 아니, 같은 팀에서 상변호인의 질문에 도움을 주는 것도 안 됩니까?

재판장 : 다른 변호인이 먼저 신문하시고, 차례오면 하시라고 아까 이양우 변호인에게도 말씀드리지 않았습니까?

전상석 : 아니, 상변호인 신문에

재판장 : 질서 없이 왜 그러십니까? 이 역사적인 재판을 하는데 법정을 질서 없게 만드는 것입니까?

전상석 : 누가 질서 없게 해요?

재판장 : 뭡니까?

전상석 : 아니, 누가 질서 없게 합니까?

재판장 : 왜 불쑥 불쑥 하십니까?

전상석 : 불쑥 불쑥이 아니에요. 상변호인하고 나도 공동 변호인입니다. 질문을 옆에서 도와드리는 거예요.

재판장 : 질서가 있어야지요.

막말로 치닫고 있었다. 이 때 변호인 신정철이 윤성민에게 질문을 함으로서 변호인과 재판장 사이에 있었던 감정싸움은 수습이 됐다.

신정철 : 그 당시 박준병 장군이 30단에 가 있었는 지의 여부는 아까 말씀하셨고, 사실 또 모르셨지 않습니까? 박 장군

이 30단에 갔다고 하는 것은 사후에 아신 것이지요?

윤성민 : 예

여기에 또 재판장이 끼어들어 직접 증인 윤성민을 이렇게 신문했다.

재판장 : 12월 12일 저녁에 합수부장과 전화를 한 것은 틀림없나요?

윤성민 : 처음엔 없었는 줄로 알았는데 녹음테이프에 나와 있으니 사실일 겁니다.

재판장 : 부하직원으로부터 받은 것을 합수부장으로부터 받은 것으로 착각하시는 게 아닌가요?

윤성민 : 아닙니다.

재판장 : 합수부장과 통화를 했으면 내용이 있을 것 아닌가 이 말입니다.

윤성민 : 통화내용이 '지금 10·26사건과 관련해서 간단한 조사가 있어 연행을 했는데 그것이 의외로 에스컬레이트 되어 총격전까지 벌어졌다. 그래서 그 조사 후에 갈 테니 잘 수습해 달라'는 보고였습니다.

재판장 : 그러면 증인이 그 이야기를 받아들이기로는 간단히 조사하려고 연행했다는 말 속에 함축된 것이 대통령이나 국방장관의 재가를 받았다는 이야기가 안 나오니까 함부로 연행했구나 하는 판단에서 행동한 것입니까?

윤성민 : 그렇습니다.
재판장 : 그렇게 된 것입니까?
윤성민 : 예, 재판장님. 이런 계엄 하에서 계엄사령관을 연행하려면 마땅히 국방장관과 대통령의 재가를 받아야 되지 않겠습니까?
재판장 : 그 당시 재가를 받았다는 이야기를 들은 기억이 없다는 것입니까?
윤성민 : 그런 것은 없었습니다.
재판장 : 그러면 재가를 받았다는 이야기가 없었기 때문에 재가를 안 받고 연행했구나 이런 생각까지 한 것입니까?
윤성민 : 그렇습니다.

이상의 진술에서 나타난 바와 같이 윤성민은 그날 아무런 근거 없이 박준병과 백운택이라는 두 명의 사단장을 체포하라 한 것이다. 이 두 사단장들은 10월 27일 새벽 4시에 발효된 계엄령에 따라 서울로 올라와 주둔하고 있었던 두 육사출신 사단장들에 불과했다. 윤성민이 이 두 사람을 체포하라 한 것은 이들이 육사출신이었기 때문에 전두환에 합세했을 것으로 예단하고 취한 조치였던 것으로 풀이된다. 신문과정을 보면 참으로 답답하다는 생각이 든다. 전두환과 윤성민 사이에 전화 통화가 있었다면 그 통화는 일방로(one way communication)가 아니라 쌍방 통화였다. 3성장군인 윤성민은 이 통화에서 2성장군인 전두환의 이야기를 들은 후 "그러면 장관과 대통령에게 보고가 된 사항이냐", 이렇게 당당하게 물었어야 했다. 이렇게 물어보지도 않고, 혼자서 '대통령에게 보고도 하지 않고 함부로 연행을 했다'고 단정 지은 후 그같이 엄청난 조치들을 취했다는 것은 바보가 아니고서는 할 수 없는 행동이었다고 본다. 윤성민은 바보가 아니다. 그렇다면 그는 전두환이 괘씸하다는 생각에 무조건 그를 하극상으로 몰아가면서 정승화를 강제로 원상복구시키려 했던 것으로 밖에 해석되지 않는다. 전두환에게는 법을 집행한다는 대의명분이 있었지만, 윤성민에게는 감히 2성장군이 4성장군을 체포 연행할 수 있느냐에 대한 위계질서에 대한 명분밖에 없었던 것으로 생각된다. 위계질서는 법 위에 설 수 없는 명분인 것이다. 여기에서 재판장은 교묘한 방법으로 윤성민을 도와가며 유도심문을 하고 있는 것으로 보인다. 이 신문과정에서 재판장은 불공정하게 뛰어들어 윤성민을 감쌌고, 이로 인해 변호인들의 집단 퇴장 사건이 발생했던 것이다. 이때부터 피고인들은 사실상 변호인 없이 1심 재판을 받게 된 것이다.

7 | 장태완의 난동

이어서 장태완은 수경사 전 참모를 상황실로 소집하여 공격명령과 사살명령을 내렸다.

30경비단에 전두환, 유학성, 황영시, 장세동 등 몇몇 장교가 모여 정승화 총장을 납치하고 반란을 모의하고 있으니 발견 즉시 무조건 사살하라. 그리고 수경사 소속의 모든 전차를 사령부에 집결시켜 30경비단을 때려잡아라.

이어서 3군사령관에게 또 다시 전화를 걸어 26사단과 수도기계화사단을 한시라도 빨리 출동시켜 달라고 요구했다. 이건영 사령관이 '장관의 승인을 받고 병력을 출동시켜 주겠다' 고 하자 장태완은 장관의 소재를 알 수가 없는데 언제까지 기다려야 하느냐, 빨리 출동명령을 내려 달라는 상식 밖의 요청을 했다. 이처럼 국방장관은 양쪽 진영 모두에서 애타게 찾고 있었던 것이다. 밤 10시 30분 경, 장태완이 이렇듯 열을 내서 분주하게 움직이고 있을 때 육군본부 상황실에 있던 육군 지휘부가 수경사로 이동했다. 노재현의 말대로 수경사는 자체방어 능력이 있는데다 목소리가 큰 장태완과 함께 행동하는 것이 유리할 것이라는 생각에서였을 것이다. 윤성민 참모차장, 천주원 인사참모부장, 하소곤 작전참모부장, 황의철 정보참모부장, 최항석 교육참모부장, 안종훈 군수참모부장, 정형택 예비군참모부장, 김시봉 관리참모부장, 이정량 통신감, 신정수 민사군정감, 김진기 헌병감 등 정승화 계열의 강경파 참모들이 모두 수경사로 옮겨갔다.

수경사에 도착한 윤성민은 장태완이 시키는 대로 변규수 육본보안대장, 수경사 보안대원 전원을 즉시 체포하여 감금했다. 이어서 장태완은 문홍구 합참본부장, 김진기 헌병감, 황원탁 총장수석부관과 합세하여 "정승화 구출"을 위한 작전을 모의했다. 합수부 수사 분실을 전차로 공격하여 정승화를 구출하자는 것이었다. 하지만 전차장(長)들은 장태완의 무모하고 불법적인 이런 명령에 따르기를 거부했다. 더욱 충격적인 것은 장태완과 김진기가 헌병 1개 소대를 동원하여 최규하 대통령을 수경사로 납치하려는 계획을 세웠다는 사실이다. 이를 위해 김진기가 삼청동 총리 공관 부근에 나가 상황을 살피기까지 했지만 공관 경비가 강화된 것을 보고 계획을 포기했다. 이들은 무력으로 총리 공관을 습격하여 그 곳에 있는 최규하 대통령을 납치하여 자기들의 뜻대로 정승화 총장의 원상복구를 기도했던 것이다. 역사바로세우기의 법관들의 잣대대로 만일 총리 공관에 대한 경비를 삼엄하게 하지 않았다면 이 때 최규하 대통령은 납치되었을 것이다. 역사바로세우기 법관들은 총리 공관을 무장병력으로 삼엄하게 경비하는 것이 대통령에게 공포감을 주기 위한 것이었다고 판결했다. 법관들이 얼마나 현실과 거리가 먼 만화같은 편견을 가지고 있었는 지가 바로 여기에서도 드러나는 것이다.

한편 정승화 군벌의 무분별하고 파행적인 움직임을 파악한 김종환 합참의장과 이희성 중앙정보부장서리는 차례로 수경사에 가 있는 문홍구 합참본부장에 전화를 걸어 정승화의 연행은 박 대통령 시해사건과 관련한 조사 차원에서 이루어진 개인적인 것이니, 병력동원을 금지하라고 엄명을 내렸다. 당시 연합사 상황실에 피신 중에 있던 노재현 국방장관도 김용휴 차관의 건의를 받아들여 밤 11시경에 수경사에 가 있는 문홍구 합참본부장에 병력동원을 금지하라는 지시를 내렸다.

수경사에 모여 있는 장군들이 병력동원을 협의하고 있는 모양인데 절대로 병력을 동원하지 말라. 합수부의 총장 연행은 박 대통령 시해사건에 관련된 총장 개인에 대한 문제이니까 장군들에게 흥분하지 말고 있으라 하라. 보안사령관은 무지한 사람이 아니니 내일 아침에는 아무 일도 없을 것이다.

이 말이 사려 깊은 지휘관의 말이다. 윤성민도 이렇게 생각했어야 했다. 사리가 이렇고 분위기가 이렇게 돌아가는데도 장태완의 난동은 계속되었다. 11시경, 그는 사령부에 있던 전 장교를 상황실로 집합시켰다. 그리고 이렇게 명했다.

30경비단장, 33경비단장, 헌병단장 등을 발견 즉시 체포-사살하라. 현재 30경비단에서 반란을 모의하는 자들의 명단을 발표하니 발견 즉시 체포 또는 사살하라. 방송국 및 각 검문소에 병력을 증강하라. 모든 전차 및 대전차 유도탄(TOW), 3.5인치 로케트 등 모든 화포는 탄약상자를 개방하여 차량에 탑재하고 출동에 대기하라. 모든 야포는 경복궁을 조준하라.

이런 장태완의 행위는 그야말로 이성을 잃은 난동이었다. 장태완의 명령대로 실행이 되면 청와대와 경복궁 자하문 일대는 그야말로 초토화가 될 것이며 수천-수만의 시민들이 무고하게 살상되는 것이었다. 더구나 장태완은 이것이 자랑이나 되는 것처럼 그의 자서전 "12·12쿠데타와 나"에 기술하고 있다. 175쪽에는 이런 구절이 있다.

경복궁 포격명령을 받은 구정희 야포단장은 사령관의 명령이니까 모든 포를 경복궁에 조준해 두겠지만 포격은 어렵다. 야포는 피아가 완전히 떨어져 있지 않은 시가전에서는 무용지물이 아니냐, 더구나 30경비단을 목표로 사격을 하려면 관측사격이 이뤄져야 하는데 그렇게 할 때에는 광화문 일대가 쑥대밭이 되는 것은 물론 민간인 피해가 말도 못할 정도로 클 텐데 절대 불가능하다고 말했다.

누워서 침 뱉기와 같은 부끄러운 행위를 아무렇지도 않게 그의 자서전에 자랑처럼 쓴 것이다. 장태완은 소위 윗분들의 명령들에 아랑곳 하지 않고 30경비단과 합수부에 대한 공격명령을 고수했다. 1994년 6월 29일, 2군사령관을 끝으로 대장으로 예편한 김진선(육사19기)은 서울지검 최상관 검사 앞으로 12·12에 관한 진술서를 우송했다. 12·12 당시 그는 중령으로 수경사 작전처 보좌관이었다. 당시 수경사 작전참모는 박동원 대령으로 육사14기였다. 그 역시 하나회가 아니었다. 진술서에서 그는 하나회가 주요 보직을 대물림하고 진급에 특혜를 누리는 반면 비하나회인 자신은 진급 등에서 늘 불리한 입장에서 생활했고 이것이 불만이었다고 했다. 12월 12일, 김진선은 수경사의 분위기를 이렇게 전했다.

당시 수경사 상황실은 아수라장이었다. 여기저기에서 들리는 소리는 서울로 오는 부대는 모두 사살하라, 육사출신은 모두 사살해야 한다, 육사출신의 지휘권은 모조리 박탈해야 한다, 33경비단장을 사살하라는 내용들이었다. 분위기가 육사와 비육사 간에 전쟁이 붙었구나 하는 것을 느끼게 했다. 나는 아군끼리의 교전을 막아야 한다는 생각에 최선을 다했다. '즉시 부대를 편성하여 30단을 공격하라'는 장태완 사령관의 명령은 국가를 멸망시키는 명령이며, 역사의 심판을 받아야 할 명령이었다고 생각하여 작전참모에게 건의하여 이를 막으려 노력했다.

밤 11시경, 윤성민 차장과 황영시는 앞으로 상호간 병력출동을 하지 말자는 데 합의했다. 또한 윤성민은 노재현 장관과 김종환 합참의장, 이희성 중앙정보부장서리로부터 병력동원금지령을 받은 상태에 있었다. 그러나 윤성민은 이에 따르지 않았다. 약속한 지 10분만인 밤 11시 10분경에 수도기계화사단장과 26사단장에 전화를 걸어 출동대기명령을 내린 것이다. 3군사령관 이건영 역시 거듭되는 장태완의 요청을 받아들여 밤 11시 30분경에 같은 명령을 내렸다. 이 두 사단은 명령만 내리면 불과 한 시간 이내에 서울에 올 수 있었다. 밤 12시, 정병주 특전사령관의 지시를 받은 제9공수여단장 윤흥기 준장이 제5대대를 이끌고 서울로 출동했다. 그러나 26사단과 수도기계화사단은 아직 움직이지 않고 있었다. 조급증이 난 장태완은 윤성민에 가서 이렇게 항의했다. "육군 지휘부가 이곳에 와서 지금까지 한 것이 무어냐? 반란군과 대화하여 얻은 게 무어냐? 이제 수경사만으로 공격을 하겠다."

밤 12시, 윤성민 참모차장과 이건영 3군사령관이 막강한 수도기계화사단과 26사단에 출동준비명령을 내린데 이어 9공수여단이 서울로 진입하고 있는 파죽지세를 타고 장태완은 수경사 전 장병에 30단과 보안사를 전멸시키라는 작전명령을 내렸다.

전차를 비롯하여 전장병은 전투조로 편성하라. 목표는 30경비단과 보안사령부다. 공격개시선은 아스토리아 호텔, 지금 즉시 공격개시선으로 전개하라. 출발은 내가 선도한다. 중앙청 부근에 진지를 편성한 다음, 전차포, TOW, 106미리 무반동총, 3.5인치 로켓포들로 양개목표에 대해 동시 집중사격, 수백발의 포탄을 집중시킨 다음에 일제히 돌격을 감행하여 역모자들을 사살 또는 포획하고 반란을 진압하라. 즉시 본 명령을 시달하고 출동 대기하라.

이때가 되어서야 윤성민 차장이 장태완의 무모함을 깨닫고 만류하기 시작했고, 이희성 중정부장서리도 적극 나서서 만류했다. 이에 대해 장태완은 이렇게 반응했다. "가만히 앉아서 당하란 말이냐, 이제 당신들 마음대로 하라, 나는 돌격한다." 그리고 그는 실제로 30여 대의 전차와 장갑차를 앞세운 2천명에 이르는 병력을 이끌고 그 일부를 공격개시선(Line of Departure)인 아스토리아 호텔 앞으로 전진배치시켰다(장태완 자서전 186-8, 1993. 9. 9. '12·12사건 국정조사국방위원회 회의록 49쪽). 이는 정상적인 지휘가 아니며 매우 위험한 것으로 누군가가 강제로라도 제지해야만 할 대상이었다. 장태완은 어째서 이런 무모하고 치기어린 행동을 하였던가?

10·26 당시 그는 육군본부 교육참모부 차장이었다. 참모부 차장에서 곧바로 그 막강하다는 수경사령관에 임명된 것이다. 수경사령관은 통상 참모부장을 마친 고참 부장급에서 대통령이 임명한다. 그런데 정승화는 신출내기 차장급에 있는 장태완을 파격적으로 수경사령관에 임명한 것이다. 그가 취임하던 11월 16일, 수경사 장교식당에서 가졌던 취임 축하 리셉션에서 그는 이렇게 흥분했다.

나 같은 촌놈이 수경사령관이 된 것은 대단히 영광스러운 일이다. 수경사령관에 임명해 준 정승화 총장에게 무척 감사하게 생각하며 나는 더 이상 바랄 것이 없고 정 총장에게 목숨을 바쳐 충성할 것이다. 정승화 총장을 위하여 건배~

수경사령관은 대통령을 수호하는 공화국 사령관이다. 눈을 떠도 감아도 오직 "대통령 각하를 위하여!"라는 생각을 해야 하는 그런 자리다. 당시 군의 공식 파티에서는 언제나 "국가와 민족을 위하여 건배!" 하거나 "대통령 각하를 위하여 건배!"를 했다. 그런데 장태완은 "정승화 총장을 위하여 건배!" 했다. 바로 이것이 당시의 시대 분위기였다. 대통령은 없고 오직 계엄사령관인 정승화만 있었던 것이다. 그는 맹목적인 돌쇠였지 사려를 갖춘 장군이 아니었다고 생각한다. 궤도를 이탈한 장태완의 원맨쇼에 그의 부하들은 우려와 조소를 보냈다. 그의 명령에 따르는 부하가 별로 없었던 것이다. 그런 그가 소위 민주화 세상을 만났다고 일거에 영웅으로 둔갑하려 했지만 끝내 그는 영웅의 흉내조차 내지 못했다. 역사바로세우기 판사들은 이렇게 궤도를 일탈한 장태완의 난동을 놓고 반란자들을 제압하기 위한 정당한 행동이었다고 판결했다.

8 | 12·12의 마감

노재현 국방장관은 국방장관의 직무를 스스로 포기한 채 최규하 대통령의 출두명령을 거부하고 새벽 4시까지 계속 도망만 다녔다. 육군총장직을 대리하는 윤성민 참모차장은 대통령에게 보고도 하지 않고 육군본부 지휘부를 수경사로 옮겨 장태완 등 정승화-김재규 군벌과 한 편이 되어 병력을 동원하였다. 이들에게 대통령은 더 이상 군의 통수권자가 아니었고, 오직 정승화에 대한 충성심만 있었다. 국가의 지휘체계 전체가 마비된 상태였던 것이다. 윤성민은 역사바로세우기 재판 법정에서 최광수 비서실장에게 전화를 걸어 상황을 설명하면서 이를 대통령에 보고해야 하니 대통령을 바꾸어 달라고 했는데도 최광수 실장이 바꾸어 줄 수 없는 상황이라며 바꾸어주지 않았다고 진술했다. 하지만 1995년 12월 19일, 서울지검 1032호실에서 최광수 실장은 그런 기억이 전혀 없으며, 그렇게 했을 리 만무하다고 진술했다. 윤성민 차장은 신현확 총리에게도 보고를 했다고 하지만 신총리 역시 그런 적이 없다고 진술했다.

12월 12일 밤과 13일 새벽에 이르기까지 최규하 대통령은 이런 군벌들의 알력과 병력이동 상황들에 대해 아무 것도 아는 것이 없었고, 오직 한 사람, 대통령의 호출 명령에 불복하고 여기저기로 숨어 다닌 노재현 국방장관이 나타나 주기만을 기다리고 있었다. 6명의 장군들이 최규하를 "대통령 각하"라 부르면서 정승화 연행에 대해 시급히 재가해 주시기를 간청하고 있던 그 시각에, 윤성민, 장태완 등 정승화 계열의 장군들은 대통령을 무시한 채 부대를 출동시켰다. 대통령이 까맣게 모르고 있는 사이에 정승화 계열의 장군들은 무력으로 대통령을 납치하여 정승화를 구출하려 했고, 전차로 합수부를 공격하여 정승화를 구출하려 했으며, 급기야는 실제 발포 명령을 내리고 공격대형까지 갖추어 진격함으로써 청와대-경복궁-자하문 일대를 쑥밭으로 만들려 했다.

이런 사태가 계속 진행되면 국민은 충격과 공포에 휩싸이게 될 것이며 사태가 여기에 이르게 되면 공격에 나선 군벌들은 자기들의 생명을 보존하기 위해서라도 내란으로 치달을 수밖에 없어 보였다. 이렇게 되면 김재규가 일으킨 반역이 성공하게 되고, 국가는 또 다른 군사혁명이 지배하게 돼 있었다. 그런데도 역사바로세우기 법관들은 정승화 군벌들의 모든 행위가 정당한 것이고, 소위 신군부가 행한 모든 조치들은 반란행위라고 판결하였다. 검사들과 판사들은 이들을 신군부라 불렀지만 이들이 어째서 신군부인지 아직도 이해가 되지 않는다. 신군부라는 말을 가장 먼저 사용한 사람은 의외로 김일성이었다. 김일성이 간첩들에게 내린 "김일성 비밀교시집"에 의하면 1979년 12월 20일 김일성은 중앙당 확대간부회의에서 아래와 같은 교시를 내렸다.

12·12사태는 미제의 조종 하에 신군부가 일으킨 군사 쿠데타입니다. 계엄사령관 관저에서 총격전이 벌어졌다는 사실은 남조선 정세가 그만큼 걷잡을 수 없는 혼란에 빠져있다는 것을 말해줍니다. 지금 남조선에서는 군 수뇌부가 갈팡질팡하고 있습니다. 연락부와 인민무력부에서는 언제든지 신호만 떨어지면 즉각 행동할 수 있도록 만반의 준비를 갖추고 24시간 무휴상태로 들어가야 합니다.

대전복작전의 큰 일각을 맡고 있는 합수부에는 이 엄청난 국가전복의 위기를 극복해야 할 막중한 임무가 있었다. 대한민국의 장군이라면 지휘공백 사태에 직면하여 국가를 보위할 꾀와 용기를 발휘했어야 했다. 지휘권이 완전히 실종되어 있는 이 상황에서 위기를 극복하려면 누군가의 지혜와 논리와 정의감이 필요했다. 서열이 위기를 극복하는 것이 아니라 설득력이 위기를 극복하는 시간대였던 것이다. 다급해진 이 순간에 전두환이 나섰다. 그리고 3성장군들을 포함한 장군들이 그를 밀어주었다. 11시 30분, 전두환은 드디어 장태완에 대한 체포령을 내렸다. 당시 계엄공고 제5호 제1항에는 반란죄에 관한 수사관할권이 합수부에 주어져 있었다. 그러나 합수부에는 병력이 없었다. 수사관들이 삼엄한 경비를 뚫고 수경사로 가서 펄펄 뛰는 장태완 사령관을 체포한다는 것은 불가능한 일이었다. 따라서 전두환은 그의 지휘를 받도록 되어 있는 조홍 수경사 헌병단장에게 장태완을 반란의 현행범으로 체포하라고 지시했다. 이와 동시에 합수부는 정승화 계열의 움직임을 국가전복 행위로 해석하고, 대전복작전 차원에서 특전사 1여단(박희도), 3여단(최세창), 5여단(장기오)에 출동해 달라고 요청했다. 밤 12시경이었다.

박희도 1여단장은 밤 12시경에 여단본부에 도착했다. 도착해보니 부여단장은 육군본부로 상황을 파악하러 갔다가 수경사 헌병에게 체포돼 있었고, 여단에는 정병주가 보낸 특전사 부사령관인 이순길 등이 나와 병력 출동을 감시하고 있었다. 박희도는 1공수여단 4개 대대를 13일 00시 20분에 출동시켜 01시 30분경에 육군본부로 진출했다. 그러나 국방부를 점령하려던 박덕화 중령이 이끄는 제5대대는 국방부 청사 옥상에 배치된 방공포단 소속의 발칸포로부터 집중사격을 받았다. 발칸포 사격은 장태완의 명령에 따른 것이었다. 공수단원들이 산개하여 사격이 멈추기를 기다렸지만 부상자가 속출했다. 이에 공수대원들이 청사로 진입하여 옥상으로 올라가 발칸포를 제압했다. 13일 새벽 02시경이었다. 이 때 합수부장의 요청에 의해 공수단은 국방부 청사를 수색하여 계단 밑, 어두운 곳에 은신하고 있던 국방장관을 찾아냈다. 새벽 3시 50분경이었다.

밤 12시, 전두환은 3공수여단장 최세창에게 전화를 걸어 사태를 자세히 설명해 준 후 9공수여단을 출동시킨 정병주 특전사령관을 체포하고 대전복 진압군으로 나서 줄 것을 요청하였다. 30경비단에 모였을 때부터 사태를 잘 파악하고 있던 최세창은 특전사령관이 정승화와의 사사로운 인간관계에 의해 병력을 출동시킨 사실을 감지하고 제5대장 박종규 중령에게 정병주를 현행범으로 체포하라고 명했다. 박종규 중령은 체포조 10명을 대동하고 사령관실로 향했다. 박 중령이 굳게 잠긴 문을 권총으로 쏘아 여는 순간, 안에서 총을 쏘아 박종규 등 여러 명이 부상을 당했다. 이에 체포조가 응사하면서 정병주가 부상을 입고, 김오랑 비서실장이 사망했으며, 결국 정병주는 부하들에 의해 체포되었다. 그리고 최세창이 이끄는 3개 대대 병력은 13일 새벽 03시 30분경에 중앙청에 도달했다. 거의 같은 시각에 장기오 역시 5공수 여단 2개 대대 병력을 인솔하고 효창운동장에 도착했다.

사태의 진상을 추적하고 있던 황영시 및 노태우도 움직였다. 황영시 1군단장은 자기 휘하의 박희모 30사단장 및 이상규 제2기갑여단에, 9사단장 노태우는 29연대(연대장 이필섭)에 출동명령을 내려 당시의 저항군 진압에 나섰다. 이상규 여단장은 휘하의 제16전차대대(대대장 김호경 중령)를 중앙청으로 출동시켰다. 중앙청 도착시간은 13일 새벽 03시 30분이었다. 이필섭 대령이 이끄는 29연대는 새벽 02시 30경에 부대를 출발하여 04시 30분경에 중앙청에 도착했다. 제30사단은 부대가 이리 저리 흩어져 있어 즉각 행동을 하지 못해 04시경에야 제90연대장인 송응섭 대령이 겨우 2개 대대를 인솔하여 06시 30분경에 고려대에 도착했다.

그날 진급한 헌병단장 조홍은 연희동 식당에서 급히 돌아와 상황이 궁금하여 예전 상관이었던 차규헌 장군이 30경비단에 있다는 것을 알고 차규헌 장군과 전화를 했다. 어떻게 된 일이냐고 묻자 차규헌이 "나도 지금 궁금해서 여기에서 기다리고 있다. 이리로 오라"고 하여 30경비단장실로 갔다. 바로 이 때 장태완이 30경비단을 공격하겠다고 소동을 벌인 것이다. 이런 와중에 그는 전두환으로부터 장태완을 체포하라는 명을 받은 것이다. 그는 '정당한 합수부의 수사업무'에 대해 장태완이 병력을 동원한다는 것은 있을 수 없는 반란행위라고 해석하고 수경사에 있는 헌병 부단장인 신윤희에게 장태완을 체포하라 명령했다. 밤 9시경부터 장태완의 행동을 지켜본 장교들은 대부분 장태완의 정신나간 행동에 대해 반기를 들었다. 일부 장교들은 신윤희에게 장태완에 대한 조치를 취하라고 종용하기까지 했다. 새벽 3시, 신윤희가 이끄는 체포조가 사령관실에 도착하자 거기에는 20여 명의 무장병력이 경비에 임하고 있었다. 신윤희는 이들을 무장해제시키고 4명의 체포조를 데리고 사령관실로 갔다. 체포조의 한 대위가 "손들어"하고 진입하자 장군 몇 사람이 "이 놈들 봐라"하고 권총을 빼들고 자리에서 일어서려는 순간 체포조 한용수 대위가 좌측 벽에 대고 위협사격을 했다. 때마침 접견실에 있던 하소곤 소장이 사령관실로 나오면서 그 총탄을 가슴에 맞아 부상을 입었다. 이런 상황에서 장군쯤 돼 가지고 권총을 빼든다는 것은 참으로 어리석은 행동이었다. 장군의 힘은 권총에서 나오는 것이 아니라 사람의 마음을 움직이는 말 한마디에서 나오는 것이다. 1996년 3월 25일 1심 제3회 공판정에서 당시 수경사 헌병단 부단장이었던 신윤희(육사21기)는 다음과 같은 요지의 진술을 했다.

12월 12일 오후 7시반 경, 상황장교로부터 '우경윤 대령과 권정달 대령이 진급에 불만을 품고 총장을 납치했다 합니다. 5분대기조를 빨리 출동시키라 합니다' 라는 보고를 받았다. 나는 단장도 안 계시는 상황 하에서 부하에게 맡기는 것보다는 상황 파악을 하기 위해 내가 총장 공관으로 가야 하겠다고 생각하여 APC 한 대, 트럭 한 대, 백차 한 대, 병력 30여 명을 이끌고 출동했다. 공관 앞에는 국방부 헌병대, 육군헌병대, 해병 헌병대, 본부사령 부대 등 여러 부대 병력이 혼재하고 있었으며 긴장감이 감돌았다 … 장태완 사령관은 얼른 보아도 술에 취해 있었고, 대단히 흥분된 상태에서 '여기 누가 지휘하는가' 하고 그 지역이 떠나갈 정도로 소리를 쳤다. 내가 뛰어 나가면서 '헌병단 부단장 신 중령입니다. 제가 지휘합니다' 라고 하자, 사령관은 '그래?' 했다. 나는 이어서 출동한 5분대기조 병력과 장비 현황에 대해 보고했다. 사령관은 듣는 둥 마는 둥 하다가 갑자기 큰 소리로 '신 중령, 내가 지금부터 명령한다. 저 안으로 즉시 공격해 들어가 안에 있는 놈들을 모조리 체포하고, 불응하면 모조리 사살하라'고 명령했다. 5개 공관 전부에 대해 체포하거나 사살하라는 상식 밖의 명령이었다. 그 안에는 성환옥 헌병 대령도 있고, 육군과 해병대 병력이 혼재해 있었다. 그들과 총격전을 벌이라는 명령은 참으로 황당했다 … 9시 30분경, '전 장교는 상황실로 집합하라' 는 명령이 있어 상황실로 갔다. 전 장교들이 모여 있었다. 장태완 사령관이 들어오더니 술에 취했는지 얼굴이 벌겋게 상기돼 가지고 흥분되어 말을 잇지도 못하는 상태에서 30경비단에 전두환, 노태우, 장세동, 김진영 등이 모여 반란을 일으키고 있으니 발견즉시 사살하라고 말했다. 장태완은 33단에서 나온 장교가 있느냐고 물었다. 소령과 대위가 손을 들었다. 이에 사령관은 '너희 단장은 반란자다, 앞으로 사살하는 거다. 알겠지?' 이렇게 말했다. 나는 사령관실에 윤성민 차장 등 육본 장군들이 와 있는 사실을 몰랐다. 사령관이 나를 찾는다 하기에 꺼림칙해서 시간을 끌고 있었다. 이에 사령관은 '신윤희도 한패다, 신윤희도 적이다, 사살하라' 이렇게 지시했다 한다. 그 말을 듣고 나는 사령관실에 갈 수가 없었다. 20~30분이 지난 후 사령관이 헌병단으로 직접 내려왔다. 헌병단 건물 입구에 "축 진급, 영전"이라는 현수막이 걸려 있었다. 조홍 단장의 진급을 축하하기 위한 것이었다. 사령관은 건물이 떠나갈 만큼 소리를 고래고래 질렀다. "조홍, 이 놈아가 무슨 놈의 장군이야 장군이" 하면서 현수막을 손수 찢어버렸다. 이어서 "신윤희 이놈아도 똑같은 놈이야" 하면서 소리를 질렀다. 나는 그 소리를 들으면서 정보과장실에 있었다. 이를 조홍 단장에게 보고하려 했지만 전화선이 이미 끊겨 있었다.

11시 30분경, 나의 직속상관인 수경사 헌병단장 조홍 대령으로부터 일반 전화로 사령관이 합수부의 수사를 방해하기 위해 전차, 장갑차 등을 동원하여 경복궁을 공격한다고 하는데 문제가 심각하니 사령관을 체포하고 다른 장군들은 무장을 해제시키라는 지시를 받았다. 하도 엄청난 명령이라 처음엔 굉장히 당황했다. 이때 수경사 인사참모 이진백 대령이 나를 만나자고 뛰어내려왔다. 나는 혹시 인사참모가 비밀을 알고 염탐하러 온 것으로 의심하고 부하에게 계속 자리에 없다하라 명했다. 나중에는 실랑이를 하는 소리가 나서 밖에 나가보니 인사참모와 나의 부하가 옥신각신하고 있었다. 하는 수 없이 모시고 정보과장 방으로 갔다. 최순호 과장이 있는 자리에서 이진백(이진삼 장군의 동생) 인사참모는 사령관이 제정신이 아니다, 전차 등으로 30단을 공격한다고 하는데 이대로 있다가는 나라 망하겠다, 그러니 당신이 좀 손을 써야 하는 게 아니냐, 이렇게 말했다. 나는 이 사람이 나를 떠보는 게 아닌가 하는 의심을 하고 반발을 했다. 인사참모가 사령관을 설득해야지 왜 나더러 그런 일을 하라 시키느냐며 20분간 옥신각신한 후 강제로 내보냈다. 인사참모가 올라가자 곧바로 정보참모 박웅(육사17기) 대령이 왔다. 그 역시 인사참모와 같은 말을 했다. 이대로 가다가는 큰일날텐데 헌병에서 무슨 조치를 취해야 하는 것 아니냐는 것이었다. 나는 박웅 대령과도 옥신각신 싸운 후에 그를 올려 보냈다. 그만큼 나는 조홍 대령의 명령을 놓고 고민에 빠졌고, 두 대령들에게 신경질을 낼만큼 신경이 날카로워져 있었다.

곧이어 전차대대장 차기준 중령이 왔다. 그는 나와 동기로 육사 21기다. 전차대대에는 4개 중대가 있는데 1개 중대는 사령부에 배속돼 있고, 1개 중대는 30단에 배속, 1개 중대는 33단에 배속되어 있고, 1개 중대만 자기가 예비대로 데리고 있다가 지금 사령관 명에 따라 아스토리아 호텔 앞에 공격대기 상태로 전개해 있다. 내가 데리고 있는 전차중대가 30단을 공격하면 30단에 배속돼 있는 전차중대와 싸울 것이 아니냐, 부하들끼리 싸우게 생겼으니 어찌하면 좋으냐며 울먹였다. 참으로 기막힌 현상이었다. 나는 그에게 사령관의 명령을 듣는 체 하면서 시간을 끌면 무슨 수가 생기지 않겠는가 하고 조언해 주었다. 나는 조홍 단장의 명령을 받은 후 누구의 명령을 따를 것이냐를 놓고 군 생활을 오래 한 정보과장 최준위와 한동안 의논을 했다. 그리고 조홍 대령의 명령을 따르기로 했다. 그 이유는 사령관의 명령이 무모하고 위험하여 참모들을 포함한 많은 장교들이 따르려 하지 않았고, 내가 존경하는 우경윤 대령, 성환옥 대령, 최석립 중령 등 헌병 선배들이 합수부의 임무를 수행하고 있으며, 합수부의 연행 조치가 정당한 것이라고 판단했기 때문이었다. 일단 결심이 서자 집행계획을 세우고 임무를 분담하였다. 임대식 중대장이 이끄는 20명은 본청 밖을 경계하도록 하고, 윤태이 대위가 이끄는 20명은 1층 출입문을 장악하고, 한영수 대위가 이끄는 20명은 복도와 계단을 장악케 하고, 나머지 5명만 나를 따르라고 했다.

새벽 3시경, 나는 한영수 대위, 이재우 대위, 최순호 준위와 하사관 5명을 대동하고 사령부로 출동했다. 본관 건물에 다다르자 사령부 본부대장 편정휘 소령이 이끄는 수십 명의 병사들이 사령부를 에워싸고 있었다. 나는 이들과 트러블이 생기면 안 되겠다 생각해서 순간적으로 거짓말을 했다. '사령부 경비를 헌병단에서 맡도록 명령받고 오는 길인데 너는 지시받은 게 없느냐'고 했더니 그는 '지시받은 게 있습니다, 병력을 철수하겠습니다' 하면서 병력을 철수시켰다. 사령관실로 들어가는데 장군들을 모시는 부관, 보좌관들 20여 명이 권총을 휴대하고 사령관실 앞에 모여 있었다. 나는 충돌을 피하기 위해 그들을 향해 내 명령을 따라 달라며 나를 따르던 하사관 5명에게 임무를 주어 그들을 옆방으로 몰아 넣었다. 그 사이에 이재우 대위, 한영수 대위, 최순호 준위가 사령관실로 들어갔다. 손들어 하는 소리가 나고 총성이 한발 울렸다. 한 대위가 공포로 쏜 총성이었다. 이 때 김기택 참모장이 '신 중령, 총은 쏘지 마' 하기에 '예 알겠습니다. 죄송합니다. 그렇게 하겠습니다' 하고 응했다. 사령관을 모시고 내 방으로 와서 차를 대접하고 조홍 단장에게 결과를 보고했더니 잠시 누구와 이야기를 하더니 사령관을 즉시 서빙고 이학봉 수사국장에게 안내하라 하여 세단을 준비하여 내가 직접 모시고 서빙고로 갔다. 나머지 장군들은 내가 서빙고로 가고 없는 동안 부하들이 서빙고 분실로 모셔갔다.

검사는 내가 처음에는 사령관을 돕다가 시간이 가면서 합수부가 이길 것 같으니까 마음을 바꾸었다고도 하고, 당시 합수부측의 행위가 정당했다고 판단하기에는 좀 이른 것이 아니냐고 했지만 중령 정도되면 무엇이 옳고 그른지를 판단할 수 있다. 또한 합수부장이 그 막강한 계엄사령관을 체포했을 때에는 보고가 됐거나 정당한 절차에 따라 했을 것으로 당연히 생각을 했다. 나는 접촉하는 범위가 상당히 넓은 사람이었다. 12월 12일 이전에 수많은 동기생, 선후배들이 정승화에 대해 조사해야 한다고들 했다. 나도 동감이었다. 그래서 총장이 합수부에 연행됐다는 사실 하나만으로도 올 것이 왔구나 하고 생각했다. 체포는 위법이 아니라 합법이요 당연한 처사였다고 생각했다. 장태완은 자서전인 '12·12쿠데타와 나'라는 책에서 나를 하나회라고 썼지만 나와 조홍단장은 하나회가 아니다. 당시 내 방에 와서 장태완을 손보라 했던 인사참모, 정보참모, 김진선 상황실장, 편정휘 소령 모두가 하나회가 아니다. 수경사 450명의 장교들 중에서 장태완의 명령을 받고 집합한 사람은 겨우 60명이다. 당시의 대체적인 분위기는 사령관의 명령에 따르려 하지 않는 것이었다(진술 끝).

그토록 소란을 피우고 곧 무슨 일이라도 저지를 것 같던 장태완이었지만 체포조를 보자마자 순한 양이 되어 아무런 반항 없이 체포에 응했다. 새벽 03시 30분이었다. 이로써 정승화 계열의 무모한 행위들은 종말을 고하게 됐다. 역사바로세우기 재판에서 윤성민은 참고인으로 법정에 나와 스스로를 적법한 지휘선상에 있었다 했고, 전두환 등을 반란세력이었다고 진술했다. 하지만 당시 윤성민의 행적을 보면 그의 법정 진술에 진실성을 의심케 한다. 12월 13일 새벽 03시 40분, 윤성민 등 수경사령관실에 있던 장군들이 수경사 소속의 신윤희 헌병중령에 의해 무장해제당한 후 서빙고 분실로 연행되어 갔다. 그리고 새벽 5시경, 윤성민 혼자만 따로 보안사령관실에 안내되었다. 그 곳에는 전두환, 유학성, 차규헌, 황영시, 노태우가 있었다. 그들은 이구동성으로 윤성민에게 사태를 수습하기 위해 1군사령관이 되어 달라고 부탁하였고, 윤성민은 이 부탁을 받아들여 12월 24일 1군사령관이 되었고, 이어서 1980년 5월 20일에 육군대장으로 진급했다. 이어서 1981년 5월초에는 합참의장, 1982년 5월부터 86년 초까지는 역사상 최장수의 국방장관을 지냈다. 그 이후에도 석유개발공사 이사장, 대한방직협회회장, 현대정공 고문을 역임했다.

이는 그가 12·12의 정당성을 후에라도 인정했기 때문이 아니었을까? 5공 시절에 이렇게 출세의 가도를 달려놓고 세월이 지나 언론들이 인민재판식으로 전두환에게 돌을 던지자, 그는 법정에 증인으로 나와 그의 행적과 어울리지 않는 진술을 했다. 세태에 따라 입장을 바꾼 것이다. '역사바로세우기 재판은 세태에 영합하는 사람들이 진술한 바에 따라, 세태에 영합하는 판검사들에 의해 왜곡되었을 것'이라는 느낌이 들게 하는 대목인 것이다. 군에는 지휘계통이 있고 서열도 있다. 육군만이 군이 아니다. 노재현 국방장관, 김용휴 국방차관, 김종환 합참의장, 이희성 중앙정보부장서리, 문홍구 합참본부장 등은 육본 소속이 아니지만 육군을 지휘하는 위치에 서 있었던 사람들이고 서열도 윤성민보다 높은 사람들이다. 당시 정승화에 대한 의혹은 전군적으로 확산돼 있었고 전사회적으로도 확산돼 있었다. 이런 의혹을 합수부가 조사하지 않는데 대해 불만을 가지고 있는 군 간부들도 매우 많았다. 윤성민보다 서열이 높고, 육군을 지휘할 수 있는 위의 간부들은 합수부의 연행 조치를 긍정적으로 인정하고 정승화 계열의 반발에 쐐기를 박았다. 합수부가 '의심을 받고 있는 총장'을 조사하기 위해 연행한 것이 당연하다는 것이었다.

하지만 1996년 역사바로세우기 재판에서 판검사들은 정승화-윤성민-장태완-정병주-이건영 등 당시 육군본부 지휘계통에 서있던 장군들을 정당한 위치에 있는 사람들로, 합수부 쪽 편을 든 장군들 소위 '신군부 장군'들을 반란군으로 못 박았다. 단지 윤성민이 계엄사령관을 대리하는 법률상의 계엄사령관이기 때문이라는 것이다. 하지만 필자가 보기에 이들은 정승화를 추종하는 사람들이며, "감히 부하가 상관을 체포할 수 있느냐"는 단순한 논리를 내세워 정당한 법 집행을 불법한 병력동원으로 방해한 사람들이다. 판검사들은 정승화를 체포하기 전에 노재현 장관의 사전 허락을 받았어야 한다고 주장하지만 이는 옳은 주장이 아니다. 필자는 전두환이 12

월 12일 오후 6시 30분에 대통령에게 재가를 받으러 가기로 하고 30분 만인 7시에 곧바로 총장을 체포하라고 한 것에 대해 충분히 이해를 한다. 재가를 받은 다음 많은 시간이 지나면 자칫 기밀이 누출되어 재가 사실이 정승화에게 전달되고, 그렇게 되면 정승화가 자체 방어는 물론 전두환을 체포하기 위한 병력을 동원할 것이라고 판단했을 것이다. 보안유출은 매우 위험한 사태를 유발하는 길이었다. 재가를 얻자마자 체포함으로써 정승화에게 손 쓸 틈을 주지 않으려 한 것은 군의 상식으로 충분히 이해가 되고 공감이 간다.

더구나 전두환은 그 이전에 노재현 장관에게 정승화에 대한 조사를 해야 한다는 뜻을 넌지시 던졌지만 아직은 때가 아니라고 말한 적이 있었다. 또한 당시는 정승화와 노재현이 한 팀이 되어 정국의 주도권을 장악해 가고 있었다. 만일 이런 노재현에게 정식적으로 총장 연행에 대한 보고를 하고, 정승화와 한편이 되어 국정을 좌지우지하던 노재현이 이를 부결함과 동시에 그 기밀을 정승화에 누설한다면, 정승화에 대한 수사는 백지화되고, 아울러 전두환의 인생은 끝장이 날 것이다. 이처럼 노재현에게 사전 허가를 받는다는 것은 그야말로 '정신나간 짓'이었을 것이다. 노재현의 사전 허가를 받았어야 했다는 법관들의 판결은 전두환이 정신나간 짓을 했어야 했다는 참으로 희극적인 판결로 해석된다.

총장 연행에 대해 법률적으로 노재현에게 보고할 의무가 없었다는 것도 이해가 간다. 법률적으로 따져 봐도 당시 육군본부에는 군법회의와 계엄보통군법회의가 설치돼 있었지만 국방부에는 이런 것들이 전혀 없었다. 육군총장 정승화를 연행하기 위한 사전구속영장을 발부 받으려면 바로 육군계엄군법회의 관할관인 정승화로부터 구속영장을 발부받아야 했다. 이는 그야말로 코미디 같은 규정이었다. 그렇다고 국방장관으로부터 사전구속영장을 발부받을 수도 없었다. 국방장관은 군법회의의 관할관이 아니기 때문에 그에게는 사전구속영장을 발부할 권한이 없었다. 정승화 연행에 관한 한, 상황적으로 살펴보나 법률적으로 살펴보나 합수부는 국방장관에게 사후보고 밖에 할 수 없었다고 생각한다. 12·12사태가 종결된 다음날인 12월 13일 오전, 노재현 국방장관은 특별담화를 통해 합수부의 조치를 정당화했다. "정승화 계엄사령관은 박정희 대통령 시해사건과 관련하여 군수사기관이 체포하여 수사중이다. 수도권 경계를 강화하기 위해 일부 병력이 증강 배치됐다." 최규하 대통령 역시 12월 18일 기자회견을 통해 12·12사건을 정당한 사건인 것으로 갈무리했다. "박정희 대통령 시해사건은 우리가 상상 못할 돌발사건이요 국가 중대사건이었다. 따라서 계엄군 수사당국이 이 사건의 진상규명을 위해 의혹이 있다면 누구든지 지위 고하를 막론하고 조사하는 것은 당연한 일이다." 역사바로세우기 재판은 이렇게 당연한 합법 조치를 범죄행위로 규정한 천인공노할 모략이요 인민재판이었다고 생각한다.

9 | 12·12의 결산표

12월 13일, 대대적인 군 인사가 있었다. 국방장관에 주영복, 육군참모총장에 이희성, 참모차장에 황영시, 수경사령관에 노태우, 1군사령관에 윤성민, 2군사령관에 차규헌, 3군사령관에 유학성. 그리고 합수부에 저항하던 장태완, 정병주, 이건영, 김진기, 하소곤 등 장군들은 예편하는 것으로 매듭되었다. 1980년 3월 13일. 국방부 계엄보통군법회의는 정승화의 내란방조범죄 사실을 다음과 같이 요약했다(판결사본, 12·12사건 수사기록 제12권 8060-8069쪽).

정승화는 김재규가 살해범인임을 확신하고서도 김재규를 도울 의사를 가지고 김재규에게 계엄군 배치 장소를 알려 달라 하여 메모했고, 국방장관에게 자신의 행적을 보고하지 않았고, 수경사령관에게 청와대 포위를 지시했고, 제20사단 및 9공수여단의 출동이 김재규의 내란행위에 장애가 된다고 생각하여 출동을 정지시켰고, 노재현의 지시를 받고서도 김재규를 안가에 정중히 모시라 했고, 김계원으로부터 범행에 사용된 김재규의 권총을 제출받고서도 범행에 대한 조사를 지시하지 않았다. 이는 내란방조행위다.

이러한 혐의에 따라 정승화는 1980년 3월 13일 '김재규 내란'을 방조한 혐의로 징역 10년을 선고받고 같은 해 3월 18일, 관할관의 확인조치에 의해 징역 7년으로 감형, 동년 3월 25일에 항소를 취하함으로써 3월 26일 형이 확정되었다. 그리고 전두환은 광주사태를 거쳐 1980년 9월 1일부터 1988년 2월 24일까지 7년 5개월 24일간 제5공화국 대통령이 되었다. 그는 그의 40년 지기인 노태우에게 정권을 이양해 주었지만, 노태우는 불꽃처럼 일어나는 이른바 민주화 세력에 의한 여론재판에 무릎을 꿇고 1988~89년에 걸쳐 '5공청산 청문회'와 '광주청문회'를 허용했다. 이에 전두환은 1988년 11월 23일, 대국민사과문을 발표한 후 769일 동안 신문구독마저 단절된 설악산 백담사에서 유배보다 더 혹독한 생활을 했다.

10 | 12·12는 사전에 계획된 쿠데타였는가?

1989년 12월 31일, 그는 백담사에서 나와 국회청문회 증인으로 출석하여 12·12에 대한 그의 입장을 밝혔다.

12·12는 정당한 임무를 수행하다가 발생한 우발적인 사건이었다. 그것이 계획된 쿠데타였으면 그 즉시 내가 권력을 잡고 대통령이 되었어야 하지 않느냐?

이 말에 야당 의원들이 격분하여 청문회장은 고함과 욕설과 삿대질로 아수라장이 되었고, 그 중에는 "회개해" 하는 소리가 여러 차례 들렸다. 양심도 없이 둘러댄다는 것이다. 이로 인해 청문회는 더 이상 진전되지 못했다. 지금도 인터넷을 보면 "12·12가 우발적?"이라는 표현으로 시작하여 전두환이 마치 해서는 안 될 거짓말을 한 것으로 비난하는 글들이 도배돼 있고, 다양한 표현에 의해 온갖 종류의 증오심들이 표출돼 있다. 12·12는 쿠데타를 일으키기 위해 사전에 계획된 것인가? 아니면 전두환의 주장대로 합수부의 정당한 업무를 수행하는 과정에서 우발적으로 발생한 사건인가?

정승화는 김재규와 관련하여 조사를 받아야 할 만큼 의심스러운 행동을 충분히 했다. 서슬 퍼런 그를 조사하려면 연행밖에는 다른 방도가 없었다. 그를 방치하면 김재규에 대한 재판을 제대로 할 수 없어 보였다. 또한 계엄사령관이 시해범 김재규와 한동안 행동을 함께 했다는 그 사실 자체로 그는 조사를 받아야만 할 대상이었다. 정승화의 연행에 대해 노재현 국방장관에게 사전 승인을 받는다는 것은 매우 무모한 바보짓이었다. 노재현과 정승화는 당시 밀착하여 정국을 주도하고 있었기 때문이다. 정승화에 대한 연행은 대통령 결재를 전제로 했으며, 대통령이 허락할 것으로 확신했다. 대통령 재가가 늦어진 것은 노재현 장관이 직무를 포기하고 도망만 다녔기 때문이었다. 대통령은 노재현 장관이 나타나자 금방 결재를 해주었다. 대통령이 결재를 했으면 연행의 정당성이 인정된 것이다. 이것이 결재의 상식이다. 이런 사실들만 보면 정승화 연행이 하등 문제될 것 없어 보인다.

그런데 여기에 무슨 문제가 있다는 것인가? 역사바로세우기 1심

재판부는 다섯 가지 문제를 제기했다. 첫째, 연행의 동기가 불순했다는 것이다. 신군부가 군권을 잡기 위해 정승화에게 무고한 죄를 뒤집어 씌웠다는 것이다. 둘째, 대통령에게 사전 재가를 받지 못하고, 당시 대통령이 주재하던 '총리 공관'을 대통령 경호실 병력으로 삼엄하게 에워싸고 6명의 장군들이 늦은 밤 집단으로 들어가 외포감(공포감)을 줌으로써 대통령이 대통령 기능을 제대로 수행하지 못한 상태에서 강제로 받아낸 것이기 때문에 무효라는 것이다. 셋째, 30경비단에 불법적인 지휘소를 설치하고, 윤성민-장태완으로 이루어지는 정식 지휘계통을 와해시켰다는 것이다. 넷째, 공수부대, 9사단, 30사단, 2기갑여단 등을 불법 동원하여 군권을 완전하게 장악했다는 것이다. 다섯 째, 위의 모든 것은 쿠데타를 하기 위해 사전에 세밀하게 계획한 불법행위였다는 것이다.

반면 12·12사건을, '예기치 않은 상황이 발생함에 따라 이에 대처하는 과정에서 발생한 우발적인 사건'이었다고 주장하는 데에는 어떤 논리가 내재해 있는가? 첫째, 대통령이 '직보'라는 관례를 잘 알고 있었다면 즉시 서명을 했고, 이렇게 되었다면 연행 이전에 사전 결재가 이루어졌을 것이다. 사전 결재를 처음부터 생략한 것이 아니라 단지 대통령의 인식 부족과 노재현 장관의 도피 때문에 지연됐을 뿐이다. 둘째, 노재현 장관이 자리를 지키고 있다가 대통령 호출에 즉시 응했다면 윤성민과 장태완이 비상령을 발령하고 병력을 거병하지는 않았을 것이다. 셋째, 합수부의 정당한 법 집행에 대해 윤성민-장태완이 사적인 동기에서 병력을 거병하여 위험한 명령을 내리지 않았다면 그들을 체포하지 않았을 것이다. 넷째, 장태완이 공격대형을 취하고 위험한 지휘를 하지 않았다면 합수부는 부대장들에게 긴급 출동을 요청하지 않았을 것이다. 다섯째, 정승화가 연행에 반항만 하지 않았어도 이후의 모든 현상들이 발생하지 않았을 것이라는 것이다. 여기에 필자의 의견을 보태고 싶다. 정승화가 10월 27일 밤중에 계엄사령관으로 임명되지 않았다면 12·12는 없었을 것이다. 정승화는 2002년 9월 25일 발간한 "대한민국 군인 정승화"(도서출판 휴먼앤북스)에서 전두환에 대한 인식을 이렇게 표현했다.

전두환은 12·12를 통해 정권을 탈취하겠다는 구체적인 시나리오를 치밀하게 짠 것 같지는 않다. 처음엔 군에서 쫓겨날지 모른다는 불안감 때문에 육군참모총장을 밀어내고 군권을 장악하겠다는 생각에 일을 저질렀다가 사태가 커지자 사후 안전을 위해 국권까지 탈취하는 데로 치달은, 말하자면 선택의 여지가 없는 외길로 달려간 게 아닌가 하는 생각이 든다.

필자가 보기에는 정승화의 이 표현 중 앞부분은 정직해 보인다. 12·12사건은 정승화 연행-조사라는 합수부의 정당한 임무를 수행하는 데서 발생한 우발적으로 발생했던 상황들이었지 사전 시나리오를 짜가지고 그것을 착착 실현한 것은 아니었다고 생각한다. 정승화에 대한 연행은 10월 27일 한밤중인 01시경에서부터 대두된 문제였다. 김재규는 국방부에서 연행되어 가자마자 정승화에 대한 비밀을 털어놓았고, 이 비밀을 알게 된 이학봉 수사1국장은 곧바로 전두환에게 정승화의 연행을 건의했다. 정승화가 국무회의에서 계엄사령관으로 임명된 지 불과 1시간 후였던 것이다. 전두환은 이미 계엄사령관이 되어 있는 막강한 정승화를 차마 연행하지 못했다. 그 대신 더욱 철저한 내사를 택했다. 이 순간부터 이학봉은 여러 차례에 걸쳐 정승화에 대한 연행을 건의했다. 12월 12일까지 정승화를 연행하지 못한 것은 오직 최고자로서의 서슬 퍼런 권한과 힘을 가진 정승화를 섣불리 건드릴 수 없었기 때문이었다. 이렇듯 연행은 법 집행 차원에서 이루어진 것이었지 마구잡이식 쿠데타 차원에서 이루어진 것이 아니었다고 생각한다.

누가 반란군이었는가? 합수부는 윤성민-장태완 등을 반란군이라 했고, 윤성민-장태완 측은 전두환-노태우-황영시 등을 반란군이라 했다. 재판부는 윤성민-장태완을 정식 지휘계통이라 판단했고, 전두환 측을 반란군이라고 판단했다. 군권을 장악하기 위해 무고한 정승화에게 죄를 뒤집어 씌워 쿠데타를 시도했다는 것이 재판부의 판결인 것이다. 재판부의 판결대로 과연 정승화에게는 죄가 없었고, 최규하 대통령은 무장 군인들에 의해 연금되어 전두환이 시키는 대로 하는 꼭두각시였는가? 필자는 아니라고 생각한다. 정승화에게는 죄가 있었고, 최규하는 꼭두각시가 아니었다. 최규하 대통령은 노재현에게 꾸중도 했고, 전두환과 5명의 장군들이 건의를 했는데도 아랑곳 하지 않은 채 그의 의지대로 노재현이 나타날 때까지 재가를 지연시켜 가면서 그의 자유로운 의지에 따라 결재를 했다. 이를 증언할 수 있는 유일한 사람인 신현확이 이를 법정에서 확실하게 증명해 주었다. 전두환에게 반감을 가진 이희성까지도 그렇게 진술했다. 그런데 검찰과 재판부가 무슨 근거에서 이러한 판결을 내렸는지, 재판이 공사판보다 더 거칠다는 생각이 드는 것이다.

합수부는 왜 윤성민-장태완 등을 반란군이라고 생각했는가? 당시 합수부가 정당한 법 집행을 수행하고 있다는 사실을 여러 경로를 통해 윤성민-장태완 등에게 알려주었는데도 불구하고, 이들은 무조건 "부하가 상관을 체포 연행할 수는 없다", "무조건 총장을 원상회복시켜라"며 상당한 대의명분 없이 먼저 병력을 동원했다. 이들은 정승화에 의해 현 직책에 임명된 정승화 계열의 장군들로, 사사로운 인간관계에 집착한 나머지 당시 윤성민보다 상위에 존재했던 국방장관-국방차관-합참의장 등의 명령을 거부하고 군사를 일으켜 공무집행을 방해하려 했고, 탱크를 가지고 수사분실을 공격하여 정승화를 구출하려 했고, 심지어는 대통령까지 납치하여 정승화를 구출하려 했으며, 급기야는 광화문-청와대 일대의 수만의 시민과 대통령이 사살될 수 있는 무모한 포격명령을 내렸고, 2천여 명의 수경사 병력을 공격개시선에 집결시켰다. 육사출신들이면 무조건 적으로 규정했고, 탱크에 포를 장전시키라 명령했고, 정당한 법 집행자인 합수부장, 대통령을 지키는 30경비단장 및 33경비단장, 1공수여단장 및 부여단장을 포함하여 자신의 부하들까지도 사살하라고 경찰에까지 명령을 내렸고, 2명의 사단장을 무단 체포하라 명령했고, 자기 휘하에 있는 30경비단 장교들을 무조건 사살하라는 정신 나간 명령을 내렸고, 국방부 청사에서는 수경사 병력과 1공수 병력 사이의 유혈 총격전까지 벌어지게 했다. 대통령에게 보고도 하지 않고 지휘와 방호시설이 갖추어진 육군본부를 내팽개치고 장군들이 대거 수경사로 몰려가 장태완과 합세하여 정당한 법 집행을 방해하기 위해 거병과 난동을 일으켰다. 이 모든 것은 분명 반란군의 행위였다는 것이다. 윤성민 참모차장이나 장태완 수경사령관은 대통령을 직접 만날 수 있는 직계 지휘선상에 있었다. 참모차장은 계엄사령관의 대리자이기 때문이었고, 수경사령관은 대통령을 경호하는 직책에 있었기 때문이었다. 그런데도 정승화 계열의 군벌들은 국방장관이나 대통령에게 품의를 얻을 생각은 전혀 하지 않고 "누가 감히 우리 보스를 건드려!" 하는 식으로 사사로운 인맥을 위해 불법적으로 병력을 동원했다는 것이다.

반면 윤성민-장태완 등은 왜 합수부장 등을 반란군이라 주장하는가? 육군 소장이 직속상관인 육군대장을 체포한다는 것은 있을 수 없는 하극상이라는 것이다. 또한 참모총장이 유고가 되면 참모차장이 권한을 대행하게 되어 있는데 그런 참모차장이 "총장을 원상회복시켜라"는 명령을 내렸는데도 이에 불복하고 정통 지휘선상에 있는 윤성민-장태완 등을 체포하고 공수부대 등을 거병한 것은 분명 반란행위에 해당한다는 것이다.

하지만 윤성민의 이러한 생각은 잘못된 생각이라고 본다. 전두환과 정승화의 관계는 육군소장 대 육군대장의 관계가 아니라 법을 집행하는 합수부장 대 피의자와의 관계인 것이다. 또한 윤성민은 전두환에게 "총장을 원상복구시켜라"는 명령을 내린 바 없다. 장태완이 유학성 장군 등에게 욕설을 퍼부으면서 했던 명분 없는 요구였을 뿐 이는 결코 명령이 될 수 없었다. 또한 명령이 있었다 해도 명령에는 정당한 것이 있고 정당치 못한 것이 있다. 범죄 혐의가 있는 사람을 조사하는 것은 정당한 법 집행이고, 연행해서 조사를 할 것인가 아니면 다른 방법으로 조사를 할 것인가에 대한 선택은 수사관들의 기술적인 판단 사항이다. 법 집행상의 문제로 총장을 연행했다는 사실을 알면서도 법을 무시하고 무조건 원상복구시켜라는 것은 부당한 명령인 것이다. 만일 정승화를 체포하지 않았다면, 또는 정승화를 원상회복시켰다면 어떤 결과가 초래됐을까? 우리는 김재규-정승화가 지배하는 또 다른 혁명시대를 맞이했을 것이다. 재판부는 바로 이런 세상이 되어도 상관없었다고 판시한 것이다. 위 두 가지 주장 중 어느 주장이 설득력을 갖는가는 독자의 몫이다. 기록들을 보면서 필자는 장태완은 장군이기는커녕 자기 통제능력조차 없는 난동꾼에 불과했던 사람이었다고 생각한다. 이런 사람이 바로 정승화가 자기 호신을 위해 새로 임명한 수도경비사령관이었던 것이다.

4장

재야의 폭력

1. 10·26 직후의 안보상황 / 233
2. 재야세력의 방해 속에 최규하 과도정부 출범 / 241
3. 재야 세력과 최규하 정부와의 전쟁 / 244
4. 김대중의 등장 / 247
5. 김대중 주도의 선동시국 / 249
6. 학생의 폭력화를 통한 국가전복 행진 / 253
7. 학생시위 폭력화의 실체 / 263
8. 노동자 폭동의 기승 / 264
9. 노동폭력의 실체 / 266
10. 최규하 정부의 대응 / 273
11. 계엄사의 대응 / 275
12. 보안사의 대응 / 277
13. 북한의 남침정보 / 281
14. 5·17 전국주요지휘관회의 및 비상계엄전국확대 / 283
15. 광주로 몰려든 먹구름 / 288

04 재야의 폭력

1 | 10·26 직후의 안보상황

　박정희 대통령이 시해되자 대통령권한대행이 된 최규하는 1979년 10월 27일 새벽 4시를 기해 제주도를 제외한 전국에 비상계엄령을 선포했고, 같은 날 아침 9시에는 최규하 대통령권한대행이 직접 나서 "국가비상시국에 관한 특별담화"를 통해 국민의 단결을 호소했다. 10·26 시점에서 국민들이 가장 염려했던 것은 북한의 남침이었고, 간첩들의 준동이었다. 아니나 다를까 같은 해 12월, "1980년 초에 남침을 감행할 것"이라는 첩보가 미국으로부터 입수됐고, 같은 시기에 일본 외무성으로부터도 "1980년 1월에 남침할 가능성이 높다"는 첩보를 입수했다(1979. 12. 25. 육군본부 정보참모부가 작성한 "북괴대남도발 위협판단"). 이에 당황한 최규하 대통령은 12월 25일 크리스마스 날, 긴급 국가안전보장회의를 열었고, 여기에서 두 가지 결론을 도출했다. 하나는 대규모 육군 기동훈련을 실시해 북한에 무력을 과시하기로 한 것이고, 다른 하나는 사회지도층에게 북한의 남침 위협을 알려 사회안정을 위한 협조를 당부하기로 한 것이었다(G-3, '육군위기관리대책').

1980년 1월 21일, 최규하 대행 주재로 '대간첩대책중앙회의'가 열렸다. 최규하 대행은 이 자리에서 "북한은 공작간첩을 통한 정치선동과 무장간첩 남파에 의한 사회불안을 획책할 가능성이 있으니 특히 대공관계자는 불순분자 개입을 사전 방지해 달라"는 지시를 내렸다. 이어서 그해 1월 26일부터 31일까지 경기도 파주에서 보병 2개 사단과 공군을 동원한 대규모 기동훈련을 실시했고, 1월 30일에는 김종필, 김영삼 등의 정계인사들과 언론계 및 대학생 간부 등 798명을 기동훈련에 참관케 하여 훈련의 목적을 설명해 주었다(G-3, 육군기동훈련). 미국 역시 북한의 오판을 경계했다. 1980년 4월 3일, 군사정전위 제400차 회의에서 UN군측 대표 '호스테트리' 소장이 북한의 잇따른 대량 무장간첩침투 행위에 대해 강력히 경고한 것이다. 정부는 5월 17일 전 공무원을 대상으로 비상근무령을 내렸으며, 전두환 중앙정보부장서리는 위컴 사령관을 방문하여 일본내각으로부터 접수한 남침 첩보 및 우려사항을 전달했다.

이처럼 1980년 봄은 남침위기와 대량 간첩으로 대표되는 매우 불안한 안보의 계절이었다. 하지만 재야세력은 기다렸다는 듯이 이 권력의 공백기를 국가전복의 기회라고 생각하여 국민과 대학생들을 선동하여 폭력시위를 주도함으로써 사회에는 그야말로 무질서

한 리더십 진공상태가 형성됐다. 3김을 포함하는 정치꾼들 그리고 박정희 정권을 전복하고 싶어 했던 이른바 재야세력들이 저마다 일어나 국민에게 어필하려는 선명성 경쟁을 벌이면서 사회 혼란을 획책함으로써 정치적 주도권을 장악하려 했다. 이 중에서도 특히 김대중이 이끄는 재야세력은 사실상의 혁명기구인 '국민연합'을 통해 과도정부를 해체시켜 그를 중심으로 하는 사실상의 혁명정부를 수립하기 위해 대중선동과 학생폭력을 주동했다.

이 권력의 공백기를 북한이 그냥 놔둘 리 없었다. 대남사업부를 중심으로 남한에서 일고 있는 사회 혼란을 폭동으로 증폭시켜 남침 조건의 결정적 전기를 마련하려고 열을 올리기 시작했다. 1979년 10월 27일, 전군에 '전투태세강화'(폭풍5호)를 지시했고, 10월 29일에는 동유럽을 방문중인 오극렬 총참모장 일행이 급거 귀환하여 군사회의를 소집했고, 12월 18일에는 군-당 전원확대회의를 개최하면서 전군에 '통일에 대비한 무장'을 강화하라고 지시했다. 1980년 2월에는 해주, 세포, 곡산, 양덕 등에서 전쟁물자 동원훈련을 실시했고, 철도역에 비상열차를 24시간 대기시켰다. 1980년 3월에는 남파돼 있는 간첩들에게 남한의 시위조직을 확대하여 반정부투쟁을 강화하고, 시위군중이 폭도로 변질되도록 "점화 기폭조"를 시위군중에 잠입시키라는 지령을 내렸다. 조총련에는 공작원을 침투시켜 시위대를 거리로 유도하고, 민중봉기의 계기를 조성하라고 지시했다(계엄사 114p). 일본 산케이(産經)신문은 2004년 6월 22~27일에 걸쳐 "김일성 비밀교시"(1)-(5)까지를 연재했다. 이는 탈북한 북한 간부의 증언과 각종 비밀자료에 의해서 엮은 것이라 한다. 이 중 당시 김일성이 무슨 일을 추진했는지에 대한 부분만 발췌해 본다.

10·26사태는 결정적 시기가 다가오고 있다는 징조입니다. 박정희가 정보부장의 총에 맞아 죽었다는 사실은 권력층 내부의 모순과 갈등이 더 이상 지탱할 수 없을 정도로 첨예한 단계에 이르렀다는 것을 의미합니다. 적들은 지금 계엄상태를 선포해 놓고 서로 물고 뜯고 있는데 이것이 얼마나 좋은 기회입니까? 연락부에서는 사태가 수습되기 전에 손을 써야 합니다. 남조선의 모든 혁명역량을 총동원하여 전민봉기를 일으킬 수 있도록 적극 유도해야 합니다(1979년 11월 3호청사 부장회의).

남조선에서 노동자들이 드디어 들고 일어났습니다. 사북탄광의 유혈사태는 반세기에 걸친 식민지 통치의 필연적 산물이며 인간 이하의 천대와 멸시 속에서 신음하던 노동자들의 쌓이고 쌓인 울분의 폭발입니다. 지금 남조선에서는 노동자뿐만 아니라 청년학생, 도시빈민할 것 없이 전 민중들이 이글거리고 있습니다. 남조선 혁명가들과 지하혁명 조직들은 이번 사북 사태가 전국으로 확산되도록 적극 불을 붙이고 청년학생들과 도시빈민 등 각계각층에 광범한 민중들의 연대투쟁을 조직 전개하여 더 격렬한 전민 항쟁으로 끌어올려야 합니다(1980년 5월 3호청사 부장회의).

남조선의 대통령이 각료들을 이끌고 동남아를 순방한다는 정보를 입수하고 작전부에서 결사대를 파견해 보겠다고 했다는 데 절대로 흔적을 남기지 않도록 틀림없이 해야 합니다. 버마가 허술한 나라라고 해서 너무 쉽게 생각하면 안됩니다. 방문 일정에 따라 사전 답사도 해 보고 빈틈없이 잘 준비를 해서 감쪽같이 해 치워야 합니다. 만약 이번 작전에서 성공하게만 된다면 결정적 시기가 성큼 다가올 수도 있습니다(1983년 9월 3호청사 부장회의).

전두환이가 드디어 백기를 들었습니다. 4·13 호헌이요 뭐요 하다가 노태우의 6·29 선언이 나왔다는 것은 6·10 항쟁에 겁을 먹은 전두환 정권이 항복했다는 것을 뜻 하는 것입니다. 현지 당 지도부는 앞으로 있게 될 대통령 선거에 대비해서 우리의 민주투사들을 상도동과 동교동 쪽으로 접근시키고 김영삼과 김대중으로부터 인정받도록 해야 합니다. 그래야 장차 그들의 후광을 업고 제도권에 진입할 수 있는 길이 열리게 됩니다(1987년 7월 3호청사 부장회의).

위 비밀교시 내용들은 김일성이 남한을 그야말로 '눈동자처럼' 지켜보면서 남한에 무정부상태를 조성하기 위해 얼마나 주도면밀하게 움직였는지를 웅변해 준다. 김일성은 10·26이후부터 남한의 혼란기에 적극 개입하여 간첩들에게 학생시위와 노동폭력을 유도하라 지시했고, 1983년에는 아웅산 테러를 직접 지시했으며, 김대중과 김영삼에게 남조선 동지들을 접근시켜 이들의 후광을 업고 정치권에 들어가라고 지시했다. 1980년 5월 8일, 김일성은 극비리에 소련을 방문, 브레즈네프 소련공산당 서기장과 회동했고, 5월 18일에는 루마니아를 방문하여 통일에 대한 기대감을 잔뜩 표현했다. "나는 두 개의 조선을 반대한다. 남반부 인민의 영웅적 투쟁에 의해 금년 내에는 반드시 통일이 이루어질 것이다." 이어서 5월 19일에는 북한 인민군 고위사절단이 중국을 방문하여 모종의 비밀회동까지 했다. 무장간첩의 침투도 활발했다. 1979년 12개월간 검거된 사건은 불과 5건이었는데 반해 1980년 5월초까지 4개월간 발생한 무장간첩 침투사건은 무려 10건이나 되었다. 이 10건 중 7건이 1980년의 3월부터 5·18 발생 직전까지 2개월 반 동안에 집중적으로 발생했다. 1979~80년의 언론보도집에는 아래와 같은 기록들이 있다.

1) 1980년 3월 17일, 판문점 공동경비구역 남쪽에 침투한 무장공비와 미군 사이에 총격전이 벌어졌다.
2) 1980년 3월 23일, 서부전선 9사단 지역 한강하구로 침투하던 공비가 아군에 발각되어 교전하다가 도주했다. 3명의 무장공비를 사살했고, 소음기가 달린 기관권총, 물갈퀴 등과 암호문을 노획했다, 암호문에는 "위대한 수령 김일성 동지의 혁명전사답게 돌격대답게 싸워라"라는 문구가 들어 있었다.
3) 1980년 3월 25일. 무장간첩선 1척이 포항만으로 침투하다가 해군에 의해 침몰하여 무장간첩 8명이 사살됐다.
4) 1980년 3월 27일, 강원도 15사단 정면에서 남하하던 공비와 교전 상황이 발생했다. 모두가 도주했고, 무장공비 1명만 사살됐다.
5) 1980년 5월 12일, DMZ 공동경비구역 남쪽에 침투한 공비와 미군 사이에 또 교전이 발생했다.
6) 1980년 5월 15일, 판문점 공동경비구역 미군초소 전방 20m까지 침투한 무장공비들이 미군과 교전하다가 돌아갔다.

7) 1980년 5월 16일, 전남 보성군 득양면으로 침투한 간첩 이창룡을 5월 23일에 체포했다.

남침징후에 대한 첩보가 5건이 잇따르면서 드디어 1980년 5월 10일에는 일본내각조사실로부터 "북한이 남침을 결정하였다"는 긴급첩보가 입수됐다. "남침 시기는 4월 중순, 김재규 처형시기와 맞물려 있다. 김재규 처형에 따른 항의데모가 절정에 이를 때를 결정적인 시기로 정하였다. 그러나 처형이 지연되자 소요사태가 최고조에 이를 5월 15일~5월 20일 사이에 남침을 하기로 재결정하였다." 이 첩보는 중국 당국이 일본 방위청에 제보한 것이었다(1980. 5. 10. 육군본부작성 "북괴남침설 분석"). 앞에서는 평화를 내세우고, 뒤에서는 칼을 가는 것이 북한의 생리다. 10·26이라는 호재를 갑자기 맞게 된 북한은 위장평화공세부터 폈다. 1979년 12월 20일에 모스코바 올림픽에 남북단일팀으로 참가하자고 제의해 왔고, 1980년 1월 11일에는 김종필(공화당총재), 정일권(공화당 상임고문), 김영삼(신민당총재), 양일동(통일당총재), 윤보선(국민연합공동의장), 함석헌(국민연합공동의장), 김대중(국민연합공동의장), 안필수(통사당 위원장), 김철(통사당 고문), 김수환(한국천주교중앙협의회장), 이희성(계엄사령관) 등 11명에게 남북대화를 요청하는 서신을 보내왔다. 1980년 1월 12일에는 북한총리 이종옥이 신현확 국무총리에 총리회담을 제의해 왔다. 이에 따라 총리회담을 위한 실무접촉이 2월 26일부터 열려 5월 15일까지 9차례에 걸쳐 연속됐다. 이 모든 것은 내부교란을 획책하면서 남한의 주요 인물들의 관심을 안보분야로부터 이탈시키기 위한 것이었다.

 이러한 적극적인 평화공세는 1980년 8월 27일 전두환이 대통령에 취임하자마자 갑자기 중단됐다. 남한에 권력 진공상태가 발생하자마자 위장평화 공세를 취하여 남한을 갈팡질팡하게 만들어 놓다가, 남한에 강력한 지휘체제가 확립되자 위장 공세가 더 이상 먹혀들지 않을 것이라 판단하고 평화 공세를 중단한 것이다. 최규하 정부는 법과 원칙에 따라 민주화를 위해 최선을 다하고 있었다. 그러나 재야세력은 일방적으로 최규하 정부를 유신 잔재세력으로 규정하고, 최규하 정부는 북으로부터 아무런 위협이 없는 데도 민주화 운동을 탄압하고 독재를 연장하기 위해 북한의 위협을 과장하고 있다며 대학생들을 선동해 최규하 정부를 전복하려 했다. 과도정부를 즉각 해체하고 거국내각을 구성해야 한다는 것이었다. 과연 당시 최규하 정부는 유신체제를 계승할 자세를 보였는가? 아니었다. 최규하 정부는 박정희 시대에 발생했던 시국사범들에 대해 일제히 사면복권을 단행했다. 재야세계에서는 이를 '서울의 봄'이요 '민주화의 봄'이라며 매우 기뻐하면서 승리감에 도취했다.

 재야세력이 퍼트린 유수한 유언비어가 나돌 때마다 최규하 정부는 헌법을 빨리 고치고 새 헌법에 의해 대통령 선거가 최단시간 내에 이루어지도록 하겠다고 다짐해 주었다. 이렇듯 민주화 요구에 적극 호응하던 최규하 정부를 놓고 유신체제의 후신이기 때문에 즉각 해체하고 거국내각을 구성하자는 재야세력의 주장이 과연 타당한 주장이었는가? 당시 물렁하기로 이름나 있던 최규하 정부가 독재정부가 될 것이라고 생각하는 국민은 거의 없었다. 역사바로세우기 재판에서도 최규하 대통령을 바지대통령이라고 판시했다. 최규하 정부가 유신을 이어받아 독재를 할 것이라고 주장한 사람들은 오직 김대중을 중심으로 한 재야세력뿐이었을 것이다. 그 때는 최규하 정부를 전복시키기 위해 최규하 정부를 유신을 이어갈 독재정부라고 주장해 놓고, 역사바로세우기 재판에서는 전두환을 매장시키기 위해 최규하를 껍데기 대통령이라고 주장하는 것이다.

2 | 재야세력의 방해 속에 최규하 과도정부 출범

10·26 사태 직후의 사회적 이슈와 여론은 단연 북한의 남침가능성에 대한 불안감과 간첩들에 의해 배후 조종되는 사회 소요였다. 하지만 당시의 정치인들의 자세는 한마디로 "때가 왔다. 한판 잡아보자"는 식의 골드러시였다. 국가안보는 안중에 없고, 개헌과 차기 대통령 선거에 대한 정치일정만이 중요했다. 그들은 이를 '민주화 일정'이라 포장했다. 이로부터 안보를 걱정하는 과도정부와 '민주화 일정'만을 중시하는 정치권 사이에 분열이 싹트기 시작한 것이다. 1979년 11월 10일, 최규하 권한대행은 '정국에 관한 특별담화'라는 제목으로 향후 정치일정을 이렇게 발표했다.

정부는 현행헌법에 따라 대통령 보궐선거 시한인 1980년 1월 25일 이전에 '통일주체국민회의'에서 제10대 대통령을 선출하고, 새로 선출되는 대통령은 헌법에 규정된 잔여임기를 다 채우지 않고, 현실적으로 가능한 빠른 시일 내에 각계각층의 의견을 모아 헌법을 개정하며, 헌법이 개정되면 즉시 대통령 선거를 실시하여 정부를 이양한다.

당시 헌법 제45조 제2항에서는 '대통령이 궐위된 때에는 통일주체국민회의가 3개월 이내에 후임자를 선거할 것'을 규정하고 있었다. 당시 박 대통령이 유고된 상태에서 불안한 정국을 수습하는 데에 이 이상의 명확하고 객관성 있는 성명을 발표하기는 어려웠을 것으로 보인다. 대부분의 국민은 이런 수습책을 수긍하고 수용했지만 김대중이 주도하는 소위 재야세력은 "정부의 즉각적인 퇴진"을 요구하고 나섰다. 이는 '혁명'이지 '민주화'가 아니었다. 최규하 대통령이 내놓은 "정국수습방안"과 김대중을 중심으로 하는 재야정치권의 "무조건적이고 즉각적인 정부퇴진 요구", 이 두개를 놓고 객관적으로 평가해보자. 1979년 11월 12일, 김대중이 이끄는 '국민연합'(민주주의와 민족통일을 위한 국민연합, 사실상의 혁명기구)

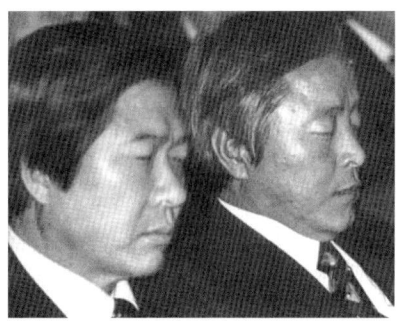

은 내·외신 기자들을 불러놓고 이런 발표를 했다. "통일주체국민회의에 의한 대통령 보궐선거를 반대한다. 유신헌법을 즉시 폐지하고, 거국내각을 구성하여 조기총선을 실시하라." 1979년 11월 13일, 김영삼이 이끄는 신민당도 김대중의 말에 동조했고, 당시의 여당이었던 공화당 총재 김종필 역시 김대중의 편을 들고 나왔다. 당시 김종필의 이런 자세는 일종의 배신행위로 평가됐다.

　1979년 11월 24일, 반정부 인사 400여 명이 연세대 제적학생인 홍성엽의 결혼식을 위장하여 서울 YWCA에 집결한 후 김대중의 위 주장을 반복하는 성명서를 냈다. 1979년 11월 23일, 서울대생 150여 명이 김대중의 주장이 담긴 유인물을 살포했다. 1979년 11월 27일, 광주 YWCA에서 재야인사 100여 명이 모여 역시 김대중의 주장을 담은 유인물을 살포하고 농성시위에 들어갔다. 1979년 11월 29일, 서울대, 연대, 고대 등 각 대학에서 "유신잔당 즉각 퇴진"이라는 선동성 구호가 담긴 유인물을 살포했다. 조용히 차곡차곡 위기를 극복하고 수습해 나가야 할 시점에서 김대중이 주도하는 재야세력은 위와 같이 사회와 학원을 선동하면서 연쇄적인 파문을 일으키고 있었던 것이다. 이런 와중에 통일주체국민회의는 1979년 12월 6일, 최규하 권한대행을 제10대 대통령으로 선출했고, 동년 12월 14일에는 신현확 내각이 임명되어 최규하 과도정부가 합법적으로 출범하게 되었다. 그러나 김대중이 선도하는 재야세력은 최규하 정부를 인정하지 않고, 즉시 거국내각을 구성하고 총선을 실시하자며 학생들을 선동함으로써 폭력투쟁의 전선을 펴기 시작했다. 이는 곧 혁명을 하자는 것으로 해석됐다.

3 | 재야 세력과 최규하 정부와의 전쟁

1979년 12월 8일, 최규하 대통령은 긴급조치 9호를 해제했다. 긴급조치 위반자 68명에 대해 형 집행을 면제하고, 김대중의 가택연금도 해제했다. 당시 김대중은 1976년 긴급조치 9호를 위반한 죄로 진주교도소에 수감돼 있다가 1978년 12월, 가택연금으로 전환되어 있던 차였다. 이어서 최규하 대통령은 1979년 12월 21일 취임식에서 이렇게 천명했다.

사회 안정과 공공질서를 유지하는 가운데 착실한 정치발전을 이루는 데 최선을 다 하겠습니다. … 앞으로 1년 정도면 국민의 대다수가 찬동할 수 있는 내용이 담긴 헌법을 마련할 수 있을 것으로 생각하며, 이에 수반되는 필요한 제반조치를 착실하게 취해서 가급적 빠른 시일 내에 공명정대한 선거를 실시하겠습니다.

이어서 정부는 1980년 1월 21일 법제처에 헌법연구반을 설치했다. 동년 2월 29일, 최규하 대통령은 김대중 등 시국사범 687명(학생 373, 정치인 22, 종교인 42, 교수 24, 언론인 9, 기타 217)을 복권하는 등 과감한 조치를 취했고, 이어서 1980년 3월 14일, 대통령 직속 자문기관으로 '헌법개정심의위원회'를 발족시켜 본격적인 헌법개정 작업에 들어갔다. 대통령으로서는 최대한의 노력을 경주하고 있었던 것이다. 반면 1979년 11월 26일, 국회는 여야 만장일치로 국회에 개헌특위(헌법개정심의특별위원회)를 설치하여 국회주도의 헌법 개정을 추진하려 했다. 최규하 정부는 헌법개정 작업이 정부의 몫이라 한 반면, 정치인들은 헌법 개정을 국회가 주도해야 한다고 맞선 것이다. 이에 1980년 1월 18일, 최규하 대통령은 기자회견을 통해 개헌안의 발의 책임이 대통령에 있다는 것을 들어 정부가 개헌작업을 주도할 것이며 1980년 3월 중순까지 대통령 직속으로 '헌법개정심의위원회'를 설치할 것이라고 밝혔다.

한편 신민, 공화 양당은 이에 불복하면서 1980년 2월 9일, 대통령 중심제, 대통령 직선제, 임기 4년에 1차 중임을 골격으로 하는 헌법시안을 확정하고 이를 국회개헌 특위에 제출하겠다고 발표했다. 이러한 정치권의 작태를 지켜본 이희성 계엄사령관은 무분별한 정치과열 현상을 용납할 수 없다며 정치권에 일침을 가했다. 이에 야당과 재야세력은 정부의 헌법개정기구 자체를 즉각 폐지하라며 계엄사령관에 맞섰다. 1980년 3월 15일, 김영삼이 이끄는 신민당은 '민주화촉진대회'를 열고, 정부의 헌법개정심의기구를 즉시 해체하고, 신현확 내각의 즉각 사퇴를 촉구했다. 응하지 않으면 중대결단을 내리겠다고 협박까지 했다. 같은 날, 재야세력의 대표인 김대중은 '민주화투쟁'을 선포하고 나섰다. 이후 야당인 신민당과 재야세력은 유언비어를 퍼트리기 시작했다. "정부가 유신세력을 주축으로 신당을 구상하고 있다" 유언비어에 의한 정치공작이 동원되기 시작한 것이다. 이에 대해 신현확 총리는 1980년 3월 28일, 헌법개정심의위원회 제1차 회의에서 인사말을 이렇게 했다.

정부는 약속한 대로 연내 헌법 개정을 확정하고, 선거법, 정당법 등 수반입법을 마무리 한 후에 새 정부에 정권을 이양하겠으며, 이 약속은 반드시 지켜질 것입니다.

이어서 신 총리는 1980년 4월 24일, 기자회견을 통해 이렇게 말했다.

이미 약속한 정치일정에 대한 약속을 지킬 것이며, 최규하 대통령과 본인은 다음 선거에 출마하지 않을 것입니다. 시중에 나도는 범여권 신당설은 사실무근입니다.

1980년 4월 29일, 김대중이 주도하는 '국민연합'은 '민주화촉진 국민운동'을 전개하겠다는 선포와 함께 불법적인 장외투쟁을 전개하기 시작했다. 이에 당황한 신총리는 1980년 5월 3일, 김영삼 신민당 총재와 회동을 했지만 양측의 주장은 팽팽히 맞서기만 했다. 신현확 총리는 '선 안정'을, 김영삼은 '선 민주화'를 주장했기 때문이었다. 여기에서 민주화라는 것은 최규하 과도정부를 즉시 해체하라는 것이었다. 1980년 5월 6일, 국무총리에 이어 최규하 대통령 역시 국무회의 자리에서 "이미 발표한 정치일정을 준수할 것"이라고 확약했다. 1980년 5월 12일, 신현확 총리는 신민당 대변인 박권흠을 초청하여 국내외 정세를 설명하고 신민당이 정국안정에 협조해주기를 바란다는 뜻을 전했다. 하지만 정치권의 급진주의적인 사고방식이 이를 수용할 리 없었다. 사태를 더욱 악화시킨 것은 공화당 김종필 총재의 불투명한 태도였다. 김종필은 "공화당은 여당이 아니라 다만 야당에 불과하다. 공화당은 정부와 아무런 관계가 없다"며 재야 편을 들었다. 이로써 정치권에는 여당이 없고, 과도정부는 일방적으로 밀리기만 하면서 정국은 걷잡을 수 없는 소용돌이로 빠져들기 시작했다.

4 | 김대중의 등장

1971년 49세가 된 김대중은 대통령 선거에서 박정희에 패하자 신병 치료차 일본으로 건너갔다. 1972년 10월에는 유신 계엄령이 선포되고, 국회가 해산되는 충격적인 상황이 벌어졌다. 많은 기록들에 의하면 이 때 김대중은 일본과 미국을 왕래하며 한국에 대한 경제원조와 군사원조를 중단시키려 했고, 망명정부를 수립하려 했으며, 김일성 정권과의 접촉을 시도하는 등 반국가적 행위들을 감행한 것으로 되어 있다. 1973년 4월에는 미국 하버드대 코헨 교수에게 '박 정권을 타도하기 위해서 미국이 대한군사원조를 중단하고 주한미군을 철수시키도록 미 의회 지도자에게 압력을 넣어달라'고 호소했다. 또한 미국에서 북한을 방문한 친북 인사들을 만나 반국가 단체로 규정된 '한민통'(한국민주통일연합)을 조직하여 자신이 의장으로 앉았다. 이 시기에 그는 일본에서 보수를 표방하는 자민당 출신이면서 좌파의원인 우스노미야 의원 등 일본 국회의원들의 지원을 받아 일본을 무대로 반정부 운동을 전개했다.

그 결과 그는 1973년 8월 8일, 도쿄 팔레스 호텔에서 중앙정보부 요원들에게 납치되어 129시간 만에 서울로 압송됐다. 이에 대해 박 정권은 국내 야당 지지자들의 강한 반발을 불렀고, 일본으로부터는 주권 침해라는 비난에 직면하게 됐다. 결국 한·일 간의 외교적 마찰은 미국의 주선으로 일본 정부와 막후 접촉을 벌인 결과 주일 한국대사관 1등 서기관 김동운을 해임하고, 김대중의 해외체류중 언행에 대해 책임을 묻지 않기로 하고, 김종필 총리의 방일 사과를 끝으로 사건 발생 86일 만에 마무리됐다. 1974년 12월, 가택연금중에 있던 김대중은 재야단체인 '민주회복국민회의'(국민회의)에 참여해 재야활동을 재개했다. 1976년 3·1절 기념미사에서 그는 윤보선, 함석헌, 문익환, 김승훈 등 재야인사들과 함께 민주주의, 경제입국 구상의 재검토, 민족통일 등을 주장하는 '3·1민주구국선언'(일명 명동사건)을 발표해 대통령긴급조치 9호 위반했다. 이로 인해 구속되어 징역 5년, 자격정지 5년을 확정 받아 진주교도소에 수감되었다. 그의 투옥에 대한 국내외의 비판이 고조되자 박 대통령은 1978년 12월 그를 형집행정지로 석방한 후 가택연금으로 전환시켰다. 가택연금 상태에서도 그는 1979년 3월 1일, '민주주의 민족통일을 위한 국민연합'(약칭 '국민연합')을 결성해 윤보선, 함석헌 등과 함께 공동의장을 맡으면서 재야활동을 계속했다. 1979년 10월 26일, 박정희 대통령이 측근인 김재규 중앙정보부장에 의해 시해되면서 유신체제가 붕괴되자 최규하 대통령 권한대행은 동년 12월에 그를 가택연금에서 해제했고, 이어서 1980년 2월 29일, 윤보선, 김대중, 지학순 등 긴급조치 위반자 687명에 대해 사면-복권을 단행했다. 항간에서는 이를 '서울의 봄'이라 불렀

다. 이로부터 그는 가벼운 몸으로 김영삼, 김종필 등과 함께 정치활동의 전면에 나서서 학원소요사태를 배후 주동하고, 대규모 학원소요의 위력을 과시하면서 최규하 정권의 즉각 퇴진을 압박하다가 5월 17일 자정, 비상계엄전국확대 조치를 불러왔다.

5 | 김대중 주도의 선동시국

 역사상 가장 위험한 안보의 불안기를 맞았던 이 시기에 김영삼과 김대중은 주도권 경쟁을 벌이기에 여념이 없었다. 김영삼은 정당을 가지고 있었지만 김대중에는 당이 없었다. 김영삼이 과격한 용어를 쏟아내며 최규하 과도정부의 해체를 압박하는 성명을 내자 김대중은 이에 질세라 더 과격한 행동을 주도함으로써 정국의 주도권을 빼앗기려 하지 않았다. 1979년 3월 1일, 그는 사실상의 혁명기구라 할 수 있는 '국민연합'(민주주의 민족통일을 위한 국민연합)을 결성함으로써 신민당을 가지고 있던 김영삼보다 더 막강한 위력을 발

휘하고 있었다. 김대중은 1980년 3월 26일, YWCA 강연회에 나가 이렇게 강연했다. "민주주의라는 나무는 국민의 피를 먹고 자란다. 민주주의는 국민의 피와 땀과 눈물을 통하여 이루어진다는 말은 결코 슬로건이 아니라 진실이다" 민주화를 위해서는 피를 흘려야만 한다는 무서운 선동이었던 것이다. 당시의 김대중내란음모사건의 판결문에는 이런 내용이 있다.

　1980년 4월 10일 오후 8시경, 북악파크호텔 501호실에서 문익환, 예춘호, 이문영, 고은태, 김종환, 한완상, 심재권 등 10여 명과 회합하고 국민연합이 계엄령 해제, 정부주도 개헌포기, 유신잔당 퇴진, 정치일정 단축, 구속자 석방 복권, 학원자유, 자유언론 실천 등을 실현시키기 위한 투쟁전열을 정비, 강화하기 위하여 국민연합을 대폭 개편하고 과거 투쟁경력이 풍부하고 각 학생지도부와 연계하여 강력한 영향력을 행사할 수 있는 복학생 이현배를 총무국장, 장기표를 조직국장, 심재권을 홍보국장에 각 임명하기로 결정하는 동시, 이들 3인에게 학원 선동임무를 각 부여하고, 위 참석자들에게 "작금의 국내정치 정세를 분석하여 볼 때 나로서는 신민당내 당권파의 강력한 반발로 지지기반 확장이 어렵고 군부의 지지기반이 없고, 3월 11일 신 총리와 3월 15일 최 대통령의 발언 등을 종합해 볼 때 선거로서는 차기 대통령에 당선을 기대할 수 없을 것으로 판단되고 이번 기회를 놓치면 한국의 민주주의는 영원히 바라볼 수 없으므로 정당 활동보다는 국민연합을 위시한 민주헌정동지회, 한국정치문화연구소 등의 조직을 확대 강화하면서 민주화운동을 내세워 학생시위 분위기가 고조되면 교외로 유도하여 시민의 호응을 촉구하고 아울러 우리

조직을 가세시켜 대대적인 본격적 시위를 전개하면 현 정부는 궁지에 몰려 우리의 민주화 요구를 들어주지 않을 수 없으니 우선 조직을 통하여 전국적 여론을 환기시켜야 한다고 하여 반정부 투쟁의식을 고취하였다.

이어서 국민연합은 다음 날인 4월 11일 서울대 학생회 주최의 학생추도식에서, 4월 16일 한국신학대학 학생회 주최의 학술강연회에서, 4월 17일 서울대 학생회 주최의 4·19기념강연회에서, 4월 18일 동국대 학생회 및 인하대 학생회 주최의 4·19기념 강연회에서, 과도정부를 유신체제 옹호세력으로 몰아붙이고 학생들의 투쟁을 선동하는 연설을 했다. 1980년 4월 16일, 한국신학대학교 학생회 주최 학술강연회에서는 이런 연설을 했다. "특권층은 수십억원의 호화주택에서 기천만원의 잉어를 기르고 고래수염으로 이쑤시개를 한다. 독재 하에서 감옥에 가고 공민권을 박탈당하고 학원과 직장에서 추방되었던 사람들이 새로운 정부의 중심이 되어야 한다." 1980년 4월 17일, 서울대 학생회 초청 연설에서는 이런 연설을 했다, "김상진, 김주열 못지 않게 김재규도 충신이었다." 1960년 4월 11일, MBC는 마산 앞바다에서 최루탄에 맞아 숨진 김주열군(마산상고)의 시체가 떠올랐다는 방송을 했고, 이것이 계기가 되어 4·19가 촉발되면서 이승만 대통령이 하야를 하게 되었다. 김상진은 서울농대 학생으로 1975년 유신체제와 긴급조치를 반대한다며 분신자살을 했고, 이로 인해 수그러들던 1970년대의 학생시위가 다시 타오르기 시작했다. 김대중은 바로 이런 희생자들이 또 다시 등장하여 혁명의 불을 지펴야 한다고 선동한 것이다.

1980년 4월 18일, 동국대 학생회 초청연설에서는 이런 말을 했다. "10·26사태는 독재에 항거한 전 국민의 혁명이다. 탄압을 받더라도 끈질기게 저항하면 10·26과 같은 또 다른 사태가 올 수 있다." 한마디로 최규하도 박정희처럼 살해하고 무정부 상태로 몰아갈 수 있다는 희망사항을 표출한 것이었다. 이러한 선동의 영향으로 불법학생집회가 급증했고, 그동안 평화적이었던 학생집회들이 갑자기 폭력시위 양상으로 변모해 갔다. 성균관대, 목원대, 서원대, 전남대 등에서는 복학생들이 노선을 달리하는 교수들을 폭행하고, 심지어는 70세 노령의 대학원장을 구타하는 일까지 발생했다. 서울대, 조선대, 전북대, 총신대 등에서는 학교시설을 점거-파괴하는 일이 자주 발생했다. 1980년 4월 중 학생소요를 통계로 보면, 시위-농성 106개교, 수업거부 25개교, 휴강조치 44개교였으며, 경희대, 세종대, 한양대 등에서는 철야농성이 일주일 이상이나 유지됐다. 학생시위 확산에 고무된 '국민연합'은 4월 29일, "민주화촉진 국민운동"을 선언하면서 반정부 장외투쟁을 본격화하기 시작했다. 1980년 9월 17일의 판결문에는 김대중이 사실상의 혁명내각을 구성했다는 기록이 있다.

1980년 5월 1일 18:00경 문익환, 이문영, 예춘호, 고은태, 한완상, 김종환, 장기표, 심재권, 김승훈, 이우정, 이현배, 김병걸, 박세경 등과 회합하여 학내소요를 계엄령해제, 정부주도 개헌작업 포기, 정치일정 단축, 유신잔당 퇴진 등 정치적 이슈로 전환하게 하고 교내 시위를 교외시위로 유도, 시민이 이에 가세하도록 선동하여 폭력시위를 전국적으로 확산 시키면 현정부는 붕괴될 것이니 학원에 영향력이 있는 조성우, 심재권, 장기표, 이헌배 등 청년조직원들이 학생 선동에 더욱 주력할 것과 그 결행 시기를 5월 중순경으로 정하고 집권을 위한 제반 지휘본부이며 정부 전복 후 과도내각 역할을 할 한국민주제도연구소가 빠른 시일내에 활동을 개시할 수 있도록 이사장에 예춘호, 소장에 이문영을 각 선임하고 전문위원으로 민족재생담당에 김관석, 역사문화담당에 백낙청, 종교교육담당에 정을병, 노동담당에 탁희준, 농업담당에 유인호, 경제담당에 임재경, 안보외교담당에 양호민, 통일담당에 문익환, 도의정치담당에 안병무, 행정담당에 이문영을 각 선임하였다.

6 | 학생의 폭력화를 통한 국가전복 행진

　기록들에 의하면 국민연합의 결정은 곧바로 '민주청년협의회'에 명령으로 떨어졌고, 이어서 학생회 회장들이 동원됐다. 5월 1일, 전국 최초로 서울대에서 복학생대회가 열려 "유신 기성 정치인은 민족사를 왜곡하는 정권욕에 사로잡혀 민주화를 향한 민족의 진로를 더 이상 가로 막아서는 안 된다"는 요지의 선언문을 채택했다. 같은 날 성대 1천여 명, 충남대 2,000여 명이 계엄해제를 요구하며 시가지 시위를 벌이다가 경찰과 충돌, 학생 28명, 경찰관 84명이 부상을 당했다. 5월 2일, 서울대생 1만 명, 고대생 2,000여 명이 철야농성을 벌였고, 성대생 1,500여 명과 전북대생 1,000여 명이 시가지

시위를 벌이다 경찰과 충돌했다. 5월 3일, 서울대 총학생회는 5월 13일까지 민주화투쟁기간으로 정하고, 1,800여 명이 시가지 시위와 농성을 벌였으며, 23개 대학에서 시위를 벌였다. 5월 4일, 서울대생 4,000여 명, 고대생 2,000여 명이 시국선언문을 채택한 후 시가지 시위를 벌였다. 5월 6일, 연대, 외국어대, 숭전대 등 대학생 8,000여 명이 가두시위를 벌였고, 전국 20여개 대학에서 농성시위가 전개됐다. 경찰과 충돌하는 과정에서 학생과 경찰 20여 명이 부상을 입었다. 5월 7일, 학생시위에 고무된 국민연합은 서울 기독교회관에서 30여 명의 내외신 기자들을 불러 '민주화촉진선언문'을 발표했다.

갈수록 노골화되어 가는 유신잔당의 독재연장 책동을 그대로 내버려두고, 어떻게 민주화가 가능한가. 독재자가 타도되었고, 유신체제가 결정적인 파멸의 길로 들어선 오늘 더 이상 두려워할 무엇이 남아있는가. 단호한 민중적 결단으로 이들을 철저히 분쇄하지 않으면 안 된다. 노동자, 청년, 학생들의 민주-민권 운동은 민주주의와 민족통일의 새 시대를 탄생시키는 최후의 진통이 되었다는 사실을 우리에게 보여주고 있다. 민족사의 결전장은 우리들 한 사람 한 사람의 단호한 시민적 행동을 통한 합류를 절실히 요구하고 있다. 각계각층의 민주 애국시민은 모든 민주역량을 총집결하여 유신잔당의 음모를 단호히 분쇄하는 민주적 운동을 전개하자.

그리고 과도정부에게는 비상계엄 즉각 해제, 신현확 총리 즉각 퇴진, 정치범 석방과 복권, 해고노동자 복직, 개헌중지 등을 촉구하고, 이 요구가 거절되면 중대 결단을 내리겠다고 선언했다. 5월 8일, '국민연합'이 전날 민주화촉진선언문을 발표하자 전국총학생회장단이 반정부 폭력시위를 결정했다. '민주청년협의회' 회장인 조성우는 '국민연합'의 중앙상임위원장인 문익환의 지시를 받고, 민주청년협의회 확대간부회의를 열어 행동지침을 결의했다.

조속한 시일 내에 대규모 가두시위를 전개한다, 각 대학은 학교별로 출발하여 광화문 네 거리를 점령하고 중앙청을 비롯하여 정부 중요관서를 점령한다. 데모 저지선을 돌파하기 위하여 각 대학별로 각목, 돌멩이, 화염병을 준비한다.

회의가 끝난 후 장기표, 심재권은 국민회의에 보고서를 제출했다.

5월 8일, 민주청년협의회 확대간부회의의 결정에 따라 각 대학은 일정한 날을 정하여 전국적으로 동시에 폭력시위를 벌여 정부 중요관서를 점거할 계획이며 이렇게 되면 4·19와 같은 무정부상태가 되어 차기정권까지 장악할 수 있다.

서울대, 연대, 이대 등 전국 39개교에서 시위가 발생했고, 20여 개 대학에서 농성시위를 벌이는 과정에서 부상자 30여 명이 발생했다. 5월 9일, 서울대, 연대, 고대, 경희대, 동국대, 홍익대, 외대,

단국대, 숙대, 인하대 등에서 야간횃불시위가 열렸다. 5월 10일, 서울대 단과대학들이 철야 시국성토대회를 열고 11일까지 농성하기로 했다. 고대, 연대, 한양대, 단국대, 서울산업대에서도 야간농성을 벌였다. 5월 11일, 고대, 연대, 성대, 외대, 경희대, 단대, 건대, 세종대, 숙대, 이대 등에서 교내시위를 벌였다. 5월 12일 오후 5:00시, 국민회의 지도부, 김대중, 문익환, 예춘호, 이문영, 한완상, 한승헌, 서남동, 이해동, 심재권, 장기표, 이헌배, 계훈제 등이 북악파크호텔에서 또 다시 회동하여 투쟁방향을 논의했다. 이 자리에서 오고 간 보고와 지시 내용은 1980년 9월 17일자 판결문에 잘 나타나 있다.

〈장기표-심재권〉

전국 26개 대학의 학생회장단 45명이 5월 11일 15:00시부터 5월 12일 09:00시까지 서울대 학생회관에서 철야회의를 하여 앞으로 잠정적으로 교내시위만 한다. 휴교령 발동 시에는 단호히 투쟁을 전개한다. 계엄령해제와 정치일정의 명백한 발표를 촉구한다. 학원사태 해결을 위한 정부와의 대화를 위하여 국무총리 면담을 촉구한다는 사항을 결의하였으며, 이어 5월 16일 전국대학학생회장단은 이화여대에서 회의를 열어 새로운 투쟁방법을 협의키로 하였는데 앞으로 학원시위가 확산될 것이 전망됩니다.

〈김대중〉

과도정부의 실권을 잡고 있는 유신잔당들이 민주화에 역행하여 정권을 계속 잡으려는 음모를 하고 있는 것 같다. 민주화운동을 하자는 것은 반독재 민주회복을 실현하는데 그 목적이 있겠지만 궁극적으로 반민주유신 세력들의 음모를 분쇄한 다음 민주정부를 수립하는 데 있다. 서울대, 연대, 고대 등 명문대학의 동정을 잘 살펴보라.

〈장기표〉

각 대학은 일정한 날을 정하여 동시에 각목과 화염병을 사용한 폭력시위를 과격하게 벌여 저지하는 과정에서의 희생을 각오하면서 민중의 호응을 얻어 정부 중요부서를 점령하게 되면 4.19와 같은 무정부상태가 되는 데 이를 계기로 민주세력의 구심인물인 김대중 선생을 사태수습인물로 내세워 학생과 민중을 설득하면 정권장악이 가능하고 사후 수습으로서 민주제도연구소를 주축으로 과도정부를 이끌면 차기 정권까지 잡을 수 있습니다. 저는 심재권과 함께 각 대학 학생회장단에 영향력이 있는 복학생들을 규합, 학생폭력시위를 주도하겠으니, 선생께서는 이문영에게 과도정부구상을 미리 해 두시기 바랍니다.

〈김대중〉

알았다.

한편 고대 총학생회는 5월 13~15일까지 '민주화2차대행진' 기간으로 정하고 철야시위를 벌이기로 했고, 연대는 5월 12~14일까지 철야토론회를 열기로 했다. 건대, 경상대, 이대, 숙대, 성신여대 등에서 교내시위가 있었다. 5월 13일, 고대학생회관에서 33개 대학으로 확대된 전국총학생회장단회의가 열려 5월 13일 밤 11:00시부터 14일 새벽 05:00시까지 6시간에 걸쳐 대정부투쟁방향과 방법을 논의했다. 결정된 투쟁방법은 폭력투쟁이었다. 서울대 4,000여 명이 '민주화총회'를 열고 비상계엄 즉시해제 등 5개항의 결의문을 채택하고, "조국의 현실은 우리들의 피와 땀과 용기 그리고 불굴의 의지와 정열을 부르고 있다"며 강력한 대정부투쟁을 다짐했다. 고대 7,000여 명, 건대 1,000여 명, 명지대 1,000여 명, 등 4개 대학에서 3만여 명이 유신잔당 퇴진, 계엄해제 등을 주장하면서 농성을 벌였고, 연대 등 6개 대학 학생 2,500여 명이 광화문 일대에서 밤 10시까지 야간시위를 벌였다. 이와는 별도로 전국 33개 대학으로 구성된 "전국총학생회장단회의"가 고대학생회관에서 밤 11시부터 새벽 5시까지 6시간 동안 열려 대정부투쟁 방법을 논의했다. 그 결과 5월 14일부터 서울 및 지방의 대학이 일제히 반정부 시위를 전개하기로 결정했고, 시위의 이슈도 계엄해제, 신현확 내각 퇴진, 정부주도의 헌법개정 중지 등을 내세우는 등 학생시위를 정치 및 폭력시위로 변질시키는 중대한 결정을 했다. 학생들의 이런 요구는 국민연합의 주장을 정확히 그대로 담은 것이었다.

위 결정에 따라 5월 14일에는 전국규모의 시가지 폭력시위가 일어났다. 서울에서는 27개 대학 7만 2천여 명의 학생들이 오전 10:00시부터 종로, 광화문, 남대문, 서울역, 영등포역 등 도심지에 집결하여 계엄철폐, 신현확내각 퇴진 등을 외치며 돌과 화염병을 가지고 경찰을 공격했다. 이런 폭력사태는 야간에도 이어져 고대,

이대 등 7개 대학이 철야 횃불시위를 벌였다. 이로써 서울 전역이 치안마비 상태에 빠졌다. 부산, 대구, 경주, 광주, 전주. 이리, 대전, 공주, 수원, 청주 등 10개 지방, 11개 대학에서도 가두시위를 벌였다. 파출소 3동이 전소되었고, 경찰차량 7대가 전소되었으며, 경찰장비 192점이 파괴되고, 경찰관 233명이 부상을 입었다. 이날의 시위는 그 규모가 전국적이었고, 시위 양상이 경찰력을 선제공격하는 난폭성을 보임으로써 경찰력으로는 도저히 막을 수 없는 지경에까지 이르렀다. 이에 김종환 내무장관은 신현확 총리에게 경찰력만으로는 서울 시내 일원의 학생시위에 대처할 수 없으니 군병력을 투입해 달라 건의했고, 이희성 계엄사령관에게 군이 주요시설에 대한 경계를 맡아 줄 것을 요청했다. 전국규모의 시가지 폭력시위가 일어나자 국민연합은 김녹영 통일당 총재권한대행으로 하여금 "학생의 소리는 국민의 소리요, 민주의 소리다. 학생들의 주장은 정당하며 정부가 그 주장을 받아들이지 않을 경우 준엄한 역사의 심판을 면치 못할 것이다"라는 요지의 성명을 발표케 하여 학생시위를 더욱 부추기고 선동했다.

5월 15일은 심재철-유시민의 서울역 집회로 대표되는 날이다. 전국 80여개 대학, 10만여 명의 학생들이 신현확내각 퇴진, 계엄해제 등 국민연합이 내건 요구조건들을 외치며 유례 없는 대규모 시위를 벌였다. 37개 대학 7만여 명의 학생이 14:00시를 기해 일제히 행동을 개시했으며 그 수는 순식간에 10만명으로 불어났다. 경찰차량 3대를 방화했고, 민간차량 4대를 탈취하여 경찰대열에 돌진함으

5월 15일 서울역 시위

로서 경찰관 1명이 현장에서 사망하고, 3명이 중상을 입었다. 남대문 일대에서는 민간차량 4대를 빼앗아 차량시위를 벌였다. 수적 열세에 몰린 경찰은 오직 청와대 하나만을 지키기 위해 청와대로 배치됐고, 서울시내는 완전히 치안공백 상태가 되었다. 지방에서도 인하대, 충북대, 전북대, 전남대, 조선대 등 4만여 명이 역전, 시청, 도청 광장에 모여 시위를 벌였다. 이 날 전국적으로 경찰관 113명이 부상을 입었고, 경찰차 1대가 전소되었고, 차량 7대를 포함하여 경찰장비 178점이 파손됐다.

5월 15일 오후 7시 50분, 위기감에 휩싸인 신현확 국무총리가 특별담화를 발표했다. 늦어도 연말까지 개헌안을 확정하고, 내년 상반기에 양대 선거를 실시, 정권을 이양하겠다는 약속을 추호도 변동 없이 지켜가고 있으며, 정치일정도 최대한 단축하고, 계엄령도 사회가 안정되는 즉시 해제할 것이니, 학생들은 정부의 약속을 믿고 자숙하고 자제해 줄 것을 당부한 것이다. 5월 16일, 대규모의 극렬 폭력시위 3일째 되는 날이었다. 고대생 1,500여 명이 '5·16 장례식'을 열고, '5·16 잔당 사형선고'를 한다며 상여를 메고 시위를 벌였다. 서울 15,000여 명, 지방 15,000여 명이 가두시위를 벌였다. 이처럼 대규모의 폭력시위가 전국적으로 확대하자 이에 크게 고무된 국민연합은 5월 16일, "제2차민주화촉진국민선언문"을 발표했다. "5월 7일자 제1차민주화촉진국민선언문에서 요구한 비상계엄의 즉각 해제, 신현확내각의 즉각퇴진, 정치범의 전원석방 및 복권, 언론의 자유보장, 유정회, 통일주체국민회의와 정부 개헌심의위원회의 즉각 해체 등에 대하여 5월 19일 10시까지 정부가 명확한 답변을 할 것을 요구"하고, 이 요구가 관철되지 아니하면 5월 22일 정오를 기해 대정부투쟁에 돌입할 것을 선언했다. 여기에서 김대중은 또 반정부 투쟁 방침을 명확하게 선언했다.

민주 애국시민은 유신체제를 종결짓는 민주투쟁에 동참하는 의사표시로 검은 리본을 가슴에 단다. 비상계엄은 무효이므로 국군은 비상계엄령에 의거한 일체의 지시에 복종하지 말 것이며, 언론은 검열과 통제를 거부하고, 전 국민은 민주화투쟁을 용감히 전개한다. 정당, 사회단체, 종교단체, 노동자, 농민, 학생, 공무원, 중소상인, 민주애국시민은 5월 22일 정오에, 서울은 장충단 공원, 지방은 시청 앞 광장에서 민주화촉진국민대회를 개최한다.

김대중은 문익환, 심재권을 시켜 이 선언문을 30부씩 복사하고, 이를 각 언론사들과 서울 주요대학들에 배포하여 반정부 활동을 선동하도록 했다. 이날 오후 5:40분경, 전국 44개 대학총학생회장단이 이화여대에서 연합회의를 열었다. 이들은 "비상계엄을 5월 22일까지 해제하라, 과도정부는 민주적 정부에 연내에 정권을 이양하고 정치일정을 5월 22일까지 밝혀라, 모든 양심범을 즉각 석방하라"고 위의 국민연합 선언내용을 반복하였고, 5월 22일에 국민연합과 행동을 같이 할 것을 결의했다. 경인지구 15개 전문대학들도 경기공업전문대학에서 회동을 갖고 이에 가세했다.

혼란 정국으로 치닫는 이 폭력사태를 방치할 경우 국가 전체가 무정부상태가 되고, 급기야는 국민연합이 의도한대로 국가가 전복될 것이라는 예측이 충분히 가능한 상황이었던 것이다. 학생들이 대형차로 경찰을 깔아 죽이고, 수백 명의 경찰들을 부상 입혔지만 이때까지 학생들의 피해는 상대적으로 미미했다. 학생들이 일방적으로 지배하는 무법천지였던 것이다. 한국이 무정부상태로 치닫는 것은 남침을 위한 결정적 기회였다. 남침을 위해 사회 혼란을 배후 조종해왔던 북한 앞에서 국가가 파괴당하고 사회 질서가 붕괴되어 무법천지로 달리고 있던 1980년 5월을 놓고 386민주화 세력들은 지금도 '민주화의 봄'이었다고 부르지만 국가를 지켜야 했던 사람들에겐 절체절명의 위기로 인식됐다. 화염병이 대규모로 제작되었고, 각이 진 돌과 각목이 시가지를 파괴하고 경찰이 일방적으로 피해를 당하는 그야말로 무법천지가 됐고, 경찰에겐 이들을 제지할 능력이 더 이상 없었다.

'국민연합'에 의한 5월 16일의 '제2차 민주화촉진국민선언문'은 5월 22일을 기해 국가를 전복시키겠다는 선전포고였다. 이는 대규모 폭력시위의 기세를 믿고, 과도정부를 얕잡아 보면서 협박성 선전포고를 한 것으로 이해됐다. 당시 수세에 몰렸던 과도정부로서는 그야말로 일대 위기가 아닐 수 없었다. 정국은 정부가 붕괴하느냐,

김대중이 붕괴하느냐에 대한 최후의 결전장을 향해 치닫고 있었다. 학생시위에 병행하여 일부 교수들이 부화뇌동하면서 시위를 부추겼다. 1980년 4월 26일, 서울의대에서 일부 교수들이 재경교수단 명의로 "대학족벌체제타파" "교수회의 부활과 민주화 회복" "군사교육제도 개선" 등을 내용으로 하는 "교수선언문"을 발표했다. 이것을 계기로 5월 7일에는 연대와 외대, 5월 9일에는 중앙대 교수들이 시국선언을 했다.

7 | 학생시위 폭력화의 실체

학생시위는 박정희 정권의 긴급조치 위반 등으로 제적됐던 이른바 문제 학생들이 복학함으로써 체계적으로 조직화되기 시작했다. 10·26 이후 전국을 휩쓴 민주화 분위기에 편승하여 학원가에도 '학원자율화' 바람이 일었다. 초기에 학생들은 학내문제에 국한하는 매우 온건한 주장들을 내놓았다. 이렇게 온건했던 학생운동을 과격하게 변질시킨 요인으로는 이른바 문제 학생들의 복학, 총학생회의 탄생, 그리고 일부 정치인의 선동을 들 수 있다.

1980년 신학기에 들면서 최규하 정부는 시국사범으로 제적되었던 문제 학생들에 대해 전격적인 복학을 허용했다. 이들은 학교에 등교하자마자 또 문제를 일으켰다. "학원민주화추진위원회"와 같은 불법조직을 만들어 "학도호국단의 폐지" "학생회 부활" 등을 주장하는 교내시위를 주도한 것이다. 순박한 최규하 정부는 복학생들의 요구를 여과 없이 수용했다. 학원자율화를 수용하고, 학생회를 공식적으로 인정하고, 학교재단의 비리도 척결하는 등 과감한 개혁을 단행한 것이다. 이렇게 자유화된 학생회는 결국 복학생들의 영향권으로 흡수되고 말았다. 병영집체훈련을 거부하고 재야정치인을 초대하여 정치 집회를 하는 등 궤도를 일탈하는 행동을 보인 것이다. 병영집체훈련이란 유신 말기 1학년 남학생들을 대상으로 연간 10일씩 군대 안에서 받도록 했던 훈련을 말한다. 이런 일탈행위들이 소위 "학원민주화운동"의 문화였던 것이다. 이들 학생회는 그들의 노선에 반대하는 교수들을 어용교수로 몰아 폭행하고 학교 시설을 점령하여 농성하면서 도저히 수용할 수 없는 부당한 요구들을 내놓기 시작했다. 복학생들에 의한 의식화의 산물이었던 것이다.

8 | 노동자 폭동의 기승

학생시위에 더해 노동 시위도 극성이었다. 1980년 1월 9일, 청계피복노동조합이 임금인상을 요구하는 농성투쟁을 벌였고, 이를 신호로 하여 4월 29일까지 5개월간 전국적으로 719건의 노사분규가 발생했다. 이는 1979년 12개월에 걸쳐 발생했던 노사분규 수의 7배에 달하는 것이었다. 1980년 4월 17일, 강원도 동원탄좌 사북영업

소 광부 1,000여 명은 노조지부장이
체결한 20% 임금인상안이 잘못됐다
며 이원갑(38)과 신 경 등이 주축이
되어 노조지부장 부인 김순이(38)를
나체로 정문 기둥에 묶어 놓고 47시
간 동안이나 린치를 가하는 등의 난
동을 부렸다. 보도에 의하면 광부들
은 김순이의 옷을 벗긴 후 기둥에 전
깃줄로 묶고 성폭행까지 하면서 음
부에 '난행'을 저지르기까지 했다

한다. 4월 21일부터 3일간 광부들의 부인까지 동원한 3,500여 명의
시위대가 곡괭이, 파이프 등을 가지고 광업소, 경찰지서, 기차역,
도로를 점거함으로서 사북일대가 완전 무법천지로 변했다. 이런 폭
동사태는 계엄군 11공수여단을 투입함으로써 4월 24일 진압됐다.
여기에서 경찰 1명이 사망했고 70명이 부상을 입었으며 22억 원의
재산피해가 발생했다. 이러한 사건을 놓고 2005년 '민주화보상심
의위원회'는 이원갑과 신 경을 민주화운동 관련자로 인정했고, 과
거사위('진실·화해를 위한 과거사정리위원회')는 2008년에 국가
가 광부들에게 공식 사과할 것을 권고했다. 린치를 가하고 여성에
게 성폭력을 가하고, 여성의 음부에 난행을 가하고, 4일간에 걸쳐
사북일대를 치안공백사태로 몰고 갔던 폭력집단에게 국가가 사과
해야 한다는 권고를 다른 존재도 아닌 국가기관이 내놓는 세상이
된 것이다.

이후부터 노사분규가 전국 규모로 확산되었고, 4월 25일부터 20일 동안에는 무려 987건의 노사분규가 발생했다. 이들의 구호 역시 단순한 노사문제에 대한 구호가 아니라, "죽기 아니면 살기다" "계엄령을 해제하라" "배고파 못 살겠다", "같이 살고 같이 죽자"는 정치적 구호로 변질됐다. 이러한 노사분규 역시 재야세력에 의한 선동의 결과이며, 재야세력의 프락치가 배후조종했다는 것을 아주 짙게 시사한다. 이 뿐만 아니다. 김일성은 1980년 5월, 3호청사 부장회의에서 간첩들에게 사북사태가 전국적으로 확산되도록 전국적 봉기(전민봉기)를 유도하라는 비밀지시를 내렸다. 1970~80년대에 걸쳐 수많은 기업을 파산 상태로 내몰면서 재야 세력의 폭력 전사로 역할 해왔던 반국가적 노동운동, 그 실상에 대해 잠시 상기해 보도록 하자.

9 | 노동폭력의 실체

한국 노동운동은 목사집단인 '도산'(한국도시산업선교연합회)으로부터 출발했다. 1964년 3월, 혁신계 목사 300명이 '도산'을 구성하여 도시 산업근로자에 대한 선교를 한다는 구실로 성경 교리를 소위 '해방신학', '민중신학'이라는 이름으로 포장하여 근로자들을 의식화시키고 선동하여 노사분규를 연출하기 시작했다. 이 중심에는 강원용 목사가 있었다. 1969년 9월 제일물산, 1972년 3월 동일방적, 1977년 5월 남영나일론, 1979년 8월 YH, 1980년 4월 '반도상사' 등에 대한 분규들이 대표적인 사례들로 꼽힌다. 이를 배후 조종한 사람들은 지금도 재야의 거물들로 자리잡고 있다. "도산이 오면 기업이 도산한다" 대다수의 경제인들은 도시산업선교회에 대한 노이로제를 이렇게 표현했다. 박정희 정부가 칼을 빼들자 이들은 지하로 잠수했다. 1976년 11월, 영등포에서 '사회선교협의회'가 결성됐고, 이를 중심으로 제조업체에 지하조직을 은밀한 방법으로 심기 시작했다. 1981년 말에는 경기지역에 비밀 지하 교육기관인 '다락원'을 설치하여 위장취업자들에게 4개월 코스로 합숙훈련을 시키면서 소위 '도산이론'을 무장시켜 주었다. 1개기에 30~40명, 1982년 말까지 1년간 배출된 200여 명의 전문세포들은 구로, 인천, 부천, 성남 지역의 문제 많은 기업체로부터 '위장취업'을 하기 시작했다.

위장취업자들은 선량한 근로자들을 끈질기게 포섭하고 선동하여 '기존의 노조'를 '어용노조'로 몰아붙이고 '민주노조'라는 이름을 내세우면서 수많은 직장을 폐쇄시키는 데 성공했다. 이 과정에서 선량하고 순진한 노동자들이 소모품으로 희생됐으며 심지어는 '인간불화살'의 신화를 만들어 내는 데 제물로 이용됐다. 핵심세포들에 의해 포섭·훈련된 급진 노동 해방군은 1983~88년 간 2,696명에 이르렀다. 이들은 80년대 후반을 민주화가 꽃피는 시대, '혁명'을 실천할 결정적인 시기라고 판단하여 노동자들을 혁명의 주력군으로 전력화하는데 열을 올렸다. 근로조건 향상, 임금인상 등 순수한 노동운동을 목적으로 하는 기존의 노조를 어용노조로 매도하면서 '노동자가 주인이 되는 세상'을 만들자며 사용자를 적으로 규정하고 사장실을 점거하여 협박, 린치, 파괴, 방화하고 분신자살자를 만들어 내는 등 온갖 불법 투쟁을 연출해 냈다. 학생을 선봉대로 하고, 노동자 및 농민을 전투조직으로 하는 연대투쟁을 통해 수많은 기업을 무너트렸지만, 당시 국민들은 이를 군사정권에 항거하는 민주화운동이라는 차원에서 이해하고 별다른 의미를 부여하지 않았다.

'민주노조'는 임금인상이나 근로조건 개선 같은 것을 추구하는 것이 아니라 자본가를 몰아내고 노동자에 의한 기업지배를 목표로 했다. 한 발 더 나아가 이들은 '통일노동'을 내세워 반미·친북 노선을 선포하면서 386정치세력과 연대하여 기업과 대한민국을 전복하려고 총력을 기울였다. 오늘날 한나라당 윤리위원장을 역임했던 인명진 목사는 당시 영등포 도산에서 위장 취업자를 양성하고, YH사건을 현장 지휘했던 혐의로 감옥을 갔던 사람이며, 손학규와 경기지사 김문수 역시 대학생 신분의 위장 취업자였다. 위장 취업 제1기생인 손학규는 2006년 11월 24일 한국발전연구원에서 이런 강연을 했다.

저는 실제로 대학을 졸업하면서 취직을 할 생각은 하지 않고, 소설가 황석영씨와 같이 구로동 수출공단에 들어가서 일을 했습니다. 제가 거기에 취직을 하려고 들어간 것이 아닙니다. 어떻게 노동자들을 조직해서

이 사회를 뒤엎을까 하는 생각만 했습니다. 공장에 취직해서 다니다가 친구에게 들킬 형편이 되어서 다른 공장을 찾고 있던 중에 박형규 목사님께서 노동운동보다 더 중요한 것이 빈민운동이라고 해서 청계천 판자촌에 가서 살았습니다. 지금 뉴라이트의 기수가 되어 있는 김진홍 목사님도 같이 일을 했습니다.

이들 대학생 위장취업자들의 세뇌공작에 의해 순진했던 노동자들이 섬뜩한 구호를 외치기 시작했다.

노동자와 사용자는 공존관계가 아니라 적대관계다.
사용자를 폭력으로 타도하고, 계급해방(노동해방)을 이룩하자.
사용자는 쓸어버려야 할 한 줌의 적이다. 항복하느니 차라리 죽자.
구걸하여 얻느니 싸워서 빼앗자.

위장 취업자들은 순진하고 어린 노동자에게 처음부터 자본론이니, 계급투쟁론이니, 민중운동사니 이런 어려운 것을 가르치는 것이 아니라, 감상적이고 정열적인 그래서 20대의 노동자이면 누구든지 공감하기 쉬운 감성적인 내용을 가지고 입맛을 들이게 했다. 현장 근로자들의 불평과 불만을 수집·정리하고 기업주와 기존의 순수한 노조집행부의 약점을 세밀하게 분석하여 공분을 갖도록 했다. 1970년 11월 13일, 이들은 아무 것도 모르는 22세의 한 가난한 노동자 전태일을 희생양으로 삼아 분신케 한 후, 그의 죽음을 최대한 활용했다. "전태일 수기"를 제작하여 전태일을 노동계의 영웅으로 미화시킨 후, 이를 교육 자료로 활용함과 동시에 일반 국민에게는 군부독재에 대한 비인간성을 부각시키는 데 활용했다. 1976년 4월, 대남공작원들에게 내린 김일성 비밀교시에는 이런 내용이 있다.

전태일의 분신자살! 이것이 얼마나 좋은 선동 자료입니까? 물론 청계천 피복노동조합이라는 것이 보잘 것 없는 조직이지만 우리는 이 사건을 계기로 전태일을 영웅으로 만들고 추모사업회도 만들면서 대대적으로 선전해야 합니다. 그래야 남조선 노동자들이 조직적으로 더 단결할 수 있고, 그의 죽음을 헛되이 여기지 않고 그 정신을 본받게 됩니다.

청계천의 길이는 5.8㎞, 가장 중심이라 할 수 있는 평화시장 근방 700여 m 구간에는 지금도 '전태일 거리'가 화려한 동판과 조각들로 장식돼 있고, 전태일 동상도 건립돼 있다. 파괴될 대로 파괴된 채 흙에 처박혀 천대받고 있는 이승만 대통령과 박정희 대통령의 동상과 비교가 되는 것이다. "위인 전태일"에 대한 책들도 많이 나와 있다. 1969~1970년에 평화시장에 있었던 재봉일은 당시의 상황으로서는 가장 안전하고 편한 직종에 속했다. 1990년까지도 구리시에는 원진레이온이 있었고 거기에서 일 한 사람들은 뼈가 녹고 살이 썩었다. 탄광에서 일하는 사람들은 또 어떠했으며 국가를 위해 싸우다 고엽제에 노출되어 처참하게 죽어간 장병들은 또 누구인가? 이 모든 사람들 중에서 오직 전태일만이 영웅이요 열사라는 것에 대해 우리는 생각해야 할 것이다. 전태일 외에도 '난장이가 쏘아

올린 작은 공', '노동의 새벽', '우리들 가진 것 비록 적어도', '빼앗긴 일터' 등 노동자의 삶을 비참하고 절망적인 내용으로 노래한 소설, 수기, 시 등을 읽게 하여 사회에 대한 적개심을 키우고 투쟁의 눈을 뜨게 한 다음, 서서히 근로기준법, 노동조합관계법 등 실제적인 문제에 관심을 갖도록 했다. 이렇게 해서 어제까지도 "열심히 일하고 알뜰히 생활해야 한다"는 생각을 가지고 있던 순진한 근로자들이 "1,000만 노동형제의 해방을 위해 이 한 몸 바치는 노동전사"로 둔갑했다. 마치 자기가 새로운 세상을 건설해야 하는 영웅이라도 되는 것 같은 착각을 갖게 되는 것이다.

순진하고 못 배운 젊은 근로자들에게는 소영웅심을 불러일으키고, 일반 대중에게는 자본가들에 대한 적개심을 불러 일으켜 투쟁의 정당성에 대한 지지를 얻기 위해 위장취업자들은 순진무구한 근로자를 골라 "인간 불화살의 투사"로 만들었다. 풍물패를 동원하거나 중요한 소식이 있다는 등의 기회를 만들어 사람들을 불러 모아 몇 명의 몸에 신나나 휘발유를 뿌리고 칼을 높이 들게 하여 비장한 분위기를 연출해 낸 후, "개, 돼지로 사느니 차라리 죽자", "내 한 몸 불살라 천만 노동형제를 해방시키자" 등 끔찍한 구호를 외치게 했다. 그리고 소매치기꾼들이 하듯이 사람들의 눈을 어지럽게 한 후 누군가가 성냥불을 그어 던졌다. 바로 이것이 인간 불화살인 것이다. 1970~80년대에 발생한 인간 불화살이 된 노동자는 17명, 그 중 전태일이 제1호인 것이다. 이 17명의 불화살 중에는 위장 취업한 대학생은 단 한명도 없다. 모두가 위장 취업한 대학생들이 점찍은 가난하고 순진한 노동자들이었다. 결국 분신한 노동자들은 꼬임에 빠진 희생양들이라 할 수 있다. 노무현 역시 이런 노동운동계와 한 편이었다. 1988년 7월 8일 그는 국회 대정부 질문의 기회를 이용하여 이렇게 말했다.

만일 그들(노동자, 농민, 도시서민)의 고통이 돈과 힘을 한 손에 모아 쥔 소수 특권 계급의 착취와 억압에 기인된 것이라면 그들은 착취와 억압에서 해방돼야 합니다. … 지금 우리 경제는 근본적인 개혁 없이는 경제 민주화가 불가능한 상태에 있다고 보지 않으십니까. … 재벌은 해체돼야 합니다. 재벌 총수와 그 일족이 독점하고 있는 주식을 정부가 매수해 노동자에게 분배합시다. 매수와 분배 모두 20년 거치 20년 분할 상환 정도면 노동자들도 충분히 감당할 수 있습니다. 집 없는 서민들, 중소상공인, 농민들을 위해 부채 탕감과 아울러 토지도 모두 같은 방법으로 분배합시다. … 지금 제가 하는 주장은 공연히 한번 해 보는 소리가 아닙니다.

1988년 12월 26일 그는 현대중공업 파업현장에 가서 "법은 정당할 때 지키고 정당하지 않을 때는 지키지 않아야 한다"고 말했다. 1990년 5월 4일 현대중공업의 총파업 현장에 국회의원 자격으로 분규를 해결한다며 내려가 다음과 같은 말로 노동자들을 선동하였다.

노동자가 하루 놀면 온 세상이 멈춥니다. 그 잘났다는 대학교수. 국회의원. 사장님 전부가 뱃놀이 갔다가 물에 풍덩 빠져 죽으면, 노동자들이 어떻게 세상을 꾸려 나갈 것입니다. 그렇지만 어느 날 노동자가 모두 염병을 해서 자빠져 버리면 우리 사회는 그 날로 끝입니다. 그럼에도 불구하고 법률. 경제. 사회관계 등 모든 것을 만들 때 여러분이 만듭니까. 아닙니다. 이제 여러분의 대표가 이런 것을 만들어야 합니다. 그게 바로 오늘 한국의 노동자가 말하는 노동자가 주인이 되는 세상입니다. 그런 사회를 위해 우리 다 함께 노력합시다. 여러분!

10 | 최규하 정부의 대응

5월의 어지러운 시국은 김대중이 만들어낸 시국이었다. 김대중의 파행적 정국 장악력이 날로 고조돼 가는 가운데 정부도 부산하게 움직였다. 1980년 4월 14일, 최규하 대통령은 "최근의 내외정세에 관한 대통령 담화문"을 발표했다.

이란 인질사태, 북한의 도발 책동 등 내외정세가 어려운 이 때 우리 사회 일부에서 시국의 중대성을 생각함 없이 국민단합을 저해하는 언동을 하는가 하면, 일부 대학가에서 대학 군사교육을 거부하는 등 소란이 계속되어 사회질서가 교란되고 있는 것은 매우 유감입니다. 우리 국민 모두가 애국적 견지에서 자제와 화합으로 대동단결하여 국가적 시련을 극복해 나갈 것을 당부합니다.

안에서는 상황이 몹시 어지럽게 돌아가고 밖에서는 북한의 위협이 고조되는 가운데 최규하 대통령은 10·26 이후 기능 수행이 불가능했던 중앙정보부의 기능을 정상화시켜야 한다는 판단아래 4월 14일, 전두환을 중앙정보부장서리로 임명했다. 이 때를 항간에서는 안개정국이라 불렀다. 1980년 4월 23일, 최규하 대통령의 지시로 신현확 총리가 대책회의를 주재했다. 이한빈 부총리, 박동진 외무, 김종환 내무, 백상기 법무, 주영복 국방, 김옥길 문교, 이희성 계엄사령관이 참석한 대책회의에서 학원 및 노조의 과격한 행동에 대해 단호하게 대처할 것을 결정했다. 1980년 4월 27일, 최규하 대통령은 이원홍 수석을 시위 현장에 보내 시위 상황을 직접 보고받은 후, 계엄사령관에게 극렬하게 전개되는 학원소요 및 노사분규에 대해 강력히 대처하라는 지시를 내렸다. 1980년 5월 10일, 김옥길 문교장관, 전국 85개 대학 총장 및 학장 회의를 소집하여 학생시위가 도를 넘었다는 사례들을 지적하고, 학칙을 단호하게 적용하고 범법자를 입건한다는 정부시책을 전달했다. 1980년 5월 14일, 신현확 국무총리는 서울대, 연세대, 교대, 이대 총장들과 회동하여 총장들이 학원소요를 수습하는데 최선을 다해 달라고 호소했다. 1980년 5월 15일, 서울역 시위에 의해 서울 일원이 무법천지가 되자 신현확 총리가 다급한 호소문을 발표했다.

일부 학생들의 집단 가두시위로 치안이 마비상태에 빠져 틈만 있으면 무력 등 온갖 방법으로 적화통일하겠다는 야욕을 버리지 않고 있는 북한이 가만히 보고만 있지는 않을 것입니다 … 사회의 안녕질서가 파괴되고 혼란이 생겨 국가안보가 위태로워지고 경제파탄이 온다면 국민 모두가 바라는 민주발전에 무슨 도움이 되겠습니까?

11 | 계엄사의 대응

계엄사도 빠르게 움직였다. 1980년 4월초, 치안본부는 계엄위원회에 무정부 상태에 대한 통계를 보고했다. 1980년 1월부터 3월까지 발생한 범죄에 대한 통계였다. 살인이 64.3% 급증했고, 강도가 113.9%, 폭력이 20.1%, 절도가 21.4%, 밀수가 122.6% 급증했다는 내용이었다. 이에 서정화 내무장관은 "강력범들에 대해서는 사회복귀가 불가능하도록 강제노동이나 강제수용 등의 특별관리가 필요하니, 계엄당국이 이를 뒷받침해 주었으면 좋겠다"는 건의를 했다. 이는 삼청교육대의 필요성을 암시하는 것이었다. 이에 대학세력과 노동세력의 폭력시위가 연일 끝 간 데 없이 치닫고 있어 종교계, 경제계, 언론계 등에서 파국적 난국을 하루 빨리 수습해 달라는 요구가 빗발쳤다. 난동꾼들이 설쳐대는 무정부 상태였던 것이다.

4월 27일, 이희성 계엄사령관은 최규하 대통령으로부터 학원 소요사태에 강력하게 대응하라는 명령을 받았다. 이에 이희성은 4월 30일, 전국계엄지휘관회의를 열어 학원·노조의 난동이 법치주의의 한계를 넘은 것이므로 단호하게 대처할 것을 지시했다. 5분대기조 편성, 진압훈련 등 소요사태 대비훈련도 강화하라고 지시했다. 5월 3일, 특전사 9여단이 수도군단에 배속됐다. 5월 7일, 특전사 13공수여단이 서울 거여동으로 이동했다. 5월 8일, 11공수여단(강원도 오음리)이 김포로 이동 배치됐다(육본작명 제12-80호, 13-80호). 같은 날, 계엄사령관은 각 광역별 계엄분소에 지역기관장 및 교육감, 대학총장 등으로 구성된 '학원사태수습대책협의회'를 운영할 것을 지시했다. 5월 13일, 계엄사령관은 김재명 작전교육참모부장을 '소요사태대책본부장'으로 임명했다. 한편 국방부장관은 전군에 대간첩작전태세 강화 지시를 내렸고, 5월 15일에는 간첩침투가 예상되는 152개 취약도서에 일제히 수색작전을 실시했다. 5월 14일, 내무장관이 신현확 총리에게 당시 전국적으로 확산되고 있는 대규모 학원소요에 대해서는 경찰병력으로는 진압이 불가하니 계엄군의 출동이 요청된다고 보고함과 아울러 이희성 계엄사령관에게도 계엄군의 출동을 요청했다. 이에 계엄사령관은 정호용 특전사령관에게 특전사 6개 여단을 소요사태 진압에 투입할 수 있도록 준비하라고 지시했다(작전 제0-203호).

1980년 5월 15일, 주영복 국방장관과 김종환 내무장관이 함께 헬기를 타고 서울 시내 시위상황을 직접 점검했다. 서울역 시위가 대단해 보였을 것이다. 헬기를 타고 시위현장을 직접 둘러 본 국방장관은 즉각 20사단 3개 연대를 잠실종합운동장과 효창운동장에 출동시키라는 명령을 내렸다. 서울역 10만 시위대를 지휘했던 심재철이 왜 갑자기 청와대 진입을 포기하고 회군을 했느냐에 대해 민주화세력들은 참으로 아쉬워하면서 이를 미스터리로 여기고 있다. 아마도 계엄군에 내린 출동지시가 즉각적으로 새어나갔기 때문이 아니었을까 하는 생각이 든다. 5월 16일 밤 10:30분, 최규하 대통령이 중동으로부터 급거 귀국했다. 당시 최규하 대통령은 오일쇼크로 인한 심각한 유류부족 현상이 발생하자 이를 타개하기 위해 5월 10일, 중동 순방길에 올랐지만, 5월 14일부터 소요사태가 심각해지자 에너지 외교를 중간에 포기하고 급거 귀국한 것이다. 신현확 총리를 위시하여, 김종환 내무, 백상기 법무, 주영복 국방, 이희성 계엄사령관, 전두환 중정부장서리 등으로부터 상황을 보고받고 나서 대통령은 숙연한 말을 했다. "외국에 나가보니 국내가 시끄러워 창피한 마음이 들었다. 이 나라를 후손들에게 제대로 물려줄 수 있을지 걱정이 된다." 5월 18일, 수경사 헌병단, 30단, 33단 병력 670명과 전차 8대, 장갑차 22대가 청와대 특정구역을 경계하기 시작했고, 1, 2, 3군 지역 내에 있는 71개 방송국 및 중계소에 1,067명의 계엄군을 투입시켜 경계하기 시작했다.

12 | 보안사의 대응

5월 10일, 중앙정보부장서리인 전두환은 일본으로부터 남침에 대한 구체적인 첩보를 접수했다. 10·26 사건의 처리과정에서 나타났듯이 당시 국가에는 전두환 말고는 위기에 대처하기 위해 적극 나서는 사람들이 없었다. 같은 날 전두환은 이학봉 수사국장을 불러 학원 소요 대응방안을 검토하라 지시했다. 5월 12일, 이학봉 수사국장은 전두환 중정부장서리에게 학원시위를 근절하려면 배후조종자에 대한 사법처리가 불가피하다는 방침과 사법처리 대상자 명단을 보고했다. 국민연합, 민주청년협의회(복학생), 전국총학생회장단 핵심간부들이었다. 학생시위의 명분 중 하나였던 이후락과 같은 유신 부정축재자를 포함 150여 명이 체포 대상에 올랐다. 한편, 이학봉 수사국장과는 별도로 권정달 정보처장은 "물계엄"으로 빈축을 사던 지리멸렬한 지역비상계엄을 전국비상계엄으로 확대하여 비상계엄의 권위와 효과를 높이기 위해 국정에 어두운 대통령 밑에 특별자문보좌기구(국보위)를 설치함으로써 대통령이 직접 계엄업무를 강력하게 집행할 필요가 있다고 보고했다. 재야단체와 어울려 반정부 성향을 보이는 국회를 해산하고, 새로운 국회를 구성하여 헌법을 개정하는 등 어지러운 정치적 현안들을 풀어가자는 방안도 보고했다.

5월 13일, 이학봉은 권정달 정보처장으로부터 관련 자료를 협조받아 검거대상을 두 가지로 분류했다. 소요 배후조종자를 '국기문란자'로, 부정부패자를 '권력형 부정축재자'로 정리하여 5월 15일, 그 명단을 전두환에 보고했다. 5월 16일, 전두환은 이학봉 수사국장으로 하여금 이희성 계엄사령관과 주영복 국방장관에게 국기문란사건과 권력형 부정축재자 수사계획을 보고하도록 했고, 보고를 받은 이희성은 그 중 한 사람을 체포명단에서 제외시켰다. 5월 17

일, 오전, 합수부는 이희성 사령관에게 김대중, 김동길, 김종필, 이후락, 박종규, 김치열 등을 체포하여 조사하겠다는 보고를 했고, 동일 오전 10:00시, 전두환은 이른바 시국수습 방안을 보고하기 위해 이학봉과 함께 청와대에 도착했다. 이른바 시국수습 방안에는 비상계엄전국확대, 국회 해산, 국보위 설치 등으로 구성돼 있었다. 최규하 대통령은 국회 해산에 대해서는 부결했고, 국보위 설치에 대해서는 취지에는 동감하나 내각과의 관계를 고려하여 관계기관의 의견을 들은 후에 결정하겠다고 말했다. 하지만 대통령은 비상계엄전국확대에 대해서는 쾌히 승낙했고, 국기문란자와 권력형 부정축재자에 대한 수사는 즉시 시작하라고 지시했다. 당일인 5월 17일 오후 7시경, 최규하는 전두환을 불러 권력형 부정축재자중에서 1명의 삭제를 지시했다. 이른바 빽을 써준 것이다. 이어서 대통령은 5월 19일, 전두환에게 국보위 설치를 긴급명령으로 하지 말고 현행 법령의 테두리 내에서 운영하라고 지시했다.

5월 17일 11:00시경, 이학봉 합수단장은 중앙정보부, 경찰 등 합동수사단 관계자들을 보안사로 소집, 이런 배경을 설명하고, 중정 수사국은 소요를 배후조종한 '국민연합' 관련자들을, 보안사 대공처는 권력형 부정축재자들을, 경찰은 복학생과 재학생 대표자들을 각각 검거하여 수사하도록 조치하고, 5월 17일, 밤 10:00시를 검거시각으로 정했다. 중정과 보안사와 경찰이 체포를 분담한 것이다. 이에 따라 5월 17일, 오후 6:00시경, 이대에서 회의중이던 전국대학총학생회장들을 검거하기 위해 서울시경 수사관들이 출동했지만, 정보가 사전 누출되어 대부분이 도주한 채, 10여 명만을 검거했다. 김대중은 밤 11:00시경 동교동 자택에서 수경사 헌병에 의해 검거되었고, 김종필은 밤 11:00경 자택에서, 복학생 정동년은 밤 12:00시경 광주지역 자택에서, 김상현은 5월 18일 새벽 04:00시경 제주도 친지 집에서 체포되었다.

 5월 18일 12:00시, 계엄사는 권력형 부정축재자 혐의로 김종필 공화당 총재, 이후락, 박종규, 김진만 의원, 김치열 전내무장관, 오원철 전청와대 경제비서관, 김종락 코리아타코마 사장, 장동운 전원호처장, 이세호 전육군총장 등을 연행하여 조사중이며, 동시에 학생 소요 배후조종자로 김대중 국민연합 공동의장, 예춘호 의원, 문익환 목사, 김동길 연세대 부총장, 인명진 목사, 고은태 시인, 이영희 한양대 교수 등 26명을 연행하여 조사중이라고 발표했다. 이 중 김대중, 문익환, 김상현, 예춘호, 이해찬, 한승헌, 한완상, 인명진, 고은태, 이신범, 심재철, 설훈, 이문영 교수, 이해동 목사 등 24명은 '김대중 내란음모사건 관련자로 육군본부 계엄보통군법회의에 회부되었다. 5월 18일. 오후 김영삼 신민당 총재가 정무회의를 주재하여 연행자 석방, 계엄군 철수 등을 요구했고, 5월 20일 오전 9:00시, 상도동 자택에서 기자회견을 열려 하다가 수경사 헌병단 소속 병력 31명에 의해 소위 가택연금을 당하게 됐다. 6월 18일, 합동수사본부는 권력형 부정축재자들이 재산을 국가에 헌납하고, 공직에서 사퇴하는 것을 전제로 형사처벌을 유보한다는 수사결과를 발표했다. 김종필 216억원, 이후락 194억원 등 총 853억원이며, 이와 관련한 기업인들은 수사를 하지 않을 것이라 발표했다. 6월 23일, 김종필 공화당 총재 등 6명의 공직 사퇴서가 우송되었고, 7월 2일, 김종필 등 권력형 부정축재자 9명이 연행 46일 만에 석방되었으며, 7월 3일, 민관식 국회의장 대리는 김종필, 이후락, 김진만, 박종규, 이병희, 예춘호, 이택돈, 손주항, 김녹영 의원 등 9명의 국회의원에 대해 사퇴서를 수리했다.

13 | 북한의 남침정보

1980년 5월 10일, 중앙정보부는 일본내각조사실 한반도 담당 반장으로부터 북한이 남침을 결정했다는 첩보를 제보 받았다.

북한은 한국 정부가 1980년 4월 중순경에 김재규를 처형할 것으로 예상했고, 김재규의 처형 시에는 항의 데모 사태가 발생하여 남침을 위한 결정적 시기가 조성될 것으로 판단하여 남침시기를 4월 중순으로 결정하였으나 김재규의 처형이 지연됨에 따라 이를 연기하여 오던 중, 1980년 5월 들어 학생과 근로자의 소요사태가 격화되자 소요사태가 최고조에 이를 것으로 예상되는 5월 15일에서 20일 사이에 남침하기로 결정하였다. 김일성이 유고에서 소련의 브레즈네프와 만남으로서 계획은 더욱 굳어진 것으로 보이며, 김일성이 유고 방문 시, 온건파인 박성철을 빼고, 강경파 안 오진우를 대동한 것은 남침을 전제로 한 것으로 판단된다.

이 첩보는 중국이 사태의 심각성을 우려하여 일본과 미국에 다 같이 제보한 것이었다(1980. 5. 10. 육군본부 정보참모부 "북괴남침설 분석"). 하지만 중앙정보부와 국방부는 북한의 전면적인 남침 가능성이 희박한 것으로 종합판단 했다. 그 대신 3월부터 남파간첩이 대량 검거되는 것으로 보아 간첩에 의한 교란행위에 더 초점을 두어야 한다고 판단했다. 위컴 사령관 역시 같은 판단이었다. 전두환은 최규하 대통령이 중동순방중이었기 때문에 이 첩보를 신현확 총리에게 보고했다. 검찰은 "역사바로세우기" 재판에서 전두환 중앙정보부장서리가 일본으로부터 입수한 정보를 신현확 총리에게 보고한 것을 놓고, "군이 전면에 나서야 한다는 데 대한 명분을 축적하기 위해 신빙성이 희박한 남침설을 의도적으로 과장하여 보고한 것"이라고 주장했다. 정보를 전문으로 다루고 있지 않은 검찰기관이 16년이 지난 시점에서 1980년 당시 일본이나 중국으로부터 제보됐던 정보가 신빙성이 없다고 주장하고 있는 것이다. 검찰의 주장을 뒤집어 보면 위 정보가 중요하지 않기 때문에 당시 중동 순방길에 오른 대통령을 일시 대리하고 있는 신현확 총리에게 이 정보에 대한 보고 자체를 하지 말았어야 한다는 것이다.

이는 전두환 중앙정보부장서리가 국가 제1의 가치인 국가안보에 대해 직무유기와 반역을 저질렀어야 했다는 뜻이 된다. 안보는 단 1%의 가능성에 대비하는 것이다. 다른 내용도 아니고 북한이 남침을 하겠다는 정보가 중국으로부터 일본을 거쳐 우리나라 중앙정보부 차장을 거쳐 중앙정보부장서리에 전달돼 왔는데 이에 대해 중앙정보부 최고책임자가 대통령을 대리하고 있는 신현확 총리에게 보고하지 말았어야 한다는 법관들의 주장은, 남침의 위험을 알리는 중대한 정보를 전두환 선에서 묵살했어야 했다는 기막힌 주장이 되는 것이다. 이런 중요한 정보를 직권으로 깔고 앉아 보고하지 않는다면 이야말로 기율이 없는 오합지졸의 정부인 것이다. 또한 전두환은 일본에서 온 정보를 유관기관들과 논의했고, 전면적인 남침 가능성은 희박하다는 결론까지를 보고했다. 남침정보를 과장한 것이 아니라 정보는 있지만 그다지 믿을 바가 못 되는 것이라고 보고한 것이다. 이렇게 보고한 것을 가지고 대통령과 국무총리에게 겁을 주어 협박했다는 주장은 전혀 설득력이 없는 그야말로 해학적인 억지로 보인다.

14 | 5·17 전국주요지휘관회의 및 비상계엄전국확대

5월 17일은 토요일이었고 날씨는 맑았다. 비상계엄이 선포돼 있는 상태에서도 도심지에서의 폭력 시위가 공공연하게 자행되고, 5월 15일, 서울역에서 학생시위대가 버스를 탈취하여 경찰을 덮쳐 죽이는 장면을 본 국민, 언론, 군인들은 계엄을 물계엄이라 비아냥거렸고 계엄당국의 물렁물렁한 대응을 비난했다. 대통령, 국방장관, 계엄사령관, 보안사령관, 대부분의 군 지휘관들은 5월 14일 및 15일 양일간의 소요가 극렬함의 정도로 보나 양으로 보아 경찰력의 한계를 훨씬 넘어서는 것이라 판단했고 이 소요는 김대중이 이끄는 국민연합 산하인 민주청년협의회(장기표 등 복학생 조직)의 사주에 따라 전국 33개 대학총학생회장들에 의한 투쟁이라고 판단했다.

이들은 5월 22일로 계획돼 있는 소요가 국민연합 등 소위 재야정치 단체들과 전국 59개 총학생회장단회의의 연대 하에 이루어지는 대대적인 민중봉기요 사실상의 정부 전복 기도로 보았기 때문에 마지막 보루인 계엄군에 의한 대대적인 대책이 절실하다고 생각했다. 5월 16일, 국방장관은 최규하 대통령이 중동 순방에서 돌아오자마자 청와대에서 열린 시국대책 간담회에 이 사실을 보고했다. 5월 17일 오전 11:00시, 국방부에서 각 군의 관구사령관급 이상 지휘관 43명이 참석한 전군지휘관회의가 열렸다. 합참 정보국장이 국내외 정세를 브리핑하는 것으로 시작하여 주영복 장관이 참석자 한 사람 한 사람에게 일일이 의견을 개진하도록 차례를 주었다. 군 지휘관들은 한결같이 "더 이상 혼란이 계속되어서는 국가가 망한다"라는 의견을 제시했다.

전군주요지휘관회의

오후 2:30분까지 장장 3시간 30분에 걸쳐 진행된 회의는 극도의 사회 혼란과 북한의 오판을 막기 위해서는 오직 강력한 사전 조치만이 해결책이라는 데 만장일치로 의견을 모았다. 주영복 국방장관은 이를 근거로 전국비상계엄 선포를 대통령에게 건의하기로 결론지었다. 주영복 장관과 이희성 계엄사령관은 5월 17일 오후 4시, 신현확 총리에게 비상계엄전국확대 방안을 보고했고, 이어서 5시에 대통령 공관을 방문하여 전군주요지휘관회의 결과를 보고하고 비상계엄전국확대를 건의했다. 5월 17일 오후 7시, 최규하 대통령은 신현확 총리를 불러 비상계엄전국확대 처리를 지시했다. 이 지시에 따라 5월 17일 밤 9:30분, 임시국무회의가 열렸고, 이어서 밤 11:30분, 최규하 대통령은 5월 17일 자정을 기해 비상계엄전국확대를 선포하게 됐다. 대통령은 1980년 5월 18일 정오를 기해 '전국비상계엄확대'와 관련하여 담화문을 발표했다.

국민여러분, 작금의 국제정세는 동서간 긴장이 고조되고 있는 가운데 아프가니스탄과 이란 사태를 위시하여 동북아에 있어서의 소련의 군사력 증강과 평화와 안정을 위협하는 불안요인이 증대하고 있습니다. 국내적으로는 이러한 계속되는 사회 혼란을 이용한 북한 공산집단의 대남적화 책동이 날로 격증되고 우리 사회 혼란을 목적으로 한 무장간첩의 계속되는 침투가 예상되고 있습니다. 그들은 우리 학원의 소요사태 등을 고무 선동함으로써 남침의 결정적 시기 달성을 획책하고 있습니다. 이 중대한 시기에 일부 정치인 학생 및 근로자들의 무책임한 경거망동은 이 사회를 혼란과 무질서, 선동과 파괴가 난무하는 무법지대로 만들고 있으며, 설상가상으로 사회 혼란의 여파는 수출 부진과 경기침체를 심화시키고 노사분규와 실업을 심화시키면서 … 우리 국가는 중대한 위기에 직면해 있다 아니 할 수 없습니다. … 나는 이번 조치의 불가피성을 거듭 강조하면서 국민 모두의 이해와 협조로 비상시국을 극복하고 민주사회의 건설을 위해 다 같이 약진할 것을 간곡히 부탁드리는 바입니다.

이 담화문을 놓고 역사바로세우기에 나선 사람들은 보안사가 작성해 준 것이고, 당시의 시국과는 아무 관련성이 없는 내용이었다고 주장했다. 하지만 필자가 보기엔 정부로서는 당연히 취했어야 할 정당한 조치였다. 대통령의 이 담화문이 당시의 시국과 일치하지 않았다는 주장은 그야말로 억지중의 억지로 보인다. 대통령이 비상계엄전국확대를 재가함에 따라 군에서는 소위 내규(SOP)에 의한 자동조치들이 취해졌다. 1980년 5월 17일, 오후 7:00시경, 계엄사령관은 육본작전명령 제18-80호로 전 계엄군에 해당 지역내의 대학, 국가시설, 보안목표에 대한 진압 및 경비부대 투입을 지시했고, 5월 18일, 새벽 02시에 전국 136개 주요 국가시설 및 보안 목표 그리고 31개 대학에 계엄군 2만5천명을 배치했다. 계엄사는 또 학원소요를 근절하기 위해 5월 18일, 밤 0시 40분에 계엄포고 10호를 발표했다. 각 대학에는 휴교조치를 취하고, 정치 목적의 옥내·외 집회를 금지하고, 정치 활동 및 정치적 발언을 금지했다. 단 국회활동에 대해서는 제재하지 않았다. 그러나 역사바로세우기에 나선 사람들은 계엄당국이 계엄포고 제10호를 대통령에게 보고도 하지 않고 계엄당국 마음대로 조치한 것이라고 주장했다. 이 역시 억지 주장이다. 대통령은 분명히 5월 18일 정오의 담화를 통해 비상계엄전국확대 불가피성을 역설했고, 계엄군의 배치는 대통령이 정하는 것이 아니라 군의 내규(SOP)가 정한 것이기 때문이다.

비상계엄확대 조치에 따라 국회를 경호하고 경비하기 위해 수도권에 위치했던 33사단 101연대 제3중대 병력 129명이 국회로 출동했다. 이 역시 SOP에 의해 자동으로 이루어지는 조치였다. 국회를 경비하기 위해서는 병사들이 국회 정문 출입자를 검문할 필요가 있었다. 비상계엄 시기에 국회를 아무나 드나들 수 있도록 방치할 수는 없는 것 아닌가? 그런데 신민당 황낙주 의원이 신민당 평당원 및 기자단 300여 명을 대동하고 5월 20일 오전 10시 15분경, 정문에 몰려들어 국회 난입을 시도했다. 이는 계엄포고 제10호에 어긋나는 것이었으며 국회 출입규정에도 어긋나는 것이었다. 충돌이 일자 민관식 국회의장이 현장에 나와 신민당 측의 부당성을 지적하고 해산을 종용하여 사태를 종결시킨 적이 있었다(육본 작전상황실 "5.20 수도권 부대이동 보고" 및 "신민당 국회의원 동향").

이를 놓고 역사바로세우기 측 사람들은 계엄군이 국회를 봉쇄했다고 트집을 잡았다. 역사바로세우기 재판부는 당시의 상황이 비상계엄을 전국적으로 확대해야 할 만큼 중대한 위기상황이 아니었고, 북한의 남침 정보 역시 신빙성이 전혀 없는 것인데도, 사회 소요와 남침 정보를 과장하여 대통령에게 보고함으로써 비상계엄확대 조치를 이끌어냈다고 판결했다. 이 판결은 5월 14~15일 서울역 앞 10만 군중이 불러온 무법천지 상황이 5월 22일에 더욱 확대돼도 계엄을 확대할 필요가 전혀 없었다는 판결인 것이다. 판사들의 판단력이 군에서 전문적으로 안보를 지켜온 정보전문가들의 판단력이나 장교~장군들의 판단력보다 더 우수하다는 것이다. 그렇다면 이 나라에는 군을 포함한 모든 분야에서 전문가들을 양성할 필요가 없이 사법고시 출신들만 양산해내면 될 것이다. 숨 막히는 시국에 국가 최고 정책결정자들이 애국심을 가지고 판단한 내용을 놓고 16년이 훨씬 지난 시점에서 나이 어린 판사들이 고시방 실력으로 인민재판을 한 것이다. 사법 역사상 가장 부끄러운 사건이라고 생각한다.

15 | 광주로 몰려든 먹구름

박정희 서거 이전의 학생시위 목표는 '유신체제 반대'였다. 따라서 학생시위는 10·26사건으로 박정희 대통령이 서거하자 소강상태로 잠잠해졌다. 그러나 문제는 복학생들이었고, 김대중이 이끄는 재야세력이었다. 그리고 이들에게 시위의 공간을 넓혀준 사람은 최규하였다. 최규하 대통령은 1980년 2월 29일, 김대중 등 시국사범 687명(학생 373, 정치인 22, 종교인 42, 교수 24, 언론인 9, 기타 217)을 복권하는 등 과감한 조치를 취해 주었고, 이는 시위세력에게 날개를 달아준 조치였다. 광주지역에서는 박정희 대통령시절부터 유신체제에 항거하는 학생들의 시위가 꾸준히 이어져 왔으며 1979년 10월 부마사태가 있었던 당시에도 서울 등 타 지역과는 달리 유신반대 학생시위가 광범위하게 일어났던 항쟁의 본거지였다. 5월 3일에는 전남대생 3천여 명이 시국선언 대회를 연 후 가두시위를 하였고, 5월 9일에는 조선대 2천여 명이 시국성토 대회를 열었으며, 5월 13일에는 광주지역 7개 대학 대표가 모여 "피의 투쟁" 강령을 채택하여 민주화 쟁취를 위한 강력한 대정부투쟁을 선언했다. 5월 14일 오전 10시경, 전남대 교정에 모여 성토대회를 하던 2천5백여 명은 전날 서울에서 6개 학교 학생들이 가두시위를 했다는 소식을 전해 듣고 이에 고무되어 오후 2:50분경, 경찰의 저지선을 뚫고 시내로 진출하여 오후 6시까지 3시간 동안 가두 정치집회를 열었다.

한편 5월 14일, 광주시장, 경찰국장, 전남대 및 조선대 총장 등이 참석한 가운데 학원사태 대책회의가 열렸고, 군에서는 윤흥정 전교사 사령관이 오후 2:00시에 광주 지역의 향토사단인 31사단 사단장 정웅 및 7공수여단장 신우식을 불러 시위진압 대책을 논의하였다. 진종채 2군사령관은 전북 금마에 주둔하는 7공수여단장에게 충남대, 전남대, 조선대에 각 1개 대대씩 출동시킬 준비를 하라는 명령을 내렸다. 전라남도 경찰국장은 광주지역 계엄분소장인 윤흥정 전투교육사령관(전교사)에게 계엄군의 출동을 요청하였고, 윤흥정 전교사 사령관의 명에 의해 정웅 31사단장은 오후 7:00시에, 예하 96연대 1대대를 광주 소재 MBC, KBS, 전일방송 등에 배치했다. 그리고 정웅은 5월 15일, 7공수여단 2개 대대가 숙영할 수 있도록 전남대와 조선대 교정에 24동의 천막을 쳤다. 7공수여단의 광주 파견

전남도청 앞

은 5월 14일 진종채 2군사령관에 의해 이미 명령됐던 것이다.

5월 15일 오전, 광주 소재 1만5천여 명의 학생들이 교내시위를 마친 후 오후 2:30분경, 전남도청 앞에 모여 결전을 다짐했다. 5월 16일에는 광주시내 9개 대학 3만여 명이 전남도청 앞에 모여 김대중으로부터 공작금을 받았다는 복학생 대표 정동년의 시국선언문 낭독을 청취한 다음 횃불시위와 5·16 화형식을 벌인 후 대규모 가두시위를 전개했으며 야간에는 고교생까지 합세하여 횃불시위를 벌이는 상황이 벌어졌다. 이에 1천여 명의 경찰이 시위 진압을 위해 출동하였으나 중과부적이었다.

5월 17일 오전 10:42분, 사태가 악화되자 2군사령관은 광주 소재 8개 전문대학에 31사단 병력을 투입하라 지시했고, 오후 4:00시부로 7공수여단 제33 및 35대대를 31사단에 작전배속시키는 조치를 취하는 한편 오후 7:40분, 전교사에 "5월 18일 00:01분부로 충정작전(데모진압작전)을 실시할 것"을 지시했다. 좀더 구체적으로 불순분자 체포는 5월 18일 00:01분까지, 대학 점령은 5월 18일 04:00시까지 완료하라는 지시를 내렸고, 이어서 7공수여단에는 5월 18일 02:00시까지 전남대와 조선대를 점령한 후, 04:01분까지 시위 주동자 전원을 체포하라는 지시를 내렸다. 한편 광주지구 보안부대는 보안사의 지시에 따라 5월 17일 밤 11:30분경부터 시위 주동자로 지목된 재야인사 및 학생회 간부 22명을 검속하여 그 중 오진수, 이승룡, 유재도 등 8명을 체포했다.

소요진압 명령을 받은 7공수여단은 5월 17일 밤 10:37분, 주둔지인 전북 금마를 출발하여 여단본부(장교10/사병76명) 및 33대대(45/321)는 5월 18일 새벽 01:10분 전남대에 배치됐고, 35대대(39/283)는 조선대에 배치됐다. 이들은 배치와 동시에 31사단 96연대에 작전배속 됐고, 7공수 31대대는 5월 18일 새벽 01:29분 전북대에, 32대대는 새벽 02:50분 충남대에 배치됐다. 이와 동시에 31사단 장교 14명 및 사병 1,132명도 소요진압에 투입됐다. 광주시내의 대학들 중, 전남대와 조선대를 제외한 나머지 8개 대학은 31사단 96연대가 담당했고, 나머지 병력은 전라남도 16개 대학 및 주요 시설에 투입됐다. 5월 18일 새벽 01:10분경 전남대에 도착한 33대대는 학내를 수색하여 69명을 체포했고, 35대대는 조선대를 수색하여 43명을 체포 06:00시로 31사단 헌병대에 인계하였다. 03:05분, 2군사령관은 전교사 사령관에게 무기고 안전대책 강구를 하달했고, 전교사는 5월 18일, 광주시내 직장예비군이 보유하고 있던 무기 4,717정과 탄약 116만 발을 회수했고, 31사단의 무기고 접근자에 대해서는 군인복무규율에 의해 지휘관 재량으로 발포하라 지시했다.

5장

광란의 해방구 5·18의 광주

1. 5월 18일, 시위 첫날의 광주 / 295
2. 5월 19일의 광주 / 315
3. 5월 20일의 광주 / 336
4. 5월 21의 광주 / 365
5. 5월 22일의 광주 / 417
6. 5월 23일의 광주 / 429
7. 5월 24일의 광주 / 442
8. 5월 25일의 광주 / 444
9. 5월 26일의 광주 / 457
10. 5월 27일의 광주 / 465
11. 5·18의 지휘부 / 469

05 광란의 해방구 5·18의 광주

1 | 5월 18일, 시위 첫날의 광주

상황 개요

　5월 18일 00:00시를 기해 전국비상계엄이 선포되고, 계엄포고 제10호로 전국 대학에 휴교령이 내려졌으며 중요 대학에 계엄군이 주둔함에 따라 극심했던 학원소요는 진정되어 전국이 평온을 되찾게 되었다. 그러나 광주지역 만큼은 격렬한 시위사태가 지속되었다. 전북 금마에 있던 7공수 2개 대대가 전남대와 조선대에 각 1개 대대씩 진입하여 31사단장인 전남출신 정웅 소장의 작전지휘 하에 들어갔다. 정동년 등 고소자들은 신군부가 특별하게 광주에만 공수부대 2개 대대를 보냈다고 주장하지만 계엄포고 10호에 의해 배치된 공수부대 현황을 보면 광주에만 특별한 것이 아니었다. 1공수여단 소속 4개 대대는 연세대, 서강대, 홍익대에 배치했고, 5공수 소속 4개 대대는 모두 고대에 배치했고, 11공수 소속 3개 대대는 모두 동국대에 배치했고, 13공수 소속 2개 대대는 성대에, 9공수 소속 3개 대대는 서울대, 중앙대, 숭전대에, 7공수 4개 대대는 전남대, 조선대, 전북대, 충남대에 각 1개 대대씩 배치했다. 고대에 4개 대대, 동국대에 3개 대대, 성대에 2개 대대가 배치되었던 것에 비하면 전남대와 조선대에 각 1개 대대씩을 배치한 것은 당시 계엄사가 광주를 그다지 크게 생각하지 않았던 것으로 판단된다. 그나마 7공수 2개 대대는 겨우 600명 수준에 불과했다.

오전 9시경, 7공수여단 제33대대가 주둔하고 있던 전남대 정문에 250여 명의 대학생이 몰려와 '비상계엄 해제하라' '공수부대 물러가라'는 구호를 외치며 가방 속에 숨겨온 돌을 던져 부동자세로 서 있는 7명의 공수대원들에게 피를 흘리게 하는 부상을 입혔다. 공수대원이 학생들을 향해 진격하자 학생들은 미리 예정한 대로 광주의 중심가 금남로와 충장로 쪽으로 도주하여 파출소를 파괴하고 불태우며 경찰들을 공격하기 시작했고, 이에 경찰들은 도망가기에 바쁜 상황으로 내몰리게 되었다. 광주에서 의외의 사태가 발생하자 최규하 대통령은 매우 빠르게 움직여 이날 12시에 대국민성명을 발표했다. 나라 사정은 어려워져 가는데 광주시위가 불순한 정치세력들에 의해 유발되어 점점 악화돼 가고 있으니 진정하라는 경고와 당부의 뜻을 전한 것이다. 시위가 난폭해짐에 따라 경찰로서는 도저히 폭력 시위를 당해낼 수 없게 되자, 안병하 전라남도 경찰국장은 전라도 계엄분소장인 윤흥정 전교사 사령관에게 계엄군 출동을 요청했다. 이와 동시에 계엄사령부와 2군사령부 역시 분주하게 움직였다. 윤흥정 전교사 사령관은 정웅 31사단장에게 전남대와 조선대에 주둔중인 7공수여단 2개 대대를 시내로 출동시키라는 지시를 내렸다. 이로써 시위진압 임무는 오후 4시경부터 31사단장 정웅에게 넘어갔다. 공수부대의 특성과 시위진압작전에 서투른 정웅은 공수부대 2명의 대대장들에게 시위대를 해산시키라는 명령을 내린 것이 아니라 모든 길목을 막고 주동자를 전원 체포하라는 무모한 명령을 내렸다. 기계와 같은 공수대원들은 하늘같은 2성 장군이 내린 명령에 따라 오후 4시경부터 4~5명 단위로 쪼개져 시내의 주요 길목을 차단했다. 대규모 시위대는 4~5명 단위로 서 있는 계엄군을 향해 돌과 화염병 등으로 공격을 했고, 수적으로 열세한 처지에서 피를 흘리게 된 계엄군 병사들은 보복 심리에서 무자비할 정도로 진압봉을 휘둘렀다.

광주시내에는 첫날부터 경상도 군인들만 뽑아 전라도의 씨를 말리러 왔다거나 여학생의 유방을 대검으로 도려냈다는 등 기상천외한 유언비어들이 나돌았고, 이 거짓 유언비어를 듣고 흥분한 시민들은 점점 더 많이 중심가로 모여들어 시위대가 공수대원들에 매맞는 모습을 보게 되었고, 이로 인해 더 많은 유언비어가 확대 재생산되어 시위대의 규모를 순식간에 키웠다. 악성 유언비어는 분노와 폭력을 유발하는 가장 강력한 수단이었으며 광주의 첫날에 퍼진 유언비어는 아래와 같았다.

화려한 휴가라는 명칭 하에 데모진압 작전을 시작했다.

여학생을 발가벗긴 채 세워놓고 대검으로 유방을 도려내어 죽였다.

경상도 군인들이 전라도 사람들의 씨를 말리려 왔다. 벌써 40명이 죽었다.

전두환이 공수부대를 동원하여 반란을 일으켰다.

투입된 공수부대원들을 이틀씩이나 굶기고 술과 환각제 등을 복용시켜 광주에 투입했다.

공수부대원이 임신한 여자의 배를 대검으로 찔렀다.

죽은 시민을 불도저로 밀면서 처리하는 과정이 TV에 나왔다.

대검으로 시민의 머리 가죽을 벗겨냈다.

특히 경상도 군인들만 뽑아 전라도의 씨를 말리러 왔다는 유언비어는 케케묵은 지역감정에 휘발유를 뿌려 광주시민들을 분노시켰다. 시위대가 갑자기 10,000여 명 단위로 불어나 한일은행 및 도청 앞에서 시위를 계속하면서 자정까지 해산하지 않았다. 이 과정에서 계엄군 15명, 경찰관 310명이 부상을 당했고, 계엄군은 시위 학생 615명을 검거했다. 진실이 위와 같은데도 불구하고 광주사태의 주모자요 영웅이라는 윤상원은 10시 30분경 불온서적을 취급하는 녹두서점 김상집에게 전화를 걸어 "전대 정문 앞인데 공수부대원들이 학생들을 무차별 살상하고 있다"며 정반대로 이야기했고, 이 거짓말은 녹두서점을 통해 전국 대학가 운동권으로 퍼져나가 그대로 대자보로 제작되어 대학가 벽보에 붙었다. 5월 19일, 윤상원이 민주투쟁 회보 이름으로 뿌린 삐라는 아래와 같은 글귀로 시작된다. 5월 19일 뿌려진 이 삐라의 내용은 5월 18일에 대한 내용이었을 것이며, 5월 18일의 실제 상황과 이 삐라 내용과는 상당한 괴리가 있다. 5월 18일 공수대가 총칼로 찔러죽이고 몽둥이로 패서 트럭에 실은 적이 없었건만 윤상원은 아래와 같이 거짓 선동의 삐라를 살포했다.

광주 애국시민 여러분! 이것이 웬 말입니까? 웬 날벼락이란 말입니까? 죄 없는 학생들을 총칼로 찔러죽이고, 몽둥이로 두들겨 트럭에 실어가며, 부녀자를 백주에 발가벗겨 총칼로 찌르는 놈들이 도대체 누구란 말입니까? 이제 우리가 살 길은 전 시민이 하나로 뭉쳐 청년학생들을 보호하고, 유신 잔당과 극악무도한 살인마 전두환 일파와 공수특전단 놈들을 한 놈도 남김없이 쳐부수는 길뿐입니다. 우리는 이제 다 보았습니다. 다 알게 되었습니다. 왜 우리의 젊은 학생들이 그렇게 소리 높여 외쳤는가를. 우리의 적은 경찰도 군도 아닙니다. 우리의 적은 전국민을 공포의 도가니로 몰아넣고 있는 바로 유신 잔당과 전두환 일파들입니다. 죄 없는 학생들과 시민들이 수없이 죽었으며 지금도 계속 연행당하고 있습니다. 이 자들이 있는 한 동포의 죽음은 계속될 것입니다.

5월 18일의 상세 상황

이후의 상황일지는 계엄군 당국, 중앙정보부, 치안본부, 5.18측 자료, 검찰자료 들을 종합하여 정리한 것이다.

5월 18일은 일요일, 날씨는 맑았다. 5월 18일, 전남대 및 조선대

5·18의 전남대 정문

에서는 200여 명의 학생이 전국계엄령 확대에 따른 향후 활동방향을 논의하고 있었다. 33대대와 35대대는 회합중이던 주도급 학생 60여명을 검거하여 수사기관에 인계하고 경계 임무에 임하고 있었다. 아침 9시경, 전남대 정문에는 학생들이 속속 모여들고 있었다. 사전에 이들에게는 "만일 휴교령이 내려지면 오전 10시에 전남대 정문에 모여 시위를 한다"는 방침이 하달돼 있었기 때문이었다. 09:30분경, 학생 수가 250명(5·18측 자료는 500명) 정도로 늘어나자 이들은 "계엄을 해제하라" "전두환은 물러가라" "휴교령을 철회하라"등의 구호를 외치면서 책가방에 몰래 숨겨온 돌을 계엄군을 향해 던졌고 계엄군은 한동안 부동자세로 서 있었다. 계속해서 돌을 던지자 계엄군은 함성을 지르며 학생들에게 돌진하여 겁을 주려 했지만, 학생들은 죽어라 돌을 던졌고, 이 돌에 맞아 7명의 군인들이 피를 흘리는 부상을 입었다. 동료 전우들이 공격을 받고 피를 흘리자 감정이 폭발한 다른 공수대원들이 도주하는 학생들을 끝까지 추적하여 진압봉으로 가격하는 감정적 충돌상황이 벌어졌다. 이처럼 광주에서 먼저 공격한 측은 학생이었고, 가장 먼저 부상을 당한 측은 공수부대원들이었다.

〈광주시 약도〉

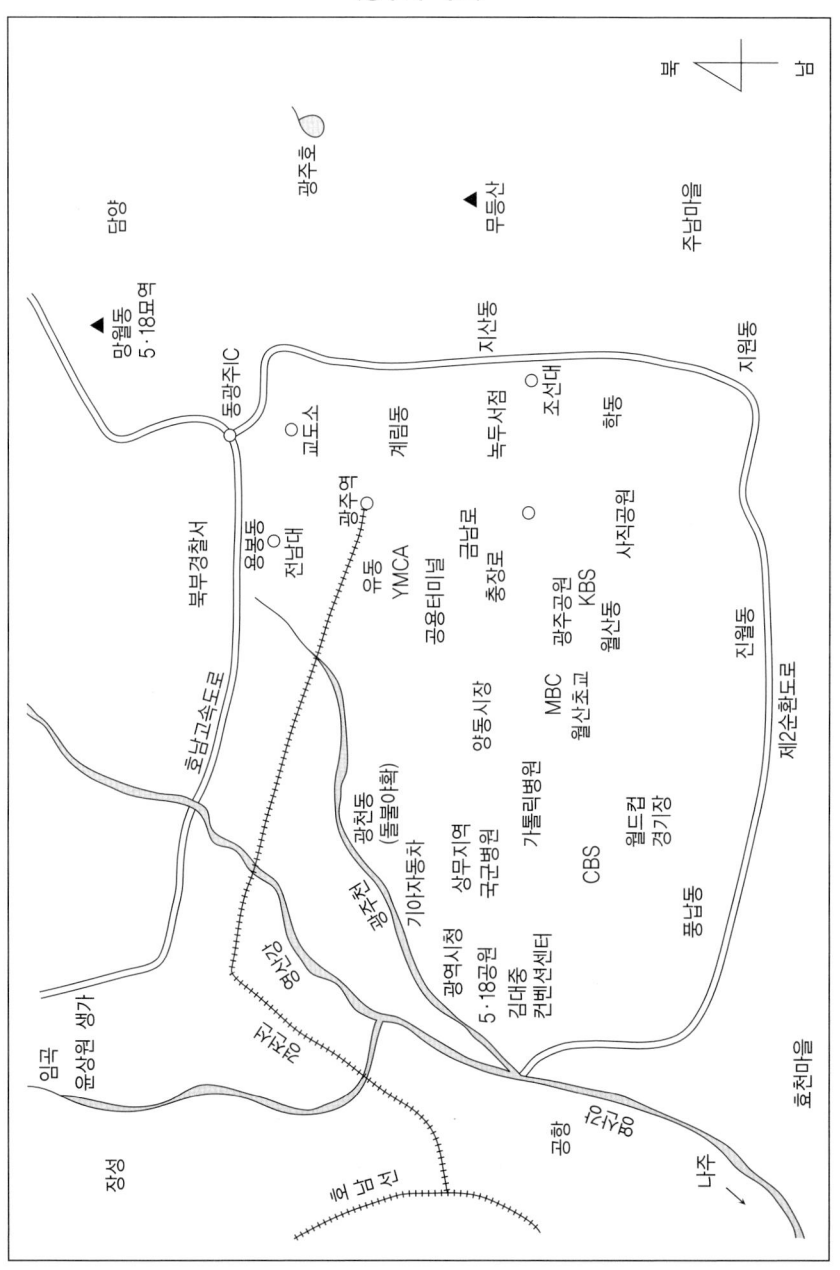

오전 10:00시, 대구에 주재하는 진종채 2군사령관은 전남대에서 충돌이 있었다는 보고를 받고 현지 확인 차 광주를 방문했다. 10:30분경, 화가 난 계엄군 병사들은 전남대 후문에서 버스를 내리거나 타는 학생들 중에서 수상하게 생각되는 학생들을 연행하여 꿇어앉혔으며, 이런 과정에서 반항하며 대드는 학생들에게 진압봉을 사용했다. 공수부대원들에게 매를 맞고 쫓겨난 학생들은 감정이 격화된 상태에서 도청 앞에 모이기로 한 사전 약속에 따라 시내로 진입했다. 오전 11시경, 광주역, 호남전기, 광주공원, 광주우체국 등에 모인 시위학생 수는 1,000여 명이나 되었고, 이들 중 일부가 충장로 파출소에 투석하여 유리창 9장을 파손시켰다. 오전 11:50분, 가톨릭센터 및 한일은행 앞에 1,000여 명의 학생들이 모여 연좌데모를 하면서 "계엄을 해제하라" "전두환 물러가라" "김대중 석방하라" 등의 구호를 연창하다가 경찰의 진압으로 해산됐다.

12:30분, 광주학생회관 및 한일은행 앞에 학생 500여 명이 시가지를 돌며 시위하면서 "도청 앞에서 시민이 다 죽어가고 있다"는 유언비어를 퍼트렸다. 당시의 전남대 학생회장은 박관현이었다. 그는 서울 학생회 간부로부터 전화 연락을 받고 무등산에 숨어 있었다. 누군가가 "박관현이 계엄군에 잡혀 죽었다"는 유언비어를 퍼트렸고, 이로 인해 학생들은 더욱 분노했다. 박관현(당시 27세)은 5월 14일부터 16일까지 열렸던 전남도청 앞 집회를 주도한 혐의로 수배된 뒤 1982년 4월에 투옥되어 단식투쟁을 벌이다 10월 12일에 숨졌다. 12:45분, 학생 20여 명이 "전두환 물러가라" "김대중을 석방하

라"는 구호를 외치며 산수파출소에 투석하여 유리창 20장이 파손됐고, 13:20분, 학생회관 앞에서 점심 식사를 하던 전경들은 학생들이 돌을 던지며 접근하자 황망히 도주했다. 그 사이에 시위대는 경찰의 페퍼포그 차를 전복시키고 화염병으로 방화하여 전소시켰다.

14:00시, 이희성 계엄사령관은 전교사 사령관 윤흥정에게 광주만이 유일하게 문제를 일으키고 있다는 사실을 상기시키면서 빠른 시간 안에 진압하라는 지시를 내렸고, 이 명령을 받은 윤흥정 전교사 사령관은 31사단장 정웅에게 병력투입을 지시했다. 한편 서울에 있는 이희성 계엄사령관은 대응 병력이 2개 대대 600여 명에 불과한 사실에 주목하고, 김재명 육군본부 작전참모부장에게 1개 여단을 광주로 증파하는 계획을 세우라고 명령했다. 김재명 장군은 정호용 특전사령관에게 전화를 걸어 어느 부대를 차출하는 것이 좋겠느냐고 상의했고, 이에 정호용 사령관은 수경사 작전통제하에 동국대에서 천막을 치고 있는 11여단이 좋겠다고 조언했다. 1개 공수여단을 광주에 보내야 한다는 것은 계엄사령관이 결정하지만, 어느 여단을 뽑아서 보내야 좋을 것인지에 대해서는 특전사령관의 의사를 존중해야 하는 것이다. 14:15분, 정웅 사단장은 500MD 헬기를 타고 전남대 33대대장과 조선대 35대대장에게 날아가 지시를 내렸다.

지금 전교사 회의에 갔다 오는 중인데 오면서 보니까 광주 시내가 난리가 났다, 경찰은 완전히 수세에 몰려 있는 것 같다. 33대대는 금남로 아래에서 유동 삼거리 방향으로 병력을 투입해서 시위대를 압축하라. 도청에서는 경찰이 시위대를 차단하고 있으니 35대대는 금남로를 중심으로 좌우측 도로의 주요 목을 점령하고 있다가 금남로로부터 빠져나오는 시위대를 전원 체포 연행해서 조선대학교로 호송하였다가 헌병대에 인계하라. 죽음을 무릅쓰고 시위를 진압하라.

14:25분, 유동 3거리에 학생 300여 명, 광주공원에 학생 300여 명이 시위를 했다. 14:40분, 금남로 일대는 1,500여 명으로, 충장로 일대에는 1,600여 명으로 불어난 시위대가 경찰을 향하여 깨어진 보도블록과 음료수 병을 던졌다. 15:00시, 육군본부 작전참모부장 김재명 장군은 11여단에 '광주로 이동하여 2군사령관의 작전지휘를 받으라'는 작전명령을 하달했다. 15:30분, 사태가 급박하게 돌아가자 정호용 특전사 사령관은 김재명으로부터 구두로 받은 작전명령을 수행하기 위해 동국대에 주둔하고 있는 11공수여단을 방문했다. 7공수 2개 대대가 광주에서 고전을 하고 있으니 광주로 가라는 육군본부의 작전명령을 하달한 것이다. 최웅 여단장은 61대대 제1지역대(48명) 병력을 선발대로 뽑아 16:30분에 성남비행장을 출발하도록 조치했고, 이때 여단작전참모를 동행케 했다. 61대대 잔류 병력과 62 및 63대대는 17:00시에 열차에 올라 청량리역을 출발했다. 7공수 2개 대대에 이어 11공수 3개 대대가 5월 18일 광주를 향해 달려간 것이다.

통상 공수여단은 4~5개 대대로 구성돼 있고, 1개 대대는 4개 지역대, 1개 지역대는 4개 중대로 편성돼 있다. 전방의 보병중대 병력은 130명 정도로 편성돼 있지만 공수부대 1개 중대는 장교 2명에 하사관 10명, 겨우 12명으로 구성돼 있다. 1개 중대 병력이라 해야 군용 트럭 1대 분에 불과한 것이다. 15:30분, 광주학생회관 앞 학생 시위가 갑자기 극렬해지면서 경찰 가스차에 화염병이 투척됐고, 시민들에게 합세해 달라 호소했다. 이 때 이들이 사용한 유언비어는 "공수부대가 화려한 휴가라는 명칭 하에 데모진압작전을 개시했다"는 것이었다. 15:40분, 공수 제33대대 병력 302명(35/267:장교/하사관)은 전남대를 출발하여 유동 삼거리를 거쳐 금남로로 이동했다. 33대대 병력이 금남로에 도착하였을 때에는 2,000여 명의 시위 군중이 이미 경찰과 대치하여 투석전을 벌이고 있었다. 이 때 권승만 33대대장이 자진 해산하라고 선무방송을 하자 시위 군중은 계엄군을 향하여 또 투석을 하기 시작했다. 거듭된 선무방송에도 불구하고 계엄군에 대한 투석과 화염병 공격이 멈추지 않자 33대대 병력은 최루탄을 발사하며 시위 군중을 해산시키고 극렬 시위자 103명을 체포했다.

15시 50분경, 7공수 35대대 병력 222명(26/196)이 충장로로 출동했다. 충장로에서는 900여 명의 시위 군중이 충장파출소에 투석하면서 공격을 하고 있었다. 김일옥 대대장이 시위대를 향하여 해산을 종용하는 선무방송을 했지만, 시위대는 파출소에 대한 공격을 멈추지 않고 계엄군에 대해서도 투석으로 공격하기 시작했다. 3시간여에 걸친 공방전 끝에 시위대를 해산시키고, 극렬시위자 173명을 연행했다. 33 및 35대대는 16시 30분경에 시위진압 작전을 마치고 숙영지로 돌아왔고, 연행자는 31사단 헌병대에 인계했다. 공수부대 대원들은 M-16소총을 등에 메고, 방독면을 차고, 손에는 진압봉을 든 상태에서 진압대형을 유지하여 도청 방향으로 진군하면서 시위대를 압박하다가, 돌격명령이 내려질 때마다 함성을 지르며 시위대를 향하면서 진압봉으로 시위대를 타격하는 방법을 사용했다. 이는 시위대에게 겁을 주어 자진 해산시키는 방법으로 고안된 것이었다. 부마사태의 경우 이 정도의 진압이면 시위대가 흩어졌지만 광주 시위대는 돌과 화염병으로 맞섰다. 여기저기에서 공수대원들이 부상을 당하고 피를 흘리자 부대원들이 모두 흥분하게 되었다. 이들은 골목, 점포, 건물로 도망하는 시위대를 끝까지 추적하여 곤봉으로 가격한 후 체포를 했다. 어렵게 붙잡은 이른바 극렬시위대가 도주하는 것을 예방하기 위해 혁대를 빼거나 상

금남로

의 또는 하의를 벗기고, 머리를 땅에 박게 하는 등 군대식 기합을 주었다.

충장로 일대의 학생 600여 명이 도청 방향으로 이동하면서 시위를 했다. 같은 시각, 동산동에서는 학생 시위대 300여 명이 "전두환 물러가라" "김대중 석방하라" "민주인사 석방하라"는 구호를 외치며 동산파출소에 투석 유리창 5장을 파손했다. 이에 경찰이 최루탄과 페퍼포그를 사용하여 시위대를 해산하려 했지만 턱없이 밀리기만 했다. 16:00시, 조선대에 있던 7공수 제35대대는 광주전화국, 광주일고 부근의 천교에 도착하여 시위진압 작전에 들어갔다. 이때 1,000여 명의 시위대가 경찰들을 상대로 돌을 던지고 있었다. 35대대장 김일옥 중령이 나서서 귀가하라는 선무방송을 했다. 시위대는 흩어지기는커녕 더욱 격렬하게 돌을 던지며 달려들었다. 이에 대대장은 돌격명령을 내렸다. 진압대는 소총을 등에 메고, 무거운 방독면을 차고, 방석망을 내린 채 진압봉을 높이 쳐들고 시위대를 향해 돌격했지만, 투석의 저항이 만만치 않았다. 이에 분노한 공수 돌격대들은 극렬 시위자들을 끝까지 추적하여 진압봉으로 가격하는 등 격렬하게 때리고 체포했다.

16:30분, 11여단 작전참모가 61대대 1지역대(50명)를 선발대로 이끌고 성남비행장에서 수송기를 탔다. 이 선발대가 긴급히 수송기로 이동한 것은 그만큼 시위에 대한 위기감이 팽배했기 때문이었다. 그리고 61대대 잔여병력과 62대대 및 63대대는 17:00시 청

량리역에서 열차편으로 출발했으며 11공수여단은 5월 19일 00:00분부터 31사단장 정웅의 작전지시를 받으라는 명령을 받았다. 16:40분, 지산동에는 학생 300여 명이 모여 지산파출소에 투석한 후 난입하여 기물을 닥치는 대로 파손했다. 유리창 30장, 사이카 2대, 자전거 4대, 전화기 4대, 책상 5개 등 눈에 보이는 것은 모두 파괴했다.

16:55분, 한국은행 앞에 학생 200여 명이 계엄군과 정면 대치했다. 한편으로는 계엄군을 향해 돌을 던지면서 다른 한편으로는 유언비어들을 퍼트리면서 시민들에게 합세할 것을 호소했다. "경상도 군인들이 전라도 사람들의 씨를 말리러 왔다" "전두환이 공수부대를 동원하여 반란을 일으켰다" "투입된 공수부대원을 이틀씩이나 굶기고 술과 환각제를 복용시켜 투입했다" "임산부를 대검으로 찔러 태아를 꺼내 길에 뿌렸다." 17:05~19:30분의 도청 앞 학생 수가 1,000여 명으로 늘어나면서 시위양상도 극렬해졌다. 한편으로는 격렬하게 돌을 던지고 다른 한편으로는 유언비어를 퍼트리면서 시민들의 참여를 선동했다. "도청 앞에서 시민들이 다 죽어간다" "젊은이들을 팬티만 남기고 옷을 모조리 벗겼다" "학생들이 많이 죽었다" 군과 경찰은 극렬학생 149명을 검거했다.

17:50분, 11여단 선발대 4개 중대가 광주공항에 도착하여 숙영지인 조선대로 가는 도중 시내 상가에서 위력시위를 선보였다. "시위를 중단하라"는 무언극(pantomime)이었다. 18:00시, 11공수여단 3개 대대를 5월 19일 00:00시부로 31사단장이 작전통제하라는 지시가 하달되었고, 전남북 계엄분소는 광주시내 통금시간을 1시간 앞당겨 21:00~04:00시로 발표했다. 19:00시, 31사단장은 7공수 35대대장으로부터 시위진압을 완료했다는 보고를 받았지만 그 후에도 23:00시까지 한일은행, 노동청, 가톨릭센터 등지에서 시위를 벌이던 학생은 2,000여 명이나 되었다. 이 때 유언비어들이 퍼졌다. "여학생을 발가벗긴 채 세워놓고 대검으로 유방을 도려내 죽였다" "경상도 군인이 전라도에 와서 남녀 구별 없이 닥치는 대로 죽이고 있다" "공수부대원이 칼로 호박을 찌르듯이 닥치는 대로 사람을 찌르고 있다" "젊은 놈은 모조리 죽인다" "전라도 사람 씨를 말리러 왔다."

　21:00시, 광주 시내의 시위가 갑자기 확산되자 정웅 31사단장은 21시경에 7공수여단 33 및 35대대장을 소집하여 작전회의를 열었다. 정웅 31사단장은 작전회의에서 광주 시내의 36개 중요거점에 특전사 병력을 배치하여 시가지를 점령하고 시위 군중이 도심지에 집결하지 못하도록 길목에서 원천 봉쇄할 것이며 과격시위자는 전원 체포하라는 작전지침을 내리고, 33대대에는 17개 거점을, 35대대에는 19개 거점을 할당했다. 23:20분경, 7공수여단 33대대와 35대대는 정웅 31사단장의 출동 명령에 따라 광주 시내에 출동하여

거점을 경비하면서 시위 군중의 도심지 집결을 강력하게 저지함에 따라 곳곳에서 충돌하는 사태들이 이어졌다. 5천여 명의 학생과 시민들이 도청과 광주역 앞에 집결하여 시위를 벌이자 정웅 31사단장은 23:40분경에 또 다시 긴급 작전회의를 소집하여 7공수여단 35대대는 도청 경비에, 33대대는 광주역 경비에 임하도록 명령하고 극렬시위자는 전원 체포하라고 거듭 지시했다. 36개 거점을 방어하기는커녕 도청과 광주역 상항이 다급해진 것이다. 광주역과 도청에 출동한 33대대와 35대대가 철야 시위에 가담한 273명을 연행하여 31사단 헌병대에 인계했다. 김경철(28세)이 찰과상으로 통합병원에 후송되었지만 다음 날 사망했고, 이종남(27) 등 시민 수십 명이 부상을 입었으며, 계엄군 15명과 경찰관 310명이 부상을 입었다. 이날 동원됐던 경찰병력은 95/1,830명이었다.

당시 7여단은 전북 금마에 위치해 있었고, 여단장은 신우식 장군, 33대대장은 권승만 중령으로 전주 출신, 35대대장은 김일옥 중령으로 대구 출신, 그리고 35대대 제3중대장 박병수 대위는 김제 출신이었다. 박 대위는 조선대로 가는 것을 소풍을 가는 것쯤으로 생각하여 아무런 진압도구를 챙기지 못했고, 여단에는 전라도 출신들이 매우 많다고 증언했다. 5월 22일부터 전교사 사령관을 맡았던 소준열 장군은 민화협(민족화해협력범국민협의회)에서 7공수여단의 40%가 전라도 출신이라고 증언했다. 서울과 8개도에서 모인 부대에서 전라도 사람들이 40%를 차지했다는 것은 전라도 장병들이 7공수여단의 문화를 지배했다 해도 과언이 아닐 것이다. 그런데도 유언비어는 경상도 군인만 골라서 왔다고 했다. 다음은 김제 출신 박병수 대위의 증언이다.

여단본부에서 출발하여 대학에 진주한다는 말을 듣고 바둑판과 배구공을 가지고 갔다. 대학에 진주한다기에 놀러가는 것으로 생각한 것이다. 우리 부대는 주둔지가 전북이라 전라도 출신들이 많이 있었다. 실탄은 개인별로 가져가지 않았고, 소나무로 만든 진압봉 하나씩 들고 갔다. 진압봉과 사과탄이 무기의 전부였고, 방석모, 방패, 최루탄 발사기 같은 것도 없었다. 시위 현장에 나가 있던 우리는 식사 보급차량이 접근하지 못하는 관계로 비상 특전식량만 먹었고, 더운밥을 먹은 기억이 없다. 잠을 거의 못 잔데다가 배가 고파 앉기만 하면 잠이 왔다.

아래는 11공수 61대대장 안부웅 중령의 증언이다.

5월 18일 00:00시부로 동국대로 출동하여, 그곳에서 주둔하던 중 여단본부 전체가 이동해서 12:00시경부터 천막을 치고 있던 차에 15:00시경에 여단장에게서 광주로 이동하라는 지시를 받았습니다. 광주출동 당시 실탄은 개인에게 지급되지 않았고, 후속부대가 가져오도록 조치했습니다. 5월 18일 오후 늦게 송정리 비행장에 도착, 버스에 분승한 뒤 조선대로 이동했습니다. 조선대에 들어가니 7여단 병력이 숙영준비를 했습니다. 도착 뒤 병사들에게 밥을 먹이려 했으나 급히 출동하느라 취사도구를 가져오지 않아 7여단에 가서 우리 대대 취사를 할 수 없는지 알아보니 7여단도 자기 병력들 밥만 할 정도의 취사도구밖에 없었습니다.

31사단 최종회 중령이 겨우 취사도구를 구해주어 병사들 밥을 먹였는데, 그 때가 저녁 11시경이었습니다. 식사 후 병사들을 취침시켰고, 저도 약간 잠을 잤는데 5월 19일 새벽 2~3시 사이 여단 본대가 열차로 도착하여 조선대에 들어왔습니다. 그래서 우리 대대가 쳐놓은 천막을 할당해 주었습니다.

5월 18일에는 31사단장 정웅이 직접 지휘했다.

이날 광주사람 정웅 사단장은 21:00시와 23:40분 2차에 걸쳐 작전회의를 열고 7공수 2개 대대에 36개 거점을 할당했다. 시위대를 빠져나가지 못하도록 저인망식 작전명령을 내린 것이다. 2개 대대라고 해야 병력은 장교와 본부를 합쳐 겨우 600명 정도에 그친다. 이들에게 36개 거점을 배당했다는 것은 1개 거점당 15명 정도의 병사들을 배치하라는 것이었다. 이 15명에게 수천 단위로 모이는 시민군을 상대하여 주동자 전원을 체포하라고 명령한 것은 참으로 무모하고 무식한 지시가 아닐 수 없다. 이는 공수부대원들이 당할 수밖에 없도록 만든 지시였으며, 궁지에 몰린 공수부대원들로 하여금 이성을 잃도록 강요했던 참으로 무모한 명령이었다. 바로 이 정웅의 명령이 초기의 강경대응을 강요했던 것이다. 광주사태를 악화시키는 데 가장 큰 역할을 한 사람이 바로 정웅, 이 사람이었다.

일반부대가 아닌 특전부대를 광주에 출동시킨 것은 의도된 범죄행위라는 검사·판사

"역사바로세우기" 재판에서 판·검사들은 광주에 특전사를 출동시킨 것이 소요사태를 강력하게 진압하기 위해 사전에 계획한 것이라고 몰아갔다. "전국비상계엄이 선포되고 김대중이 체포되면 광주지역에서 시위가 발생하리라는 것을 우려한 신군부 세력이 소요사태를 강력하게 진압할 목적으로 특수부대인 공수부대를 광주에 출동시켰다"는 것이다. 병사의 신분으로라도 군에 갔다 온 사람들이라면 누구나 법관들의 이 주장이 어처구니 없는 것이라고 생각할 것이다. 계엄령 제10호에 의거 공수여단들은 주로 대학가에 배치됐으며, 서울에 있는 대학들에는 총 16개 대대가 배치됐고, 광주에는 불과 2개 대대(조선대, 전남대), 전북대에 1개 대대, 충남대에 1개 대대가 배치된 것이다. 이것이 당시 전국 대학들에 배치됐던 공수부대의 전 자산이었다. 고소인들이 이런 주장을 해도 혀를 찰 일인데 하물며 판검사들이 이런 억지를 부린다는 것, 그것도 한 때 대한민국 역사를 이끌었던 전직 2명의 대통령과 수많은 4성장군 출신들을 상대로 이런 억지를 뒤집어 씌운다는 것은 판검사들의 표현대로 국민을 외포(공포)케 하는 행위라고 생각한다. 어마어마한 신분들에 대해서도 이러하다면 서민들의 인권은 얼마나 많이 그리고 얼마나 비참하게 유린될 수 있는가를 짐작케 하는 대목인 것이다.

당시 우리나라는 한미방위조약에 의하여 한국군의 작전지휘권을 한미연합사에 맡겨 놓고 있었으며, 평시에 한미연합사의 작전통제를 받지 않고 한국 정부가 독자적으로 사용할 수 있는 유일한 부대는 특전사 4개 공수여단뿐 이었다. 따라서 박정희 대통령시절부터 오늘날에 이르기까지 국내에 소요사태가 발생하여 군을 출동시킬 필요가 있을 때에는 1차적으로 특전부대 병력을 동원하여 사태 진압에 임하고 특전부대만으로 사태수습이 불가능한 극단의 상황이 오면 한미연합사와 협의하여 그 작전통제 하에 있는 일반부대를 추가 동원하도록 되어 있었다. 1979년 10월 부마사태(3공수)나 1980년 4월에 있었던 사북사태(11공수) 때에도 특전부대가 사태 진압을 위하여 출동했다. 광주에 특전부대가 출동한 것도 이와 똑같은 것이지 특별히 광주가 미워서 유독 광주에만 공수부대를 보낸 것은 아니었다. 법관들의 이러한 주장은 경상도 군인이 전라도 사람들을 무차별로 사살하기 위해 공수부대를 보냈다는 터무니없는 유언비어와 유사한 주장인 것으로 해석된다.

군대 모르는 검사·판사들이 지휘체제를 마음대로 해석

진종채 2군사령관은 1980년 5월 17일 계엄사령부에서 육본작전명령 제18-80호로 전 계엄군에 대하여 관할구역 내의 중요 대학 및 국가시설 보안목표에 소요진압 부대 및 경호경비 병력을 투입하라는 지시가 내려오자 충정작전계획에 따른 계엄군 배치계획에 의거하여 5월 17일 19시경, 다음과 같은 조치를 취했다.

특전사 7공수여단은 5월 18일 02:00시까지 31대대를 전북대에, 32대대를 충남대에, 33대대를 전남대에, 35대대를 조선대에 각 출동하여 현지 지휘관의 작전통제를 받아 주요 국가시설 경계임무에 임하라.

바로 이 명령에 따라 광주지역 2개 대학에 33대대 및 35대대가 간 것이다. 당시 광주에는 전교사 직할부대 52명, 31사단 병력 385명, 전교사 헌병 100명 등 가용한 인원이 불과 537명에 불과하여 이 병력으로는 광주에서 일어나고 있는 시위로부터 국가 주요시설 및 보안목표를 보호할 수 없었다. 그래서 진종채 사령관이 전북에 1개 대대, 충남에 1개 대대에 비해 광주에 2개 대대를 보낸 것은 극히 당연한 부대배치라 할 수 있다. 신우식 7공수여단장은 2군사령관의 출동명령에 따라 33대대 병력 330명(45/285명)을 5월 18일 02시경에 전남대에 출동시켰고, 35대대 병력 313명(38/275명)은 같은 날 02시 30분경에 조선대에 출동시켰으며 7공수여단 33대대와 35대대는 광주 현지 지휘관인 정웅 31사단장의 작전지휘에 들어갔다("7공수여단 광주지역소요사태 진압작전" 31-32쪽), 이는 신군부와는 아무 상관 없이 계엄사 내규에 의해 자동적으로 취해진 조치였던 것이다.

2 | 5월 19일의 광주

이른바 광주폭력의 기획 및 연출자라는 윤상원에 대하여

기록들에 의하면 윤상원은 1950년 전남 광산군 임곡에서 7남매의 장남으로 태어나 1971년 전남대 정외과에 입학하여 군복무를 마

윤상원

치고 복학하여 졸업을 했다. 1974년 민청학련사건으로 15년 형을 선고받고 구속됐다가 특사로 풀려나 광주시위에 뛰어들었다. 5월 18일까지의 시위주체는 대학생들이었는데 그 후에는 윤상원이라는 위장취업자가 이끄는 노동자들에게로 넘어갔다는 것이 5·18수호세력들의 주장이다. 실제로 광주에서 폭력시위에 앞장섰던 사람들의 80% 이상은 젊은 하층계의 노동자들이었다.

시인 박노해가 1989년에 "윤상원 평전"을 썼다. 박노해에 의하면 윤상원은 체제전복을 꿈꾸는 혁명투사였다. "노동자 총파업으로 군사독재를 타도한다는 것은 잘못된 생각입니다. 총파업만으로 국가권력은 타도되지 않습니다." 박노해 평전에 의하면 윤상원은 5월 18일 이전부터 무장봉기를 준비했다. 탈북자들의 증언집 "화려한 사기극의 실체 5·18"(2009. 9. 자유북한군인연합)에 의하면 북한은 특수군 팀들을 여러차례 내려보내 고첩들을 지휘케 함으로써 1980년 2월 이미 전남지역 전체에 산재한 무기고 위치를 다 파악하고 있었으며 3월을 봉기시점으로 기획했지만 사북사태 등의 여건변화로 부득이 농번기인 5월을 택했다고 한다. 윤상원은 전남대 정외과를 졸업하고 서울에서 직장을 다니다가 광주로 내려와 공장에 위장취업을 하면서 노동운동을 주도했고, 노동야학인 '들불야학'을 통해 노동자들을 조직했다. 그는 또한 전민노련(전국민주노동자

연맹)의 중앙위원이기도 했다. 그가 만들었다는 5·18 투사회보는 9호까지 나왔다. 윤상원은 그들 세계에서 광주 투쟁을 기획하고 실행한 주모자요 열사로 통한다.

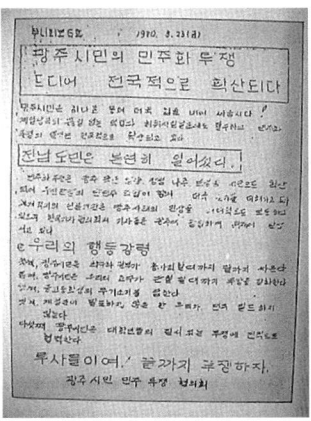

윤상원이 발간한 투사회보

하지만 필자의 생각은 다르다. 윤상원의 원래 이름은 윤개원, 그는 투사회보를 작성하여 뿌리기는 했지만 그의 이름은 5월 25일에 형성된 학생대책위원회의 대변인으로 처음 나타났다. 광주 시위의 조직성과 전문성으로 볼 때 나이도 겨우 30세에 불과하고, 학생대책위에서의 직위도 대변인에 불과했던 윤상원의 지휘능력 한계를 훨씬 초과하는 것으로써 보이지 않는 어떤 전문조직에 의해 수행됐을 것이라는 생각이 든다. 5월 27일 새벽 계엄군을 향해 총을 겨누고 일갈하다가 장렬하게 총에 맞아 죽었다는 저들의 선전과는 달리 그는 화상으로 사망했다. 17대 총선이 끝난 2004년 5월 29일, 청와대에서 모인 정권 획득 자축파티에서 386 당선자 30여명이 주먹을 흔들며 '산자여 따르라'로 끝나는 1980년대의 운동권 노래 '님을 위한 행진곡'을 함께 불렀고, 노무현 대통령을 비롯해 대부분 참석자들이 눈물을 흘렸다 한다. 보수층에서는 이 곡을 386주사파가 부르는 운동권 노래라고 믿어 왔다. 무겁고 비장하게 땅 밑으로 가라앉는 듯한 이 노래는 '5·18 광주민주화운동'을 기리기 위한 노래로 윤상원과 그보다 한 해 전인 1979

년 겨울 연탄가스로 숨진 그의 여인 박기순과의 영혼결혼식을 내용으로 하는 노래굿 '넋풀이'에서 두 영혼이 부르는 노래로 발표되었다. 전남대 선후배 사이로 들불야학에서 만난 두 사람은 1982년 2월 망월동 묘역에 합장되어 부부의 연을 맺었고, 임을 위한 행진곡은 1982년 5월 18일 윤상원·박기순의 영혼결혼식에서 처음 불려졌다. 영혼으로 맺어진 부부가 함께 부르는 노래라는 것이다. 이 노래는 백기완의 시 '묏비나리'(젊은 남녘의 춤꾼에게 띄우는)에서 황석영이 내용을 따다가 작사를 했고, 여기에 김종률이 곡을 붙인 것이다.

사랑도 명예도 이름도 남김없이, 한평생 나가자던 뜨거운 맹세, 동지는 간 데 없고 깃발만 나부껴, 새날이 올 때까지 흔들리지 말자, 세월은 흘러가도 산천은 안다, 깨어나서 외치는 뜨거운 함성, 앞서서 나가니 산자여 따르라, 앞서서 나가니 산자여 따르라.

5월 19일의 상황개요

31사단장 정웅은 이날 새벽 광주역에 도착한 11공수 3개 대대를 즉각 시내로 출동시켰다. 오전 8시, 전라남도지사가 시민들에게 냉정을 찾자는 담화문을 발표했고, 전남 교육위원회는 모든 고등학교에 귀가령을 내리고 5월 20일부터 휴교한다는 휴교명령을 내렸지만 사태는 극렬쪽으로만 치닫고 있었다. 화염병, 각목, 쇠파이프, 낫, 곡괭이, 도끼, 휘발유통 등 폭력의 무기도 다양해졌지만 경유를 길에 붓고 불을 지른다거나 차량과 건물들을 닥치는 대로 파괴하고 불을 지르는 등 폭력의 행태에도 온갖 지혜가 다양하게 동원되었다. 5월 19일부터의 광주시위는 그냥 시위가 아니라 폭력 백화점이었다. 3~4명, 7~8명 단위로 쪼개진 공수대원들은 수백~수천 명에 둘러 싸여 매타작을 당하고 생사의 갈림길에서 혈투를 벌였다. 이 날부터 공수대는 최루탄과 곤봉으로 방어하기에 급급했고, 전세는 완전히 시위대에 의해 압도됐다.

유언비어의 수위가 더욱 높아졌고, 시위대는 시체를 끌고 다니면서 시민들을 선동했다. 계엄군은 포위되어 매타작을 당해 빈사상태에 이르고, 계엄군이 소지했던 M-16 무기들이 피탈됐다. 다급한 상황에 몰리게 된 계엄군 장교들은 누구의 명령도 없이 단지 살기 위해 공포탄을 발사했고, 발포 덕분에 위기를 모면했다. 모란봉의 꽃으로 불린 전옥주라는 여인 등 몇 명의 여인들이 확성기를 들고 시내를 누비고 다니면서 애끓는 목소리로 시민들을 선동하고 동원하는 방송을 했다. 이날의 유언비어는 전날보다 더 다양하고 자극적이었다.

경상도 군인들이 전라도에 와서 여자고 남자고 닥치는 대로 밟아 죽이고 있다.
공수대원이 이화여대생으로 보이는 여학생 3명의 팬티와 브라자까지 모두 찢어내고 구두발로 엉덩이를 찬 후 대검으로 등을 찔러 죽였다.
공수대원이 광주 수창초등학교 앞 전봇대에 산사람을 거꾸로 매달았다.

5월 18일에 40명의 시위학생이 죽어 금남로가 피바다가 됐다.

공수대원들이 젊은 놈들은 모조리 죽여 버리고 광주시민 70%를 죽여도 좋다, 개 몇 마리 잡았느냐고 농담을 한다.

계엄군이 출동해서 장갑차로 사람을 깔아 죽였다.

김대중을 잡아 죽이고, 전라도 사람을 몰살한단다.

공수부대들이 호박을 찌르듯이 닥치는 대로 찔러 피가 강물처럼 흐르는 시체들을 트럭에 던지고 있다.

여학생들이 발가벗긴 채로 피를 흘리며 트럭에 실려갔다.

삼립빵 트럭이 시체를 실으려 시내를 돌아다니고 있다.

부녀자의 국부를 찌르고 유방을 칼로 도려내니 참을 수 없다.

이러한 유언비어들에 현혹된 시민들은 이성을 잃기 시작했다. 공수부대는 소규모 단위로 쪼개져서 수많은 길목들을 가로 막고 부동자세를 취하고 있었다. 시위대와 시민들이 야유를 퍼붓고 인격적 모독을 해도 눈망울 하나 움직이지 않고 서 있었다. 그러다가 시위대가 돌과 화염병들을 던지면 이리저리 피하기에 바빴고, 피를 본 병사들은 이성을 잃고 돌을 던진 사람들을 끝까지 추적하여 타격하는 등 광주 시위는 군복을 입은 젊은이와 민간복을 입은 젊은이들 사이의 무자비한 폭력 싸움으로 변질됐다.

61대대장 안부웅 대대장의 증언

군중들이 "와와" 소리를 지르며 호응한 뒤, 칼과 도끼 등을 든 사람들이 시위대의 전면에 나오기 시작했습니다. 그리고는 우리 병력 바로 앞에까지 와서 도끼로 병사들의 철모를 툭툭 치면서 "이 새끼를 이걸로 골을 빠개 버려?", 그리고 가위, 칼 등을 눈앞에 대고 "이걸로 눈을 쑤셔버려?" 등의 위협을 해 우리 병사들은 완전히 겁에 질려 있는 상황이었습니다. 그런데도 우리 병력들은 꿈쩍도 않고 있었습니다. 공수대원들은 경계만 하며 시위대에게 해산을 종용하고 있는데 시위대가 먼저 돌을 던지고 화염병을 던지니까 병사들이 흥분하여 때린 격입니다. 공수대원들도 시위대들이 던져대는 돌과 화염병에 무수히 많은 부상을 입었습니다. 5월 19일이면 진압 초기로서 초기부터 착검하고 진압할 수는 없는 일입니다. 또한 군에서 사용하는 대검은 날이 서 있지 않고 무딘 상태입니다. 대검으로 물건을 자를 수는 없습니다. 광주사태 유언비어 중에 공수대원들이 대검으로 여자 유방을 잘랐다고 하는데, 물리적으로 군의 대검으로 사람 살을 자른다는 것은 불가능합니다. 16시경 대치중인 계엄군(61대대) 배치선 1미터 전방까지 40대 남자가 접근하여 협박했습니다. '네놈들이 있던 강원도 오음리 지역의 군인가족을 몰살키 위해 시민을 현지로 보냈다.' 이렇게 한 후 군중 속으로 뛰어 들며 선동하였고, 시위대로 전진하면서 돌을 던졌습니다. 대원들은 주동자를 체포하려다 오히려 3명이 부상을 당했습니다. 당시 노동청 앞 쪽에서 경찰병력이 돌진하는 시위대 차량에 의해 4명이 압사했다는 보고를 받은 상태였습니다. 21시 경이 지나자 시위대가 앰프를 단 차량으로 도로상을 돌아다니며 최초로 시위대의 선무방송이 시작되었습니다. 어떤 여자가 애끓는 듯한 소리로 시민들을 자극하는 방송을 했습니다. 목소리와 억양이 마치 이북에서 대남 방송하는 여자들의 억양과 똑같아 계엄군 입장에서 보면 전율을 느낄 정도였습니다. 시민들이 들으면 분노를 느끼게 하는 그런 내용이었습니다. 지금 기억나는 내용은 '지금 경상도 군인이 전라도 사람들 씨를 말리려고 왔다. 우리가 이대로 있어서야 되겠느냐, 금남로로 전부 모여라' 라는 내용이었습니다. 이 방송이 있은 다음부터 시위 양상이 격해졌습니다. 그 당시 시위대들은 몽둥이, 쇠파이프, 쇠갈고리, 도끼 등 흉기가 될 만한 것은 전부 다 들고 있었으며 시위 상태도 이전과 달라졌습니다.

5월 19일의 상세상황

5월 19일은 월요일, 저녁에는 비가 내렸다. 00:50분 광주역에 도착한 11공수의 61대대 잔여병력, 62대대, 63대대가 도착 즉시 31사 96연대의 작전통제하에 들어가면서 02:10분에 조선대로 이동했다. 06:30분, 11공수여단장(최웅)은 7공수의 35대대를 작전배속 받아 자체 소속의 61대대와 함께 광주 동부권 지역을 담당하기로 했다. 그리고 7공수의 33대대는 31사단 예비대로 전환됐다. 여기까지를 보면 7공수여단장 신우식 장군의 휘하에 있던 2개 대대(33, 35) 중, 제33대대는 96연대에 작전배속된 상태였고, 제35대대는 11여단장에게 작전배속된 상태에 있었다. 이로써 신우식 장군은 자기가 양성해 오던 부대를 다른 작전부대장들에게 모두 시집을 보내고 그 자신은 지휘권이 전혀 없는 상태가 되었다. 다만 자기 부하들이 시위 진압에서 피해를 당하지 않기를 바라면서 "잘 하라"는 당부 정도밖에 할 수 없는 처지가 되었다.

최웅 11여단장은 자기 예하부대 3개 대대 중에서 2개 대대(62, 63)는 31사 96연대에 내주고, 나머지 61대대와 7공수의 35대대를 가지고 광주의 동부지역을 담당하게 된 것이다. 전남도청 및 남부지역은 경찰이 담당하고, 광주 서부 및 북부 지역은 31사단 96연대가 담당하게 되었다. 31사단 병력 중 광주 시위 진압에 가용했던 병력은 96연대뿐 이었다. 결국 정웅 31사단장은 자체가 보유한 96연대와 11공수 3개 대대 및 7공수 2개 대대 모두를 지휘하게 된 것이다. 아침 4시, 통행금지가 해제되자 정웅 31사단장은 그날 아침에 광주에 도착한 11공수여단 3개 대대에 '광주시내로 출동하여 경계임무에 임하라' 고 지시했다. 오전 8시, 전라남도 도지사는 시민들에게 공공질서를 지키고 냉정을 찾아 사태가 확대되지 않도록 협조해 달라는 담화문을 발표하였으나 광주일고, 대동고, 중앙여고 등 고등학교 학생 6천여 명은 등교를 하자마자 수업을 거부하고 교내 시위를 벌이는 상황이 벌어짐으로서 전남 교육위원회는 모든 고등학교에 귀가령을 내리고 5월 20일부터 휴교령을 내렸다. 08:20분, 이희성 계엄사령관은 전교사 사령관 윤흥정에게 이런 명령을 내렸다.

 "호남지역은 김대중을 우상화하는 지역이다. 시민을 자극하지 않도록 주의하고, 광주 소요 뒤에는 배후 조종 세력이 있어, 지역감정을 자극하는 유언비어들을 날조 유포시키고 있다. 전단지를 공중에서 살포, 선무작전을 실시하라."

09:30분, 광주사태가 확대일로로 치닫자 윤흥정 전교사 사령관은 이희성 계엄사령관에게 1개 공수여단의 추가 증원을 요청했다. 전날 공수부대원들의 강경진압과 유언비어들에 자극된 학생 및 시민들은 아침 일찍부터 시내에 속속 모이기 시작했고, 상가는 문을 닫고, 관공서, 기업체, 학교 모두가 정상업무를 포기했다. 이 중 대동고, 중앙여고 등 일부 고등학교에서는 공수부대 철수, 전두환 퇴진 구호로 외치며 시위를 했다. 금남로는 교통이 차단됐고, 전남도청 앞에는 경찰이 바리케이드를 치고 있었다. 11공수의 61대대는 조선대에서 아침 식사를 한 후 09:00시부터 전남도청과 금남로 일대의 시위 예상지역을 먼저 점령하고 열을 지어 늘어서서 시위대의 집결을 차단하고 있었고, 11공수의 62 및 63대대는 10:00시부터 장갑차를 선도로 차량 30대에 부대원을 태워 시내를 돌면서 위력시위를 했다. 위력시위라는 것은 무장한 계엄군을 차량에 태우고 헤드라이트를 밝히면서 대로를 질주함으로써 위력을 과시하는 것이었다. 다른 지역에서는 이 정도의 위력시위만 보여도 시위를 저지시키는 효과를 냈지만 광주에서만은 사정이 달랐다. 10:00시, 학생시위대 등 200여 명이, 충장로 파출소를 경계하고 있던 11공수여단 61대대 1지역대를 향해 돌과 화염병을 던졌고, 이 때 일반 시민 60여 명이 각목, 쇠파이프 등을 휘두르며 학생시위에 가담했다. 오전 10시부터 대학생들은 3,000여 명으로 늘어났다. 행동도 전날보다 훨씬 과격해져, 화염병, 각목, 쇠파이프를 가지고 계엄군과 경찰을 공격했다.

10:30분, 가톨릭센터 앞에 시위대 2,000여 명이, 충장로 일대에도 또 다른 2,000여 명이 화염병, 돌, 각목, 보도블록을 던지는 격렬한 시위를 벌였다. 위력시위를 벌이고 있던 62 및 63대대가 급거 금남로로 달려가 61대대 및 경찰과 대치하고 있던 시위대 4천명에 대한 해산을 시도했지만 이들은 금남로 사거리, 광주은행 본점, 관광호텔, 수미다방, 충장로 1가, 충금지하상가 등에서 시위대는 화염병을 던지며 도청방향으로 진입을 시도했다. 이에 진압군은 다방, 여관, 민가 등까지 쫓아가 극렬 공격자들을 검거하여 시민과 구별을 짓는다는 방법으로 옷을 벗겨 연행했다. 가톨릭대 앞의 3,000명 중 200여 명을, 관광호텔 앞에서는 107명을 체포, 동부 및 서부 경찰서에 인계했다. 이 광경을 외신기자 5~6명이 취재했다.

  전남도청 주변에서 시위하던 극렬학생들이 공수부대원에 쫓겨 YWCA 건물로 들어가자 부대원들은 학생은 물론 학생들을 보호하던 직원들까지 도로에 끌어내 무릎을 꿇리고 때렸다. 건너편 무등고시학원에서 이를 목격한 학원생들이 때리지 말라 고함을 치자 부대원들은 학원으로 몰려가 학원생들을 구타하고 트럭에 실어 연행했다. 오전 11시경에는 4천여 명의 학생들이 금남로에 모여 경상도 출신 계엄군이 광주 시민을 죽이려 한다는 구호를 외치며 저지 경찰관에게 화염병을 투척하고 각목과 쇠파이프로 경찰관을 폭행하였으며 차량 10여대를 빼앗아 불을 질렀다. 정웅 사단장의 지시로 시위진압을 위해, 금남로에 출동했던 7공수여단 35대대 병력 280명(30/250)은 갑자기 수세에 몰리기 시작했다. 수천 명의 시위대가 공사장 자재로 바리케이드를 설치하고 휘발유통에 불을 붙여 계엄군 병사들을 향해 굴리는 등 격렬한 공격을 가해오자 35대대 병력은 시위 진압에는 엄두조차 내지 못하고 최루탄을 쏘면서 자체 방어에만 급급했다.

충장로 파출소에 출동한 11공수여단 61대대 1지역대 10여 명도 오전 11시경에 200여 명의 시위대로부터 투석과 화염병의 공격을 받아 대원 중 최상규 하사의 다리가 부러지고 김영상 중위 등 6명이 부상을 당하는 상황이 벌어졌다. 제1지대장으로부터 긴급 구조 요청을 받은 안부웅 61대대장은 거점을 경비하던 61대대 병력에게 거점경비를 포기하고 안전한 인근 건물 안에 피신하라고 지시를 한 후에 11공수여단 본부에 구조를 요청했다. 안부웅 대대장의 구조 요청을 받은 최웅 11공수여단장은 당시 광주 시내에서 무력시위중이던 62대대와 63대대를 금남로에 긴급 출동시켰다. 62대대와 63대대가 충장로에 출동하였을 때 3~4,000명의 시위대가 61대대 병력과 대치하고 있었으며 도로에는 5~6대의 차량이 불타고 있었다. 62대대와 63대대가 증원 출동하자 시위대는 물러났다. 61, 62, 63대대는 충장로에 집결하여 경계임무에 임하다가 시위 군중이 해산하여 소강상태를 이루자 14:00시경 숙영지인 조선대로 복귀하여 병사들에게 식사를 시키고 부상자를 후송했다.

그러나 이러한 소강상태는 오래 가지 못했다. 이날 오후 광주 일원에는 갑자기 악성 유언비어들이 난무하면서 시민들을 흥분시켰고, 흥분한 시민들이 시위에 가담하기 시작했다. 13:30분, 공수부대원들이 조선대로 철수하여 점심을 하는 사이 학생 및 시민 4~5,000명이 가톨릭센터 앞에서 금남로를 차단하고 있던 경찰을 향해 돌과 화염병을 던졌고, 기름이 든 드럼통에 불을 붙여 경찰 저지선으로 굴려 보내 폭발케 했고, 도로변 화분과 공중전화 부스를 부수어 바리케이드를 치고 각목과 쇠파이프를 휘두르며 공수대원을 위협하고 돌을 던지는 등 전문적이고도 격렬한 시위를 벌였다. 시위대의 규모가 무섭게 불어나고 행동이 점점 더 격렬해지자 정웅 사단장과 최웅 11공수 여단장은 병력을 중대 또는 지대 단위의 소규모 단위로 분산하는 것이 위험하다는 데 의견을 모으고 대대단위로 운용할 것을 결심했다. 이에 따라 61대대는 공용터미널, 62대대는 한일은행, 63대대는 광주고교, 35대대는 광주소방서를 거점으로 하여 시위를 진압하도록 조치했다.

윤흥정 사령관의 계엄군 증파 요청을 받은 계엄사령부는 5월 19일 14시경에 육군본부 작전명령 제20-80호로 특전사 3공수여단에 대한 출동명령을 내렸다. 14:00시, 윤흥정 전교사 사령관은 도지사, 교육감, 검사장, 광주시장, 중앙정보부 분실장, 지방노동청장, 우체국장, 31사단장, 11공수여단장 등이 참석한 기관장 회의를 개최했다. 기관장들은 "군의 진압행동이 너무 과격하다. 어느 나라 군대인지 의심이 간다. 고교생까지 동요한다며 연행자 전원을 석방하고 석방자 명단을 공개하라" 요구했고, 윤흥정 사령관은 정웅 사단장과 최웅 여단장에게 가혹한 방법을 자제할 것과 주동자가 아닌 사람은 석방하라는 지시를 내렸다. 회의가 끝날 무렵 진종채 2군사령관이 현지 작전지도 차 광주를 방문했다가 17:00경에 복귀했다. 이후 광주 작전에서 2군 사령관 진종채가 보여준 열의는 참으로 돋보였다.

광주시내의 시위가 격화되자 정웅 31사단장은 14:40분경 11공수여단 61, 62, 63대대와 7공수여단 33, 35대대 전 병력에 대하여 도청과 금남로에 출동하여 시위를 진압하라고 지시했다. 11공수여단 3개 대대와 7공수여단 2개 대대는 15:40분경 출동을 개시하여 11공수여단은 금남로에서 도청 쪽으로, 7공수여단 35대대는 도청 앞 광장에서 금남로 쪽으로 진출하면서 시위 진압에 나섰다. 계엄군이 금남로 한일은행 앞에 이르렀을 때 그 곳에는 각목, 쇠파이프, 농기구 등을 손에 든 2,000여 명의 시위대가 인근 공사장에서 경유를 가져와 노상에 붓고 불을 지른 후 경남과 부산의 번호판이 붙은 일반 차량을 불길 속에 밀어 넣어 바리케이드를 만들어 도로를 차단해 놓고 시위를 벌이고 있었다.

계엄군은 계속 선무방송을 통하여 해산을 종용했지만 시위대의 태도는 5월 18일과는 판이하게 달라져 있었다. 물러서기는커녕 더욱 극렬하게 돌과 화염병을 던졌다. 궁지에 몰린 계엄군이 마지막으로 쓸 수 있었던 무기는 최루탄뿐 이었다. 대규모의 시위대는 돌, 화염병, 각목, 쇠파이프를 가지고 공격하는 공격자가 됐고, 규모가 시위대의 수십 분의 1에 불과했던 공수부대원들은 몇 개씩의 최루탄으로 시간을 버는 힘겨운 방어자가 돼 있었던 것이다. 이 과정에서 계엄군 12명이 부상을 입었으며 극렬 시위자 7명이 체포되었다. 계림동 계림극장 앞에 출동한 7공수여단 33대대의 사정은 더욱 험악했다. 권승만 중령이 이끄는 33대대 병력 330명은 계림극장에 도착하기도 전에 5,000여 명의 시위대에 포위되어 공격을 받아 2명의 부상자가 발생하자 부득이 시위 진압을 포기한 채 도청으로 후퇴할 수밖에 없었다.

14:30분, 한일은행 1,000여 명, 관광호텔 앞 2,000여 명, 가톨릭센터에 3,000여 명의 시위대가 공사장 자재를 이용하여 바리케이드를 치고, CBS 건물을 향해 돌을 던지며 거기에 있던 승용차 10대에 불을 질렀다. 이때에 계엄군 2명이 중상과 경상을 입었다. 학생들은 "학생들의 희생을 더 이상 볼 수 없다. 시민이여 학생이여 나오라" 등의 구호를 외쳤다. 15:15분, 시위대는 가톨릭센터에 도착하여 가톨릭센터 7층, 기독교방송을 경계하기 위해 배치된 31사 96연대 소속 9명을 공수부대 요원이라고 주장하면서 가톨릭센터 직원들의 만류를 뿌리치고 분말소화기를 뿜어대고, 각목과 쇠파이프를 휘두르면서 7층으로 올라가 경계병으로부터 M-16 소총 1정을 빼앗아 건물 아래로 던지고 일부는 차고에 있는 승용차 4대를 불태웠다. 검찰 보고서에는 난폭한 폭도들에 의해 7층 건물 계단에 갇혀버린 31사 96연대 소속 병력 9명이 어떤 과정을 거쳐 탈출했는 지에 대한 조사가 없다. 하지만 전투경험이 있는 필자는 오직 소대장의 위협사격에 의해서만 포위망을 뚫고 탈출할 수 있었을 것이라고

생각한다. 당시 소대장은 실탄을 가지고 있었다. 이것이 정당방위를 위한 첫 번째 발포였던 것으로 추정된다. 그러나 여기에서는 검찰의 수사보고서에 기록돼 있는 내용들만을 취급할 것이다. 수명의 청년들이 시체 1구를 싣고 시위 군중 사이를 돌아다니면서 "계엄군이 무고한 시민을 죽였다. 학생과 시민이 더 이상 희생되기 전에 계엄군과 싸우자"고 선동했다. 이에 시민들이 흥분하여 부녀자까지 가담함으로써 시위대의 규모는 갑자기 1만 명 수준으로 불어났다. 이들 1만여 명의 시위대는 한일은행 앞에서 경찰과 대치하다가 관광호텔 쪽으로 이동하여 공사장 자재로 바리게이트를 설치하고, 휘발유통에 불을 붙여 경찰을 공격하고, CBS 사옥에 몰려가 기물을 파괴했다.

오후 3:30분, 가톨릭 센터 앞에 모인 3,000여 명의 군중이 계엄군을 포위하고 폭행을 가했다. 계엄군 1명이 빈사상태에 빠지고 그가 가지고 있던 M-16 소총도 피탈되었다. 과격한 청년들이 경유를 가져와 길에다 붓고 불을 지른 후, 승용차 8대를 불길 속에 밀어 넣어 계엄군이 접근하지 못하도록 바리케이드를 쳤다. 악성 유언비어에 격분한 시민들이 경남 및 부산 번호판이 붙은 차량들에 불을 지르고 각목, 쇠파이프 등을 들고 계엄군을 공격했다. 역전파출소, 누문동파출소, 양동파출소, 임동파출소 등이 습격을 받아 전소되었고, 17,000여명의 시위 군중은 광주은행, 중앙여고, 광주역, 공용터미널, 도청 등 시가지에서 밤 11시까지 시위를 벌였다. 또한 가톨릭센터 앞에 모인 시위 군중 3천여 명은 승용차 8대를 탈취하여 방화하고 MBC 사옥에 난입한 후 MBC 방송국 경비병을 습격하여 M-16소총 1정과 실탄 15발을 탈취하였다. 그리고 역전파출소, 누문동 파출소, 양동파출소, 임동파출소 등이 극렬 시위대의 습격을 받아 파괴, 방화됐다. 이 상황에 당황한 정웅 사단장은 윤흥정 전교사 사령관에게 전화를 걸어 "무기가 탈취되었는데 어떻게 하 좋으냐"면고 묻다가 핀잔을 들었다. "당신이 현장 지휘관인데 멀리 있는 내게 어찌 하오리까 하면 낸 들 무슨 수가 있겠소." 참으로 한심한 지휘관이었다. 여기까지 3정의 M-16이 피탈된 것이다.

15:27분, 문화방송국 앞에 집결한 3,000여 명은 문화방송이 광주 상황을 자세히 보도해 주지 않는다는 이유로 방송국 건물에 돌을 던지고, 취재차량 1대를 불태우고, 사장이 직접 운영한다는 전자제품점(문화상사)을 불태웠다. 15:55분, 전남대에 예비 병력으로 주둔하고 있던 7공수 33대대가 착검한 상태에서 차량을 타고 광주역-공용터미널-광주공원 등을 돌며 무력시위를 했다. 이 때 공용터미널 부근에서 시위대가 돌을 던지자 그 중 9명을 체포하여 18:30분에 다시 전남대로 복귀했다. 16:00시, 중앙여고 앞에서는 학생 박찬숙 등 600여 명이, 대동고 앞에서는 고3학생 등 1,000여 명이, 광주일고 앞에서도 고교생 2,000여 명이 시내 진출을 기도하다가 군과 경찰에 밀려 분산됐지만 분산되기 직전까지 이들은 돌을

던지며 대항했다. 16:15분, 광주터미널에서 학생 1,000여 명이 몰려 가드레일과 공중전화기 부스로 바리케이드를 치고 공수부대에 돌을 던졌다. 이 때 광주소방서 쪽에서 시민들의 시위 참가를 호소하는 가두방송이 시작됐다. 북동사무소 앞에서는 성난 공수대원 300여 명이 돌을 던지다 쫓겨 간 학생들을 체포하기 위해 가택수색을 했고, 체포된 시위대를 진압봉으로 가격했다.

17:00시, 공수부대에 '공수부대원의 사체가 있다'는 허위 제보가 들어왔다. 사직공원을 수색하고 돌아가던 63대대 일부 병력이 광주고등학교 부근 동원예식장 건너편에 이르렀을 때, 시위대가 강력한 포위망을 형성하고 공격을 가하자 공수부대 장갑차가 방향을 잃고 보도 턱을 받고 정지했다. 시위대는 장갑차 뚜껑을 열고 불붙은 짚단을 속으로 밀어 넣으려 했다. 다급해지자 장갑차에 타고 있던 장교가 문을 열고 나와 M-16으로 위협사격을 가했다. 이 때 19세의 조대부고 3학년 김영찬(19)이 대퇴부에 총상을 입었다. 공식적으로는 이것이 진압군에 의한 첫 번째 발포였다. 여기에서 발포를 명령한 사람은 아무도 없었다. 장교의 발포는 그를 죽이기 위해 장갑차 속으로 불붙은 짚단을 집어넣으려 했던 살인적 공격행위에 대한 순간적인 정당방위였다.

이제까지 세상에 무수히 유포되고 있는 5.18자료들에는 19일 오후 5시 불붙은 짚단을 피하기 위한 공수부대 장교에 의한 발포 내용이 들어 있지 않다. 그리고 5월 20일과 21일에 있었던 10여 차례의 자위적 발포 사실들도 들어 있지 않다. 오직 5월 21일 오후 1시에 전남도청에서 발생했던 집단적인 발포만을 문제 삼아 왔다. 하지만 5월 21일 13:00시 도청 앞 발포 이전과 이후에 있었던 발포들이 어떤 상황에서 이루어진 발포인지를 이해한다면 5월 21일의 발포에 대해서도 충분히 이해가 될 것이다. 그러나 한쪽의 말만 들어온 사람들은 5월 21일의 집단발포에는 반드시 발포명령자가 있으며, 그 발포명령자가 바로 전두환이라고 믿고 있다. 17:30분, 금남로 2가 가톨릭센터 앞에 시위대 200여 명이 집결하자 공수부대는 장갑차 2대를 앞세워 해산시켰고, 공용터미널에 1,000여 명, 금남로에 2,000여 명이 집결했지만 계엄군의 강력한 진압으로 해산됐다. 이 때 1,000여 매의 유인물이 살포되어 시민을 자극했다.

학생 시민은 궐기하라.
경상도 군인이 와서 광주를 쑥밭으로 만든다.
경상도 차를 보면 불을 질러라.

17시 30분경에는 가톨릭센터 앞에서 1,000여 명의 시위 군중이 계엄군의 장갑차를 포위하고 투석과 폭행을 함으로 장갑차에 타고 있던 병사가 겁에 질려 도망을 가고 이 과정에서 계엄군 1명이 중상을 입고 장갑차와 계엄군이 소지하고 있던 M-16 소총이 또 피탈되었다. 5월 19일에 벌써 4정의 M-16소총이 피탈당한 것이다. 19:45분, 시위대는 유동에 세워진 석탄절 봉축 대형 아치에 불을 질렀고, 중흥동 광주터미널 부근 청과물 시장에서 경남번호판을 단

화물차 1대에 불을 붙여 공수부대를 향해 돌진시켰고, 이어서 북구청에 돌을 던지고, 누문파출소, 역전파출소, 임동파출소, 양동파출소를 공격한 후 방화했다. 21:00시, 시위대가 역전파출소를 다시 점령하고, KBS 광주방송국에 난입하여 기물을 파괴했다. 이 때 33대대가 광주역에 출동하여 시위대를 해산시켰고, 경찰과 함께 북구청 주변에 위치한 빌딩, 여관, 다방, 주택가를 뒤져 방화용의자 13명을 검거했다. 23:00시, 경찰과 96연대가 누문파출소와 양동파출소에 출동하여 시위를 진압했다. 이 때 서방주유소 근방에 있던 시위대 2,000여 명이 군경의 저지로 해산하는 과정에서 주유소 휘발유 9,500리터를 탈취해 갔다. 이날 밤 35대대와 61대대는 공용터미널에서 숙영했고, 61대대는 이튿날 새벽 05:20분에 전남도청 앞으로 이동했다. 19일 오후 내내 지속된 시위는 부슬비가 내리기 시작한 밤 11시에 접어들면서 점차 조용해졌다.

계엄사는 시위가 불길처럼 확산되고 시위 양상이 격화일로를 치닫자 1개 공수여단을 더 증파하기로 하고, 정호용 특전사 사령관과 의논하여 최세창 장군이 이끄는 3공수여단을 투입하기로 결정한 후, 18:00시에 2군사령부에 3공수 5개 대대를 작전통제하라는 명령을 내리는 한편, 23:08분에는 3공수여단에 광주 투입 명령을 하달했다. 같은 23:00시, 정웅 사단장은 기밀실에서 예비군훈련단장, 최웅 11여단장, 96연대장, 경찰국장 등과 작전회의를 했다. 익일인 5월 20일 오전에 증파되는 3공수여단 5개 대대는 전남대를 기점으로 하여 전남도청의 서쪽을 담당하고, 11공수여단 3개 대대는 조선대를 기점으로 하여 전남도청의 동쪽을 담당하되 과잉진압을 자제하라는 지시를 내렸다. 23:40분, 2군사령관은 도시게릴라식 난동행태에 대비하여 대대단위 기동타격대를 보유하여 과감하게 강타할 것을 내용으로 하는 충정작전지침을 하달하고 이적행위자는 단호하게 조치하고 선량한 학생과 시민은 보호하라는 지시를 하달했다. 건물의 셔터를 내리게 하여 시위대가 도시게릴라식으로 건물을 이용하여 공격하지 못하게 하고, 바둑판식으로 분할점령하고, 시위대 10명 이상이 모이지 못하도록 하고, 총기 피탈자에 대해서는 엄중 처벌한다는 내용들이 들어 있었다.

5월 19일 시위진압 과정에서 시위대 김안부(36)가 전두부 열상으로 사망했고, 24명의 군경이 부상을 당했으며, 수십 명의 학생 및 시민이 부상을 당했다. 광주 시내가 다소간의 평온을 되찾자 11공수여단 3개 대대와 7공수여단 35대대는 광주 종합버스터미널에 집결하여 철야 경비에 임하였고, 7공수여단 33대대는 숙영지인 전남대로 복귀하였다. 5월 19일에 갑자기 수만 명으로 불어난 광주시의 시위 양상은 5개 대대(1,800명)에 불과한 계엄군으로서는 감당할 수 없는 수준으로 확산되었고, 계엄군은 시위 진압은커녕 자체방어에 정신이 없는 상태가 되었다. 이날 태평양지구 미공군사령관 휴즈 중장은 한반도에 전쟁이 일어날 경우 오끼나와에 주둔하고 있는 미 전술공군기가 매우 빠른 시간 안에 한국전선으로 출동할 것이며, 어떠한 북한의 공중공격도 격퇴할 능력을 한·미공군은 보유하고 있다고 경고했다. 또 한·미공군은 제공권을 장악할 수 있는 충

분한 능력이 있으며 전술공군기를 24시간 출동대기 상태에 두고 있다고 경고했다.(조선일보, 5. 21)

3 | 5월 20일의 광주

상황 개요

　5월 20일(화요일) 오전에 약간의 비가 내렸다. 계속 불어나는 유언비어의 유포로 격앙된 시민들이 점점 많아졌다. 전남 도지사가 "계엄군을 철수시키겠으니 모두 해산하여 귀가해 달라"고 여러 차례 선무방송을 했지만, 시위 군중은 오히려 더 늘어나 낮 12시 경에는 수만 명 단위로 불어났다. 성난 시위 군중은 12시가 되면서 폭발적으로 늘어났고, 500~1,000명씩 무리를 지어 조직적으로 행동했다. 쇠파이프, 화염병은 물론 불붙은 휘발유 드럼을 계엄군 쪽으로 굴리는 등 공격의 수단과 방법이 점점 다양하고 험악해져 갔다. KBS, MBC, 세무서, 우체국이 완전 전소됐다. 택시기사들 사이에는 "시위 학생을 태운 운전기사를 칼로 찔러 살해했다"는 유언비어가 나돌았다. 이 말에 흥분한 택시기사들은 경적을 울리면서 도청을 향해 진격했고, 일부는 소방차를 탈취하여 계엄군을 향해 돌진했다. 시위 군중은 10만으로 늘어났고, 계엄군을 향해 돌진하는 대형 차량도 수백 대 단위로 늘어났다. 계엄군과 경찰이 차에 깔려 죽고 중상자가 수십 명 단위로 늘어났다. 대형 버스가 계엄군들을 깔아 죽이기 위해 달려들자 대대장들이 바퀴에 총을 발사했다. 이것이 광주시위에서 발생한 두 번째 발포, 집단 발포였다.

밤이 되면서 시위대 규모는 10만 명 이상으로 늘어났고, 곳곳에서 계엄군이 포위되어 매타작을 당했다. 광주역 앞에서는 3공수여단 4개 대대가 수만 군중에 의해 완전 포위되어 전멸당할 위기에 처하게 되었고, 3여단장은 이를 구출하기 위해 실탄 수송작전을 폈다. 실탄을 싣고 광주역으로 가는 도중 구출대 역시 완전 포위되어 공포탄을 여러 발 발사했고, 3공수 주력이 광주역으로부터 포위망을 뚫고 탈출하는 데에도 여러 발의 집단 발포가 있었다. 광주역 포위를 뚫기 위해 두 차례의 집단 발포가 있었던 것이다. 여기까지 광주에서의 발포는 공식인 것만 따져도 네 차례 발생한 것이다. 5월 19일 한 차례, 5월 20일 세 차례인 것이다. 특히 광주역에서 10만의 포위망을 뚫는 데에는 요란한 집단 발포가 있었다. 광주역 앞에서는 한 번에 가스탄을 64발이나 발사하는 E-8발사기가 사용됐다. 1980년대 중반에 기승을 부린 데모대에 위력을 발휘했던 이른바 '지랄탄'이었다. 이 E-8 발사기를 가져가지 않았다면 생명에 위협을 느낀 공수대원들은 사생결단으로 시위대를 향해 마구 사격을 했을 것으로 짐작된다. 그랬더라면 시위대의 피해는 그야말로 엄청나게 늘어났을 것이다. 그런데 광주 시위에 E-8발사기를 가져간 부대는 오직 3공수여단뿐이었다. 7공수와 11공수 역시 금남로 지역에서 완전포위를 당했고 포위를 뚫는 과정에서 많은 피해를 입었다.

  이날 발생한 사망자수는 군인1, 경찰4, 14세의 학생1명, 민간 6명이었고, 이 6명 중 3명은 타박상, 2명은 카빈총상, 1명은 M-16 총상이었다. 물적 피해로는 차량 41대 (파손36, 방화5), 파출소 6개소 전소, KBS 파괴, MBC 전소, 임동우체국 전소, M-16 2정이 피탈되었다. 일반 국민들은 광주에서 군인들이 시민들을 일방적으로 학살한 것으로 알고 있지만 5월 20일 하루에 발생했던 상황과 피해를 보면 오히려 군경이 포위되어 차량돌진, 불타는 휘발유, 돌, 쇠파이프 등의 살인무기들에 의해 일방적으로 수모를 겪고 피해를 당했던 것이다. 시위대는 파출소, 세무서, 2개 방송국, 차량 등 국가재산을 마구 파괴했고, 계엄군은 이러한 파괴를 막기 위해 피를 흘린 것이다. 성난 10만 시위대의 눈에는 계엄군이 전라도 사람들을 청소하러 온 경상도 폭력배로 보였던 것이다.

  11여단장인 최웅은 공수부대를 광주시에서 철수시켜 달라고 직속 통제관인 정웅과 윤흥정에게 건의했고, 윤흥정 전교사 사령관은 일단 이를 계엄사령관 이희성에 보고했다. 이에 이희성은 즉시 공수부대를 철수시키라 지시했지만 정웅과 윤흥정은 고집을 굽히지 않고, 전남도청을 사수하라 지시했다. 정웅과 윤흥정의 지휘는 그야말로 엉터리 그 자체였다. 만일 이 때 계엄군이 전남도청에서 철수했더라면 그 다음날인 5월 21일 오후 1시경에 도청에서 벌어졌던 시민군의 차량 돌진사태와 계엄군의 발포사태가 발생하지 않았을 것이다. 명령을 어기고 5월 21일의 유혈사태를 빚어낸 사람들은 다름 아닌 윤흥정과 호남출신 정웅이었던 것이다. 사태가 더욱 악화되자 계엄사령부는 하루에 3차례에 걸쳐 20사단에 단계적으로 출동명령을 내렸다. 5월 20일, 22:30분, 육본작명 21-80호로 20사단 61연대에 광주출동령을 내렸고, 3시간30분 후인 21일 오전2시에 육본작명22-80호로 사단사령부와 62연대에 추가 출동명령을 내렸다. 이어서 2시간 30분 후인 04시30분에 이희성 계엄사령관은 새벽 긴급 참모회의를 소집하여 작명23-80호로 20사단 60연대를 5월 22일에 추가로 출동시켰다. 이에 따라 61연대는 5월 21일 새벽 4시에, 사단사령부와 62연대는 5월 21일 오전 08:58분에, 60연대는 5월 22일 아침 07:00시에 광주에 도착하여 전교사 사령관의 작전지휘를 받았다. 이는 사태에 대한 계엄사의 위기감이 시시각각으로 상승했었다는 것을 보여주는 것이었다.

5월 20일의 상세상황

5월 20일에는 비가 부슬부슬 내리고 있었다. 00:00시, 31사단에는 3공수여단 5개 대대를 추가로 작전통제하라는 지시가 하달됐다. 31사단장 정웅은 광주에 내려온 10개 공수대대 전부를 지휘한 것이다. 한밤중인 01:02분, 3공수여단 5개 대대 255/1,137명(장교/사병)이 청량리역을 출발하여 07:00시 광주역에 도착했다. 3공수 5개 대대는 11, 12, 13, 15, 16대대였다. 이로써 광주지역에 배치된 특전사 병력은 총 10개 대대가 됐다. 정웅 31사단장은 광주역에 마중 나와 최세창 3공수 여단장과 5개 대대장들에게 상황을 설명하고 작전을 지시했다. 3공수는 전남대에 숙영하면서 광주 서북부 지역을 담당하도록 했고, 11공수여단(최웅 장군)은 7공수 소속의 35대대를 배속받아 광주 동부지역을 담당하도록 한 것이다. 전교사령관 윤흥정은 05:00시에 500MD 3대를 지원 요청하고, 이어서 20분 후에는 2개 공수여단을 더 내려 보내달라는 증원 요청을 했다. 06:00시, 11공수여단장 최웅은 61대대를 금남로2가 상업은행 일대에 62대대는 충장로 광주우체국 일대에 63대대는 금남로3가 광주은행 일대에 35대대는 금남로4가 한일은행 일대에 배치했고 기동타격대인 33대대는 광주역에 배치했다가 오후에 계림동으로 이동했다.

09:00시, 31사단장은 광주시내에 있는 예비군 무기 6,508정, 실탄 42만 발을 군부대로 회수하도록 추가 조치하였고, 미회수 총기는 공이와 노리쇠를 제거하고, 잔여 탄약은 매몰시키라는 긴급조치를 취했다. 10:00시, 광주시내 중-고등학교에 휴교령이 내려졌고, 상점들의 절반이 철시한 가운데 대인시장 주변에 1,000여 명의 시민들이 집결하여 공수부대의 강경 진압을 성토하다가 장갑차를 앞세운 공수부대원들에 밀려 산개했다. 윤흥정 전교사령관이 제2차 기관장회의를 소집했다. 여기에서 기관장들은 공수부대를 철수시키든지 아니면 일반 군인복장으로 바꾸어 주든지 해달라고 건의했다. 10:30분, 전남대에서 식사를 마친 3공수여단이 시내에 투입되었다. 11대대(임수원 중령)는 황금동에 13대대는 공용터미널에 15

대대(변길남 중령)는 양동4거리에 배치되었고 12대대(김완배 중령)는 광주시청에 기동타격대로 대기하고 16대대(김길수 중령)는 예비대로 전남대에 잔류하기로 했다. 12:00시, 정호용 특전사령관이 전교사 상황실에 설치된 7공수여단(신우식 장군) 지휘부에 들려 상황을 보고받고 여단장들을 격려했다. 20일, 오전에는 공수부대가 대거 이동하여 배치되는 시간대였기 때문에 그 위력에 눌려 시민들은 별 반응을 보이지 않았지만, 일단 공수부대가 배치되고, 부동자세로 더 이상 움직이지 않자 오후부터는 시민들이 대거 운집하기 시작했다. 이 때 시내에는 아래와 같은 유언비어가 나돌았다.

공산당도 이렇게 무자비하지는 않았다.
차에 타고 있는 젊은 사람을 무조건 하차토록 강요하고 불응자는 대검으로 귀를 잘라버렸다.
가가호호 수색하여 학생이면 무조건 구타하고 연행했다.
차에 타고 있는 젊은 사람을 무조건 하차시켜 귀를 자른다.
시위학생을 태운 운전기사를 칼로 찔러 살해했다.

13:20분, 상업은행 앞에 200여 명이 모여, 계엄철폐, 연행 학생 석방, 공수부대 철수, 김대중 석방, 전두환 퇴진 등의 구호를 외쳤다. 14:20분, 충장로에 300여 명, 계림동 지역에 2,000여 명이 모여 시위를 벌였다. 공수부대가 장갑차를 앞세워 진압에 나서자 시위대는 계림동 광주고교 쪽으로 밀려가면서 격렬하게 돌과 화염병을 던졌다. 15:50분, 금남로 2-3가의 5,000여 명, 금남로 4가의

3,000여 명이 금남로1가 쪽으로 이동하자 경찰이 최루탄과 페퍼포그를 쏘면서 저지했지만 경찰은 턱 없이 밀리기만 했다. 이 때 공수부대가 금남로 1가 쪽에서 역으로 진격하자 파죽지세로 진격하던 시위대가 후퇴했다. 16:00시, 전남도청 주위에는 2-3만 명의 시위대가 집결하여 경찰을 향해 드럼통과 화분대를 굴리고, 돌, 화염병, 쇠파이프, 각목, 칼 등을 소지하고 격렬한 공격을 가했다. 16:30분, "시위학생을 태운 운전기사를 칼로 찔러 살해했다"는 유언비어가 나돌면서 이 말에 흥분한 택시기사들이 50여 대의 택시를 몰고 계엄군을 밀어버리겠다며 집단시위를 했다. 18:00시, 200여 대의 영업용 택시가 3열로 줄을 지어 전조등을 켜고 무등경기장에 몰렸다. 30분 후, 운전기사들은 택시, 버스, 트럭 등에 헤드라이트를 켜고, 경적을 울리면서 도청을 향해 진격했다. 일부 기사들은 광주 소방소에서 소방차 4대를 탈취하고, 5~6대의 버스와 트럭을 앞세워 계엄군을 향해 돌진했다. 차량행렬 뒤에는 2,000여 명의 시위대들이 합류하여 돌과 화염병을 던지며 경찰과 군을 향해 돌진했다.

이에 경찰과 11공수 여단의 61 및 62대대는 도로변에 있는 장식용 대형 화분으로 바리케이드를 치고 차량행렬을 저지하려 했

지만 선두차량 10여 대가 계속 도청 쪽으로 전진했다. 군은 한편으로는 최루탄과 페퍼포그를 쏘면서 다른 한편으로는 특공조를 선두차량에 보내 유리창을 파괴했다. 이에 시
위대 차량은 가로수와 바리케이드를 들이박고 멈추었다. 이 때 군은 차량 안에 최루탄을 집어넣고 운전자와 차안에 탄 시위대를 끌어내려 연행했다. 18:00시, 양동사거리 일대에서 진압작전을 펴고 있던 3공수 15대대는 여단장의 지시에 따라 광주역으로 이동했고, 광주시청에 대기하던 12대대는 광주방송국과 KBS를 보호하면서 15대대를 도우라는 여단장의 지시에 따라 광주역으로 이동했다. 이들은 5갈래의 방사형 도로에 바리케이드를 치고 최루탄을 쏘며 수천 명의 시위 군중과 힘겨운 대치를 하게 됐다. 18:30분, 3공수여단본부 요원들이 작전병들에게 식사를 시키기 위해 2.5톤 차량 2대에 음식을 싣고 가다가 전남대에서 500m 가량 떨어진 신안동 굴다리 부근에서 시위대 2,000여 명으로부터 공격을 받았다. 무기가 없던 병사들은 차량에서 내려 도망을 쳤고, 시위대는 주부식 차량을 쓰러트렸다. 전남대 앞을 지키고 있던 3여단 16대대가 이를 구출하기 위해 출동했다가 시위대로부터 차량돌진 공격을 받아 임신한 부인을 두었던 정광철 중사가 즉사했다. 19:30분, 공용 터미널 쪽에서 10,000여 명의 시위대가 수십 대의 차량을 앞세워 금남로 시위대와 합세하자, 군과 경찰은 최루탄과 페퍼포그로 결사 저

지했다. 20:00시, 노동청, MBC, KBS, 공용터미널, 전남매일신문 등에 수만 명의 시위대가 애국가를 부르면서 공수부대와 대치했고, 역전파출소, 학동파출소, 광주시청, 서부경찰서 등이 파괴되었다. 노동청 쪽 시위대 3,000여 명이 차량에 기름을 붓고 불을 붙인 다음 경찰 쪽으로 돌진케 하여 경찰관 4명이 버스에 깔려 사망했고, 5명이 부상을 당했다. 시위대는 드럼통에 휘발유를 넣어 불을 붙여 굴려 보내고 트럭과 버스 등을 가지고 차량공격을 벌이는 반면 진압군은 인도로 피하거나 가스탄을 투척하는 식으로 완전 수세에 몰려 순간순간을 모면하고 있었다.

오후 8시부터 광주역 앞 5갈래의 방사형 도로에서 3공수 12 및 15대대가 수천 명의 시위대와 대치했다. 시위대가 휘발유 드럼통에 불을 붙여 굴려 보내고, 트럭 버스 등의 차량 공격을 계속하자 공수대원들은 인도로 피하기도 하고 가스탄을 투척하기도 하다가 하사관 3명이 중상을 입었다. 이에 일부 대대장들이 권총으로 차량 바퀴를 쏘아 돌격차량을 저지시키고 운전자 및 승차인원을 체포했다. 이것이 광주에서 울린 2번째 총성이었다. 이 역시 누가 발포하라고 명령하지 않은 정당방위를 위한 집단 발포였다. 피했으니 부상에 그쳤지 여러 명의 공수대원이 즉사할 수 있었던 매우 험악한 공격이었던 것이다.

20:20분, 시위대가 역전파출소, 양동파출소, 학동파출소를 점거했고, 광주소방서 소방차 4대를 탈취하여 사이렌을 울리며 가두로 진출했고, 이어서 광주시청, 광주경찰서가 점거됐다. 20:30분, 문화방송국(MBC) 앞에 모인 5,000여 명의 시위대, 오후 8시 뉴스 시간에 광주상황을 보도해 달라고 요구했지만 보도되지 않자, 화염병을 집중적으로 던져 불이 났다. 31사단 96연대와 방송국 직원들이 필사적으로 진화에 나섰지만 방송국은 전소됐다. 밤 10시경, 전남대에는 수천 명 단위의 시위대가 100여 대의 차량을 몰고 계엄군을 향해 돌진했다. 이로 인해 3여단 16대대 병사 1명이 즉사했다. 5월 20일 밤에 시위대 차량공격으로 인해 공수부대 대원이 즉사한 것

이다. 총을 맞아 즉사하는 것과 대형차량에 깔려 죽는 것 중에서 어느 것이 더 비참한 것인가? 총도 살인무기이지만, 차량돌진도 살인무기라는 점을 5·18 평가에서 반드시 고려해야 할 것이다.

23시 광주세무서가 불탔다. 이 시간대에 시위군중은 10만 명으로 늘어났다. 이들 시위대는 거점들을 방어하고 있던 3여단 11, 12, 13, 15 대대(4개 대대), 11여단의 61, 62, 63대대(3개 대대), 7여단 35대대(1개 대대)를 포위하고 돌과 화염병으로 공격했다. 이에 11여단의 3개 대대와 7여단 35대대는 포위망을 뚫고 도청 앞에 집결하여 도청경비에만 집중하면서 밤을 세웠다. 한편, 3여단 11대대는 고립된 채 금남로에서 시위 군중에 포위됐고, 12 및 15대대는 광주역 앞에서 2만 시위대에 포위돼 있었고, 13대대는 광주시청 앞에서 1만 시위대에 포위돼 일방적으로 격렬한 공격을 받고 있었다. 이에 최세창 3여단장은 22일 23:00시경, 구조대를 편성하여 시위 군중의 공격을 받고 있는 11, 12, 13, 15대대의 구출작전을 폈다. "각 대대는 광주역으로 집결한 후 전남대로 철수할 것." 금남로 신탁은행 공터에 있던 11대대는 최루탄으로 시위대를 돌파한 후 광주시청에서 13대대와 합류하여 2개 대대 병력으로 시위대를 뚫고 광주역에서 12,15대대와 합류했다. 차량돌진 등에 의한 공격에 위협을 느낀

대대장들이 실탄지급을 강력히 요청하여 최세창 여단장은 본부대 병력 20명으로 지원조를 편성하여 신안동 굴다리에 고립돼 있던 16대대에 '위협용으로만 사용하고 위협 이외의 목적으로 사용할 때는 사전보고 하라'는 지시와 함께 실탄 100여 발을 전달케 했다. 이들은 광주역으로 이동하는 길에 수백 명 시위대의 저항에 부딪혔다. 경고방송을 해도 막무가내로 공격을 해오자 구조대는 차량에 거치된 M-60기관총, M-16, 권총으로 위협사격을 가하고, E-8 발사기로 최루탄을 쏘면서 11, 12, 15대대에 실탄을 지급했다. 이로써 11, 12, 13, 15대대는 공포를 쏘면서 5월 21일, 새벽 02시 10분경에야 숙소인 전남대로 귀환했다. 광주역 앞에서 3공수는 실탄지급에 의해 그야말로 구사일생으로 위기를 모면했던 것이다. 지원조 20명이 포위망을 뚫고 포위된 병력에 실탄을 제공할 때 발사한 사격들이 광주에서의 3번째 발포였고, 포위된 병력이 포위망을 뚫고 전남대로 철수하면서 수많은 공포탄을 발사한 것이 4번째 발포였다. 광주역 일대에서 벌어진 전쟁터에서 김재화(남,25) 김만두(남, 44) 김재수(남, 25) 이북일(남, 28)이 총상으로 사망했고, 최영철(남,39) 김명환(남,16) 나순돈(남,20) 강인곤(남,20) 정현택(남,24) 성명불상(남, 25~30)이 총상을 입었다.

이 때 11공수에도 중대장 이상에게 실탄이 지급됐다. 차량돌진에 의해 노동청, 전남대 앞에서 경찰과 공수대원 수명이 사망했다는 사실이 전파되자 위급함을 느낀 11공수대원들이 실탄 지급을 강력히 요청했고, 11공수 61 및 62대대장은 위급 시에만 사용하기 위해

62대대 대대장 지프차에 보관했던 경계용 실탄 15발이 든 탄창 하나씩을 중대장(대위급)들에게 분배하고 위급 시에만 대대장의 명령에 따라 사용할 것을 지시했다(서울지검 및 국방부 검찰부가 작성한 "5·18관련사건 수사결과" "85쪽). 11공수여단이 전남도청으로 밀리고, 3공수가 전남대로 철수함으로써 전남도청, 전남대, 조선대 세 곳을 제외한 광주시는 사실상 시위대들의 손 안에 장악됐고, 시위대는 밤새도록 시위를 벌이며 대부분의 경찰서 및 파출소를 공격했고, KBS 방송국을 불태웠고, 광주지역 일반 전화선을 모두 단선시켜 버렸다. 23:20분, 전교사는 2군사령부로부터 발포를 금지하고, 실탄을 통제하고, 특전사 임무를 20사단에 인계할 것을 고려하라는 지시를 받았고, 이어서 23:30분, 소요 확산을 저지하게 위해 광주시 외곽도로를 봉쇄하라는 지시를 받았다. 2군사령부로부터 명령을 받은 윤흥정 전교사 사령관은 24:00시 이희성 계엄사령관에게 전화를 걸어 시간을 끌면 피차간에 유혈충돌이 확대될 것 같으니 보병부대를 투입하고, 공수부대는 시 외곽으로 철수할 것을 건의하여 승인을 받았다. 진종채 2군사령관 역시 윤흥정과 같은 의견을 제시했다. 광주시를 비워 줄 것을 결심한 시각이 바로 5월 20일 자정이었던 것이다.

11공수 61대대장 안부웅 중령의 증언

시위대가 계엄군을 습격하는 방법은 대략 이러했습니다. 시위대 중 40~50대 정도의 사람 2~3명이 계엄군에게 먼저 말을 걸어 봅니다.

'고향이 어디냐, 어느 부대냐, 언제 내려왔느냐'라고 물으나 저희 병력은 답변하지 않고 '해산하십시오'라고 이야기 합니다. 그러한 이야기를 주고받는 사이에 삽시간에 1백여 명 이상의 시위대가 집결했습니다. 시위대가 집결하면 앞에서 말을 걸던 사람이 군중 속으로 빠지면서 "우우"하는 신호를 보냅니다. 그러면 군중들도 따라하다 계엄군을 향해 돌을 던지기 시작하는 것이었습니다. 어디서 나오는지 모르겠는데 순식간에 2~3백 명이 모여들어 같이 돌을 던지곤 해서, 하는 수 없이 그 곳에서 우리 대대는 처음으로 최루탄을 사용해 진압했습니다. 그런 상황이 저희 대대 작전지역 여러 곳에서 일어났으며, 순식간에 금남로 전체에 수많은 군중들이 집결했습니다. 여단에 즉각 상황보고를 하니 여단에서는 도청을 사수하고 선무작전을 통해 시위 군중을 해산하라고 막연하게 지시했습니다. 그러는 과정에서 금남로에는 1개 지역대(50명) 밖에 없었는데 시위 군중은 계속 불어나 도청 쪽으로 진출하려고 해 할 수 없이 노동청 쪽에 배치되어 있던 대대병력을 금남로 쪽으로 끌어들여 시위 군중을 막기 시작했습니다.

이후 여단 지시대로 선무작전을 하며 해산을 종용했으나 시위 군중은 해산하지 않고 오히려 금남로 지하상가 공사장에 있던 돌을 공수부대에 던지고 화염병도 던져 그 때부터 계엄군과 시위대 사이에 돌, 화염병과 최루탄을 투척하는 상호 충돌이 계속되었습니다. 19시경이 되자 최루탄도 다 떨어지고 날도 어두워지고 해서 약간 소강상태였습니다. 누군가가 저에게 와서 "지금 무등경기장에 차량 1백여 대가 집결, 금남로를 향해 오고 있다"고 귀띔해 주었습니다. 그래서 급히 여단에 보고하니 여단에서는 "선무작전으로 해산시키라"고만 하고 더 이상 지원도 해 주지 않는 그야 말로 속수무책인 상황이 도래했습니다. 차량들이 강습돌파한다고 하니 걱정이 되어 도로상에 장애물을 설치해야겠다는 생각이 들었습니다. 건물마다 셔터가 내려져 있어 들어갈 수가 없었기 때문에 장애물로 사용할 만한 물건을 구할 수 없었습니다. 주위를 자세히 보니 화단이 있어 이를 도로에 옮겨놓도록 지시했습니다. 나무로 만든 줄 알았던 그 화단이 시멘트로 만들었는지 너무 무거워 병사들이 겨우 3개 정도를 도로상에 설치했을 즈음에 금남로 끝부분에서 차량들이 헤드라이트를 켠 채 번쩍번쩍하며 도청을 향해 들어오기 시작했습니다. 당시 노동청 앞 쪽에서 경찰병력이 돌진하는 시위대 차량에 의해 4명이 압사했다는 보고를 받은 상태였습니다.

금남로에서 도청 쪽으로 밀려들어오는 차량들을 보니 분명히 저희 병력을 향해 밀고 들어 올 것 같아 병력을 인도 쪽으로 비키게 했습니다. 저희 뒤에는 경찰병력도 횡대로 배치되어 있었는데 공수부대원들이 인도로 비키니까 도로상에는 경찰병력들만 횡대로 있는 상태가 되었습니다. 당시 공수대원들은 지급받은 최루탄 2개씩을 전부 소비한 상태여서 경찰에게 최루탄을 달라고 했는데, 처음에는 없다고 하다가 "그러면 우리는 못 막는다"고 하자 그때서야 최루탄 한 박스를 저희에게 주었습니다. 당시 저희 병력들은 시위 군중에게 완전 포위되어 있었습니다. 무전기로만 여단과 교신했기 때문에 어떤 이유로 선무작전만 하라는 지시를 여단에서 내렸는지는 모르겠지만, 현장에 있던 지휘관으로서는 답답하기 그지없었습니다. 여단 지휘부에서는 도청 앞의 급박한 상황을 전혀 알지 못하는 듯 했습니다.

선무활동만으로 시위 군중을 해산시키는 것은 거의 불가능했습니다. 당시 경찰병력이 시위대 버스에 의해 4명이 압사 당했다는 소식을 들었습니다. 지금 저희들을 향해 오고 있는 시위대 차량이 우리를 깔아뭉갤지도 모른다는 공포감이 병력들에게 퍼져 있는 급박한 상황이었습니다. 이후 페퍼포그(최루탄) 차량을 화분대 사이에 설치하고 있으니까 버스들이 헤드라이트를 켜고 화분대를 향해 돌진해 오다 장애물을 발견하고 주춤거린 뒤 핸들을 꺾어 충장로 방향인 62대대 쪽 가로수를 받고 정지했습니다. 62대대 병력이 정지한 버스에 최루탄을 투척해 버스 안에 타고 있던 약 10여 명 정도의 시위대를 체포했습니다. 그 버스가 도로를 가로질러 정지했기 때문에 그 뒤에 따라 오던 다른 차량들이 그 버스에 막혀 더 이상 앞으로 진행하지 못하게 되자 자연히 그 버스가 바리케이드 역할을 해, 뒤에 따라 오던 택시, 대한통운 트럭 등도 전부 정지하게 되었습니다. 서로 막히고 얽혀 뒤로 돌아가지 못하게 되니 시위대는 전부 차에서 내려 도망갔습니다. 그래서 그 정지 차량을 장애물 내지 엄폐물로 삼아 다시 정렬을 정비했는데, 조금 있다 보니 시위대가 돌과 화염병을 던지며 몰려들었습니다. 우리 병력은 정지한 차량을 엄폐물로 삼아 시위대를 진압했습니다.

그 당시 시위대들은 몽둥이, 쇠파이프, 쇠갈고리, 도끼 등 흉기가 될 만한 것은 전부 다 들고 있었으며 시위상태도 이전과 약간 달라졌습니다. 5월 20일 이후부터는, 우리가 시위대로부터 계속 당하는 상태였기 때문에 체포할 엄두를 내지 못했습니다. 오히려 우리가 시위대에게 안 밀리기 위해 갖은 애를 쓰는 상황이었습니다. 그리고 골목 근처에서는 저희 병력이 수적으로 우세한 시위대로부터 많이 얻어맞은 상황이어서 골목길 쪽으로는 병력들이 서로 가지 않으려고 했습니다. 당시는 그야말로 아수라장이었습니다. 5월 20일 금남로 상황은 계엄군이 시위대를 때렸다기보다는 우리 병력이 시위대로부터 구타당하는 상황이었습니다. 우리 병력들은 완전히 의기상실하고 공포감에 눌린 그런 상황이었습니다. 그래서 제가 돌이 날아오는 상황에서 할 수 없이 병력들을 향해 "대대장과 너희들이 여기서 죽는다. 이 자리를 물러날 수 없다. 죽을 각오를 하고 이 자리를 지키자"라고 병사들을 격려했습니다. 이런 상황이 다음날 새벽 3시 정도까지 계속되었습니다.

경찰은 이미 저희들에게 최루탄을 넘겨 준 다음 어디로 갔는지 찾아볼 수 없게 되었고, 저희들이 밤새워 시위대와 충돌할 때엔 없었습니다. 최루탄 등은 전부 바닥났고, 착용한 방석망도 대대원들이 손으로 대충 만든 것이어서 경찰 것과 비교되지 않을 정도로 엉성했습니다. 그날 상황은 마치 적은 병력의 공수부대와 엄청난 숫자의 시위대가 야간에 패싸움을 벌이는 듯한 상황이었습니다. 당시 금남로에는 시간이 늦어서 그런 면도 있겠지만 건물들의 불은 전부 꺼진 상태였고 날씨도 맑은 날이 아니고 그믐 때 정도여서 달빛도 없고, 가로등마저 꺼진 상태였기 때문에 완전히 암흑 속 아수라장이었습니다. 밥도 못 먹고 잠도 못 자고, 물 한 방울 먹지 못할 정도의 상황이었으니 더 말할 나위가 있겠습니까. 나중에 알아보니 여단본부도 시위대로부터 심한 공격을 받았다고 합니다. 그러니까 여단본부나 우리나 다 같이 자기들을 향한 공격을 막느라고 경황이 없는 상황이었습니다. (주: 전투사 전투상보에 의하면 5월 20일 20시경, 시위 군중의 숫자가 계림동에 3만명, 도청에 2만명, 전대병원 앞에 1만명, 공용터미널 1만명으로 기재) 실로 어마어마한 숫자였습니다. 골목골목마다 시위대로 꽉 찼고, 건물 옥상은 전부 시위대가 점거하여 도로상에서 시위대를 향해 돌진하는 저희 병력에게 건물 옥상에서 무수히 벽돌을 던졌기 때문에 말로 표현하기 부족할 정도로 끔찍했습니다. 만약 그 당시 지휘관이나 병사들이 겁을 조금이라도 먹고 물러섰다면 그 자리에서 시위대에게 전부 밟혀 죽었을 것입니다. 그런 상황이 5월 21일 03시까지 계속되었습니다.

3공수 12대대 김치년 상황병의 진술

20일 오후 7시께 우리 12대대는 광주역에 있던 3공수 15대대를 지원하고 KBS 광주방송국을 보호하라는 여단장의 지시를 받았다. 우리 부대는 광주역으로 이동하여 15대대와 합류했다. 어둑해질 무렵 드디어 수적으로 매우 열세인 우리 부대가 밀리는 상황을 계속 보고해 왔다. 악몽을 꾸는 듯 했다. 우리는 대한민국 최강의 부대라고 늘상 자부할 만큼 강도 높은 훈련과 시범을 보인 부대였다. 그런데 현실은 우리가 밀리고 있었다. 교신 내용은 매우 험악하게 변해갔다. "차량들이 돌진해 오고 있다" 오후 8시께 차량돌진 사태가 연이어 접수됐다. 그러다가 밤 10시가 될 무렵 드디어 피해상황이 접수됐다. "사상자가 발생했다. 사상자는 16대대의 한 중사다. 우리 대대원도 차량에 깔려 부상당했다." 당시 차량에 깔려 사망한 군인은 정관철 중사(사망 후 상사로 특진됨)였다. 그는 전역 명령을 받고 한 달 후 제대할 몸이었다. 더구나 그에게는 임신 9개월 된 부인이 있었다. 그의 사망 소식에 동료 하사관들의 분노는 걷잡을 수 없이 커져갔다. 부상자가 생겼다는 무전을 받은 지 20여 분이 지난 후 부상자들이 후송되어 왔다. 그 중 한 사람, 6지역대 장하사가 차량에 다리를 깔렸다. 그의 말에 의하면 갑자기 차량 한 대가 돌진해와 미처 피하지 못하고 부상당했다고 했다. 장 하사의 말에 따르면 차량은 지그재그로 진압군을 향하여 마구 돌진해왔고 이에 병사들은 겁을 먹고 피하기에 급급해하다가 부상자가 속출하자 부대원 모두가 과격해졌다고 한다.

장 하사와 함께 실려 온 두 사람은 민간인이었다. 그들은 경상도 번호판을 단 화물트럭의 운전기사와 조수였는데 주유소에서 기름을 넣다가 경상도 차량이란 이유로 시위대에게 구타를 당했다고 한다. 공포에 질린 표정들이었다. 두 사람 모두 옷도 찢겨지고 피범벅이 되어 있었는데 그 중 한 명은 머리에 붕대를 감고 있었다. 그들의 모습을 보자 나는 어이가 없어졌다. 이 무렵 무전기에서 위급한 상황에 처한 초급 지휘관들의 목소리가 흘러 나왔다. "상황을 타개할 방법이 없다. 옆 대대와 접촉이 안 되고 있다. 공포탄을 달라. 차량을 저지할 수 있는 최소한의 실탄을 달라."

지그재그 차량돌격 작전에 드디어 실탄 지급

너무나도 다급하게 흘러나오는 목소리였다. 이미 최루탄도 떨어진 상황이며 진압봉으로의 대처도 불가능하다는 것이었다. 약 20여 분이 지난 후 공포탄 및 실탄을 사용해도 좋다는 여단본부의 명령이 하달되었다. 단 유의할 점 몇 가지 사항이 전달되었다.

(1) 실탄은 중대장급 이상에게만 30발씩 지급할 것
(2) 돌진해 오는 차량의 저지용으로만 사용할 것
(3) 인명을 향하여 절대로 쏘지 말 것
(4) 공포용 이외의 용도에 사용할 시에는 엄중 처단한다.

대충 이런 요지와 함께 실탄 지급을 명령하는 전통이 날아왔다. 작전병이었던 필자가 이 전통을 예하부대에 하달했으므로 누구보다 잘 알고 있는 사항들이다. 한편, 우리 대대에서는 소유하고 있던 탄약상자를 M-16 탄약 1상자와 예광탄 및 공포탄 각 1통씩을 싣고 여단본부 병력과 함께 우리 대대의 작전지역으로 수송했다. 우리 부대에서 지급된 실탄은 두 곳으로 나뉘어 전달됐다. 한 곳은 16대대가 시위대와 대치하고 있던 신안동 굴다리 쪽이었다. 본부대 병력 20여 명과 정보참모가 경계용 실탄 1백여 발을 이들에게 전달했다. 여단 작전참모와 함께 출발한 실탄 운반조는 광주역으로 향하면서 수백 명의 시위대와 부딪쳤다. 운반조는 시민군들의 공격을 뚫고 힘겹게 통로를 확보해 12, 15대대가 있던 광주역에 도착할 수 있었다. 이 무렵 3공수 11대대는 금남로 신탁은행 공터에서 시위대에 포위되어 있던 중 여단장의 "광주역 집결"이란 명령을 받고 최루탄을 발사하며 포위망을 뚫고 이동 중이었다. 이들은 광주 시청에 몰려 있던 13대대와 합류한 다음 11시 30분께 가까스로 광주역에 도착할 수 있었다. 이때 조그마한 타이탄 트럭에 확성기를 달고 선무 방송을 하며 돌아다니던 여자가 있었다. 나는 훗날 이 여자의 이름이 전옥주라는 것을 알게 됐다. 그 여자의 선무 방송내용은 내게 종합되어졌다. 그 내용은 이렇다. "광주 도청에서 시민 두 명이 살해되었다. 광주 시민이여 봉기하여 무자비한 공수부대원을 몰아내자. 광주역 부근에서 또 시민이 살해되었다. 저들은 우리를 향해 절대로 총을 쏘지 못한다. 죽음을 두려워하지 말고 궐기하자 광주 시민이여"

중대장님, 전옥주를 죽입시다!

이 기록을 정리하는 사이 동료들의 얼굴 표정을 보니 전옥주란 여자의 선무 방송에 의해 대단히 불안한 심리상태를 보이고 있었다. 그녀의 선무공작은 특수전으로 단련된 우리들을 오히려 겁먹게 하고 있었던 것이다. 부대원들은 "저 여자 때문에 더욱 더 상황이 악화되고 있으니 저 여자를 죽여야 한다"고 이구동성으로 주장했다. 당시 중대장이던 손대위에게 한 하사관은 "팀장이 못 쏘겠다면 총을 내게 달라. 내가 쏘아 죽이겠다"고까지 할 정도였다. 그러나 끝내 그 여자를 향해 사격한 군인들은 없었다. 우리가 속한 부대는 북한의 한 지역을 대상으로 늘상 훈련을 한다. 그곳에 침투해 선무공작을 하고 때로는 시위를 일으키며 선무방송과 삐라를 만들어 뿌리는 임무도 수행한다. 한마디로 비정규전을 하는 부대이다. 그런데 선무방송하는 시민군에게 심리적으로 위축당하고 있었다. 내가 보기에 광주사태는 시민군과 대한민국 육군과의 비정규전이었다. 거기서 비정규전 전문가인 군인들이 아마추어인 시민군들에게 깨지고 있던 것이다. 아이러니였다.

5월 20일 3공수여단의 광주 첫날 상황은 이튿날 새벽까지 계속되었다. 아침에 광주역에 도착했을 때 누구 하나 이런 사태가 올 줄 몰랐다. 모두가 현실이 아니길 바라는 듯했다. 우리 부대는 광주역에 집결해 시위대를 해산시키다가 5월 21일 02시경 KBS를 지키던 31사단 경계 병력들과 사복경찰관 4~5명과 함께 전남대로 철수했다. 철수 명령이 떨어진 것이었다. 그 직후 광주 KBS 방송국이 불타오르고 있다는 보고를 받았다. 이날(5. 20) 광주역에서의 진압을 두고 지금까지 '학살'이라는 표현을 사용하는 데 필자는 유감이다. 당시로서는 민간이 얼마나 총으로 사망했는지 알 수 없었다. 그러나 '학살'이거나 '무차별 사격'이었다면 적어도 수십 내지 수백 명이 죽거나 총상을 입었어야 말이 된다. 그 날 내 동료들의 말을 들어봐도 그들은 사람을 향해 쏜 것이 아니라 위협용 사격을 했었던 것이다. 실제로 1995년 7월에 발표된 검찰 조사에서도 이 날 밤 총상으로 사망한 사람은 4명이었고 부상자가 6명이었다. 3공수여단 하사관 1명이 차량에 깔려 사망했고 3명이나 부상당한 이후 총을 가진 군인들이 작심하고 사격했다면 왜 4명에 국한됐을 것인가. 그럼에도 우리가 살인자로 몰려야 하는 이유를 필자는 모르겠다. 혹자는 광주사태의 진압을 일반 보병부대에 맡기지 않았음을 논하기도 한다. 그러나 그들이 우리처럼 자제할 수 있었을지 필자는 의심스럽다. 눈에 불이 튀는 상황에서도 무차별 난사를 하지 않았기에 4명만이 불행한 죽음을 겪었다고 볼 수 없는 이유는 무엇인가. 살다보면 본의 아니게 서로 다른 입장에 설 수 있다고 본다. 우리라고 자원해서 진압군이 된 것이 아닌 것처럼 시민군들도 마찬가지였을 것이다. 그런데 지금와서 진압 자체를 두고 일방적으로 매도하는 시각은 진정 유감이라 할 수 밖에 없다.

"차온다!" 노이로제

한편, 이날 현지에 투입된 공수부대원들의 공포감은 이루 말할 수 없었다. 하루 종일 죽음 앞에 직면한 부대원들이 전남대학교로 돌아왔을 때는 모두가 넋이 나간 표정이었다. 그들에게 가장 큰 충격은 "차온다"는 소리였다. 예측할 수 없는 지그재그식 운전으로 돌진해 오는 차량 앞에서 본 사람만이 체감할 이 공포로부터 안전을 보장받을 군인은 단 한 명도 없었다. 일부 짓궂은 하사관이 녹초가 되어 바닥에 퍼져 있는 동료들에게 '차온다'라고 소리쳤다. 그러자 한 명도 예외 없이 잠에서 깨어나 안전하다고 여겨지는 곳으로 몸을 날리며 긴장했다. 우스개로 한 장난은 동료들로부터 심한 비난을 듣는 것으로 끝났다. 우스울지 모르지만 나는 이 광경을 보고 정반대의 기분을 느껴야 했다. 그들은 하루 종일 '차온다'는 경고에 사력을 다해 주위를 둘러보며 자신을 지키고 있었던 것이다. 하루 종일 시위대의 차량급습으로부터 피해 다니다 돌아온 그들에게 '차량 돌진'은 일종의 노이로제가 되어 있었다.

5월 21일 새벽에 우리는 일부 경계병력을 제외하곤 강의실에서 눈을 붙였다. 새벽 5시경이었다. 사이렌 소리가 났다. 시민들이 끌고 온 소방차였다. 전남대학교를 에워 싼 그들의 모습은 우리를 곧 삼켜버릴 것 같은 성난 모습이었다. 먼동이 터 오고 있었다. 바로 그때 시민군 측에서 총소리가 들리기 시작했다. 이어서 시민군도 무장했다는 전통과 함께 전대대원에게 실탄 10발씩 지급하라는 명령이 하달되었다. 부대 내에 남아 있던 탄약상자들이 본격적으로 해체되기 시작했다. 시민군들은 소총으로 무장한 채 군용 지프차를 몰고 태극기를 흔들며 정문 앞까지 왔다 갔다 했다. 그들은 복면을 하고 어깨 위에 총을 세운 채 하늘로 공포를 쏘고 다녔다. 그들도 우리를 향해 함부로 사격할 수 없었던 것이다. 나는 그들의 총이 카빈이라는 걸 그때야 알게 됐다.

이때 처음 일반 대대원에까지 실탄이 지급되었으며 이는 곧 상대편에 대하여 사격도 가능하다는 명령과 다름없었다. 멀리 대치한 그들의 모습은 각양각색이었다. 그들 중에는 예비군복을 입은 자도 있었다. 그 당시 공수부대 복장은 예비군복과 비슷했다. 뒷날 광주사태에서 공수부대원에 의한 성폭행 등 파렴치한 행위가 있었다는 이야기는 피해자들이 예비군복을 입은 사람들을 공수부대원으로 착각한 것은 아니었을까. 필자에게는 당시 교문 앞에서 본 예비군복 차림의 시민군들 모습이 지금도 눈에 선하다. 우리가 광주에 도착한지 만 하루가 지난 5월 21일 오전은 전남대 교내에서 하루를 다 보낸 날이었다. 새벽 5시부터 전남대 정문 앞에 모여든 시위대들은 트럭, 소방차, 버스, 장갑차 등을 몰고 왔다. 이 무렵 대치상태라고 표현됐지만 사실상 우리는 포위되어 있었다. 시위대들은 이미 무기고를 습격해 무장을 한 상태였다. 3공수의 1천4백여 명에 비해 그들은 수십 배의 병력을 갖춘 셈이었다.

3공수 15대대장 박종규(육사23기)의 회고기

광주역, 깜깜한 밤에 느닷없이 도청 쪽 12대대 담당지역에서 버스 한 대가 터덜터덜 굴러 와서 광주역 앞 분수대를 들이 받고 넘어졌다. 광주의 시위는 공수단의 엄청난 착각에서 진행되고 있었다. 얼룩무늬 복에 베레모만 쓰고 차렷 자세로 투입되기만 하면 시위가 끝나는 것으로 통념화되어 있던 시위 진압이 광주에서는 공수단의 패퇴, 공수단에 대한 공격, 부대의 와해, 사단장 차량의 피탈, 공수단의 무등산으로의 도주 등 실로 6·25전사의 3군단 패배에 못지 않은 치욕의 전사가 기록되고 말았다.

'무인 돌진차량'(액셀레이타와 운전대를 일정 속도와 방향에 묶어 놓고 기어를 1단에 넣은 후 클러치를 떼면서 사람이 뛰어 내리고 돌진하게 하는 차량) 공격이 시작되면서 우리 대대를 향해서도 5대 가량의 무인 돌진차량이 간헐적으로 돌진했다. 공격자를 찾아서 공격을 하기에는 우리는 너무 지쳐 있었고 허기져 있었다. 방향과 속도가 일정하니까 무인 돌진 차량을 피하는 것은 그리 어렵지 않았다. 배치된 대형에서 차량의 통로만큼만 열어주면 되는 것이니까, 그러나 그것도 생각만큼 쉬운 일은 아니었다. 어느 방향에서 올지 모르는 불안 때문에 늘 주의와 신경을 곤두세워 피할 준비를 하고 있어야 했다. 이때부터 '차온다'는 고함소리가 우리를 놀라게 했다. 광주사태가 끝나고 귀대하여 몇 달이 지나도록 우리 3공수여단 장병에게 '차온다'는 고함소리는 잠을 못 이루게 하는 악몽의 함성으로 자명되었다.

간헐적인 무인차량의 공격과 더불어 각 방향에서 폭도들의 몽둥이 및 투석 공격이 파상적으로 계속되었다. 시위대는 우리를 제압하기 위해 함성을 지르며 돌진했고 우리는 최후의 보루를 지키기 위해 필사의 대항을 지속했다. 밤 10시가 훨씬 지났다. 그런 적막도 잠시였다. 저 멀리 양동교 방향에서 함성과 노래가 들리기 시작하였다. 점점 함성이 가까워지면서 갑자기 '차온다'라는 소리가 들렸다. 12대대 쪽에서 굉장한 속도로 라이트를 켠 화물차가 질주하여 분수대를 들이박고 달아났다. 엄청난 속도였다. 얼마 있다가 16대대 운전병(정관철 중사)이 돌진차량을 피하지 못해 몸이 갈기갈기 찍힌 채 죽었다는 최초의 피해보고가 구전되어 왔다. 그는 내가 16대대에 있을 때 운전병으로 선발된 병사였는데 제대를 며칠 앞두고 광주에 출동했다가 변을 당한 것이다. 서울에 복귀한 후에도 광주에서의 희생자가 많아서 군인의 죽음 정도는 이야깃거리도 되지 않아 지금도 나는 자세한 상황을 모른다. 다만 16대대가 광주역 좌측 방향에서 반대방향으로 포진하고 있을 사이에 돌진차량이 시속 100키로로 달려들어 하늘이 돕지 않았다면 30명 정도 죽었을 사고였으나 대대장의 운전병만 피하지 못하고 죽었다고 들었다.

이에 무인 돌진차량이 유인 돌진차량으로 바뀌었다. 속도도 엄청났지만 방향이 일정치 않고, 우리 대형을 찾아서 돌진하는 공격이기 때문에 위험성은 훨씬 높았다. 드디어 우리 대대 앞으로 그런 유인 돌진차량이 공격을 감행했다. '차온다'는 고함소리에 눈을 돌리니 화물자동차 한 대가 빠른 속도로 직진하고 있었다. 유인 돌진차량에 대해서는 가스탄도 곤봉도 무용지물이었다. 소총 앞에 탱크가 출현한 미아리 전투와도 같은 것이었다. 최선의 공격이라고 떠오른 대대장의 전략(?)이라는 게 차량의 바퀴를 펑크 내는 일이었다. 우리 대대원은 실탄을 휴대하지 않았다. 포승줄과 최루탄도 과잉장비라고 투덜대던 우리가 실탄이 소요되는 상황을 상상이나 했겠는가? 총은 군인과 떨어질 수 없는 분신의 개념으로 휴대한 것이었지 쏘려고 휴대한 것은 정말로 아니었다. 공수부대가 출동명령만 받으면 반사적으로 들고 나오는 약간의 탄약은 전남대에 남겨 놓은 상태였다. 유일한 총기는 대대장인 나의 45구경 권총과 실탄 14발뿐이었다. 순간 나의 병력을 뚫고 화물차가 돌진하고 있었다. 총을 꺼냈다. 탕하고 방아쇠를 당기는 순간 제발 명중하지 말아라 하고 기도했다. 다행히 차에 명중되지 않고 차량은 분수대를 들이 박고 정지되자 운전자는 12대대 병력에 체포되었다.

수차례의 폭도 공격이 있었고 시간은 밤 11시가 지난 듯싶었다. 병력의 선두에 서 있는 내 앞 저 멀리 군중 속에 헤드라이트를 켠 2톤 트럭이 돌진을 준비하고 있었다. 일부 병력이 '차온다'고 예고하고 있었다. 이글을 쓰고 있는 지금도 가슴이 뛰고 있다. 방법은 없었다. 실탄을 제거하고 총을 집어넣었다. 차가 돌진을 시작했다. 아까와는 달리 직진이 아니고 병력이 피하는 방향으로 향하면서 요란한 경적소리와 함께 돌진해 오고 있었다. 100미터, 50미터, 30미터, 발이 아스팔트에 붙어서 떨어지지 않았다. 차는 이미 맹렬한 속도로 3미터 앞에 달려오고 있었다. 그 짧은 동안 나는 부모님 생각이 났다. 집안 생각도 났다. 그러나 죽음 앞에서 가장 끝까지 생각한 것은 배고파 지친 우리 대대 병력이 내가 없는 상황에서 어떻게 이 난국을 정리해 나갈 것인가 하는 것이었다. 이제 죽음은 나의 행동에 달려 있는 것이 아니라 나의 운명에 달려 있었다. 오른쪽으로 뛰어 넘어져 버렸다. 차량은 휙 지나가면서 나를 에워쌌던 부하 대원 4명 중 2명이 차의 뒷바퀴에 끌려가면서 다친 것으로 끝났다.

차가 분수대에 부딪쳐 멈추자 우르르 몰려간 우리 병력에게 운전자가 잡혀 내려왔다. 감정에 북받친 우리 병력은 진압봉으로 그를 두들겨 패기 시작하였다. '때리지 마' 그러나 그것은 전장에서 사격을 중지시키는 것만큼 들리지 않는 대대장의 명령이었다. '때리지 마' 내가 마지막 고함을 지르자 모두들 자기 위치로 갔다. 병력을 정리하고 있는 사이 운전자가 툭툭 털고 일어나 뛰어 도망갔다. 20세 전후의 젊은이였다.

3공수 13대대 9지역대장 이상휴 대위의 증언(육본 역사자료집)

5월 20일 밤, 무전기를 통한 첩보는 충장로에서 많은 데모 인원이 당 지역대가 있는 곳으로 온다고 했다. 그래서 나는 내가 인솔한 64명의 부대원들(사병 53, 장교11)이 도청 쪽 도로를 가로막았다. 300여 명의 데모 군중이 몰려오고 있었다. 나는 지역대장으로서 메가폰으로 "선량한 시민 여러분, 자제하시고 집으로 돌아가십시오" 라고 방송을 되풀이했다. 그러나 데모 군중은 반응이 없었다. 인도에는 선량한 많은 시민이 구경을 하고 있었다. 대대장에게 보고했더니 명령이 떨어졌다. "충정대형을 갖추어 해산시키라." 이때 돌에 맞아 쓰러진 병사가 4명이었다. 우리는 신음하는 병사들을 병원으로 후송도 못 하고 인도에 눕혀 놓아야 했다. 얼마간 시간이 흐른 뒤 광장 중앙에 8톤 트럭이 한 대 서 있고 사람이 몰려 웅성거렸다. 알아보니 석축용 경치석이 실려 있었고 경남 번호판이 부착된 차량이었다. 폭도들이 운전사, 조수를 끌어내려 때리고 발로 차고 밟고하여 두 사람이 현장에서 죽었다. 갑자기 차에 불이 붙었다. 검은 연기가 하늘을 덮었다. 타이어 터지는 소리에 시민과 폭도들이 괴성을 질렀다. 앙상한 차체만 남았다. 갑자기 시내버스, 택시들이 술래잡기를 했고 어떤 기사는 인접택시를 발로 차고 버스를 차고 하여 싸움이 붙었다. 자기들과 같이 차량 시위에 동조하지 않는다고 그랬다.

광주시청을 확보하라는 명령을 받고 광주시청으로 향했다. 500미터 전방에 이르니 대학생 4~5명 정도와 초등학생 500여 명이 횃불을 들고 도로 중앙에 돌을 중간 중간 많이 모아 놓고 던지고 있었다. 방독면을 착용하고 가스탄(최루탄)으로 분산시킨 다음 시청에 들어갔다. 가보니 유리창 출입문은 다 깨지고 부서져 폐허와 같았다. 점령 보고를 대대장에게 했다. 그 순간 500여 명의 학생들이 돌을 던지면서 시청을 포위했다. 옥상으로 밀려 올라갔다. 옥상에서 가스탄으로 대항했지만 결국 가스탄이 다 떨어지고 말았다. 대대장에게 무전기로 "지역대가 포위되었으니 증원을 요청합니다"하고 보고해 대대가 도착했다. 그들도 역시 포위되었다. 그래서 여단의 가스발사통의 지원을 받아 무사히 시청을 빠져나와 광주 역전에 이르렀다. 이때 3공수 전 대대가 역전에 집결해 있었다. 그 시간에 폭도들이 아세아 자동차 공장의 군용 차량들을 탈취해 운전하면서 도로를 질주하며 돌아다녔다. 감히 도로로 나올 수 없었다. 이때 폭도들이 운전하는 아세아 자동차 생산 군용 트럭이 3여단 16대대장 지프차를 고의로 충돌하여 운전병이 현장에서 즉사했고, 대대장은 무사했다. 같은 시간, 폭도들이 탈취해 운전하고 다니던 광주 고속버스가 역 앞 광장에 전복되어 있었다. 폭도들은 군용트럭을 운전하다 액셀레이터에 돌을 얹어 놓고 뛰어내려, 트럭이 마음대로 방향을 전환하여 병력을 다치게 했다. 이때, 한 여고생의 가두방송 차량이 판을 치며 돌아다녔다. 이 소리를 듣고 동조하지 않는 시민이 없었다.

4 | 5월 21일의 광주

상황 개요

5월 21일은 밤샘 시위의 날이었으며, 새벽 2시에는 광주세무서가 전소되고 무기고가 습격되어 17정의 카빈총이 탈취됐다. 이 날은 광주시가 시위대에 의해 해방되는 역사적인 날이었다. 도청과 전남대 두 곳에서 계엄군은 절대적 다수에 의해 포위되고, 차량돌진이라는 희대의 공격방법에 의해 일방적으로 공격을 당하다가 마지막 자위수단인 총을 발사함으로써 겨우 위기를 모면하고 광주시를 탈출했다. 이날은 3공수 5개 대대가 주둔하고 있던 전남대에서도 수많은 발포가 있었고, 7공수 및 11공수 5개 대대가 지키고 있던 도청 앞에서도 수많은 발포가 있었다.

특히 5·18단체 측에서 가장 문제를 삼는 것은 도청 앞의 발포다. 13:00시경, 시위 군중이 탑승한 장갑차, 대형트럭 등 수십 대의 차량이 10만 군중 정면으로 나오더니 장갑차 한대가 도청 앞을 지키고 있던 11여단을 향해 돌진하여 병사 1명을 깔아죽었다. 이러한 차량공격이 그 후 세 차례나 더 계속됐다. 동료의 무참한 죽음을 지켜본 병사들은 그야말로 살아야 한다는 일념으로 돌진차량을 향해 위협사격을 가했다. 이것이 이른바 도청 앞 발포였던 것이다. 사실상 이 도청 앞 첫 발포는 광주시위에서 있었던 8번째 발포였다. 그 후 도청과 전남대 그리고 시내 곳곳에서 계엄군과 무장시위대에 의한 발포가 여러 차례 잇따랐고, 무장시민군은 LMG 기관총을 건물 옥상에 설치하고 발포를 했다.

1번째 발포는 19일 오후 5시, 계엄군 장교가 타고 있던 장갑차 뚜껑을 열고 불타는 짚단을 넣으려 했을 때 발생했고, 2번째는 20일 밤, 돌진하는 대형차량 바퀴에 대대장들이 권총을 쏜 것이고, 3번째는 같은 날 광주역에 포위돼 있던 3여단이 포위망을 뚫기 위해 실탄을 배급하러 갈 때였고, 4번째 발포는 광주역 앞에서 3공수 4개 대대가 포위망을 뚫고 전남대로 철수할 때 발생했고, 5번째 발포는 5월 21일 새벽 5시 경에 전남대에서 시위대가 하늘을 향해 카빈총을 가지고 공포를 쏜 것이고, 6번째는 같은 날 12시경에 무장시위대가 광주교도소를 향해 공격해 들어가면서 발생한 쌍방의 총격전이었고, 7번째 발포는 전남대를 지키던 3공수여단 최후저지선이 돌파 당함으로써 공수부대가 가했던 사격이었다. 그리고 가장 문제를 삼아왔던 5월 21일 13시의 전남도청 발포는 8번째 발포였다. 그 후에도 도청 앞과 전남대에서 수많은 발포와 교전이 있었고, 특전사 10개 대대가 광주시를 철수할 때 철수로 곳곳에서 적대관계에 있는 정규군과 정규군 사이에 벌어지는 정도의 교전들이 있었다. 이 이외에도 시민군들은 무기 사용법에 서툴러 오발을 했고, 이로 인해 시민들이 상하기도 했다.

사람들은 5월 21일 13시경에 발생한 전남도청 앞에서의 총성이 처음인 것으로 알고 있고, 그에 대한 발포명령자가 누구인가 찾아야 한다고 말해왔다. 그러나 도청 앞의 첫 발포는 당황한 계엄군이 장갑차에 설치된 기관총을 건드려 공중으로 발사된 것으로 광주시위 진압과정에서 발생했던 8번째의 것이었으며 9번-15번째의 발포는 돌진차량에 대항하기 위해 발생한 것들이었다. 최초의 발포가 있었던 5월 19일부터 이때까지 발생한 총 15차례의 발포들은 차량을 돌진하거나, 장교가 탄 장갑차 속에 불타는 짚단을 집어넣으려는 기막힌 공격에 대해 취한 조건반사적인 발포였던 것이다. 1997년 5월 장태완 시절의 재향군인회가 발간한 "12·12-5·18실록"에는 자위권 발동 이전에 이미 14회의 발포가 자위권을 위해 개별적 차원에서 발생했다고 기록되어 있다. 이런 발포를 놓고 발포명령자가 전두환이었다고 주장하는 것이다. 누구를 위와 같은 상황에 투입해 놓는다 해도 생명에 위협을 느낄 것이고, 따라서 누구라도 본능적으로 총을 발사할 것이라고 생각한다.

만일 공수부대 대신 정규군 20사단을 투입시켰더라면 처음부터 위협사격을 했을 것이다. 공수부대는 과도하리만큼 민심을 다치지 않도록 억제되고 통제되어 왔기 때문에 발포에 대한 자제력이 군으로서는 지나칠 정도로 강했다고 본다. 바로 발포에 대한 지나친 자제력이 광주 전투를 필요 이상으로 키웠다고 생각한다. 공수대원들은 미국 헤리티지 연구소의 분석가들이 칭찬을 아끼지 않았듯이 끝까지 시민군을 조준하지 않고 위협사격 차원에서 대응한 것으로 보인다. 필자는 쌍방 피해를 증폭시킨 것은 군지휘관들의 무능 때문이었다고 생각한다. 경찰과 군이 불법시위대에 대해 처음부터 위협적인 발포를 했거나, 아니면 5월 18일 바로 그날 광주로부터 철수했어야 했다고 생각한다. 철수했더라면 시위대의 파괴행동이 광주시민으로부터 백안시 당했을 것이고, 그 지독한 악성 유언비어들도 효력을 상실했을 것이다. 공권력이 단순명료하고 화끈한 길을 가지 못하고, 이것도 저것도 아닌 상태에서 엉거주춤 어설픈 작전을 폄으로써 피해를 증폭시키고 국가의 체통을 세우지 못한 것이라고 생각한다.

15:35분, 이희성 계엄사령관은 31사단에 작전배속시켰던 2개 공수여단에 대한 지휘권을 환수하고, 16:00시부로 대공경계령인 진돗개 둘을 발령했다. 정웅이 너무 무능하여 그에게 주어졌던 광주 진압 작전권을 회수한 것으로 보인다. 16:50분, 이런 지경을 당하고서야 비로소 윤흥정 전교사 사령관은 도청을 지키던 계엄군에 철수를 명했고, 이에 따라 17:50분에야 도청을 지키고 있던 5개 대대 1,200명의 병력이 겨우 숙영지인 조선대로 철수할 수 있었다. 조선대로 철수한 이후에도 수천 명의 시위대가 차량을 앞세우고 몰려와 정문 돌파를 시도하는 격렬한 공격을 가했다. 조선대로 철수한 7 및 11공수여단은 공격적으로 발포하는 무장 시민군의 포위망을 가까스로 뚫고 주답 마을로 철수했다. 오후 8시, 광주시는 공식적으

로 완전한 해방구가 되었다.

　5월 21일에 있어서 가장 충격적인 사건은 무장시위대에 의한 광주교도소 무력 습격이었다. 광주교도소에는 간첩 및 좌익수가 170명 있었고, 총 복역수가 2,700여 명이었다. 시민군은 복면을 쓰고 장갑차를 앞세워 총 6차례의 공격을 시도했고, 쌍방 간에는 정규전투와 다름없는 치열한 총격전이 벌어졌다. 여기에서 쌍방 피해가 가장 많이 발생했으며, 시민군 사망자만도 28명에 달했다.

　당시 북한은 광주에 있는 수개의 고정 간첩망에게 광주교도소를 습격하여 "해방"을 시키라는 지령을 계속 내리고 있었다. 전교사는 이러한 북한의 지령에 비추어 광주교도소 습격이 제5열에 의한 것일 수 있다는 판단에 따라 5월 21일 16시 30분경에 당시 전남대에서 시위대의 격렬한 공격을 받고 있던 3공수여단을 광주교도소로 긴급 출동시켰다. 12시경에 장갑차 등 차량 9대를 앞세운 무장시위대가 총기를 난사하며 광주교도소를 습격하여 당시 광주교도소를 경비하고 있던 31사단 96연대 2대대 병력과 총격전이 벌어졌다. 19:20분경, 광주교도소에 출동한 3공수여단 병력이 방어진지를 구축하기 위하여 교도소 주변에서 방어용 바리케이드 설치 작업을 하고 있었다. 이때 또 교도소 주변에 매복하고 있던 무장시위대가 3공수여단 병력에게 기습총격을 가하다가 시위대 2명이 사망했다. 5월 22일, 오전 9시경에는 2 1/2톤 차량에 LMG를 장치한 무장시위대 6명이 광주교도소를 기습하여 상호간에 총격전이 일어났고, 10

시 20분경에는 소방차에 탑승한 무장시위대 10여 명이 교도소에 총격을 가해왔다. 5월 23일 10시 20분경에도 소방차에 탑승한 4명의 무장시위대가 교도소를 공격하다가 교도소를 경비하던 3공수여단에게 전원 체포되었고, 19시경 무장시위대가 계엄군에 총격을 가하면서 교도소를 습격하자 상호 총격전이 벌어져 계엄군 1명이 부상하고 무장시위대 1명이 사망했다. 광주교도소에 대한 무장시위대의 무력공격은 5월 21일을 전후하여 6차례나 감행되었다. 교도소를 점령하여 2,700여 명의 수용자와 170여 명의 좌익수를 해방시킨다는 것은 광주 항쟁을 순수한 민주화 운동으로만 보기 어렵다는 시각에 일조를 하는 매우 중요한 대목이 아닐 수 없다. '국가전복'을 목표로 했다는 윤상원의 뜻이 현실화된 것이 아닌가 하는 생각이 드는 것이다.

비록 겉으로는 나타나지는 않았지만 광주에는 숨어 있는 지도부가 있었을 것이라는 데 대한 강력한 심증을 갖게 하는 대목이 있다. 바로 38개 무기고의 동시 탈취다. 일반 국민은 무기고에서 무기를 탈취해, 경찰과 정부군을 향해 발포한 것이 어떻게 민주화운동이냐며 의문을 제기하고, 이에 대해 5·18측은 5월 21일, 13시경에 도청 앞에서 군에 의한 집단발포가 있었기에 이에 대한 정당방위로 무기를 탈취했다고 항변한다. 그러나 도청 앞 발포는 훈련된 시민군이 장갑차와 대형차량을 지그재그로 돌진하는 상황을 맞이하여 생명을 위협받은 공수대원들이 누구의 명령이라 할 것도 없이 순간적으로 그리고 조건반사적으로 발사했던 자위용 발포였다.

5월 21일 이전에 이미 시위대에는 26정의 카빈과 10정 내지 46정에 이르는 M-16 소총들이 있었다.

여기에서 시민군 측에 M-16이 10정 내지 46정 있었을 것이라는 표현에는 이유가 있다. 광주시민 같지 않아 보이는 36인조가 M-16으로 무장한 채 도청에 있었다는 것을 보았다는 5·18측 당사자의 증언이 있기 때문이다. 5·18광주민주화운동자료총서 제17권 69-95쪽에는 윤영규(당시 42세, YMCA이사)가 "살육의 낮과 밤"이라는 제하로 쓴 글이 들어있다. 그는 광주사건으로 1년 6월의 징역형을 받은 후 1987년 '민주교육추진전국교사협의회' 초대회장, 1989년에는 전교조 초대위원장을 지낸 사람으로 긴급조치 9호 위반 등 화려한 운동 경력을 가지고 있다. 그의 글에는 아래와 같은 내용들이 들어있다.

"항쟁 6일째 되는 날이다. 계엄군은 끊임없이 교란작전을 실시하고 있었다. 계엄군 손에서 벗어난 광주는 계엄군에 의한 잔악상이 서서히 드러나기 시작했다. 광주세무서 지하에서 여학생의 시체가 발견되었다. 젖가슴과 음부가 칼로 난자된 시체였다. 얼굴 등이 칼에 찢겨져 알아볼 수 없어 교복에서 나온 학생증으로 신원을 확인했던 것이다. 그런가 하면 불에 그을린 시체도 여러 구가 발견되었다. 화염방사기로 무장한 공수대들이 있다는 것을 서방지역에 있는 시민들로부터 들은 적이 있었지만 화염방사기의 사용이 사실로 목격된 것이다.(85쪽) 도청 수습위와 학생 수습위 일부는 외곽지역을 돌아다니며 무기를 회수할 것을 통정적으로 애원했다. 그러나 유일하게 총기가 회수되지 않은 곳은 기동타격대와 36인조 무장조였다. 36인조 무장조는 일종의 비상대기조였는데 이들은 수류탄, 대검, M-16자동소총으로 무장하고 함께 행동하고 함께 움직였다. 기동타격대는 시내 외곽순찰을 나가 있었기 때문에 무기 회수가 어려웠지만 무장조는 도청 민원실 강당에 있었다. 우리는 그들을 설득하기 위해 민원실로 갔다. 그들은 무슨 이야기를 하고 있다 우리가 들어가자 입을 다물었다. 우리가 오게 된 취지를 설명하자 그들은 긴장한 채 물끄러미 쳐다 보기만 하는 것이었다. 다시 자초지종을 설명하기 시작했다. 그 때 그들 중 한명이 벌떡 일어나 말했다 '선생들만 애국자요? 우리도 애국 한번 합시다.' 그들은 고개를 숙인 채, 아무 말이 없었다. 무거운 침묵이 한동안 흘렀다. 잠시 후 한 사내가 일어났다. '우리는 무등갱생원에서 나온 사람들이오. 당신들은 총을 반납하고 돌아갈 집이라도 있소. 그러나 우리는 총을 반납하고 나면 돌아갈 집은커녕 밥 한 끼 얻어먹을 데도 없소. 그런데 이제 끝났으니 느그들 돌아가라 하면 우리는 어디로 가야 합니까? 당신들도 아시다시피 갱생원은 공수부대 포위선을 넘어야 합니다. 솔직히 우리는 총을 가지고 있어야 밥이라도 한 끼 얻어먹을 수 있습니다. 오갈 데 없는 우리에게 총을 달라는 말은 죽으라는 이야기 하고 같습니다. 차라리 죽으라면 싸우다 죽겠습니다'"(93~94쪽).

탈북자들의 수기집 "화려한 사기극의 실체 5·18"이라는 책자가 나오기 전까지는 위 윤영규의 수기가 과연 사실일까 하는 생각이

들 수 있었다. 그러나 탈북자들의 수기가 나오면서부터 위 윤영규의 관찰이 사실일 수 있다는 생각이 든다. 그 책에는 광주에서 학살당한 시체들의 사진들이 아래와 같이 일부 공개돼 있다.

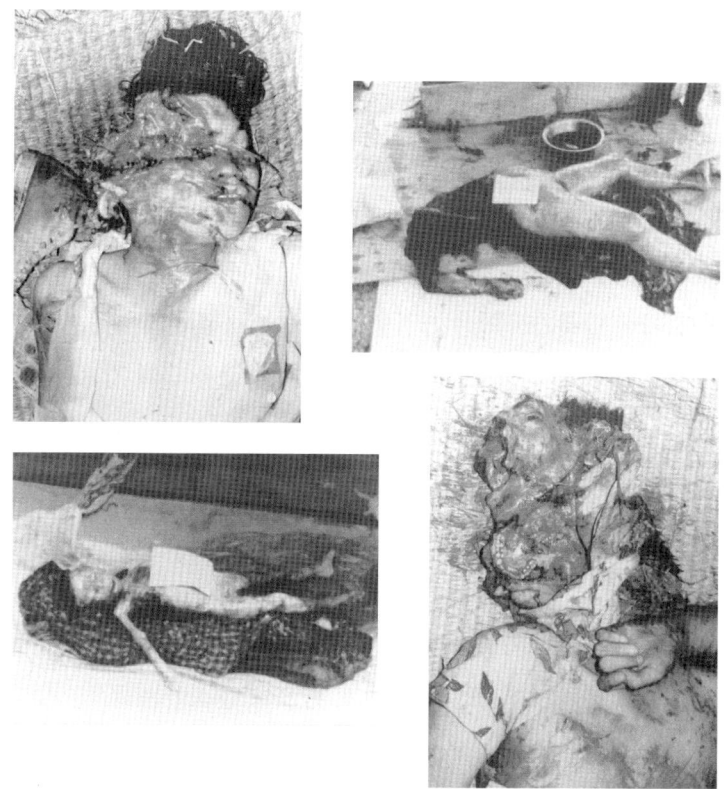

차마 눈뜨고 볼 수 없는 사진들이다. 북한 텔레비전에서 방영한 사진들은 이 정도는 아무것도 아니다. 몸부림치는 여학생의 가슴을 도려내는 장면, 임신부의 배를 갈라서 태아를 꺼내는 장면, 긴 대검을 음부로 밀어 넣는 장면 등 지금에 와서도 머리에 떠올리기 싫은 잔인한 장면들이 많았다. 여기서 의문점이 생기는 것은 북한이 그런 생생한 살인 장면을 어떻게 찍었는지, 남한에서는 그런 사진이 왜 나타나지 않는 지이다. 북한 텔레비전에서 나왔다면 광주의 어느 구석에서 그런 '작품'들이 연출되었다는 것을 의미한다.("화려한사기극의 실체 5·18" 18쪽)

윤영규의 수기는 5월 23일 광주시에서 일어났던 일들을 정리한 것이다. 이 글은 매우 중요한 메시지를 던지고 있다. 우선 광주세무서는 5월 20일 밤 11시경에 어린 아이들이 방화하는 것을 공수대원들이 우연히 발견하여 아이들을 쫓아버린 후 21일 새벽 2시에 공수대와는 아무런 상관없이 또 다시 방화됐다. 그런데 그 광주세무서 지하에서 여학생이 잔인하게 죽어 있었고 불에 그을린 시체들이 여러 구 있었다는 것은 공수대원들의 소행으로 보기 매우 어렵다. 필자는 불순분자들이 저질러놓고 이를 계엄군의 소행으로 뒤집어 씌워 광주시민을 분노케 한 심리전(모략)의 일환이라고 생각한다. 다행히도 이번 탈북자들의 수기집을 보면 광주세무서 지하에 있는 시체 난자는 북한 특수군의 소행일 것이라는 심증을 굳게 갖게 한다.

5월 23일에는 기동순찰대원들이 가동되던 때였다. 기동타격대는 그 다음 날부터 시작됐다. 기동순찰대는 몇 명 단위로 팀을 짜면 1조, 2조 하면서 인정해 주었고, 강경파 김종배가 시민군 지도부를 장악한 이후부터는 기동타격대가 운용됐다. 기동타격대란 낯선 사람들이 모여 5~6명씩 조를 짜서 1개 팀으로 움직이는 조직이었다. 기동타격대는 모두 7개 조였던 것으로 알려져 있다. 그런데 전교조 초대 회장이었던 윤영규가 말한 36인조는 36명 단위로 줄곧 함께 행동했다고 한다. 이는 시민조직이 아니라 특수조직인 것으로 생각된다. 시민들은 모두 낯선 사람들끼리 조를 짰고, 1개 조라 해봐야 낯선 사람 5~6명이 모인 조직이었다. 그런데 이들은 36인조이고, 줄곧 함께 움직이고 함께 행동했다고 한다. 당시 광주에는 무등갱생원이 있었으나 규모가 아주 작았으며 2003년 10월 20일에 광주 희망원으로 명칭을 변경했다고 한다. 수용자들은 18세 이상의 지체 부자유자, 버려진 사람들 그리고 대부분이 알콜중독 등으로 정신장애가 있는 사람들이라 하며 지금 현재 이들을 돌보는 사회복지사가 남녀 합해 10여 명 정도 있다고 한다. 광주희망원에 전화를 걸어 확인해 보니 1980년 당시에는 그 규모가 아주 작았다고 한다. 이런 갱생원에 36명씩이나 되는 전투인력이 존재할 수는 없을 것으로 보이며, 갱생원을 팽개치고 36명씩이나 광주 전투에 동원될 수도 없는 일이라는 생각이 든다.

그 때까지 계엄군이 탈취당한 M-16은 불과 10정이었다. 그런데 이들 36인조는 수류탄, 대검, M-16으로 무장돼 있었다 한다. 5월 23일은 모두가 공수부대를 이겼다는 기쁨에 도취되어 차를 타고 총을 흔들고, 환호성을 지르면서 거리를 질주하던 때였다. 바로 그때 이들 36명은 계엄군이 지키다 버리고 간 도청 안으로 들어가 무언가 심각하게 의논하고 있었으며 모두가 환호할 때 그들은 고뇌를 하고 있었던 것이다. 36명 단위로 시내에서 함께 움직이고 함께 행동한다면 시내에 깔린 정보원들에 의해 금방 발각이 될 것이기 때문이었을 것이다.

필자는 이들 M-16 36인 무장조가 광주시민이라고 생각하지 않는다. 이들은 외부인들일 것이라고 생각한다. 이들은 총을 내놓지 않기 위해 순발력을 발휘했고, 그 순발력은 매우 뛰어난 것이었다고 생각된다. 그들의 말에는 어딘가 품위가 들어있다. 김종배나 박남선 등과 같은 과격파 젊은이들이었다면 막말을 하거나 총알을 장전하거나 총으로 때리는 등 폭력을 썼을 것이다. 간단한 언행에 나타난 그들은 훈련된 사람들이고 훈련된 특수조직이라고 생각한다. 또한 5월 27일 광주시 재진입작전 시에 사살된 시민들 중에는 이들에 어울리는 신분을 가진 사람이 없다. 집단으로 5월 27일 이전에 자취를 감추었다는 뜻이다. 탈북자들의 수기집을 읽으니 바로 이들이 북에서 온 특수요원들이 아닐까 하는 생각이 더욱 깊이 드는 것이다. 광주세무서 여학생 난자 사건이나 시체를 불에 그을려 놓은 행동은 공수대원들이 한 행동이 아니라고 생각한다. 그렇다고 광주시민들이 저지른 행동도 아니라고 생각한다. 이는 제주도 4·3사건에서 공비들이 보여준 끔찍한 살해 방법과 똑 같은 방법이며, 그래서 필자는 이 36인무장조가 고도의 심리전 차원에서 이런 끔찍한 일을 저질러 놓았을 것이라고 생각한다.

본격적인 무기고 탈취는 5월 21일 하루에만 이뤄졌고, 탈취작전은 이날 오전 9시부터 시작됐다. 5월 21일 시위대는 어떻게 군사작전의 비밀을 알아냈는지 300여 명의 시위대가 화염병과 무기들을 가지고 광주 톨게이트에 잠복해 있다가 08:00시에 톨게이트에 도착한 20사단 지휘부를 화염병으로 공격하여 무전기와 공용무기가 탑재된 위엄있어 보이는 지휘용 지프차 14대를 탈취했고, 탈취하자마자 이 지프차들을 모두 몰고 방위산업체인 아시아자동차로 직행했다. 09:00시경, 아시아자동차에는 이들 300여 명과 다른 곳에서 차를 타고 온 또 다른 300명이 합류하여 총 600명이 들이 닥쳤다. 이들은 아시아자동차에서 장갑차 4대와 군용트럭 324대를 순식간에 탈취해 팀을 짜서 전남지역 17개 시군에 산재한 38개 무기고를 향해 출발했다. 14대의 지휘용 지프차는 어마어마한 수량이다. 이를 본 아시아자동차 직원들은 사태가 시위대에 유리하게 돌아가고 있다고 생각하여 저항 없이 차량들의 열쇠를 내주었을 것이며, 38개 무기고에서는 지휘용 지프차와 군용트럭을 보고는 역시 사태가 시위대에 유리하게 기울고 있다고 생각하여 무기고 문을 순순히 열어 주었을 것이다. 그리고 더러는 위압감에 상부에 보고조차 하지 않았을 것이다. 최초 무기고를 턴 시각이 12시경이었고, 마지막 무기고가 털린 시각이 대략 오후 4시였다.

일반 시민들은 무기고 옆길로 걸어 다니면서도 무기고가 어디 있는지 알지 못한다. 광주시로부터 100여 km 떨어진 곳들도 많이 있었다. 12시부터 오후 4시 사이에 38개 무기고가 일시에 털렸다는 것은 위치를 미리 파악한 군사작전으로 밖에 보이지 않는다. 한 사람의 경찰은 자기 관할 하에 있는 무기고 위치를 알 수 있다. 그런데 38개 무기고를 관장하는 38명의 반정부 경찰이 5월 21일 오전 9시에 아시아자동차에 모인 600명 집단에게 일거에 정보를 제공할 수도 없는 노릇이다. 38개 무기고 위치를 한 눈에 볼 수 있는 종합정보를 가지고 있었다면 이는 간첩 말고는 있을 수 없는 일이라고 생각하는 것이다. 우리는 북에 대한 위치정보를 미군의 정찰 사진에 의존하지만 북한은 간첩에 의존한다. 간첩들은 무기고, 탄약, 휘발유 저장소 등 군사물자의 위치를 정확히 파악해 가지고 있다. 군사시설에 대한 정보는 간첩이 여러 각도에서 찍은 사진, 간첩이 그린 접근로에 대한 약도, 그리고 간첩이 깨낸 콘크리트 조각들이다. 콘크리트 조각을 비닐에 넣어 보내면 북한은 강도를 측정하여 폭발 방법을 결정한다. 북한은 간첩들이 보낸 정보를 가지고 한국군의 통신을 마비시키기 위해 몇 곳에 있는 중계소를 어떤 방법으로 초기에 파괴할 것인지에 대해서도 자세히 알고 있고, 지하철을 일거에 마비시킬 수 있는 중요 목들을 자세하게 파악하고 있다. 전국의 무기고 위치는 필수적이고도 초보적인 정보인 것이다. 무기고 위치는 현역군인도 모르고 예비군도 모른다. 38개 무기고 위치를 알 수 있는 존재는 오직 간첩뿐이라는 것이 필자의 생각이다. 아마도 이 무기고 탈취과정은 광주에 간첩이 개입했다는 심증을 갖게 하는 데 가장 설득력 있는 대목 중 하나가 될 것이라고 생각한다.

이날 탈취한 무기는 카빈, M-1, 기관총 등 5,403정, 소화기탄약 288,680발, TNT 10여 상자, 수류탄 270여 발, 폭약 2,500여 상자, 뇌관 35만개, 4만여m의 도화선 등이었다. 779대의 차량이 탈취됐고, 이들 779대는 군용으로부터 탈취한 군용차 34대, 경찰차 50대, 아시아자동차 328대, 일반차 367대로 구성됐다. 정규군 2개 연대 규모에 해당하는 것이었다. 이날 전남도청 부근에서 발생한 총격전에서 사망한 민간인에 대한 통계는 1995년 7월 18일자, 검찰의 "5·18관련사건수사결과" 105~106쪽에 33명인 것으로 기록돼 있다. 33명의 사망자 중 20명은 자상 등 다른 원인에 의해 사망했고,

13명이 총상에 의해 사망했다. 총상 13명 중 9명이 카빈총에 의해 사망했고, 4명은 총기불상으로 기록돼 있다. 총상에 의한 사망자 중 100%가 시민군이 소유한 총에 의해 사망한 것이다. 계엄군에는 카빈소총도 기타 총도 일체 없었다. 그렇다면 이런 혼란을 이용하여 무고한 시민을 쏘는 시민군이 있었다는 말이 된다.

이날 광주시 일원에서 사망한 시민은 총 61명, 이 중에서 상당한 사망자가 계엄군이 없는 지점들에서 발생했다. 죽은 곳이 알려지지 않은 '불상' 지가 23명이나 되고 계엄군이 없었던 지역에서 사망한 시민이 14명이나 된다. 이날 계엄군이 있었던 곳은 전남대, 전남도청, 교도소였다. 61%가 계엄군이 없는 곳에서 사망한 것이다. 이날 M-16에 의한 사망자는 32명, 카빈에 의한 사망자는 16명이었다. 카빈총에 의한 사망자는 도청, 교도소, 전남대에도 소수 있었지만 주로 사망지역 불상이거나 계엄군이 없는 지역에서 발생했다. 이는 매우 이상한 현상이다. 카빈 사망자는 계엄군을 모략하기 위해 발생시킨 사망자일 것이고, 사망한 장소가 주 전투지역이 아닌 경우가 대부분을 차지한다는 것도 의혹의 대상이다. M-16 사망자는 어디에서 주로 발생했는가? 32명중 25명이 불상지역과 전투지역 이외의 지점들에서 사망한 것이다. 당시 시민군은 최소한 10여 정의 M-16을 가지고 있었다. M-16 사망자 모두를 계엄군이 발생시켰다고 보기 어려운 것이다. 모략사살은 카빈보다는 M-16에 의해 더 많이 이루어졌을 것이라는 것이 필자의 생각이다.

31사 96연대 제1대대 한동석 소위의 도청광장 충돌 상황 묘사

전두환이 학살 명령을 내렸다고 가정을 한다면, 무엇보다도 먼저 실탄 분배 명령이 있어야 합니다. 그리고 나서 발포명령이 나는 게 상식이지요. 저는 출동할 때 부대 상황실에서 탄통에 봉인된 실탄을 가지고 나왔습니다. 솔직히 수도 없이 사용 충동을 느꼈지만 분배명령이나, 사격명령을 받은 적이 없습니다. 다행히 그 전에 헬기로 탈출할 수 있었기에, 특전사 지역대장인 대위에게 탄통을 전달했습니다. 명령을 받고 탄통을 전달한 것이 아닙니다. 상황이 급박하게 돌아갔기에 공수대원들이 퇴각할 때 엄호용으로 활용할 것으로 예상하고 전달했지요. 아무리 특전사 병력이라 해도 맨 몸으로 버티기에는 한계가 있다고 생각했고, 저는 5월 21일 오후 2시경 헬기를 타고 도청 광장을 이륙하여 도청을 탈출했습니다. 5월 20일 하룻밤, 생사고락을 같이 했던 특전사 병력을 배신하고 혼자 도망한다는 생각에 어찌나 미안한지 눈물을 쏟고 말았습니다.

7공수와 11공수 5개 대대, 병력이 많으니 헬기수송 작전은 불가할 것이고 퇴로를 개척해서 무등산 쪽으로 이동할 수밖에 없을 것이라고 생각했습니다. 그래도 위안을 삼은 것은 "3개의 탄통에 든 실탄"을 그들의 손에 쥐어주었다는 것이었습니다. 많은 세월이 흐른 지금 추측하건데 시위대가 주장하는 5월 21일 '도청 앞 집단발포'에는 제가 전달한 실탄이 사용되지 않았나 하는 생각이 드네요. 총소리가 이미 난 상황에서 31사단 병력 40여 명은 헬기로 탈출했지만, 특전사 병력도 맞바로 철수작전에 돌입하진 않았는지 궁금합니다.

5월 21일에 발생한 최초의 총소리는 금남로에서 들렸고, 그것은 분명 M-16 소총소리가 아니었습니다. 그 총소리에 인간 바리케이드 공수대 열이 뒤로 밀리고 양쪽으로 갈라졌던 것입니다. '민족적 비극의 피해자'는 광주 시민들만은 아닙니다. 말 못하고 있는 수많은 계엄군들의 육체적, 정신적 피해는 그 무엇으로도 보상이 되지 않습니다. 저도 1~2년까지는 심각할 정도로 정신적인 충격에서 벗어날 수도 없었고, 서울에서의 첫 직장생활을 잘 적응을 할 수가 없었습니다. 지금도 가끔씩 꿈을 꿀 때면 아직도 전역을 하지 못한 상태로 꿈속을 헤맬 때가 있습니다. 제가 이 정도라면, 특전사 병력들의 실상은 매우 심각한 상태일 것이라고 감히 단정적으로 이야기 하고 싶습니다. 그 분들의 심정도 어느 정도 헤아려 줄 수 있는 마음의 배려를 국민의 한 사람으로서 꼭 당부 드리고 싶습니다. 이 글을 읽는 분들 만이라도 간곡히 부탁드립니다. 그들 특전사 병력도 억울한 부분이 너무나 많습니다. 너무 일방적으로 왜곡하거나 비방하는 것은 자제해주십사 당부드립니다. 대다수의 군인은 사기를 먹고 살며, 명예를 존중히 여기며 국방을 사수하는 순수한 국민의 아들들입니다.

　사격훈련 목적으로 사용하는 교탄(교육용 실탄)을 사용할 때에도 사격통제관의 통제에 따라서 사용을 할 수 있습니다. 경계용 실탄 역시 봉인된 상태로 보관하고 있다가 엄중한 통제권자의 통제에 따라서 사용하게 되어 있습니다. 사격명령을 내리기 전에는 반드시 '실탄분배 지시'가 이루어져야 합니다. 그러기에 저희 부대도 MBC방송국에 출동할 때에, 비록 경계용 실탄을 보유하고 있었지만, '실탄분배 지시'도 '사격 명령'도

상부로부터 받지 못했습니다. MBC방송국에서 탈출할 때에도 그렇게 위급한 상황이었지만 어쩔 수 없이 명령을 받지 못했기에 소대장의 '단독 판단'으로 저와 병사들의 생명을 위해 '도피 및 탈출'을 했던 것입니다.(필자 주: 여기에서 공포탄을 쏘아 부하들을 탈출시켰을 것으로 보임) 비록 정식으로 철수명령은 받지 않았지만 추후에 곰곰이 생각해 보면 올바른 판단이었다고 자위합니다. 지금도 나의 휘하에 있었던 병사들은 정상적인 철수 명령을 받고 철수한 것으로 알고 있습니다. 상부로부터 '자위권 발동 명령'을 받은 것은 5월 21일 오후 늦게 담양 부대에 복귀해서 지시를 받은 것으로 기억이 됩니다. 특별한 지시가 없는 한, 장교라 해도 실탄을 개인적으로 보유할 수가 없었습니다. 경계용 실탄도 20발 들이 탄창에 15발씩 장전하여 청 테이프로 봉인한 후에 다시 탄창을 탄통에 넣고 봉인을 하고 있었습니다.

7공수는 실탄이 없었기에 철수하는 저희 병력에게 '실탄 인수인계'를 요구하지 않았겠습니까? 자기도 실탄을 보유하고 있는 데 다른 부대에게 실탄을 요구하는 경우는 어떠한 경우라도 없을테니까요. '실탄 인수인계'라는 용어는 제가 표현한 것뿐입니다. 특전사 병력에게 필요하다고 생각되어서 그냥 전달해 주었다는 표현이 더 정확하겠군요. 아주 급박한 상황에서 순식간에 일어난 상황들이라 그 당시에 순간순간 현지 지휘자인 제 판단에 의하여 이루어진 것이지 상부에 보고하고 할 겨를도 없었습니다. 제 생각으로는 7공수 대대장은 31사단 병력이 헬기로 철수하는 지도 몰랐을 것이며, 특전사 대위도 사후에야 실탄 습득에 대한 보고를 했을 것일라 추측됩니다. 정상적인 보고 후 지시받을 수 있는 상황이 아니었으니까요. 시위대는 차량돌진으로 순간적인 기습공격을 했고, 이에 공수부대가 형성하고 있던 방어대형은 순간적으로 양쪽으로 갈라졌습니다. 이런 다급한 상황에서 보고니 명령하달이니 그런 것들이 있을 수 있겠습니까?(수기 끝).

5월 21일의 상세상황

5월 21일은 수요일, 날씨는 맑았다. 20일과 21일 사이의 밤은 '철야시위'의 밤이었다. 자정부터 5월 21일 새벽 4시경까지 3천여 명의 시위대가 대형차량을 앞세우고 11여단 주둔지인 조선대에 몰려와 정문 돌파를 시도했다. 01:45분, 전교사는 시위대가 광주교도소를 습격한다는 첩보를 입수하고 31사단장에게 광주교도소를 방어하라는 명령을 내렸다. 이에 따라 31사 96연대 13/444(장교/여타 계급)명이 02:45분에 광주교도소에 배치됐다. 02:00시, 2,000여 명의 시위대가 광주세무서에 난입하여 방화했고, 세무서는 전소됐다. 세무서 무기고를 습격하여 카빈총 17정을 탈취했다. 이 때 광주 시외 전화가 모두 두절됐다. 03:00시, 도청, 광주역, 광주세무서, 가톨릭센터. 공단입구 등에서 4만여 명이 구호와 전우가를 제창하면서 철야 시위를 했다.

전두환 물러가라.
계엄을 해제하라.
시민은 도청 앞에 모이자.

이 날의 유언비어는 이러했다.

고교생 중심으로 특공대를 조직하여 화염병을 투척, 군장갑차를 공격하고 있다.

우리들의 항쟁으로 신 총리 이하 전 각료가 굴복 퇴진하였다.

최규하 대통령은 곧 하야하게 되었다.

시위대는 도청건물 3개 동을 불태우고, 차량 12대를 불태웠고, 광주역, 월산동사무소를 불태웠다. 이때의 피해는 군인 사망 2명, 군인 부상 5명, 경찰 중상 6명, 경찰 경상 7명, 민간인 사망 2명이었다. 04:00시, 기차를 타고 온 20사단 61연대(82/1,413)가 송정리에 내려 전교사에 도착했다. 04:30분, 이희성 계엄사령관이 대책회의를 주재했다. 계엄군을 외곽으로 빼내고, 1개 연대를 추가 투입하며 '폭도소탕작전'은 5월 23일 이후 의명 실시하고 군에 자위권을 발동하기로 결심했다. 05:20분, 역전파출소, KBS가 불타고 있었고, 전남대에 포위된 3공수여단에서 9명의 중상자가 발생했다. 06:00시, 시위대는 소태동, 금남로, 광주교도소, 서부 변전소 등에서 가정을 방문, 합세를 호소했고, 버스 25대, 트럭 4대를 탈취했다. 06:25분, 가스 살포용 헬기 5대가 전교사에 도착했고 08:00시를 기해 전교사 지역에 비상경계령 진돗개 하나가 발령됐다.

08:00시, 어떻게 정보가 새어나갔는지 시위대는 광주 톨게이트에 대거 운집해 있다가 육로로 광주에 출동 중이던 20사단 지휘부를 화염병으로 공격하여 지휘용 지프차 14대와 4정의 M-16 및 탑

재된 무기를 탈취했다. 사병 1명이 실종됐다가 후에 복귀했고, 병사 2명이 부상을 입었다. 시위대는 그레이하운드 1대, 트럭 2대를 몰고 송정리로 이동하면서 시민이여 동참하라며 마이크로 선동했고, 가톨릭센터와 한일은행 앞에서 5,000여 명이 버스 1대, 용달차 1대, 군용 지프차 1대를 탈취

했다. 새벽 4시에 상무대에 도착한 61연대는 전교사 참모장의 명령에 따라 광주교육대학으로 이동했지만 돌고개 지역에서 시위대의 저지에 부딪혀 전교사로 회군했다. 공수대는 시위대 공격이 잠시 소강상태에 들어간 틈을 내서 도로에서 잠시 눈을 붙인 후, 11공수의 61 및 62대대는 도청 앞 금남로 앞에, 63대대는 노동청 방면에, 7공수 35대대는 광주천 방면에서 전남도청을 방어하기 위해 배치를 완료했다. 8시가 되자 도청 앞에는 수만 명의 시위대가 시체 2구가 실린 손수레를 앞세우고 공수부대의 만행을 규탄했다.

08:30분, 25세 가량의 여자가 관광호텔 앞에서 "전두환의 동생이 호텔에 투숙하고 있으니 우리에게 인계하라. 보내지 않으면 불을 놓겠다"며 소리를 질렀다. 이에 계엄군이 호텔을 차단했다. 도청 앞에서는 민간시체 2구를 가져와 도지사 더러 인수해 가라고 주장했고, 제일은행 앞에서는 학생들이 각목, 삽 등 흉기를 들고 버스 2

대, 군 지프차 2대를 탈취했고, 시체 2구를 리어카에 싣고 다니며 시민들을 흥분시켰다.

08:50분, 20사단 사령부 및 61연대(114/1,555명)가 상무대에 도착했다. 이날 총으로 완전히 무장한 시위대는 2,700여 명이 수용된 광주교도소를 6차례에 걸쳐 집요하게 공격했다. 이 중에는 사상범이 170여 명 있었다. 08:58분, 버스 2대, 트럭 1대에 탄 시위대 400여 명이 교도소에 접근했다 돌아갔다. 10:22분, 150여 명의 시위대가 버스 1대, 트럭 3대를 타고 교도소 앞을 2-3회 선회한 후 광주 쪽으로 갔다. 11:02분, 시위대 50여 명이 장갑차 1대, 트럭 1대, 군용 지프차 1대를 타고 교도소에 접근했다가 돌아갔다. 15:38분, 경찰 기동순찰차 등 20여 대로 교도소에 접근했다가 돌아갔다. 이는 교도소 공격 작전계획을 세우기 위한 사전 정찰행위였던 것으로 판단됐다. 11:46분, 교도소를 지키는 31사 경계 병력에 실탄이 공수됐다. 무장 시민군은 복면을 쓰고 APC를 앞세워 6차례의 공격을 시도했고, 여기에서 쌍방 간에는 치열한 교전이 벌어졌다.

09:00시, 20사단 지휘차량을 타고 온 시위대 300여 명과 고속버스 5대를 타고 온 또 다른 시위대 300여 명이 아시아자동차를 점거하여 장갑차 4대와 군용트럭, 대형버스 등 328대(계엄사 376쪽)를 탈취했다.(검찰 조사로는 56대, 5.18관련사건수사결과 98쪽). 시위대는 탈취한 차량을 이용하여 화순, 나주, 담양, 장성, 목포, 영암, 고흥, 광산 등 17개 도시로 진출하여 무기고를 털고 난동을 부리며

시위를 선동했다. 이들은 복면과 마스크를 착용한 채, 화순광업소를 습격하여 화약 및 TNT를 탈취했고, 광주에 소재한 (주)한국화약 보급소에서 폭약 2,500여 상자와 35만개의 뇌관, 4만m의 도화선을 탈취했다. 아침 10시, 시위 군중 5만여 명이 경찰 가스차, 소방차, 대형트럭을 앞세워 전남대에 주둔 중인 3공수여단을 공격하러 왔다. 시민군 측 김해범(조선대 법대 1년) 및 전옥주(조선대 무용과 중퇴) 등이 차량에 마이크를 설치하고 시민의 참여를 선동하고 다녔다. 시위대는 10만으로 늘어나 광주 시가지 전역 및 나주 등 인근 지방으로 확산돼 가고 있었다. 이 때 도지사는 헬기를 타고 다니면서 시민에게 자제를 촉구했다. 금성센터 매점에 난입하여 "경상도 출신이니 한번 당해 봐라"며 상가에 방화했다. 주유소도 습격을 당했다. 대창석유, 동아석유, 나주 대중 주유소 등에서 휘발유 23,484리터, 경유 20,701리터를 탈취했다.

10:00시, 정웅 31사단장은 시위대의 주장이 정치적인 것이기 때문에 물리적인 수습보다는 정치적인 수습이 강구돼야 할 것이라는 건의를 전교사에 했고, 윤흥정 전교사 사령관은 진종채 2군사령관에 이를 보고했다. 이 때, 광주사건에 대한 보도를 통제해오던 계엄사는 오전 시간에 처음으로 사태의 진전 상태를 보도했다. "광주 소요사태는 5월 18일에 시작됐고, 지역감정을 자극하는 유언비어들이 유포되어 이에 격분한 시민들이 가세하여 사태가 악화됐다. 21일 오전 7시 현재 군경 5명과 민간인 1명이 사망했다. 조속히 평온을 찾도록 대책을 강구하겠다." 국민의 동요를 의식하여 사태를 축

소 보도했던 것이다.

 도청 앞에서는 시위대 대표 4명이 7공수 35대대장의 안내로 장형태 도지사를 만났다. 이들은 공수부대 즉각 철수, 연행자 석방, 과잉진압 사과, 계엄사령관과의 면담 주선 등을 요구했다. 도지사가 최선을 다 하겠다 약속한 후 도청 앞에 마이크를 설치하는 것을 기다리던 중 먼저 구용상 광주시장이 나가 시위대에게 진정하기를 설득하려 하자 시위대는 각목과 화염병을 던져 연설을 중단시켰다. 이에 장형태 지사는 연설을 포기하고 헬기를 타고 다니며 "공수부대를 철수하는 데 최선을 다하겠으니 시민들은 자제하고 생업에 복귀하여 달라"는 방송을 했지만 시위대는 공수부대가 무조건 12시까지 철수해야 한다고 주장했다. 한편 윤흥정 사령관이 갑자기 체신부 장관으로 내정되면서 종합행정학교 학교장이었던 소준열 장군을 전교사 사령관에 보임시키는 인사이동에 따라 소준열 장군이 전교사에 도착했다. 이취임식은 다음날인 5월 22일 10:00시에 있었다. 최규하 대통령이 전두환 중앙정보부장서리에 '체신부장관을 군에서 추천해 주었으면 한다'는 뜻을 전달했고, 이에 전두환은 곧바로 이희성 계엄사령관에게 대통령의 뜻을 전달했으며, 이희성은 곧바로 그와 가장 친한 육사 8기 동기생인 윤흥정을 추천했던 것이다.

 11:00시, 도청 앞 수만 명의 시위대 앞에는 총을 든 격렬 시위자들, 장갑차, 버스, 트럭 등 수십대 차량이 공수부대를 향해 압박해

들어오기 시작했다. 위기를 느낀 11공수 61대대장은 여단본부에 긴급 대책을 강구해 달라고 SOS를 쳤지만 여단 참모장은 선무활동으로 시위대를 해산하고 도청을 사수하라는

도청 앞 대치상황

엉뚱한 지시만 반복했다. 견디다 못해 63대대장은 지프차에 보관하고 있던 경계용 실탄을 개방해 개인당 10발씩 나누어 주면서 위급할 때 명령에 의해서만 사용하라고 지시했다. 11:15분, 성남비행장을 출발한 61항공단의 수송용 UH-1H 헬기 10대가 13:10분, 전교사에 도착했다. 12:00시, 윤흥정은 21일 아침 방금 도착한 20사단 61연대에게 공수부대로부터 도청 방어임무를 인수하도록 지시했다. 61연대가 광주로 진입하려 했지만, 광주-송정 간 도로에는 이미 시위대가 바리케이드를 쌓고 기다리고 있었다. 시위대가 미리 정보를 안 것이다. 예기치 못한 저항에 부딪친 61연대가 이들 시위대를 뚫고 있는 동안 도청 앞에는 10만 군중이 몰려왔다.

기록들에 의하면 도청 주변 건물들의 옥상에는 기관총들이 설치되어 계엄군 쪽을 향해 공포를 쏘았지만 사상자들은 없었다. 앞의 한동석 소위와 대대장들의 수기를 보면 도청 앞 첫 총성은 시민군 쪽에서 났던 것으로 판단된다. 전남도지사는 헬리콥터로 피신해 나와 계엄 당국과는 아무런 의논도 없이, "계엄군을 12시까지 철수시

킬 것이니 시민들은 돌아가라"고 방송을 했다. 이 방송을 들은 안부웅 11여단 61대대장이 어찌된 영문이냐고 상부에 확인했지만 윤흥정은 "도청을 계속 지켜라"는 말만 반복했다. 3공수 5개 대대가 주둔하고 있던 전남대에서는 이른 아침부터 시위대가 장갑차, 트럭, 버스, 소방차 등 대형 차량들을 앞세워, 정문에 4만명, 후문에 1만명이 3공수와 그야말로 치열한 공방전이 이어지고 있었다. 공수부대원들에 시위대가 무장했다는 첩보가 퍼지자 13대대 대대장은 중대장들에게 위급한 상황에서만 사용하되 명령에 따라서만 사용하라며 실탄 30발씩 장전돼 있는 탄창 2개씩을 지급했다. 시위대의 격렬한 공격으로 12시경에는 전남대 정문에 설치된 저지선이 무너지면서 전남대 정문의 300m정도 뚫렸고, 이에 3공수 3개 대대가 총 투입되어 시위대를 신안동 굴다리까지 1㎞정도 밀어붙였다. 3공수여단은 교도소로 철수할 때까지 반복해서 이들 차량 시위대와 밀리고 미는 격전을 치렀다.

시위대가 차량을 지그재그 기동으로 돌진시키자 공수부대 장병들은 돌진하는 차량을 향해 발포했다. 광주에 출동한 계엄군의 마지막 보루인 전남대 숙영지가 시위대에 의하여 점령당할 수 있는 최대의 위기상황이었다. 최세창 3공수여단장은 E-8 가스발사통 20여 개를 총동원하여 여단이 보유하고 있던 모든 가스탄을 발사시켰고, 공수대원들은 여기저기에서 위협사격을 가했다. 계엄군의 반격에 당황한 시위대는 이때서야 겨우 물러났다. 화가 난 공수대원들은 극렬 공격자를 점찍어 추격했고, 민가까지 쫓아가 최루탄을 쏘거나 진압봉으로 가격하고, 체포 연행했다. 이와 같은 공방은 3공수여단이 전교사 사령관의 명령으로 광주 교도소로 이동하기 위해 전남대를 빠져나간 17시 30분경까지 계속됐다. 오후 5시 30분, 3공수여단이 전남대를 빠져나가자 시위대는 곧바로 전남대를 점거해 버렸다. 3공수는 시위대로부터 장갑차, 트럭, 5톤 구난차, 경찰가스차 등 13대를 노획하여 그 중 4대는 운전불가 상태라 파괴해 버리고, 나머지는 교도소로 끌고 가 도로를 차단하는 데 활용했다. 전남대 앞 진압 과정에서 임신 8개월인 주부 최미애(23)가 총상으로 사망했고, 성명 불상자 2명(운전사와 학생으로 추정)이 총상으로 사망했다. 최성환(남, 18), 양일권(남, 19), 신상균(남, 15) 등이 총상으로 중상을 입었다.

한편 시내의 시위대는 10만 규모로 늘어나 도청 점거를 시도했다. 30,000여 명의 시위대가 시체 2구를 실은 리어카를 앞세우고, 군용 지프차 및 장갑차 등에 분승하여 "오늘 밤은 부자집과 각 기관을 파괴하자"고 선동하면서 공설운동장으로 이동했고, 폭도 200여 명이 차들을 집단으로 몰고 나주, 함평, 목포 등지를 순회하면서 주민참여를 선동했다. 도청 앞에는 12시부터 11공수와 시위대가 막상막하의 접전을 벌였다. 공수부대는 장갑차 2대를 전면에 내세우고 일렬횡대로 진을 친 상태에서 시위대의 도청 진입을 막았고, 시위대는 장갑차, 트럭, 버스, 택시 등 100여 대의 차량을 전면에 내세워 공수부대 대열 앞 10m정도까지 접근함으로써 그야말로 팽팽한 긴장 분위기를 연출했다. 일부 시위대는 카빈 소총까지 휴대한 상태였다.

13시, 시위대는 공수부대가 아직도 철수하지 않는데 대해 항의하면서 공수부대 장갑차에 화염병을 던졌다. 진압군 장갑차에 불이 붙는 순간 시위대 장갑차 1대가 공수부대원들을 향해 돌진했다. 순간 공수부대의 저지선이 무너지면서 공수대원들은 돌진하는 장갑차를 피해 좌우로 갈라져 전남도청, 상무관, 수협도지부 건물 등으로 산개하였으나 미처 피하지 못한 공수대원 2명이 시위대 장갑차에 치여 1명은 즉사했고, 1명은 중상을 입었다. 놀란 장갑차 소대장이 장갑차에 거치된 기관총 방아쇠를 건드리는 바람에 실탄이 공중으로 발사됐다(8번째 발포). 총소리에 겁을 먹은 시위대가 뒤로 물러나 한동안 다가오지 않았다. 도청 직원들이 마이크를 가지고 애국가를 부르며 해산을 호소했지만 아무런 소용이 없었다. 극도로 피로한 계엄군 장병들은 이틈을 타서 땅바닥에 주저앉아 쉬고 있었다. 이때 갑자기 시위대가 버스와 트럭으로 공수대원들을 향해 또다시 지그재그로 돌진했다. 고속에 지그재그로 달려들자 장병들은 혼비백산했다. 다급해지자 몇 명의 장교들이 돌진하는 차량을 향해 발포를 했다(9번째 발포). 버스운전자가 사망하면서 버스는 도청건물 좌측을 들이받고 정지했고, 나머지 차들은 분수대를 돌아 빠져나갔다.

산개됐던 공수대원들이 다시 전열을 가다듬고, 대형화분 등으로 바리케이드를 치고, 일부 대원들은 그 뒤에서 사격자세를 취해 시위대에 위협적인 자세를 취했지만, 시위대는 이에 구애받지 않았다. 13:30분경, 시위대가 또 다시 장갑차 1대를 아주 빠른 속도로 몰고 공수대원들을 깔아 죽이려 돌진하자 누구라 할 것도 없이 수많은 공수대원들이 장갑차를 향해 발포했다(10번째 발포). 장갑차 위에서 흰 띠를 두르고 태극기를 흔들던 청년이 피격됐다. 일부 공수부대원들의 동시다발적인 발포로 일단 후퇴했던 시위대는 가톨릭센터와 한국은행 광주지점으로 집결했고, 이 중 5~6명이 태극기를 들고 구호를 외치며 공수대원들에게 접근하자 이미 이성을 잃은 일부 공수대원들이 이들을 향해 사격을 가했다(11번째 발포). 이때 도청 앞에서 발생한 발포만 해도 4번이었다. 이날 전남대 결전에서는 발포가 수도 없이 많이 발생했다.

전남대에서 이뤄졌던 발포들은 쌍방 간의 전투행위였으므로 그 수를 헤아리기 어렵다. 그런데 매우 기이하게도 5·18측과 판검사들은 도청 앞에서 이루어진 4차례의 발포만을 문제 삼으면서 그 책임자가 바로 전두환이라는 기막힌 주장을 하는 것이다. 판검사들이 상황마저 제대로 파악하지 못하고 5·18측 사람들의 편을 일방적으로 드는 것으로 보이는 것이다. 이들은 전두환이 어느 시각, 어느 곳에나 나타나 영향력을 발휘하는 전지전능한 신으로 보는 것 같다. 위의 한동석 소위의 진솔한 수기를 보거나, 군대 상식으로 보나, 상상을 해보나 이러한 상황에서 서울에 있는 전두환이 무슨 명령을 내린다는 것인가? 누가 보아도 이제까지의 발포들은 누구의 명령 없이 자기의 목숨을 지키기 위해 불과 1-2초 사이의 조건반사적 결심으로 이루어진 것들이다. 장갑차의 뚜껑을 열고 불타는 짚단을 넣는 순간에 자기 생명을 지키기 위해 발포를 한 것이 전두환 보안사령관으로부터 허락을 득한 발포다? 판검사들은 군인들이 일체 발포를 해서는 안 되었다고 주장한다. 이는 무슨 뜻인가? 불타는 짚단에 타죽었어야 했고, 차량돌진에 수 없이 깔려 죽었어야 했고, 총과 쇠파이프에 맞아 죽었어야 했다고 주장하는 것과 같은 것이다. 이는 정상적인 재판이라 할 수 없다고 생각한다. 이때까지 도청을 지키던 7공수 35대대에는 실탄이 없었다. 그런데 방송국을 경계하다가 전남도청을 거쳐 사단으로 철수하던 96연대 1대대 소속 병력(한동석 소위)이 사단으로 철수하면서 가지고 있던 경계용 실탄 200여 발을 7공수여단 35대대 군수장교의 요청에 따라 35대대로 넘겨졌으며, 이로써 35대대 장교들도 1인당 10발 정도의 실탄을 갖게 된 것이다.

전남도청에서 이러한 전투가 벌어지고 있을 때, 다른 한편에서는 대대적인 무기탈취가 있었다. 80여 명의 시위대는 차량 3대를 타고 광산 하남파출소에 가서 카빈 9정을 탈취했고, 고속버스, 트럭 등 10여 대의 차량에 탑승한 시위대는 함평에 도착하여 군중시위를 벌인 후 신광지서에서 총기 100여 정과 실탄 2상자를 탈취했다. 13:35분경, 화순소재 4개 파출소에서 총기 460정과 실탄 1만 발을 탈취했고, 14:00시경, 나주 남평지서 무기고에서 카빈 20여 정과 실탄 7~8박스를 탈취했고, 광주에서 온 시위대와 나주 시위대가 합세하여 나주경찰서에 진입한 후 래카로 무기고를 파괴하고 카빈 500여 정, M-1소총 200여 정, 실탄 46,000여 발을 탈취했고, 15:35분경, 화순광업소에서 카빈 1,108정, 실탄 17,760발, 제라틴 폭약 13상자(2,925㎏) 및 도화선 6,000m, 화순 동면 지서에서 M-1 72정, 카빈 296정, AR 1정, LMG 1정, 실탄 14,000여 발을 탈취했고, 그 밖에도 이날 하루 동안 일신방직, 호남전기, 연초제조창, 영암경찰서, 화순경찰서, 지원동 석산화약고, 한국화약, 강진 선전파출소, 등을 습격하여 카빈, M-1, AR. LMG 등 총기 4,900여 정, 실탄 13,000여 발, TNT 10여 상자, 수류탄 270여 발을 탈취했다. 시위대는 이들 무기를 가져다가 광주공원과 학운동 등에서 분배하고 무기사용 교육을 실시하고, 조직을 편성하여 시내 주요 목진지에 배치했다(이상은 1995년 7월 18일 검찰수사결과 100-101쪽에서).

무장시위대

그 밖에 군과 중앙정보부 등의 기록들에는 아래와 같은 자료도 있다. 화순경찰서 중앙파출소로부터 총기 212정 및 실탄 81,908발, 수류탄 182발, 나주경찰서 남평지서로부터 카빈 64정 및 실탄 504발, LMG 1정 및 실탄 1,508발, AR 1정 및 실탄 350발, M-1 15정 및 실탄 1,500발, 권총 1정 및 실탄 7발, 수류탄 47발(검찰수사결과와 다름) 나주경찰서 산포지서에서 카빈 31정 및 실탄 5,310발, AR1정 및 실탄 360발, M-1 26정 및 실탄 400발, 화순 서태리 역청공장에서 제라진 폭약 22.5kg을 탈취했고, 화순읍 중앙파출소를 방화했다. 14:00시, 전교사는 전남대를 방어하고 있는 3공수여단에 전남대에서 철수하여 외곽도로를 차단하고 광주교도소를 방어하라는 명령을 내렸다. 그리고 도청에서는 도지사 등 3명만 제외하고 도청 직원 전원이 피신했다. 같은 시각, 광주일신방직, 호남전기, 연초제조공장 무기고에서 총기 1,700정 및 실탄 4,700발을 탈취했다. 14:45분, 20사단 61연대장이 11공수여단과 임무를 교대하기 위해 UH-1H로 전남도청 상공에서 공중정찰을 하던 중 시위대로부터 사격을 받아 6발이 명중되었다. 15:50분경, 통합병원 상공에서 선무방송을 하던 같은 기종의 헬기 역시 6발의 총격을 받았다. 61연대장은 전남도청 임무교대가 불가함을 보고했다. 오후 2~3시경에 시위대는 이미 헬기에 대고 사격을 할 만큼 무장되어 있었고, 육군 정규 보병부대와 같은 수준의 전투력을 갖추고 있었다.

14:50분, 시위대의 장갑차가 또 다시 전남도청 광장 쪽으로 돌진하다가 공수부대 장갑차로부터 사격을 받고 후퇴했다(12번째 발포). 15:00시, 시위대가 장갑차를 몰고 도청 광장을 향해 돌진하다가 공수부대 장갑차에서 발포를 하자 후퇴했다(13번째 발포). 남평지서에서 무기를 탈취한 시위대는 충금지하상가 4거리에 도착하여

20여 정의 무기를 분배했고, 화순경찰서에서 탈취한 무기는 석천다리, 지원동에서 무기를 분배함으로써 총을 가진 시위대가 전남도청으로 진출했다. 시위대는 탈취한 무기를 광주공원 및 학운동에서 분배한 후, 총기사용 교육을 실시했고, 총기사용법을 교육받은 시위대는 지프차 등을 타고 시내를 돌면서 시위군이 총을 가지고 있다는 모습을 보여주면서 시민참여를 호소했다. 이들 무기를 소지한 일부 시위대는 전남도청을 향했지만, 이때 공수부대는 전남도청 본관, 신관, 전남일보, 수협도지부, 상무관 등 건물 옥상에 병력을 배치하여 도청으로 접근하는 시위대를 향해 발포를 했다(14번째 발포).

15:15분, 우체국 쪽에서 2,000여 명의 시위대가 카빈총을 가지고 도청으로 접근하다가 총격전이 벌어졌다(15번째 발포). 15:35분, 이희성 계엄사령관은 선무활동에 의해 시민과 불순세력을 분리할 것, 광주 외곽도로망을 차단할 것, 교도소를 끝까지 방어할 것, 지휘를 일원화할 것을 지시했다. 이에 따라 전교사 사령관은 31사단장에 작전배속시켰던 2개 공수여단에 대한 지휘권을 환수하고, 16:00부로 대공경계령인 진돗개 둘을 발령했다. 정웅이 너무 무능하여 그에게 주어졌던 광주 진압 작전권을 회수한 것이다. 5월 21일부로 계엄사령관은 지휘능력에 문제가 있었던 정웅과 윤흥정으로부터 광주작전에 대한 지휘권을 모두 회수한 것이다.

15:50분, 카빈총을 휴대한 시위대가 전남의대 5거리에서 전남도

경 쪽으로 사격을 하면서 시가지를 누볐다. 16:00시, 시위대들은 시내 곳곳에서 무차별적으로 발포를 했고, 전남대 부속병원 12층 옥상에 LMG 2정을 설치하고 헬기, 도청 및 시가지를 향해 무차별 발포를 했다. 시위대는 지프차에 수류탄 1상자와 LMG 1정을 설치하고 도청 점거를 시도했고, 국민은행 앞에 다이너마이트 1차량 분을 놓고 도청을 폭파하겠다고 위협했다. 카빈총을 휴대한 시위대가 전남의대 5거리에서 도청 쪽으로 사격을 하면서 이동했고, 광주은행 본점에 도착한 트럭이 시위대에 30여 정의 카빈총을 분배했다. 호남전기에서 카빈 180정 및 실탄 900발을 탈취했다. 영암경찰서에서 카빈 42정, M-1 14정, LMG 3정, BAR 3정, 권총 10정을 탈취했다. 광주 연초제조창에서 카빈 101정을 탈취했다. 전남방직회사에서 카빈 188정 및 실탄 60발을 탈취했다. 해남경찰서에서 수류탄 47발을 탈취했다. 시내에서 민간버스 111대 및 경찰 지프차 1대를 탈취했다. 시위대는 탈취한 차량을 이용하여 화순, 나주, 담양, 장성, 목포, 영암, 고흥, 광산 등 17개 도시로 진출하여 무기고를 털고 난동을 부리며 시위를 선동했다. 이들은 복면과 마스크를 착용한 채, 화순광업소를 습격하여 화약 및 TNT를 탈취했고, 광주에 소재한 (주)한국화약 보급소에서 폭약 2,500여 상자와 35만개의 뇌관, 4만여m의 도화선을 탈취했다.

이때 진종채 2군사령관은 "광주외곽봉쇄작전"을 성안했다. 작전 내용은 계엄군을 광주시로부터 외곽지대로 전면 철수시켜 충돌을 막는 동시에 사태가 타 지역으로 확산되는 것을 차단하고, 주요시설을 경비하면서, 광주시민에 의해 사태를 수습하도록 유도하자는 것이었다. 이러한 작전개념에 따라 진종채 2군사령관은 17:00시경, 윤흥정 전교사 사령관에게 계엄군의 외곽 이동을 명령했고, 윤흥정 사령관은 같은 시각에 이 명령대로 계엄군에게 즉시 외곽으로 철수하라는 지시를 내렸다. 16:30분, 전남도청 상황실이 완전 폐쇄됐고, 3공수여단이 전남대에서 철수, 교도소를 향해 출발했다. 이때 연행해 놓았던 수십 명의 극렬 시위자들은 천막을 씌운 트럭으로 수송했다. 이 수송과정에서 일부 공수대원들은 전날, 광주역과 전남대 등에서 시위대에 당한 것에 대한 분풀이로 천막 안에 최루탄과 가스를 투입하고 진압봉으로 가격하거나 군화발로 구타하였고, 그 결과 여러 명이 사망했다. 16:50분, 윤흥정 전교사 사령관은 도청을 지키던 계엄군에 철수를 명했고, 이에 11공수 3개 대대 및 7공수 35대대 1,200명의 병력은 17:00시에 장갑차를 선두로 하여 전남도청을 출발, 공포를 쏘면서 전남대로 철수한 후, 7공수 33대대를 합쳐 총 5개 대대를 차량제대와 도보 제대로 나누어 시 외곽으로 철수하기 시작했다. 이로써 광주시는 시민군에 의해 완전 탈취되었고, 무정부상태가 되었다. 이른바 해방구가 된 것이다.

17:00시, 총기를 소지한 시위대들은 조를 편성하여 정찰활동, 도청 감시, 외곽도로 경계 등의 임무를 부여했고, 이로부터 소위 '무장시위대'가 본격적으로 시위를 주도하는 국면이 전개됐다. 도청이 완전 점거당했고, 광주 전 지역에 행정이 마비됐다. 이들은 총을 들고 탈취한 차량으로 전남 전 지역을 질주하면서 시민참여를 독려했

다. 장갑차 및 9대의 차량으로 총기를 난사하면서 광주 교도소를 습격했다. 조선대학교에 있는 계엄군에 난사하고 탈취한 총기를 시민에게 분배했다. 나주 반남지서에서 카빈 38정 및 실탄 270발을 탈취했다. 해남 옥천지서에서 M-1 555정, 칼빈 61정, AR 소총 1정, LMG 1정을 탈취했다. 장성 황동지서에서 M-1 13정을 탈취했다. 장성 진원지서에서 카빈 47정, M-1 1정, LMG 1정, AR 1정을 탈취했다. 화순광업소 예비군 대대, 광주 대한통운, 광주고교, 강진 성진지서 등 무기고를 급습하여 수량 미상의 무기를 탈취했다. 한국낙농(김복용 대표)을 급습하여 매일 우유 900상자, 100만원 상당의 요구르트를 탈취했다. 삼립식빵에서 식빵 676상자, 열일식품에서 식빵 86상자 및 592개를 탈취했다. 대청섬유, 농성주유소 등에서 휘발유 6,240리터, 경유 9,046리터를 탈취했다.

17:15분, 전남도경 상황실이 완전 폐쇄되고 지휘부가 광주공항으로 피난함에 따라 경찰병력도 운동복으로 위장하여 광주공항으로 철수했다. 17:20분, 3공수여단이 광주교도소에 도착하여 광주교도소 및 광주에서 담양으로 빠지는 도로를 차단하기 위한 배치를 시작했다. 3공수 15대대가 31사단 병력과 임무를 교대하고 있을 때, 시위대가 카빈총을 가지고 고속버스 2대에 분승하여 돌진해오면서 기습사격을 가했다. 이에 공수부대원 1명이 중상을 입었다. 공수단은 시위대로부터 고속버스 2대와 트럭 4대를 빼앗았고, 카빈, M-1 등 4정의 총기를 탈취했다. 18:50분, 외곽도로 봉쇄 명령에 따라 20사단 61연대는 광주에서 전주로 나가는 도로를 차단하기 위해 송

암동 및 광주 톨게이트에 배치됐고, 62연대는 통합병원 입구, 송정리 비행장, 전교사에 배치되었다. 19:30분, 교도소를 방어하는 3공수 병력과 무장 시위대 사이에 여러 차례 총격전이 벌어졌다. 이 총격전이 벌어지고 있는 와중에 담양에 거주하는 시민 4명이 픽업 차량을 타고 가다가 시위대의 카빈총에 맞아 그 중 2명(35, 37세)이 사망했다. 이때 광주 지역에 있는 주유소는 휘발유를 달라는 대로 주었기 때문에 상당수의 민간인들이 드럼통 단위로 휘발유를 집으로 날라 갔다. 네 번째 휘발유를 운반하다가 교도소 앞에서 총을 맞아 부상당한 민간인이 훗날 유공자가 되었다는 증언도 있다.

도청을 지키던 11공수와 7공수 35대대가 차량제대와 도보제대로 나누어 주남마을로 후퇴하던 도중 차량제대가 전남대 병원, 남광주시장, 숭의실고 부근을 지나면서 시위대로부터 차량돌진 공격과 사격을 받아 군 차량 3대가 전복되고 장교 1명과 사병 1명이 사망하고 6명이 중상을 입었다. 20:00시, 전남도청은 시민군에 완전 접수되었다. 21:00시, 육군본부의 1개 연대 추가투입 지시에 따라 20사단 60연대 제2,제3대대 및 포병연대 병력 88/1,514명이 성남비행장을 출발했다. 22:10분, 효천역 부근에서 광주-목포간 도로를 차단하고 있던 61연대 제5 및 제6중대와 무장시위대 간에 교전이 벌어졌다. 시위대는 지프차의 선도 하에 트럭 버스 등 6~7대의 차량을 타고 목포 쪽으로부터 오다가 61연대와 교전이 벌어져 시위대 버스 2대가 전복됐다. 이 교전상황을 보고 받은 연대장은 5월 22일, 00:15분경에 제1중대와 수색중대를 증원시켜 놓고 있었다. 01:00

시경, 시위대는 광주 쪽에서 버스 5~6대에 분승하여 다시 쳐들어와 교전을 했고, 위 두 교전과정에서 시위대 10여 명이 사망하거나 부상을 입었고, 공수대원 2명이 총상을 입었다. 시위대로부터 총기 16정과 실탄 500여 발을 노획했다.

이날 시민군이 탈취한 차량 수는 1개 사단 규모에 해당하며, 무기는 2개 연대 분에 해당한다. 시위대의 무기가 차량돌진, 돌, 화염병 등에서 소총, 기관총, 수류탄, 다이너마이트로 바뀐 것이다. 이들은 복면을 쓰고, 전남의대 11층 옥상 및 수많은 고층건물 옥상에 기관총을 설치, 계엄군을 향해 난사했고. 도청, 도경, 검찰청, 법원을 점령했다. 3공수 상황병이었던 김치년씨와 한동석씨의 차분한 수기에서 나타났듯이 이들은 5월 21일 새벽 5시경에 이미 카빈총으로 무장하고 공중을 향해 위협사격을 하고 있었던 것이다. 21일부터 광주시내에 국한돼 있던 소요가 목포, 영암, 나주, 광산, 담양, 장성, 고흥, 해남 등 17개 도시로 확산됐다. 이때까지 광주에 투입된 군 병력은 20사단 308/4,778명, 3여단 265/1,216, 7여단 82/604, 11여단 163/1,056, 31사단 14/461, 전교사 107/2,144, 계 939/11,198명이었다.

5·18의 모란꽃 전옥주

신동아 1998년 5월호를 비롯하여 여러 인터넷 매체들에는 5·18의 모란꽃이라는 두 여인, 전옥주(31)와 차명숙(19)에 대한 소개의 글들이 실려 있다. 전옥주는 원광대학 무용과 4학년 때 학내시위에 연루되었다 제적을 당했고, 차명숙은 당시 19세로 학업을 포기하고 국제양재학원 기숙사에 있다가 5·18을 맞았다. 전옥주의 본명은 전춘심이며, 1심에서 10년형을 선고받고 2심에서 5년형으로 확정됐다. 전옥주와 함께 가두방송을 했던 또 다른 여인 차명숙은 당시 19세였고, 그녀 역시 1심에서 징역 10년, 2심에서도 10년형을 선고받았다. 전옥주는 1981년 4월 3일 대통령 특사로 풀려났고, 차명숙은 12월 24일 성탄절 특사로 풀려났다. 당시 '5·18의 모란꽃'이라는 전옥주가 광주에서 처음 가두방송을 시작한 것은 19일 밤에서 다음 날로 넘어가는 새벽이라 한다. 전옥주는 계엄군의 잔혹한 진압 상황을 시민들에게 알리기 위해 처음에는 도청까지 걸어가면서 방송을 했고, 이어 소형 트럭에 옮겨 타고 다녔다고 진술한다.

계엄군이 물러난 22일, 전옥주가 오전 방송을 하고 잠시 쉬는 사이 갑자기 군중 속에서 "저 여자 간첩이다"라면서 신체 건장한 40대 남자 몇 명이 전옥주를 끌고 갔다 한다. 군중 속에서는 "간첩이면 잡아가야 한다"는 소리와 "저 여자를 구하자"는 목소리가 엇갈렸지만 속수무책이었다 한다. 전옥주는 31사단 보안대에 끌려갔다가 일단 풀려났다가 다시 기소됐다. 형을 마치고 서울에 올라와 포장마차 등을 하며 생활하던 전옥주는 김상현 의원의 주례로 전통혼례를 치룬 후 세 아이의 어머니로 서울 성동구에 살았다 한다. 그 무렵 전옥주는 영부인이 된 이희호로부터 각별한 사랑을 받았고, 1991년 제1기 지자체 선거에 영부인은 전옥주에게 성동구 시의원

출마를 권유했지만 그녀는 '5·18의 전옥주'로 남기 위해 정중히 거절했다고 한다. 1991년 4월에 다시 광주로 내려갔고, 1995년에는 국민회의 광주지역 시의원 후보로 내락됐다고 한다. 이런 상황에서 후보 자리를 노린 여인들의 음해가 있었고, 이들 여인들은 5·18 당시 함께 투쟁하던 세 여성동지였다고 한다. 세 여인은 김대중 당시 국민회의 총재를 비롯하여, 당과 동교동계 의원들에게 집중적으로 투서를 하거나 전화를 하여 모함했다고 한다. 결국 전옥주는 후보 자격을 놓고 당무회의에서 투표에 붙여진 결과 선거에 나갈 수 없게 되었고, 남편으로부터 이혼 통고까지 받았다고 한다. 그 후 전옥주는 세 아이를 데리고 광주를 떠나 경기도 시흥으로 갔다고 한다. 2007년 11월 30일 연합뉴스에는 민주당 이인제 후보가 전남지역을 공략하기 위해 전옥주를 특보로 삼았다는 보도가 있다. 이인제 후보는 기자에게 "5·18 광주항쟁 당시 전남도청 내에서 현장방송을 했던 전옥주 여사가 저의 특보를 맡고 있다. 혁명의 현장에 있었던 전옥주 여사가 큰 역할을 해 줄 것으로 생각한다"고 말했다 한다.

계엄군의 광주시 철수 배경

광주소요가 폭동화하여 양측의 사상자가 속출하고, 무기가 피탈되고, 5월 20일 밤에는 3공수여단이 광주시내에서 포위되어 홍역을 치르면서 가까스로 탈출하는 등 상황이 갈수록 악화되자 이희성 계엄사령관은 5월 21일 새벽 4시 40분경 황영시 참모차장, 김재명 작전교육참모부장, 나동원 계엄사 참모장, 계엄사 치안처장, 보도처장, 계엄처장이 참석하는 긴급대책회의를 소집했다. 광주시민과 더 이상의 충돌을 피하기 위해 광주시에 출동 중인 모든 계엄군을 광주시내로부터 철수시켜 광주시 외곽으로 전환 배치할 것, 광주에 1개 연대 병력을 추가로 증파할 것, 그리고 철수한 계엄군이 광주시로 재진입하는 작전은 광주시내의 상황을 고려하여 5월 23일 이후에 실시할 것 등을 결정했다.

계엄군은 대규모의 시위대들에 포위되어 일방적으로 매타작을 당했고, 굴러오다 폭발하는 휘발유 드럼통의 공격도 받았고, 돌진차량의 공격도 받았다. 집단살인을 지향하는 이러한 공격행위는 발포 수단이 동원되지 않고서는 도저히 감당할 수 없는 것이라는 분위기로 이어졌고, 이에 육군본부 법무감이 나서서 군의 자위권에 대한 법률적 견해를 설명하기에 이르렀다. 하지만 자위권 발동문제에 대하여는 별다른 결론을 내리지 못하고 회의는 일단 이희성 계엄사령관 명의로 광주시민에게 자제를 호소하는 담화문을 발표하자는데 합의하는 것으로만 끝을 맺었다.

5월 21일 계엄사령부는 긴급대책회의에서 도출된 계엄군의 광주시 철수 계획을 최규하 대통령에 건의했고, 대통령은 이를 승인했다. 이에 따라 이희성 계엄사령관은 5월 21일 오후 4시 30분경에 진종채 2군사령관에게 광주시내의 전 계엄군을 광주시 외곽지대로 철수시키라는 지시를 내렸다. 이희성 계엄사령관의 지시를 받은 진종채 2군사령관은 5월 21일 16시 50분경 윤흥정 전교사 사령관에게 철수를 지시했고, 윤흥정 전교사 사령관은 5월 21일 17시경에 모든 계엄군에 철수명령을 내렸다. 윤흥정 전교사 사령관의 철수명령에 따라 광주 시내에 마지막까지 남아있던 11공수여단 소속 61, 62, 63대대와 11공수에 배속됐던 7공수여단 35대대 병력을 합친 1,212명은 21일 17:00시경 장갑차를 앞세우고 도청을 떠나 공포탄을 쏘면서 숙영지인 조선대로 철수했고, 그곳에 있던 7공수 33대대를 포함한 모든 병력은 도보제대와 차량제대로 나누어 18:00시경에 조선대를 출발했다. 도보부대는 조선대 뒷산 깃대봉을 돌아 지원동을 거쳐 오후 8시경에 주답마을에 도착했다. 차량부대와 도보부대는 철수과정에서 공히 시위대로부터 수많은 총격을 받아 많은 피해를 입었다. 이로써 광주에 출동했던 7공수여단과 11공수여단은 주답 마을로, 3공수여단은 광주교도소로 철수를 완료했다.

계엄군의 자위권 발동 지시

정부와 계엄사는 사태의 진정을 위하여 계속적으로 선무활동을 전개했다. 5월 21일에는 호남출신 장교단 62명을 광주로 보내 광주의 지도층 인사들과의 대화를 통하여 사태를 수습하도록 했다. 윤흥정 계엄분소장과 호남출신 소준열 장군도 5월 20, 21, 23일 3회에 걸쳐 호소문을 발표했고, 총 117만여 장에 이르는 선무전단을 살포하고 수백 회에 이르는 선무방송을 실시했다. 하지만 노도와 같은 광주 시위대에겐 이런 정부의 노력이 먹혀들 리 없었다. 급기야 계엄사는 21일 오후 8시 모든 병력을 광주시 외곽으로 철수시킨 후 대통령 재가를 얻어 전 국민을 향해서는 군에도 자위권이 있음을 선포하는 반면 진압군을 향해서는 자위권을 행사할 것과 자위권행사에 대한 세부지침을 하달하기에 이르렀다.

광주지역의 치안책임을 맡고 있던 진종채 2군사령관은 전국비상

○ 5월 21일 16:00시 이후의 지휘체계

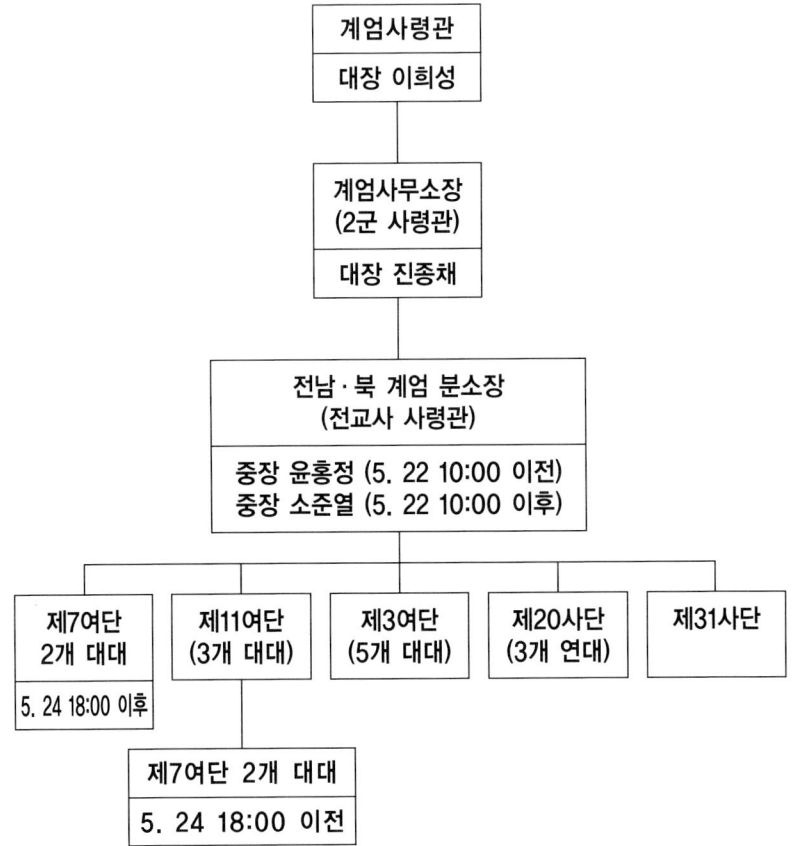

계엄이 확대 선포된 이후에도 광주시의 시위 사태가 심각성을 더해 가자 김준봉 2군 작전참모를 매일 광주시에 보내 현지상황을 확인하고 있었다. 진종채 2군사령관은 5월 20일부터 광주시의 시위사태가 확대될 뿐만 아니라 세무서 무기고가 피탈되고 소총으로 무장한 시위대에 의해 계엄군의 사상자가 발생하자 5월 21일 오전에 김준봉 작전참모를 대동하고 광주를 방문하여 윤흥정 전교사 사령관으로부터 상황보고를 받았다. 이 자리에서 윤흥정 전교사 사령관은 진종채 2군사령관에게 시민과 학생이 무장을 하고 계엄군에게 총을 난사하는 사태가 벌어지고 있는데 계엄군의 자위권 발동을 발표하면 진정이 될 것이라면서 계엄사령관에게 자위권 발동문제를 건의해 달라고 요구했다. 말썽 많은 자위권 발동은 다른 사람이 건의한 것이 아니라 바로 현지 지휘관이고 3성장군인 윤흥정 사령관이 처음으로 건의한 것이다. 그는 또 직접 그의 동기생이기도 한 계엄사령관에 전화를 걸어 자위권 발동을 2중으로 건의했다. 광주 현지 상황을 확인한 진종채 2군사령관은 그날 오후 4시경 서울로 가서 이희성 계엄사령관을 면담하고 현지에서 확인한 광주사태의 심각성을 설명한 후 계엄군의 자위권 발동을 지시해 주도록 건의했다. 계엄사령관은 동기생인 윤흥정 전교사 사령관과 진종채 2군사령관, 두 사람으로부터 각기 자위권 발동에 대한 건의를 받은 셈이다.

이에 이희성 계엄사령관은 주영복 국방장관에게 국방부 대책회의를 열어 줄 것을 건의했고, 주영복 국방장관은 이날(21일) 16시 35분경에 이희성 계엄사령관, 합참의장, 해군, 공군 참모총장, 한미연합사 부사령관과 진종채 2군사령관이 참석하는 긴급대책회의를 소집했다. 이희성 계엄사령관은 광주 소요사태의 실상을 보고하고, 계엄군의 자위권 발동이 불가피함을 건의했다. 국방부 광주사태 대책회의에 참석한 군 수뇌부는, 이희성 계엄사령관의 건의를 승인한 후 이희성 계엄사령관이 가져온 자위권 보유 천명 문안에 수정을 가한 후 "광주사태에 관련된 담화문"을 이희성 계엄사령관이 직접 발표할 것에 합의했다. 이 결정에 따라 이희성 계엄사령관은 5월 21일 19시 30분경 "광주사태에 관련된 담화"를 발표했다. 이희성 계엄사령관은 담화문에서 광주시민의 자제를 호소하는 한편 "계엄군은 폭력으로 국내치안을 어지럽히는 행위에 대하여서는 부득이 자위를 위해서 필요한 조치를 취할 수 있는 권한을 보유하고 있음을 경고한다"는 내용의 자위권 보유 천명을 KBS를 통하여 방송했다. 이희성 계엄사령관의 담화가 있은 직후인 20:00시경에 계엄사령부는 2군사령부에 자위권 발동을 전통을 통해 지시했고 5월 22일에는 계엄훈령 제11호로서 자위권 발동의 요건을 전 계엄군에게 시달했다. 그리고 2군사령부는 20:30분경 전교사에 자위권 발동을 최종적으로 지시했다. 이희성 계엄사령관은 담화를 발표한 후 19:45분경부터 21:50분경까지 약 2시간 동안 최규하 대통령을 방문하여 자위권 보유 천명 담화문 발표와 관련된 보고를 했고, 자위권에 대한 천명과 발동에 대해 재가를 받았다. 이처럼 공식적인 자위권 발동은 21일 20:30분경에 전교사 사령부에 하달됐고, 이 자위권 발동은 대통령의 사후재가로 정당화됐다. 이 과정에는 전두환도 없었고 신군부도 끼어있지 않았다. 이 시각에 이르기까지 계엄군에 의한 자위성 발포는 수를 셀 수 없을 만큼 많이 있었다.

이희성 계엄사령관의 자위권 발동지시의 성격

위와 같이 이희성 계엄사령관은 계엄군이 자위권을 보유하고 있다는 것을 방송을 통해 공개적으로 천명했고, 아울러 계엄훈령 제11호를 통해 모든 계엄군에 자위권 발동을 지시했다. 총까지 보유한 압도적 다수가 소수를 포위해 놓고, 돌, 화염병을 포함한 각종 흉기를 가지고 생명을 위협하는 상황, 대형차와 휘발유 드럼통을 가지고 집단살인을 기도하는 상황을 맞아 계엄군에 발포를 금지시킨다는 것은 곧 부하들에 대한 간접살인 행위일 것이다. 광주시에서 사투를 벌였던 계엄군이 21일 오후 8시 주답마을과 광주교도소로 철수할 때까지, 장병들은 위기에 처할 때마다 정당방위를 위한 발포를 수십 차례나 했다. 스스로의 생명을 지키기 위해 누구의 허락도 없이 그리고 자위권 행사에 대한 지시가 있기 전에 병사들 스스로 한 것이다. 이런 자위적 발포가 없었다면 계엄군은 집단적으로 큰 변을 당했을 것이다. 계엄사령관이 대통령에게 보고하여 허락을 득해 발표한 '자위권 보유에 대한 경고'는 이미 현장에서 동시다발적으로 이루어졌던 발포행위를 정당화시켜 주는 것에 불과했다.

그런데도 고소인들 측에서나 판검사들은 이를 크게 문제 삼았다. 자위권 발동 지시는 곧 발포명령이며 발포명령은 곧 광주시민들을 학살하라는 명령이었다는 것이다. 과연 그러한가? 자위권 행사 조치는 5월 21일 밤에 새롭게 만들어 낸 것이 아니라 이미 법령으로 규정돼 있던 당연한 자위권을 실행에 옮기겠다는 것이었다. 사실 계엄군은 이희성 계엄사령관의 자위권 발동지시가 없었다 해도 기존 법령의 규정에 따라 언제라도 정당방위 차원에서 자위권을 행사할 수 있는 것이었고 그래서 5월 19일 불붙은 짚단에 대한 발포, 5월 20일 지그재그로 달려드는 대형차 바퀴에 대한 발포 등에서부터 5월 21일 오후 8시까지 수십 건의 발포행위들이 있었다.

광주에 간 계엄군이 시민군을 상대로 총기를 사용하는 데에는 반드시 작전지휘권자의 승인이나 지시가 있어야 하는가? 아니다. 단순히 시위를 진압하기 위한 목적이라면 총기 사용은 작전지휘권자의 사전 승인이나 지시를 전제로 한다. 그러나 병사들이 생명에 위협을 느낄 만한 상황을 맞을 경우에는 정당방위 차원에서 지휘관의 승인 없이 총기를 사용할 수 있다. 이러한 자기 생명 보호권은 일반 형법에서는 "정당방위"로 규정돼 있고, 군사법령에서는 "자위권"으로 규정돼 있다. 형법 제21조에서는 "자기 또는 타인의 법익에 대한 현재의 부당한 침해를 방위하기 위한 행위는 상당한 이유가 있을 때에는 벌하지 아니한다"고 규정돼 있다. 형법 제21조는 모든 국민에 적용되는 정당방위권이기에 계엄군에도 당연히 적용되는 것이다. 또한 군사법령인 군인복무규율(1970. 4. 20 대통령령 제4923호)과 위수령(1970. 4. 20 대통령령 제4949호)에서는 군인에 대한 "자위권"을 규정하고 있다. 1980년 당시의 군인복무규율 제123조에서는 "신체 생명 또는 재산을 보호함에 있어서 상황이 급박하여 무기를 사용하지 아니하면 보호할 방법이 없을 때, 야간에 3회 이상 수하를 하여도 이에 불응하여 대답이 없거나 도주하거나 보초에 접근할 때 또는 대답이 없을 때, 폭행을 받거나 또는 받을 우려가 있어서 그 상황이 급박하여 자위상 부득이 할 때, 군인은 휴대하고 있는 무기를 사용할 수 있다"고 규정하고 있었다. 또한 당시의 위수령 제15조에서도 위수 근무에 복무하는 자가 "폭행을 받아 자위상 부득이 할 때, 다중성군(多衆成群)하여 폭행을 함에 즈음하여 병기를 사용하지 아니하고는 진압할 수단이 없을 때, 신체, 생명, 토지 기타 물건을 방위함에 있어서 병기를 사용하지 아니하고는 방위할 수단이 없을 때 병기를 사용할 수 있다"고 규정하고 있었다. 경찰관에도 같은 규정이 있다. 경찰관직무집행법 제11조 역시 위와 같은 경우에 지휘관의 사전 승인 없이 무기를 사용할 수 있는 권한을 가지고 있었다.

위와 같은 규정을 보면 광주에 출동한 계엄군은 작전지휘권자의 별도 지시가 없더라도 당연이 "정당방위권"과 "자위권"을 행사할 수 있었다. 그래서 자위권 발동에 대한 지시가 있기 전까지 수십 회의 자위권 차원의 발포들이 말단에서 이루어졌던 것이다. 5월 21일 오후 1시경, 전남도청에서는 계엄군이 100배나 많은 시위대로부터 전라남도 도민들의 청와대인 도청을 지켜보겠다며 인간 바리케이드를 치고 있었다. 이런 계엄군을 무차별 학살하겠다며 시민군들은 장갑차와 버스를 가지고 지그재그로 고속 돌진했다. 이런 공격이 4

차례나 있었다. 장병들은 그 때마다 조건반사적으로 스스로의 생명을 지키려 했다. 0.1초를 다툴 만큼의 다급한 상황을 맞아 오직 살기 위해 총기를 발사한 것이야말로 진정한 의미의 자위권 행사일 것이다. 명령은 시간이 있을 때 내려가는 것이다. 이런 성격의 것을 놓고 지휘관이 발포명령을 내렸다느니, 그 지휘관이 누구냐느니 하고 물고 늘어지는 것은 그야말로 코미디 놀음이다. 이런 코미디 놀음에 날을 지샜던 과거의 못난 역사가 바로 일본이라는 강대국의 침략을 초청한 것이라고 생각한다.

총으로 무장한 시민군이 군용 장갑차와 버스라는 대량살인무기로 병사들을 깔아 죽이는 행위와 이를 모면하기 위해 본능적으로 총기를 발사한 병사의 행위를 놓고 비교해 보자. 어느 행위가 불법한 행위였고, 어느 행위가 정당한 행위였는가? 아마도 거의 모든 국민과 법조인들은 시민군의 행위가 적극적인 살인행위였고, 병사의 발포행위는 피동적인 정당방위였다 할 것이다. 원칙과 품격이 무너진 사회는 세도가 지배한다. 그 세도에 의해 병사들을 깔아 죽인 무장 시위대는 민주화의 유공자가 됐고, 군의 명령으로 타동네에 가서 가까스로 생명을 방어한 군인들은 내란목적 살인에 동원된 주구가 되어, 위관장교 시절에 받았던 훈장까지 박탈당했다. 눈 깜작할 사이에 벌어진 정당방위의 사격을 놓고 전두환이 시킨 것이라 하니 대한민국 재판소가 마녀사냥을 위탁받은 인민재판소 같다는 공포감마저 느낀다. 원칙 및 품격과 논리가 완전히 실종된 공포의 공화국에서 살고 있는 느낌이 드는 것이다.

눈치 보는 지휘관들이 광주사태 증폭시켰다

5월 18일부터 21일 오전까지 3일간, 시민과 병사와 경찰들이 엄청난 피해를 입었고, 광주시가 비참하게 파괴됐다. 그동안 공수부대는 중과부적으로 위기에 처할 때마다 수십회에 걸쳐 발포를 했다. 그러나 역사바로세우기에서는 도청 앞 발포 이전에 발생했던 8회의 발포에 대해서는 문제 삼지 않고 그 이후에 발생한 수십 회의 쌍방 총격전에 대해서도 말이 없다. 유독 도청 앞의 발포만 가지고 문제를 삼았다. 도청 앞 첫 발포 이전에 이루어진 8회의 발포사건은 누구의 눈으로 보아도 정당방위였고, 이런 자위성 발포를 문제화시킬 경우에는 오히려 발포를 유발했던 시위대의 비인간성이 도마에 오를 것이다. 따라서 5·18을 극화(dramatize)하기 위해서는 억지로라도 도청 앞 발포를 5·18의 초점으로 선정할 필요가 있었을 것이다. 1980년 5월 21일 오후 1시의 전남도청 앞 쇠칼, 도끼, 쇠파이프, 소총으로 무장한 일부 극렬시위대가 장갑차와 5톤 트럭 등 10여 대의 차량에 탑승하여 10만 시위대 전면으로 나와 계엄군과 2~3m 간격을 두고 잠시 대치하고 있었다. 그리고 눈 깜짝할 사이에 갑자기 장갑차와 5톤 트럭이 2열 횡대로 정렬해 있는 11여단 및 7여단의 병력저지선으로 돌진했다. 제대를 10여일 남겨둔 하사가 현장에서 즉사했고 다른 병사가 심한 중상을 입었다. 공포의 차량돌진 공격은 그 후 여러 차례에 걸쳐 반복됐다. 절체절명의 위기에 처한 병사들은 필사적으로 좌우로 갈라져 도망했고, 일부 병사들은 누구 할 것 없이 돌진차량을 향해 집단적으로 위협사격을 가했다,

위협사격이 있자 비로소 차량시위대가 돌진공격을 멈추었다. 그리고 계엄군으로부터 멀리 물러나 구호만을 외치며 대치하는 상태가 한동안 이어졌다.

여기에서 교훈 하나를 얻고자 한다. 민주주의가 고도로 발달한 미국과 영국, 프랑스 등에서는 흉기를 사용하는 폭력시위에 대해서는 무조건 발포로 대처한다. 하지만 한국에서는 웬일인지 이와는 정반대의 현상이 지속돼 왔다. 2006년 5월 평택에서는 미군기지 확장 저지를 위해 결성된 '평택 범대위'가 죽봉으로 병사를 찌르고 2단 옆차기로 병사들을 두드려 팼다. 이때 윤광웅 국방장관은 폭력시위를 저지하는 부대장에게 "때리면 맞더라도 대응하지 말라"는 기막힌 명령을 내렸다. 광주에서도 그랬다. 지휘관들은 부하들에게 무조건 부동자세를 취하고 오직 선무활동을 통해 시위대를 해산시키라는 정신 나간 명령만 내렸다. 이에 시위대는 군을 얕보고 온갖 모션과 언어들로 조롱을 했다. 그래도 병사들은 부동자세만 취했다. 드디어는 돌진하는 버스와 장갑차에 부하들을 깔려 죽게 했고, 매 맞아 죽게 했고, 총 맞아 죽게 했다.

이런 지휘관들 때문에 광주가 아수라장이 됐고, 경찰력과 행정력이 마비됐고, 광주시 전체가 해방구로 전환됐고, 수백 명의 사상자와 재산피해를 본 것이다. 이런 참사를 당하고 난 다음에야 군은 5월 21일 19:30분 비로소 최규하 대통령으로부터 자위권 발동을 승인받아 가지고, KBS를 통해 계엄군에도 자위권이 있음을 경고한다는 말로 엄포를 놓았고, 모든 계엄군에게는 자위권을 발동하라는 지시를 한 것이다. 그리고 이 자위권 발동이 개시되자 극렬 시위대를 제외한 대부분의 시위대가 평상심을 되찾게 된 것이다. 자위권 발동이 경고되자 비로소 무장시위대가 분열하기 시작했고, 폭력으로 치닫던 사태가 무기반납 모드로 전환되기 시작한 것이다. 이것이 폭력시위에 대처하는 지혜이며, 군이 배워야 할 교훈이라고 본다. 처음부터 위협사격으로 발포하여 시위대를 무섭게 다루었다면 광주사태는 애초부터 없었을 것이라는 것이 필자의 생각이다.

5 | 5월 22일의 광주

외곽상황 개요

5월 22일의 광주 날씨는 맑았다. 군 병력과 경찰력이 모두 외곽으로 빠져나간 상태에서 광주는 무장시위대의 완전한 점령지가 되었다. 윤상원이 꿈꾸었다는 노동계급에 의한 해방구가 형성된 것이다. 그리고 무장 시위는 광주시에만 국한된 것이 아니라 전라남도 서남부 전 지역까지 확산됐다. 광주시를 빼놓고도 전라남도 23개 군, 4개 시 중에서 14개 군과 2개 시에서 동시다발적으로 30~200명 단위의 무장시위대가 경찰서 및 예비군 무기고들을 탈취하여 진지를 구축하고, 일반시민을 독려하며 세력확대를 시도하는 한편,

광주시를 장악한 시민군과의 연결작전을 시도했다. 이와 병행하여 2,700명의 수감자가 있는 광주교도소를 공격하여 수감자들을 시민군으로 이용하려는 의도 아래 총 6회에 걸친 끈질긴 공격이 있었고, 이 과정에서 발생한 피해는 10일간의 피해 중 가장 큰 것이었다. 계엄군은 광주시의 '무장시민군'과 여타 16개 시·군에 전개된 '무장지방군' 사이에 연결작전이 펼쳐질 것이며 또한 교도소 습격이 있을 것이라는 판단 하에 외곽봉쇄와 교도소 방어에 나섰고, 무장시민군과 무장지방군들은 군이 예측한 그대로 행동했다. 이에 시민군과 정부군 사이에는 제주 4·3사건 때와 마찬가지로 적을 죽이지 않으면 내가 죽는 식의 총격전이 치열하게 전개됐다. 광주시민군과 전남지방군은 공자(攻者)자가 됐고, 정부군은 개인호를 파고 교도소와 봉쇄선의 길목을 지키는 방자(防者)가 됐던 것이다.

외곽의 상세상황

5월 22일, 00:40분, 시위대가 고속버스 2대, 픽업 1대, 1/4톤 트럭 3대에 분승하여 광주교도소에 접근하여 3공수여단과 교전하다 돌아갔고, 이어서 09:00시에 시위대 6명이 2.5톤 트럭에 기관총을 거치하고 사격을 가해 교도소를 지키던 3공수 11대대 11지역대 병력과 다시 교전했다. 시위대 3명이 사망하고 여러 명이 부상했다. 05:00시, 광주에서 목포로 가던 승용차가 61연대 제2대대의 검문을 받고 통과하던 중 부근에 매복 중이던 같은 61연대 수색중대로부터 시위대로 오인되어 사격을 받아 운전자가 사망했고, 나머지 일가 3명은 헬기로 공수되어 병원으로 옮겨졌다. 06:00시, 주남마을 일대로 철수한 7 및 11공수가 광주-화순 간 도로를 다중으로 차단하기 위해 배치됐다.

07:00시, 광주-목포 사이의 도로를 차단하고 있던 20사단 61연대와 광주방향으로 진입하던 고속버스 3대에 분승한 시위대가 부딪혔지만 계엄군의 설득으로 되돌아갔다. 09:00시, M-1소총을 높이 흔들며 광주를 빠져나가려던 승용차가 효천역 부근에 매복하고 있던 61연대의 사격을 받고 1명이 사망하고 2명이 부상을 입었다. 10:00시, 광주교도소 옆 고속도로 진입로에 트럭을 타고 가던 일가족이 3공수여단의 사격을 받아 부인이 사망하고 부녀가 부상을 입었다. 13:35분, 20사단 62연대 제3대대가 봉쇄하고 있던 송정리 지역에서 160여 명의 시위대가 총기 57정과 실탄 100여 발을 반납한 후 시내로 들어갔다. 18:30분, 화순에서 오는 2.5톤 트럭이 나릿재 터널을 빠져 나오자 7공수 35대대 11지역대가 사격을 가했고, 탑승자들은 모두 사라졌다. 공수부대는 그 트럭으로 터널을 봉쇄시켰다.

외곽 도시들에서는 수많은 경찰서들이 피습되었다. 00:05분에는 완도경찰서, 06:04분에는 강진경찰서, 12:12분에는 함평경찰서, 14:58분에는 목포 연동지서, 15:20분에는 목포경찰서, 17:37분에는 해남경찰서, 18:40분에는 화순예비군 중대가 점거 당했고, 22:30분에는 숭의실업고교, 수정아파트, 삼익맨션, 산우아파트, 서부경찰서 옥상에 LMG들이 설치됐다. 00:00시부터 하루 종일 영광, 함평, 완도, 목포, 송정, 해남, 무안, 장흥, 화순, 해남, 나주, 장성, 영암, 여수, 강진, 고흥, 무안, 광산 등지에서 경찰서, 파출소, 소방서, 군부대 등을 공격하여 무기, 트럭, 다이너마이트 등을 탈취하여 공포를 쏘고, 아파트에 들어가 군인가족을 색출하는 등 공포분위기를 조성하며 시민들의 참여를 선동했다. 이런 과정에서 무장시위대 6명이 부상을 당했다.

광주시내 상황

한편 광주시내 무장 시위대들은 거리거리에서 차량으로 질주하며 총을 쏘아가면서 공포분위기를 연출했고, 가가호호 방문하며 장례비에 쓴다며 돈을 뜯어냈고, 여염집에 들어가 가족단위로 집단살인을 저질렀고, 평소 앙심을 갖고 있던 집에 들어가 가족을 몰살시켰고, 금품을 훔치고 강간을 자행하는 등 본색을 드러내기 시작했다. 처음에는 유언비어에 속아 거리로 나갔지만 이렇게 무법천지로 변한 다음에야 정신을 차리기 시작했다. 그리고 폭도를 다스리지 못하는 정부에 대해 불만을 토하기도 하고, 계엄군을 다시 보내 달라 애원하기도 했다. 06:30분, 날이 밝으면서 무장시위대들이 광주공원에 모여들었다. 차량에 일련번호를 부여하고, 차량별로 의료, 보급, 수송, 지휘, 통제, 순찰, 전투, 연락 등의 임무를 부여 했고, 금남로, 화정동, 산수동, 학동, 백운동, 서방삼거리, 신역 등에 무장단위대를 배치하면서 진지를 구축했다. 금남로와 도청 주변에는 무수한 시민들이 모여들었고, 시위대는 도청을 본부로 하고, 상황실을 차려 시가지에 펼쳐져 있는 시민군 부대들을 지휘하면서 장기전에 대비했다.

  15:00시, 2천여 명의 군중이 도청 분수대 앞에서 시민궐기대회를 열었고, 태극기를 덮은 시체 18구를 분수대에 올려놓고 합동장례식을 거행한다는 구실 하에 시민동원을 선동했다. 심지어는 어린 아이들에게 과자를 나누어 주면서 합세를 권장하기도 했다. 마륵리 및 상무대 군인아파트를 점거하여 인질 위협을 시도했고, 3백여 명의 극렬시위자는 경찰복과 공수단 복장을 하고 복면을 한 모습으로 40여 대의 군용차량을 몰고 송정역에 집결하여 공포를 쏘면서 시위를 했고, 관광호텔, 전일빌딩, 전남의대, 유진온천 등 건물 옥상에 기관총을 설치하고 광주에 이르는 도로에는 계엄군의 진입을 저지하기 위해 바리케이드를 설치했다. 광주시 곳곳에서 사격술 훈련과 폭발물 제조훈련들이 이어졌고, 경찰복과 공수대복을 착용하고 민가에 들어가 현금 등을 약탈하고, 평소 원한관계에 있던 민가에 침입하여 가족단위로 살해하는 등 시내는 그야말로 무법천지가 됐다. 무장시위대들은 총을 가지고 경찰서, 군부대, 관공서를 마음대로 공격했고, 시민들까지도 학살했다. 매우 당돌하게도 50여 명의 시위대들은 계엄분소장 공관에 침입하려 하다가 검거됐다. 작전을 지휘하는 총사령관을 납치하여 인질극을 벌이겠다는 것이었다. 극락교 부근에서는 무장시위대 50여 명이 2대의 트럭에 타고 광주 시외로 빠져 나가려고 시도하다가 계엄군이 저지하자 발포를 했다.

17:00시경 통합병원에 출동한 20사단 62연대 2대대는 통합병원을 점령하고 있던 무장 시위대로부터 총격을 받아 쌍방 간에 교전이 있었으며 이 과정에서 계엄군 1명이 사망하고 4명이 부상을 당했다. 무장시위대 역시 3명이 사망하고 10명이 부상을 입었다. 19:00시경에도 트럭에 분승한 무장시위대가 교도소를 습격하여 총격전이 벌어졌다. 이 과정에서 무장시위대 2명이 사망했다. 한편으로는 무장시위대가 보여주는 무서운 행동들을 지켜보고, 다른 한편으로는 국무총리 서리의 방송을 들은 시민들은 차츰 "속았다. 광주시민이 폭도에 속았다. 지금부터라도 빨리 수습하자"는 여론이 일기 시작했고, 21:00시에는 나주에 있던 무장시민 100여 명이 군부대에 처음으로 투항하여 무기, 차량 등을 반납했다. 치안부 '치안상황보고서'에는 특기할만한 내용들이 들어 있다.

1) 시위의 주동세력이 학생들로부터 정체불명의 청년들로 바뀌고 있다. 이들은 가칭 "국민연합월남참전구국동지회"를 결성하여 학생들은 배제하고, 전투경험이 있는 자들로 구성된 준군대조직을 구성했다. 대표적 실례로 통일당 부위원장인 진희철을 서광주 치안책임자로 임명한 것이다. 이들은 시가지 치안을 담당하고, 시내 요소요소에 기관총을 설치하고 지프차 좌우에 타이어를 부착하여 방패로 이용하고 있다.
2) 폭도들은 학동, 지원동 일대로 몰려다니면서 "우리가 투숙할 테니 집을 비우라"며 주민을 내쫓고 우진아파트에 와서는 침구를 다 가져갔다. 금남, 삼익, 삼양맨션 아파트 주민들에게 식사제공을 강요

했고, 사창가 일대에 들어가 창녀들에게 수혈을 강요했다.
3) 일부 폭도들은 경찰복을 착용하고 경찰 행세를 했다. 공수부대 복장을 한 폭도들은 "우리는 전라도 공수부대다. 어제까지는 경상도 공수단이 와서 우리를 쳤는데, 이번에는 우리 전라도가 그들을 없애야겠다"는 등의 언동을 하고 다니면서 행패를 부렸다.
4) 시민들에는 공수부대가 재투입되는 한이 있더라도 이들 폭도들을 격퇴시켜 주기를 바라는 여론이 고조되고 있다.
5) 자칭 학생대표 2~5명이 전남부지사를 만나 학생 요구사항 6개항을 제안했고, 부지사는 무기를 자진 반납하고 자수할 것을 권했다. 6개항은 (1) 발포명령을 철회할 것 (2) 인명 피해를 보상할 것 (3) 책임을 묻지 말고, 보복행위 절대 금지 (4) 3일간의 여유를 줄 것 (5) 전두환 물러가고 계엄을 해제할 것 (6) 구속학생을 석방할 것 등이었다.
6) 일반시민들은 광주교도소로 전화를 계속하여 폭도들을 속히 소탕해 줄 것을 관계기관에 연락해 달라고 요청했다.
7) 신원불상자가 도청 앞에서 마이크를 가지고 사상자가 521명이나 된다고 선동했다.
8) 폭도들은 군 지프차에 기관총을 장착하고 다니며, 고교생으로 보이는 학생들은 버스와 트럭을 타고 달리며 시민을 향해 총을 겨눈다.
9) 도청 정문에는 학생들 상호간에 의견충돌이 일고 있다. 도청에 불을 지르자는 파와 우리의 재산인데 그러면 되느냐는 온건파 사이에 의견충돌인 것이다.

당국의 조치

5월 22일 09:00시, 계엄사령관의 경고문이 공중 살포되었고, 10:00시에는 소준열 신임 전교사 사령관이 정식으로 취임했다. 최규하 대통령은 신임 박충훈 국무총리서리와 국무위원들에게 임명장을 수여한 직후, 박충훈 총리 서리에게 즉시 광주로 가서 상황을 직접 파악하라고 지시했다. 신현확 내각은 5월 20일 5.17조치에 불만을 갖고 사퇴를 했다. 10:20분, 박충훈 총리 서리가 전교사를 방문하여 상황을 파악한 후 선무활동을 강화하라는 지시를 했고, 총리의 특별담화문을 녹음했다. 이어서 정호용 특전사령관, 김재명 육군작전참모와 이상훈 작전처장이 전교사를 방문했다. 10:30분, 2군사령부로부터 자위권 발동 지시가 정식으로 하달됐다. 광주 상공에는 선무용 전단지가 살포되었고, 선무방송이 하루 종일 이어졌다. 12시부터는 광주시민의 자제를 호소하는 총리의 담화문이 녹음을 통해 하루 종일 방송됐다. "광주시는 경찰도 없는 치안부재의 상태가 됐다. 불순분자들이 무기고를 털어 무장해 관공서를 습격, 방화하고, 군인들에게 발포했다. 헌법 개정과 정치일정은 계획대로 추진한다. 광주사태 회복이 빠르면 빠를수록 정치발전도 빨라질 것"이라는 요지였다.

광주시 외곽 봉쇄작전 실시 결정

계엄군을 광주 외곽으로 철수시킨 진종채 2군사령관은 5월 22일 15시경 김준봉 2군 작전참모를 이희성 계엄사령관에게 보내 계엄군 철수 이후의 광주상황을 보고하고 2군이 작성한 광주 외곽봉쇄 작전계획을 건의했다. 진종채 2군사령관이 작성한 광주 외곽봉쇄 작전의 요지는 철수한 계엄군을 주요 국가시설 경계임무와 광주 외곽봉쇄작전에 투입함으로써 극렬 시위자가 타지방으로 확산되는 것을 방지하고, 광주의 소요사태는 광주시민 스스로가 자율적으로 해결하도록 유도한다는 것이었다. 이희성 계엄사령관은 같은 날 17:50분경 주영복 국방장관, 유병현 합참의장, 해군, 공군 참모총장이 참석한 국방부 광주사태 대책회의에서 2군이 작성한 광주외곽봉쇄작전계획을 보고하고 승인을 받았다.

시민수습위원회의 등장

5월 22일 오전 09:00시, 지역의 유지들과 학생들이 '5·18시민수습대책위원회'를 구성했고, 정시채 부지사 및 도청 간부들이 출근하여 수습방안을 논의하기 시작했다. '5·18시민수습대책위원회'는 회장 이종기(변호사) 최한영(독립투사) 박윤종(전광주시장) 조비오(신부) 윤영규(YMCA이사) 김상형(전남대 강사) 이석연(전남대 교수) 고문 윤공희(주교) 연락책 장유동, 김재일 등 각계인사 15명으로 구성됐다. 12:00시, '5·18시민수습대책위원회'는 도청 부지사실에서 회의를 갖고 7개 요구사항을 결의했다.
1) 계엄군 투입금지
2) 구속학생 전원석방
3) 과잉진압으로 인한 사태악화 인정

4) 사상자, 부상자 보상 및 치료비 보상
5) 사후 보복금지 확약
6) 시위내용 사실보도
7) 상기사항 불응 시 계속 투쟁

위 7개항 중에는 민주화에 대한 요구가 들어 있지 않았다. 13:30분, 위 위원회는 이 7개항을 가지고 김기석 전교사 부사령관을 만났다. 계엄분소 측은 무기를 반납하면 선별적으로 석방하겠다는 약속을 했고, 사후 보복금지에도 동의를 해주었다. 하지만 나머지 항들에 대해서는 상부에서 결정할 문제이니 상부에 보고하겠다는 약속을 한 후, 그날 연행한 시민 848명을 석방시켰다. 한편 도청에서 구성한 '5·18시민수습대책위원회'와는 별도로 홍남순(변호사, 67), 조아라(장로, 68), 이애신(YWCA 장로, 57), 김성용(신부), 조비오(신부), 명노근(교수), 송기숙(교수), 이기홍(변호사) 등 15명은 남동성당에 모여 '5·18시민수습대책위원회'의 7개 요구사항이 타당성이 있다고 판단하고 일단 관망하기로 했다. 이 사람들도 7개 요구사항에 만족했고, 민주화에 대한 요구사항을 추가하지 않았다. 이때까지만 해도 이들의 마음속에는 당시까지 흘린 광주에서의 피가 민주화를 위해 흘린 피라는데 대한 확고한 인식이 없었던 것이 아닌가 하는 생각이 든다. 당시의 재야세력, 야당 그리고 학생들이 외치던 민주화 요구는 계엄령 해제, 최규하 정권의 즉각 퇴진, 거국내각 구성이었다. 그런데 이런 요구사항이 7개 항에 들어 있지 않은 것이다. 7개 요구사항에는 피해에 대해서는 보상을 하고, 더 이상의 피를 보지 않게 하고, 보복을 하지 말고, 구속자를 석방하라는 등 보신 차원의 요구들이 주로 들어 있는 것이다. 명분에 대한 요구는 광주시에서 사태가 악화된 원인이 계엄군의 과잉진압에 있었다는 것을 인정하라는 것뿐이었다.

18:00시경, 위 두 위원회와는 또 다른 새로운 위원회가 하나 더 결성됐다. 전남대 명노근, 송기숙 교수가 도청 주변 학생 200여 명을 모아 수습방안을 논의했고, 그 결과 위와는 별도의 '학생수습위원회'를 결성하기로 의견을 모았다. 이들은 이 새로운 방안을 가지고 도청 안 '시민군본부'로 들어갔지만 시민군본부는 이 학생수습위원회의 구성을 허락하지 않았다. 20:00시 또 다른 사람들에 의해 '임시학생수습위원회'가 결성됐다. 위원장은 김창길, 부위원장은 김종배였다. '시민군본부'는 이 '임시학생수습위원회'에 대해서는 그 결성을 허가했다. 결국 '시민군본부'는 '학생수습위원회'를 주도하는 교수들이 마음에 들지 않아 이들 교수들에 의한 위원회 구성을 불허한 것으로 보인다. 결국 5·18시민수습대책위원회는 계엄사와의 협상을 담당했고, 임시학생수습위원회는 대민업무를 맡았지만, 수습위원들 간에는 불신과 불화로 인한 의견대립이 끊이지 않았다. 시민군본부! 기록들을 보아도 5월 22일 당시 '시민군본부'라는 이름은 떠돌아 다녔어도 누가 이를 조직했고, 어떤 사람들이 여기에 조직돼 있는 지에 대한 정보는 찾지 못했다. 시민수습대책위나 학생수습대책위는 심부름꾼들에 불과했고, 이들을 지휘한 총사령부가 '시민군본부'라는 것인데 아무리 찾아보아도 어떤 사람

들이 시민군본부를 구성했는지, 그에 대한 정보가 없는 것이다. 이는 미스터리가 아닐 수 없다.

이종기, 장유동 등 광주의 원로들이 주도하는 5·18시민수습대책위원회는 두 차례에 걸쳐 소준열 계엄분소장을 만나 사태수습책을 논의했다. 이에 소준열 계엄분소장은 5·18시민수습대책위원회 대표에게 시위대가 탈취한 무기를 회수하여 반납하고 광주시내의 치안확보를 위해서 경찰이 광주시내에 들어 갈 수 있도록 시민들이 협조한다면 계엄당국도 시민들의 요구를 가능한한 수용하겠다는 뜻을 전했다. 5월 22일 오후, 시민궐기대회가 열렸다. 이 자리에서 5·18시민수습대책위원회의 장유동과 전남대학교 학생대표인 김창길이 계엄당국과의 협의 내용을 보고하면서 "우리가 이런 식으로 투쟁을 한다면 폭도 밖에 되지 않는다. 어서 빨리 탈취한 무기를 계엄사에 반납하고 치안질서는 경찰에게 맡기자"고 호소했다. 5·18시민수습대책위원회를 대표한 장유동이 경과보고를 하고 있던 중, 조선대학교 학생 대표인 김종배 등 강경파 학생 2~3명이 단상에 뛰어 올라 나이 든 장유동을 분수대 밑으로 끌어내렸다.

김종배는 마이크를 잡고 "광주시민들이 이렇게 많이 죽은 상태에서 사태수습을 거론하고 있어서는 안 된다. 광주시민의 피의 대가를 찾아야 한다. 근본적인 계엄 해제 등이 선행되어야 할 것이 아니냐"라면서 궐기대회에 참석한 군중들에게 강경투쟁을 주장했다. 김종배 등 강경파 학생들은 이날 16:00시경에 도청에 들어가 1

층 사무실을 점거한 후 "이번 사태는 대학생이 책임져야 될 사태이므로 우리들이 사태수습을 책임지자"고 결의한 다음 학생수습대책위원회를 결성하고 위원장에 김창길, 부위원장에 김종배, 총무에 정해민, 대변인에 양원식, 무기수거반에 허규정, 고문에 전남대학교 교수 명노근과 송기숙을 임명했다. 학생수습대책위원회가 구성되는 것을 계기로, 무기반납과 대화로 사태를 수습하려던 5·18시민수습대책위원회는 실권을 잃고 강경투쟁을 주장하는 학생들이 광주의 주도권을 잡게 되었다. 한편 학생수습대책위원회와는 별도로 도청 내에는 "치안질서반"이 별도로 설치되어 일반사범 담당, 강력사범 담당, 사상범 담당, 기타 조사반을 편성하고 사실상의 경찰 업무를 집행하기 시작했다. 광주시의 치안을 시민군이 담당하겠다는 것이었다.

6 | 5월 23일의 광주

광주 재진입작전 작전회의 개최(5월 23일 06:00시)

5월 23일의 광주 날씨는 맑고 한 때 비가 내렸다. 당시 이희성 계엄사령관은 광주 시위에 대한 상황을 이렇게 판단했다. "광주 시위가 일어난 이후에 북한의 군사적 위협이 더욱 가중되는 데도 강경파의 반발로 광주시민에 의한 자율적 해결이 기대되기 어려운 국면으로 전개되어 가는 데다, 소요사태는 전라남도 일원으로 확산되고 있어 국가안보에 중대한 위해를 끼치는 수준에까지 이르렀다."이러한 판단 하에 계엄사령관은 5월 23일 새벽 6시 육군본부의 참모부장급을 소집하여 긴급 계엄대책회의를 개최했다. 한국사태에 관한 미국의 조치내용 그리고 광주사태의 수습방안에 대해 논의한 것이다. 09:00시경에는 신임 계엄분소장 소준열 중장으로부터 2군사령부가 작성한 "광주상황분석"과 "진압작전개요"에 대한 보고를 받았다. 광주 재진입작전 보고회의에는 이희성 계엄사령관, 황영시 육군참모차장, 진종채 2군사령관, 육군본부 작전교육참모부장, 정보참모부장, 군수참모부장, 전략기획참모부장, 계엄사 참모장, 군수운영처장 등이 참석하였다. 소준열 전교사 사령관은 광주상황에 대하여 이렇게 보고했다.

광주지역 극렬시위자 중에는 가발사용자와 복면한자, 서울에서 온 대학생이라고 자처하는 자 등 신분이 의심스러운 자가 다수 포함되어 있으며 이 중에는 불순분자도 포함되어 있지 않나 의심스럽다. 그리고 시위대 대표에 의한 협상시도는 시간을 벌자는 술책일 것으로 믿어진다. 또한 극렬 시위자들이 참호를 구축하고 장기 저항태세를 갖춤으로써 주민들은 인질상태 하에서 극렬시위자에 가담할 가능성이 증대되고 있으며 현 사태가 장기화될수록 피해가 극심할 것으로 예상될 뿐만 아니라 선량한 시민의 대정부 원성이 심화될 것으로 판단된다. 따라서 조기에 진압작전이 착수되어야 한다.

결론적으로 소준열 전교사 사령관은 광주 재진입작전을 빨리 실시해야 한다고 건의한 것이다. 계엄사령관이 내린 명령도 아니고 전두환이 내린 명령도 아니다. 소준열 사령관은 3성 장군으로 광주지역 작전을 책임진 군단장급 현장지휘관이며, 정보판단과 작전판단을 일차적으로 생산해 내는 서열 높은 작전지휘관이다. 2군사령관과 계엄사령관은 소준열 사령관이 생산해낸 정보 및 작전판단을 검토하고 의결하는 정책적인 자리에 있는 사람들인 것이다. 소준열 사령관이 기안한 광주 재진입작전의 작전개념은 이러했다.

광주시에 우선권을 두고 중대 단위로 목표를 부여하되 야음을 이용 침투하여 전 목표를 동시에 제압한다. 작전은 2단계로 구분하여 실시한다. 제1단계로 광주시를 3개 지역으로 구분하되, 2개의 통제선을 부여하고 지역 내를 완전 진압한다. 제1단계 작전종료와 동시에 제2단계 작전에 돌입한다. 이때 공수특전부대는 책임지역을 보병 제20사단에 인계한 후 집결 보유한다.

소준열이 제시한 작전은 대규모 정규작전을 실시하자는 정공법(正攻法)이었다. 압도적인 군의 힘으로 전면전을 실시하여 무장한 시민군을 일거에 제압하자는 것이다. 이 제안에 대해 육군본부 황영시 참모차장과 김재명 작전교육참모부장은 부정적인 견해를 피력했다. 압도적인 군의 힘으로 밀어붙일 경우 계엄군과 시민군 쌍방에 많은 희생이 예상된다는 문제점을 들어 그에 대한 대안으로 특공조에 의한 작전개념을 제시했다. 결국 회의에서는 정공법이 많은 희생을 강요할 뿐만 아니라 주모자들이 빠져나가 타 지역에서 소요사태를 유발할 가능성이 있기 때문에 특공법(特攻法)을 택하는 것이 희생을 극소화시키고 작전을 조기에 종료할 것이라는 데 의견의 일치를 보았다. 그리고 회의는 다음과 같은 결론을 내렸다.

최소한의 희생으로 소기의 성과를 달성할 수 있도록 특공작전을 실시하되 용의주도한 계획과 준비가 필요하다. 시민의 자체 수습 노력과 무기 자진 반납을 유도한다. 양민과 난동자를 분리시키고 난동자의 자중지난을 유도한다. 현지 지휘관의 가용시간과 북한의 남침에 대비한 미 항공모함 도착시간 등을 종합적으로 고려하여 5월 25일 이후에 의명(依命) 특공 진압작전을 실시한다.

5월 23일 광주시 외곽상황

광주시 외곽봉쇄작전은 소준열 전교사 사령관의 작전지휘 하에 실시되었다. 소준열 사령관은 20사단을 송정리 일대(광주비행장)에, 11공수여단과 7공수여단을 주답 일대(광주-화순간 도로변)의 주요 도로에 배치하였고 3공수여단은 광주교도소 경비임무에 투입했다. 광주 외곽봉쇄작전 명령이 내려진 다음날인 5월 23일에는 무장시위대와 계엄군 사이에 곳곳에서 무력충돌이 일어났다. 03:30분, 송정리 삼양타이어 공장에 무장 시위대 30여 명이 기습하여 예비군중대와 교전했다. 05:00시, 광주시 외곽 녹동 마을에 주둔하고 있던 7공수여단 33대대 숙영지에 무장시위대가 기습 총격을 가해와 10여 분간 총격전이 벌어졌으나 쌍방 간에 피해는 없었다. 함평에서는 무장시위대 30여 명이 군부대를 공격하다가 군의 응사로 시민군 2명이 사살되고, 주위의 민간인 2명이 사망했다. 목포 용해에서는 무장시위대가 가정집에 침입하여 현금 40만원, 다이아반지, 로렉스시계, 녹음기들을 약탈했다. 무안 청계에서는 무장시위대 32명이 군부대에 투항했다. 05:30분, 해남에 주둔하는 31사 93연대에 5월 21일 및 22일 여러 차례에 걸쳐 무장시위대가 접근하여 무기와 탄약을 요구하다가 거부당하자 야간에 부대를 습격하겠다 하고 돌아갔다. 이에 2대대장은 우슬재와 복평리에 매복하고 있던 중 05:30분과 10:00시경 두 차례에 걸쳐 교전이 벌어졌다. 이 과정에서 박영철(27), 김귀환(남, 나이 불상)이 총상으로 사망했다.

06:00시, 녹동마을에 있는 7공수 33대대 숙영지에 무장시위대가 접근하다가 사전 발각되어 철수했다. 계엄군이 경비행기 5대를 동원하여 선무전단지 10만장을 살포하고 오전 내내 공중 방송을 했다. 06:15분, 서울역에서 주민의 신고로 간첩 이창룡(평양시, 중구역, 계림동 36번지)을 남대문 경찰서 경장 한규용이 검거했다. 이창용은 광주에서 서울로 왔다가, 다시 광주로 가는 도중 잡혔다. 현금 1,935,000원, 난수표 3매, 무전기 1대, 독침 1개, 위장 주민등록증 2개, 환각제 등 22

간첩 이창룡

종 339점을 압수했다. 06:15분, 31사 93연대 2대대가 도로를 봉쇄하고 있던 중 무장폭도 30여 명이 총기를 반납하겠다며 접근한 후, 갑자기 돌변하여 사격을 가해 교전이 발생했다. 1명이 사살되고 2명이 부상을 당했는데 이들은 신분증이 없었다. 08:25분부터 10:20분, 19:00시 등 세 차례에 걸쳐 무장시위대가 광주교도소를 공격, 계엄군과 교전을 벌여 시위대 2명이 사망하고 계엄군 1명이 부상을 당했으며 시위대 4명이 체포됐다. 09:00시경 11공수여단 62대대가 광주 동구 주남마을 부근 광주-화순 국도에서 검문소를 설치하고 검색 임무를 수행하고 있던 중, 10여 명의 무장시위대를 태운 버스가 고속으로 검문소를 향해 질주하여 옴으로 검문을 하기 위해 정지 명령을 내리는 순간, 버스에 타고 있던 무장시위대가 총기를 난사하면서 검문소를 돌파하려 했다. 이 과정에서 총격전이 벌어졌고, 버스에 타고 있던 민간인 1명(박현숙)이 사망했으며 탑승하고 있던 무장시위대는 전원 체포됐다.

함평에서는 무장시위대와 군부대 간 총격전이 벌어져 시위대 4명이 사망했다. 효천역 부근에서 바리케이드를 치고 매복 중에 있던 20사단 61연대 제2대대 병력이, 승용차를 타고 M-1소총을 흔들면서 광주를 빠져나가려던 시위대를 향해 사격을 가해 왕태경(남,26)이 총을 맞고 후송됐다가 사망했고, 탑승자 2명이 부상을 당했다. 이들은 효천역이 시민군이 장악한 지역인 것으로 착각하고 반갑다며 총을 흔들다가 변을 당한 것이다. 10:00시, 광주시내의 변전소를 확보하라는 지시에 따라 광주변전소에는 31사단 병력이,

계림변전소에는 3공수여단이 투입됐다. 외곽에 나가 있던 부대의 일부가 광주시내에 있는 변전소를 보호하기 위해 시민군이 장악하고 있는 시내로 다시 투입된 것이다. 광주 시내에 있는 변전소를 지키는 일은 광주시민을 위한 것이다. 해방구가 된 광주 시내를 소수 단위의 계엄군이 진입하여 변전소들을 경비한다는 것은 목숨을 건 무리한 임무였던 것으로 보인다. 이렇듯 계엄군은 목숨을 걸면서 시위대의 파괴행위로부터 또는 북한과 연계된 불순분자들로부터 광주시민을 보호하려 했지, 광주시민들이 믿고 있었던 것처럼 광주시민에 해코지를 하려 한 것이 아니었다.

11공수여단 62대대 병력이 주남마을에서 광주-화순 간 국도를 통제하고 있던 중 광주에서 화순 방향으로 진행하는 미니버스가 정지 신호를 무시하고 질주하자 중대원들이 집중사격을 가했다. 17세에서 27세에 이르는 남녀 10여 명이 사망했다. 운전사는 27세의 남자 김윤수였고, 희생자는 주로 학생들이었다. 광주교도소 옆의 고속도로를 트럭을 타고 통과하려던 가족이 그곳을 지키고 있던 3공수 12대대 8지역대 병력으로부터 총격을 받았다. 51세의 남자 가장인 김성수와 그의 딸 김내향(여, 5)이 부상을 입었고, 그의 처인 43세의 김춘아는 총상 후유증으로 곧 사망했다. 11:00시, 해남 황산만에서 무장시위대 40여 명이 계엄군과 교전하여 1명이 사망했고, 2명이 부상당했다. 영산포-나주간 도로에서 시위대 15명이 계엄군의 정지 명령에 불응함에 따라 계엄군은 바퀴에 사격을 가해 정지시키고 모두를 체포했다.

12:00시, 곡성에서는 무장시위대 40여 명이 잠기파출소에 투항하여 무기 176정을 반납했다. 19:00시, 영암에서 170명의 무장시위대가 자진 투항하여 총기 156정과 실탄 26,500발을 반납했다. 보성에서는 무장시위대 94명이 계엄군에 투항했다. 소총 70정, 실탄 98발, 버스, 승용차, 야전삽, 방독면 등을 반납했다. 목포에서는 무장시위대 700여 명이 오토바이 30대로 호위를 해가면서 "김대중을 석방하라"는 구호를 외치며 횃불시위를 벌였다. 나주에서 무장시위대 30명, 영산포에서 무장시민군 60명이 투항하고 무기를 반납했다. 19:00시부터 전교사 정훈참모실에서 KBS의 라디오 및 TV가 임시 방송을 재개함으로써 선무활동이 효과를 높이게 됐다. 공단입구에서는 그곳을 통과하는 장갑차를 파괴할 목적으로 TNT가 설치됐고, 전남대 정문 앞에서는 시위대가 금성사 운전자를 사살한 후 도주했다. 16:00시까지 계엄사에 집계된 5월 23일의 사망자수는 군인 4, 민간 27, 총계 31명이었고 중상자는 군인 15, 경찰 7, 민간 2, 총계 24명이었다. 광주시내 3개서(도경, 광주서, 서부서)를 제외한 11개 경찰관서가 기능을 회복하고, 지서 및 파출소 59개 중 28개소가 기능을 회복했다. 이처럼 광주상황은 일부 시민 및 학생들의 노력으로 평정을 회복하는 듯 했지만 극렬 시위대의 저항을 뚫지는 못했다.

5월 23일 광주 시내 상황

00:20분, 지나가는 차량과 민간인을 식칼로 위협하고 금품을 강

탈하던 이XX(31세, 미장공)을 검거하여 93연대에 수감했다. 06:00시, 한편에서는 남녀고교생들과 시민들이 합세하여 청소를 실시하기 시작했고 다른 한편에서는 무장시위대들이 광주공원을 보급기지화 하는 작업을 했다. 07:00시, 시위대가 여러 병원에 안치돼 있던 사체 59구들을 전남도청으로 모아 전시한 후 가가호호 방문하여 장례비를 징수했다. 09:35분, 전남도청에 학생수습위원회가 설치되어 무기회수를 시작했

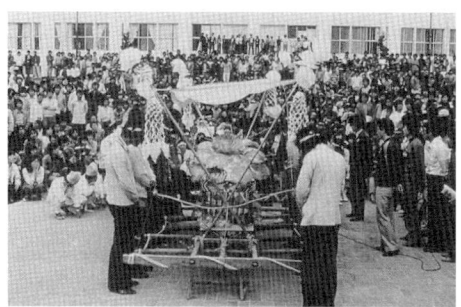

시체 시위

상여 시위

다. 10:00시, 도청 앞에서 종합장례식을 가졌다. 시민수습위 15명 중 5명이 사퇴하고, 그 대신 전남대생과 조선대생 10명을 추가하여 5·18사태수습대책위원회를 확대개편하고 위원장에 윤공희 대주교가 추대됐다. 이들은 8개의 요구사항을 의결했다. 1) 공수단의 과잉행동과 그에 대한 처벌을 공개할 것. 2) 광주시민을 폭도로 부르지 말 것. 3) 광주시민 시외통과를 허가할 것. 4) 자극적인 언사를 금지할 것. 5) 허위보도를 금지할 것. 6) 구속학생들을 오늘 중으로 석방할 것. 7) 총격을 금지할 것. 8) 합의사항을 전단지에 인쇄·살포할 것 등이었다.

한편, 김성용(46, 신부), 홍남순(67, 변호사), 이기홍(46, 변호사), 조아라(68, 회장) 등 12명은 수습대책위원회의 무력함을 지적하고, 구속학생 석방, 공수단 책임자 처단, 계엄군 사과 등 8개항을 결의한 후, 도청으로 들어가 시민수습대책위원회에 참석했지만, 무기를 회수하여 계엄군에 반납하자는 시민수습위의 입장과 충돌만 빚고, 다시 옆방으로 가서 학생수습위에 가담하려 했지만 역시 무기회수 문제로 갈등을 일으켰다. 시민수습대책위원회가 계엄당국과 협상을 벌이는 데 반발한 홍남순, 김성용, 이기홍, 조철현(42, 신부), 김천배 등 강경파 재야인들이 남동성당에서 회동을 가졌다. 그리고 "이번 사태는 공수특전부대의 살상에 대한 광주시민의 정당방위이다. 구속자는 전원 석방되어야 한다. 공수특전부대의 책임자는 엄중 처벌되어야 한다. 계엄군의 광주시 투입은 절대로 해서는 안 되고 모든 수습은 대책위원회와 일반 행정관서가 한다. 시민과 학생에 대한 처벌과 보복은 절대 없어야 한다. 무장해제는 자진해서 한다. 계엄군의 사과와 폭도로 오도된 보도를 사실대로 발표하여야 하며 모든 피해보상은 정부가 책임져야 한다"라는 8개항의 요구조건을 결의했다.

강경파 재야인들의 결의 내용이 알려지자 극렬시위대는 회수했던 무기를 다시 지급하고 광주공원을 보급기지화하는 한편 공용화기를 증강 배치하고 공단 입구에는 바리케이드와 진지를 구축하는 등 계엄군의 광주 재진입에 대비했다. 또한 도청 앞에 시체를 안치하고 시민궐기대회를 열어 "민주쟁취의 그 날까지 무장을 강화하자"고 결의하고 '광주시민 민주투쟁회' 등의 이름으로 유인물을 대량 살포하여 시민을 선동했다. 12:00시, 전남대 정문에서 계엄군 지프차에 총격을 가해 운전병이 사망했다. 전남일보 앞에서는 무장시위대 중 온건파가 수습본부를 설치하고 자진하여 무기 2,000정을 반납했다. 14:00시, 고등군사반 213기 학생 이재일 대위가 전남여고 앞에서 시위대에 구타당하여 생명이 위독해졌다. 17:00시, 수십 명의 무장시위대가 11공수여단을 습격하다가 19명이 사망했다. 반면 월산동에서는 무장시위대 10명이 투항하여 총기 10정과 수류탄 3개를 반납했다. 서동사무소에 무장시위대 1명이 투항하여 소총 1정과 TNT 1파운드를 반납했다. 이날의 유언비어는 이러했다.

광주봉기에 호응하여 전국 각지에서 소요사태가 발생하고 있다.
외국 우방들이 광주봉기군을 지원하고 있다.
계엄군이 진격하고 있으니 시민들은 총궐기 하라.

이때 서울 서대문 한빛교회 앞에는 연대 신학대학생 등 4명이 아래와 같은 내용의 유인물을 대량 살포했다.

김대중과 복학생들을 이유 없이 잡아갔다.
현재 죽은 시민은 약 천명이며 시내 병원에 시체들이 첩첩이 쌓여 있다.
모든 언론보도는 조작된 것이다.
공수부대들이 지나가는 곳에 있는 시민들은 무조건 남녀노소 없이 젖가슴을 대검으로 도려내고, 여자들을 발가벗겨 시가행진을 시켰다.
이날의 계엄사령관 경고문은 이러했다.

소요는 고정간첩, 불순분자, 깡패들에 의하여 조종되고 있다.
집결지역에 있으면 선량한 시민도 위험하다.
즉시 대열을 이탈하여 돌아가라.

13:00시, 시민수습위 장유동과 학생수습위 김창길이 계엄분소를 방문하여 회수된 무기 3,000여 정 중 200정을 반납하고 34명의 신병을 인수해 갔다. 그러나 전원 석방 요구는 관철시키지 못했다. 이때 계엄사는 수습위가 극렬 세력의 배후조종을 받는다는 인상을 받았고, 체포된 학생들 중에 지도급 학생이 포함돼 있다는 인상을 받았다. 15:00시, 전남도청 광장 앞에 5만여 시민이 모여 시신을 앞에 놓고 민주수호궐기대회를 가졌다. 19:00시, 무장시위대 34명이 투항하여 무기를 반납했다. 이에 계엄군은 무기반납시간을 18:00시까지 연장한다고 발표했다. 도청 앞에서는 학생들과 깡패들 사이에 의견대립으로 자주 충돌하고 있었다. 수습위와 계엄당국 간의 협상 결렬로 일부 극렬시위자들은 회수된 무기를 다시 지급하여 전투진용을 갖추고, "김대중 석방" "과도정권 퇴진" 등의 구호를 제창했다. 이때 계엄군이 도청 탈환을 목표로 시가지를 향해 조금씩 압축해 들어가고 있었다. 이 정보를 알아낸 무장시위대는 219대의 차량에 일련번호를 부여하고, 노동청, 재향군인회관 등 건물 옥상에 기관총을 설치하고, 지휘소를 도청에서 다른 곳으로 이동하고, "예비군과 대학생은 유대하라"는 구호를 제창했다. 이때부터 광주시 당국은 동단위로 자위대를 편성하여 무기를 회수하기 시작했다. 22:00시, 계엄군이 공단입구까지 진격했고, 서울에서 지도급 학생

30명이 광주에 도착했다. 무장시위대는 시체 사진 55구를 전시하고, 광주 공용터미널 지하실에도 시체 18구를 전시했다. 23:00시, 무장시위대 6명이, 아세아자동차를 기습하여 장갑차 1대를 또 탈취했다. 자정이 가까워지면서 시민들은 질서회복이 중요하다는 분위기로 돌아섰다.

무기의 자진 반납

5월 23일에는 시민수습대책위원회가 시민들에게 무기반납을 적극적으로 설득하여 소총 2,002정, LMG 3정, 실탄 3만여 발을 회수했다. 그러나 학생대책위원회에서는 회수한 무기의 처리문제를 놓고 무조건 무기를 계엄 당국에 반납하고 사태를 수습하자는 김창길 위원장(집행유예)과 이에 반대하는 김종배 부위원장(26, 사형선고) 간의 주장으로 내분이 일고 있었다. 이러한 학생수습위원회의 의견 대립으로 그날 오전 10시에 시민수습위원회 대표 장유동과 학생수습대책위원회 대표 김창길이 참석한 계엄 당국과의 협상에서는 회수한 무기 중 100정만을 반납하면서 학생수습위원회의 요구사항을 제시했다. 소준열 사령관은 시위사범 34명을 석방하여 이들에게 인계하면서 다시 한 번 무기의 자진 반납을 종용하고 반납 시한을 그날 저녁 6시까지 연장했다.

7 | 5월 24일의 광주

5월 24일(토) 오후에는 비가 내리고 있었다. 09:55분, 호남고속도로 광주 인터체인지 부근에서 부대로 복귀하던 31사단 96연대 3대대 병력(2/29)이 무장시위대의 사격에 응사하면서 고속도로로 진행하던 중 이를 시위대로 오인한 전교사 예하 기갑학교 병력이 오인사격을 가하여 96연대 소속 사병 3명이 사망하고, 민간인 2명과 군인 10여 명이 부상을 입었다. 오전 8시, 공수부대 3개 여단 모두는 광주로 즉시 이동하라는 명령을 받았다. 3여단은 교도소를 20사단에 인계하고 이동하다가 시민군의 습격을 받아 제116호 운전병이 즉사하고 이관영 하사가 실종됐다. 이 하사는 26일 오후 1시, 난자된 시체로 발견됐다. 7여단과 11여단은 10:30분에 20사단 61연대에 외곽봉쇄 임무를 넘겨주고 비행장으로 철수를 시작했다.

11여단은 장갑차를 선두에 세우고 63연대를 선두로 하여 이동하다가 송암 삼거리에서 매복하고 있던 무장시위대로부터 사격을 받았지만 피해는 없었다. 그러나 효천역을 불과 500m 남겨둔 시점에서 도로변에 매복하고 있던 전교사 소속의 교도대로부터 무반동총 4발, 소총, 수류탄에 의한 기습공격을 받았다. 이로 인해 11여단 63대대 병력 9명이 즉사하고 33명이 중상을 입었다. 장갑차에 타고 있던 63대대장 조창구 중령의 오른 팔이 날아갔고, 작전과장인 차정환 소령은 즉사했다. 11여단은 산 쪽의 매복지로 쳐들어가 1명을 사살하고 7명을 생포했다. 신문해보니 전교사 예하 교도대였다. 이들은 공수부대의 장갑차를 무장시위대가 탈취한 것으로 오인하여 사격을 가한 것이다. 당시 교도대에는 무장 시민군이 군용차량을 탈취하여 그 쪽으로 가고 있다는 정보가 입수됐다. 이 정보에 바짝 긴장한 교도대가 장갑차가 모퉁이에서 나타나자마자 사격을 가했던 것이다. 이 역정보는 군의 이동사항에 대한 비밀을 교활한 내부자가 제공한 역정보였다는 것이 당시의 생각들이었다. 작전이 자꾸만 새나가자 소준열 전교사 사령관은 5월 27일 광주시 탈환작전계획에 대해 31사단장 정웅에게 작전이 보류됐다는 거짓말까지 했다. 비밀정보가 자꾸만 새나갔다는 것은 군 내부에 간첩이 그만큼 많았다는 것을 암시한다.

계엄군이 광주시에서 철수한지 3일째인 이날에는 시민들의 사태수습 노력이 더욱 고조되고 있었다. 오전에는 시민들과 학생들이 수습대책위원회 명의로 "계엄군과 교전을 하지 말자, 총기를 회수하자, 시민들은 직장으로 복귀하자, 사망자를 위한 시민장을 거행하자"는 내용의 유인물을 뿌렸고, 그 결과 시민대표들은 도청과 전일빌딩에 있던 소총 3,300정 등 무기류를 회수했다. 그러나 김종배 등 학생수습대책위원회 강경파는 이러한 움직임에 반발했다. 강경파들은 오후 1시에 회의를 열어 "금번 광주사태에 대해 폭도들의 난동이라고 보도하고 있는데 현 광주사태는 시민들의 의지였으므로 폭도로 규정한 점을 사과하라. 이번 사태로 사망한 사람들의 장례식을 시민장으로 하라. 광주사태로 구속된 학생 전원을 석방하

라. 광주사태로 인한 피해보상을 납득이 가도록 하라"는 4개항을 결의하고 당시 2층 부지사실에서 수습책을 논의하고 있던 장유동, 장세균, 이종기, 최한영 등 20여 명의 시민 대표들을 찾아가 이 요구가 관철될 때까지 투쟁할 것을 통고했다. 21:00시경, 시민수습대책위원회는 김종배 부위원장의 주장에 따라 학생대책위원회의 4가지 요구조건이 계엄 당국에 의하여 받아들여지지 않는 한 무기반납에 응하지 않기로 결의했다.

8 | 5월 25일의 광주

5월 25일은 하루 종일 비가 내렸다. 이 날을 기점으로 하여 광주사태는 강경파 학생수습대책위원회와 재야인사들이 지배하게 됐고, 정부와의 대화나 협상의 주제도 광주시의 치안을 수습하는 차원을 떠나 정치적 이슈로 바뀌게 됨으로써 광주사태의 평화적이고 자율적인 해결은 극히 어려워지게 됐다. 홍남순 변호사와 김성용 신부는 김종배 학생수습대책위원회 부위원장에게 "현 단계에서 무기를 반납해서는 안 되며 계속 강경하게 투쟁하라, 나는 죽을 각오를 하고 목욕까지 하고 왔다. 학생들도 요구사항이 관철될 때 까지 총기를 반납하지 말고 끝까지 투쟁하라"고 강경투쟁을 주문했다. 이런 지시와 격려를 받은 김종배, 윤개원(윤상원 5. 28, 서점종업원, 5. 27 도청 앞 자상으로 사망) 등 학생대책위원회 강경파는 25

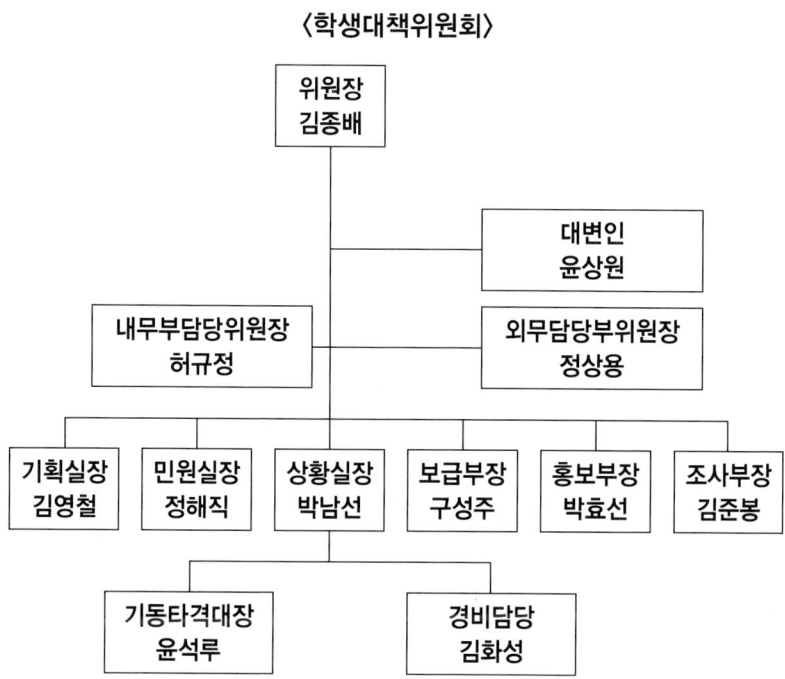

일 밤 10시, 긴급대책회의를 열어 비상계엄 해제, 정치일정 단축, 김대중 석방 등 정치적인 문제를 학생대책위원회의 대정부 요구사항에 포함시키며 학생대책위원회를 YWCA 인사까지도 포함한 범투쟁기구로 확대 개편하기로 합의한 후에 무기반납을 주장하는 김창길 위원장을 축출하고 강경파인 김종배를 새로운 위원장으로 선출했다.

참고로 위 개편된 학생수습위원회 간부들의 인적사항은 다음과 같다.

위원장 김종배(26, 학생 무기징역)
대변인 윤상원(윤개원 30, 위장취업 도청 앞에서 자상으로 사망)
외무담당부위원장 정상용(30, 사원 무기징역)
내무담당부위원장 허규정(27, 학생 15년형)
기획실장 김영철(32, 사원 7년형)
민원실장 정해직(29, 교사 5년형)
상황실장 박남선(26, 골재운반운전수 무기징역)
보급부장 구성주(26, 건재상 2년형)
홍보부장 박효선(29, 교사, 전남대 국문과 졸)
조사부장 김준봉(21, 사원 5년형)
기동타격대장 윤석루(20, 양화공 무기징역)
경비담당 김화성(21, 종업원 5년형)

재야 종교인들은 25일 오전 남동성당에서 집회를 갖고 현 상황을 중대 사태로 규정을 하고 "피의 대가 없이 물러날 수 없다"면서 김대중 석방, 계엄령 해제를 요구하였다. 홍남순, 이기홍, 이성화, 조아라, 이애신, 장두석, 조비오, 이종기, 김성용, 이기홍 등 강경파 재야인들도 YWCA 총무실에서 회동을 갖고 김대중 석방, 계엄령 해제, 정치일정 단축(국민연합 주장의 반복)을 정부에 요구하고 관철될 때까지 강력하게 계엄군과 투쟁하기로 결의하고 이날 16시경 정시채 전남 부지사를 찾아가 학생대표인 김종배 학생수습대책위원장을 배석시킨 가운데에서 결의된 요구사항을 전달했다. 계엄군의 후퇴 이후 정부는 시위를 종식시키기 위한 호소를 여러 차례

했다. 5월 23일에는 정래혁, 문형태 등 호남 출신 정치원로들이 광주 KBS 방송에 나와 사태의 원만한 수습을 호소했고, 이희성 계엄사령관도 시민들의 자제를 호소하는 담화문을 발표했고, 5월 24일에는 윤성민 1군사령관이 광주시민의 자제를 호소하는 선무방송을 하였으며, 이희성 계엄사령관도 시민들의 자제를 호소하는 담화문을 발표했다. 소준열 광주지역 계엄분소장도 5월 22일부터 26일까지 매일 광주시민수습대책위원회 간부와 학생수습대책위원회 주도 학생들을 만나 무기 반납과 치안회복을 호소하고 광주시민들의 정당한 요구는 최대한 수용할 뜻을 전했다. 그러나 광주는 5월 25일에 들어서면서 이미 다른 세상으로 치닫고 있었다. 광주의 협상대표가 강경파들로 바뀌었고, 이들은 계엄해제, 김대중 석방, 정치일정 단축 등 김대중이 주장했던 정치적 요구를 들고 나옴으로써 모든 협상은 무위로 돌아갔다. 사정이 다급하게 돌아가자 최규하 대통령이 급거 광주에 내려왔다. 17시 40분, 광주 전교사에서 최규하 대통령은 라디오를 통해 광주시민의 자제를 호소하는 담화문을 발표했다.

광주 재진입작전 계획지침 입안과정(상무충정작전)

광주 재진입 세부 작전계획서 작성

5월 23일에 광주 재진입작전 기본계획안이 승인됨에 따라 소준열 장군은 5월 23일부터 26일까지 매일 이희성 계엄사령관에게 전교사가 작성한 세부 작전계획을 보고한 후 이희성 계엄사령관의 수정 지침을 받아 세부 작전계획을 발전시켜 나갔다. 이희성 계엄사령관이 최종 승인하고 소준열 전교사 사령관이 입안한 광주 재진입 작전계획의 내용은 무장시위대가 점거하고 있는 중요거점인 전남도청은 3공수여단 특공조가, 광주공원은 7공수여단 특공조가, 전일빌딩, 관광호텔은 11공수여단 특공대가 기습점령하고 20사단은 특전사 특공조가 목표지점을 점령하면 이를 인계받아 광주시내의 치안을 회복시키며, 31사단, 보병학교, 포병학교, 기갑학교 병력은 후방지원과 광주시 외곽선을 봉쇄한다는 것이었다.

광주 재진입작전 지침서 작성 경위

전교사(전투교육사령부) 사령관의 작전계획을 매일 계엄사령관에게 직접 들고 가서 보고한 사람은 전교사 작전참모가 아니라 2군사령부 작전참모였다. 이는 절묘한 조치였다. 왜냐 하면 2군 작전참모가 알고 있는 상황지식은 모두 진종채 2군사령관에게 곧바로 알려지게 되고, 진종채 2군사령관의 지침은 곧바로 전교사령관의 작전계획에 반영되기 때문이었다. 보고계층을 한 단계 줄임으로써 이는 엄청난 시간을 절약하고 있을 수 있는 오해나 착오를 예방하는 방법이었던 것으로 평가된다. 드디어 이희성 계엄사령관은 5월 25일 아침 4시에 김재명 작전참모부장에게 광주 재진입작전 지침서를 작성하도록 지시했다. 김재명 작전참모부장은 광주 재진입작전 지침서 초안을 작성하여 5월 25일 아침 6시경에 육군참모총장

공관에 있던 이희성 계엄사령관에게 보고했고, 이희성 계엄사령관은 6시 10분경 김재명 작전참모부장을 대동하고 주영복 국방장관 공관으로 가서 해군, 공군 참모총장과 합동참모본부 의장이 배석한 자리에서 광주 재진입작전 지침서를 설명하고 광주 재진입작전을 5월 27일 00시 01분 이후에 실시하는 것으로 보고했다.

이희성 계엄사령관은 그 날 오후 2시 30분부터 4시 20분까지 1시간 50분 동안 최규하 대통령에게 광주 재진입작전계획을 보고하여 승인을 받았다. 광주 재진입작전은 소준열 현지 사령관이 입안하여 계엄사령관이 수정하였고, 최고 통수권자인 대통령의 승인을 받아 현장 사령관에 의해 수행된 것이다. 여기에는 보안사령관이나 중앙정보부장서리 등이 간여할 수도 없고, 간여할 환경도 아니었다. 이를 전두환이 주도했다는 것은 그야말로 군에 대한 모독이요 몰상식 그 자체다. 군은 전두환의 사병도 아니며 대통령의 사병도 아닌 것이다. 군 장성들, 장교들은 하나하나의 인격체이지 도적 떼처럼 두령을 모시는 무지렁이들이 아닌 것이다. 이희성 계엄사령관은 7시 45분에 육군본부에서 참모차장, 작전참모부장과 군수참모부장이 참석한 광주 재진입작전 대책회의를 열어 준비상황을 지시한 후 김재명 작전참모부장에게 광주에 내려가 소준열 전교사 사령관에게 광주 재진입작전 지침서를 직접 전달하라고 지시했다. 김재명 작전참모부장은 이희성 계엄사령관의 지시에 따라 대책회의가 끝난 직후인 5월 25일 12:00시경에 광주로 가서 소준열 전교사 사령관에게 광주 재진입작전 지침서를 교부했다. 이날은 비가 많이 내려 헬기를 띄울 수가 없어 규정상 참모총장과 참모차장만이 탈 수 있는 쌍발 경비행기 U-21기를 타고 가야 했고, 그래서 참모차장인 황영시와 함께 타고 갔던 것이다. 김재명 작전참모부장이 입안한 상무충정작전계획은 다음과 같았다(육군본부작전교육참모부 작성 "상무충정작전실시판단").

상무충정작전 지침서

1. 상황
가. 1980년 5월 18일부터 시작된 광주지구 및 그 일원의 소요사태는 23일 이후 이성을 되찾아가는 징후가 보임.
나. 폭도들은 상당수의 무기 및 장비를 탈취 확보하고 있으며 주요 도로변에는 기관총을 배치하고 각종 장애물을 구축하는 등 공포분위기를 조성하여 양민을 협박하며 난동을 부리고 있음.
다. 군은 광주지역의 격심한 소요 난동사태에 대처하여 양민들의 생명과 재산을 보호하고 민족의 비극을 막기 위하여 선무작전, 봉쇄작전을 실시하여 대부분의 시민들이 이성을 되찾도록 최선의 협력을 경주하였고 민족 역사상 오점을 피하기 위하여 비상한 인내와 자제력을 견지하여 왔음.
라. 광주지구의 서민층은 식량을 비롯한 생필품의 고갈로 극심한 고통을 받고 있으며 또한 의약품 고갈로 노약자 및 환자의 희생이 증대되고 있어 이와 같은 상황이 계속되면 새로운 집단 범죄의 발생이 우려됨.

마. 지구 내의 폭도들의 상당수가 살인, 방화 등의 흉악범 및 불량배들로 구성되어 있으므로 계엄군의 선무공작 활동에 의한 순화 효과는 상당한 시일이 소요될 것이며 시민 자치 능력에 의한 사태수습 및 치안 회복의 가능성은 기대할 수 없음.

바. 지역 내의 치안 공백 상태가 장기화됨에 따라 이를 이용한 불순분자 내지 북괴 무장공비의 침투 가능성이 증대되고 있음.

사. 난동 6일째부터는 선량한 시민의 흥분 기세가 점차 진정됨으로써 공산주의자와 폭도 그리고 시민이 분리되어 진압작전을 실시할 여건이 갖추어져 가고 있음.

2. 작전지침

가. 본 진압작전(상무충정작전)은 전투교육사령관 책임 하에 실시할 것.
나. 작전 중 양민 및 계엄군의 희생을 최소로 할 대책을 강구할 것
다. 5월 27일 00:01분에 작전을 개시할 것.

3. 작전지도방법

가. 본 작전은 민족사적 의의를 갖는 작전이며 국민의 보루인 국군의 사명을 다하는 성전이어야 함.
나. 공산당과 폭도는 격파하고 양민에겐 필히 피해가 없는 작전이 되어야 함.
다. 군인가족, 정부 관공서 가족의 보호책을 수립할 것
라. 군인다운 행동으로 양민, 노약자, 연소자, 노약자 보호할 것

(작전지침 끝)

국방장관 주재 오찬회의

주영복 국방장관은 광주 재진입작전 계획이 확정되자 5월 25일 12시에 합참의장, 해군, 공군 참모총장, 중앙정보부장서리, 수도경비사령관이 참석하는 간담회를 주재했다. 주영복 국방장관이 간담회를 연 것은 군 수뇌부와 국가정보를 총괄하는 중앙정보부장서리, 그리고 서울의 치안 책임을 맡고 있던 수도경비사령관에게 광주 재진입작전이 실시된다는 사실을 알리고 광주 재진입작전에 따르는 '유관기관 협조'를 위한 것이었을 뿐 '광주 재진입작전을 심의 결정'하는 자리가 아니었다. 국방부 간담회에서는 상무충정작전이 실시될 경우 예상되는 북한의 군사도발에 대비하기 위해 미국에게 군사력의 증강배치를 요청하기로 했다.

최규하 대통령 주재의 광주현장 대책회의

전두환, 이희성 등으로부터 "마지막으로 대통령께서 광주로 내려가셔서 한 번 더 호소를 해보시는 것이 어떻겠습니까" 하는 건의를 받은 최규하 대통령은 5월 25일 17시 40분경 광주에 내려가 전교사를 방문하고 주영복 국방장관, 계엄사령관, 소준열 전교사 사령관과 김종환 내무장관, 진의종 보건사회부장관, 최종환 건설부장관 등이 배석한 가운데 광주사태에 관한 현지 대책회의를 개최했다. 대책회의에서 소준열 전교사 사령관은 광주사태에 관한 상황을 보고했고, 최규하 대통령은 소준열 전교사 사령관에게 광주 재진입작전에 대한 견해를 물었다.

 소준열 전교사 사령관은 "작전은 제가 책임을 집니다. 작전을 안 하는 것이 최상의 방법이지만 불가피할 때에는 차선책을 세울 수밖에 없습니다"라고 광주 재진입작전의 불가피성을 건의했으며 이희성 계엄사령관도 광주 재진입작전의 실시를 대통령에게 건의했다. 최규하 대통령은 광주 재진입작전이 실시되면 희생자가 얼마나 생기겠느냐고 물었다. 김재명 육군본부 작전교육참모부장은 150여 명의 사상자가 생길 가능성이 있다고 설명했다. 이에 최규하 대통령은 관계관들이 잘 협조하여 희생자가 최소화될 수 있도록 최선을 다 해 달라고 당부했다.

내가 던진 출사표, 조국이여 영원하라

 이 제목은 전투교육사령부 작전참모 김순현 장군의 글로 김재명 장군의 회고록에 들어있다. 여기에서 출사표란 재진입작전계획을 의미한다. 글의 요점만 발췌 요약한다. 이 글에는 당시 최규하 대통령의 기세가 잘 드러나 있으며, 그 기세는 군부에 주눅 들어 있는 모습이 아니라 당당한 군주의 모습이었다.

 5월 25일, 소준열 사령관(육사10기)이 작전참모인 나에게 육본에서 작전참모부장 김재명 소장(육사10기)이 곧 비행장에 도착할 것이니 모시고 오라는 지시를 하였다. 소준열 사령관실에 도착한 작전참모부장은 계엄사령관 이희성 대장의 작전지침을 설명하고 이를 정식으로 수교하였다. 그리고 사령관을 비롯한 특전사령관(정호용 소장 11기), 3개 특전여단장(최웅, 최세창, 신우식 준장), 20사단장(박준병 소장 12기), 보안사 최예섭 장군등과 함께 사태에 대한 의견을 청취했다.

이때 최규하 대통령께서 현지 방문차 출발하셨다는 급보가 사령관에게 전달되었다. 전교사령관 및 참모들은 이 갑작스런 국군최고통수권자이신 대통령의 방문 소식에 놀라지 않을 수 없었다. 솔직히 말해 현지 상황처리에 급급한 나머지 대통령을 모실 수 있는 준비가 전혀 되어 있지 않았기 때문이다. 우리에게 주어진 시간은 비행기가 공항에 도착해서 사령부까지 차량으로 이동하는데 소요되는 약 1시간 정도의 시간 밖에 없었다. … 차트사가 쓴 표지를 합철해서 2층 소회의실로 뛰어 갔다. 차트를 걸고 지시봉을 들고 서기가 무섭게 회의실 문이 열리고 대통령 일행이 들이닥쳤다. 중앙에는 대통령께서 앉으시고 좌측 열에는 국방장관(주영복), 참모총장(이희성 대장), 작전참모부장(김재명 소장), 전교사부사령관(김기식 소장)이 착석했고, 우측 열에는 방위협의회 의장인 전남도지사(장형태), 광주시장(구용상), 중정지부장(박정인), 경찰국장(박용학)순으로 자리를 잡았다.

소준열 사령관이 대통령께 보고를 했고 나는 차트를 넘겼다. … 전교사령관 책임 하에 실시할 수 있도록 승인해 주실 것을 건의했다. 시종 침통한 분위기 속에 보고를 경청한 대통령은 도방위협의회 의장인 도지사를 향하여 "장 지사는 이 작전을 어떻게 생각하시오"라고 물었다. 장지사는 대통령의 하문에 그저 고개를 숙여 숙배하면서 "각하 죄송합니다"라고 엉뚱한 답변을 하였다. 그러자 이희성 참모총장이 "장 지사 그게 무슨 말이요" 하고 힐책하자 장지사는 참모총장을 향해 똑같은 자세로 고개를 숙여 숙배하면서 "제가 무능해서 이렇게 되었습니다"라고 직답을 피한 엉뚱한 대답을 했다. 참모총장이 책상을 치면서 "그게 무슨 말이요. 도방위협의회 의장으로서 계엄군에 작전을 요청하겠다는 것이요, 안하겠다는 것이요"라고 언성을 높였다. 대통령훈령에 의하면 후방지역작전은 사태발생시 도지사가 의장이 되는 도방위협의회 (군부대장, 경찰국장, 기관장으로 구성)에서 지역 내 가용한 모든 자원으로 수습하고 불가능할 시 중앙방위협의회 의장인 대통령에게 건의하도록 되어 있었다. 흥분한 참모총장을 향해 대통령께서는 "가만있어" 하고 말을 막았다. 이어서 단상에 서있는 소준열 사령관을 향하여 "그 작전을 시행한다면 얼마나 희생자가 날 것 같소"라고 하문하셨다.

순간, 장관, 참모총장, 사령관 모두는 당황하는 표정이 역력했고, 무거운 침묵이 흘렀다. 누군가가 답변을 해야 할 순간이었다. 김재명 장군이 나섰다. "어느 정도의 희생은 각오를 해야 할 것 같습니다" 이에 대통령은 "어느 정도란 얼마를 말하는 것이오"라고 숫자를 요구하셨다. 김재명 장군은 "약 150여 명 정도는 각오해야 될 것 같습니다"라고 대답했다. … 대답이 끝나자마자 대통령께서 벌떡 일어나시더니 "내가 직접 도청으로 가서 학생대표를 만나 보겠다"고 말씀하시면서 회의실 밖으로 나가시자 모두가 긴장하기 시작했다. 대통령께서 도청으로 가자며 나서자 모두가 우르르 따라나섰다. 대통령이 무력시위대에게 찾아간다는 것은 도저히 있을 수 없는 일이었다. 드디어 장관, 총장, 작전참모부장, 사령관이 얼싸 안다시피 하여 접견실로 밀어 넣으면서 "각하는 이 나라의 최고 통수권자이십니다. 도청에 가셔서 만일의 사태(납치되거나 억류되면)가 발생한다면 어찌 되겠습니까. 국가안위를 생각 하십시오" 등등 간절한 애원들을 쏟아냈다. 드디어 대통령도 좌정하셨다. "각하, 하실 말씀이 계시면 녹음을 하십시오" 소준열 사령관은 재빨리 녹음기를 준비시켜 대통령 앞에 갖다 놓았다. 대통령도 할 수 없다는 듯이 메모지 위에 말씀하실 요지를 대략 정리 하셨다.

"친애하는 광주시민, 그리고 애국학생 여러분, 저 최규하 대통령입니다. 지금 광주에 와 있습니다. 그러나 여러분을 직접 만나 뵙지 못하고 이렇게 녹음방송으로 대신함을 용서하여 주시기 바랍니다"라는 취지로 시작하여 "하루속히 여러분이 원하는 참된 민주주의로 광주 시민이 평온을 찾으시기를 바랍니다. 안녕히 계십시오"라는 말로 대통령의 애절하고도 눈물어린 호소를 마감했다. 그리고 대통령은 아무 말씀없이 떠나가셨다. 밖에는 비가 내리고 있었다. 이 녹음은 즉시, 경비행기(L-19)에 의한 공중방송으로 도청 상공과 광주시 전역에 전파되었다. 그 후 작전참모부장 김재명 장군이 수교한 작전지침(출사표)의 "본 작전은 전교사령관 책임 하에 실시한다"에 근거하여 광주시 탈환작전은 전교사령관 소준열 장군의 전적인 결심에 의해 실시되었다. 결과는 최소한의 희생자를 낸 세계전사에 유례가 없는 성공적인 작전으로 종결되었다. 그리고 최대통령께서 녹음방송을 통해 마지막으로 당부하신 인사말처럼 오늘의 광주는 "참된 민주주의로 평온을 찾아" 번영을 누리고 있는 것이다.

9 | 5월 26일의 광주

5월 26일의 광주, 아침 한 때 비가 내렸지만 오후에는 개었다. 아침부터 도청 내에는 계엄군이 광주에 진입한다는 소문이 나돌았다. 이에 자극된 김종배 학생수습대책위원장 등 강경파 시위대는 아침 8시경부터 무장시위대를 주요 시가지 요소요소에 배치하여 경계를 강화하는 한편, 군용차를 타고 다니면서 시민들을 향해 도청 앞으로 집결하라는 가두방송을 했다. 10시경, 도청 앞 광장에는 2만여 명의 시민이 운집했다. 이들은 궐기대회를 열고 김대중 석방, 계엄해제를 결의한 후 가두시위를 벌였다. 김종배 학생대책위원장과 상황실장 박남선은 도청 안에 있던 무장시위대를 기동타격대로 개편하고 이들에게 차를 내주면서 총을 들고 시내 순찰을 하라고 지시했다.

5월 26일 18시 30분경부터 도청 2층 부지사실에서는 시민대표 이종기, 장세균, 오병문, 조철현, 조아라, 이애신, 정상용, 김종배, 황금선, 구성주, 노수남, 김준봉 등이 모여 황금선의 사회로 무기반납에 관한 회의를 열었다. 이 회의에서는 광주사태의 평화적이고 조속한 해결을 위해서는 회수한 무기를 계엄 당국에 반납하는 것이 불가피하다는 데 의견이 접근되었다. 그러나 무기반납에 반대하는 강경파였던 조아라, 이애신, 오병문, 조철현, 김종배, 정상용 등은 회의장을 퇴장한 후에 무장한 기동타격대원 7~8명을 대동한 상태에서 권총을 들고 회의장에 난입하여 "왜 우리들을 계엄군에 팔아 넘기려고 하느냐"면서 무기반납을 주장한 노수남 등 온건파 인사를 구타하고 부지사실을 걸어 잠그고 외부와의 출입을 차단시켰다. 그리고 "지금 7함대가 제주도 부근에 주둔하여 군부세력을 견제하고 있고 광주사태 때 많은 인명 피해가 있어 결코 계엄군이 무력으로 진입하지는 못할 것"이라면서 계엄해제 등 정치적 요구조건을 정부가 받아들일 때까지 투쟁할 것을 강요했다.

한편 학생수습위원회 대변인 윤개원은 YMCA에서 지원 나온 48명의 예비군에게 무기를 지급하고 이들을 4개조로 편성해 광주시내에 배치하면서 "나는 죽기를 각오했다. 죽기를 각오하고 싸우라"고 지시했으며, 김종배 학생수습대책위원장은 23:00시경에 서울 종합청사 상황실에 전화를 걸어 "계엄군이 선제공격을 해오면 우리도 대응하며 도청을 폭파하겠다"고 통고했다. 강경파가 정치적 요구조건을 주장하며 강경투쟁을 결정함으로써 광주사태의 평화적인 해결을 위한 마지막 희망이 수포로 돌아갔고 광주사태의 해결은 오직 계엄군의 무력 개입에 의존할 수밖에 없는 막다른 상황을 자초하고 만 것이다.

광주사태 기간 중의 북한의 동향

5월 18일에 일어난 광주 시위사태가 점차 확대되어 전라남도 16개 시와 군에도 치안 부재의 무정부상태가 되는 혼란이 일어나자,

북한은 심상치 않은 군사적 움직임을 보이기 시작했다. 김일성은 전국비상계엄이 확대 선포된 5월 17일 심야와 광주 시위사태가 발생한 5월 18일에 연이어 "군·정·기관 고위간부회의"를 개최하여 한국의 국내정세를 검토하고 통일에 대비하라고 지시했다. 북한 인민군은 5월 18일에 전군 연대장급 이상 전원간부회의를 소집하고 한국의 정세를 평가한 후에 유사시 군사행동을 감행하기로 결의했다. 그리고 5월 19일에는 북한 전역에 걸쳐 군수물자 동원검열을 실시하는 등 전쟁준비계획을 총점검했다. 5월 20일에는 중국을 방문 중이던 군사대표단장 백학림 중장이 북한은 통일을 위하여 전쟁준비를 강화하고 있다고 공언했고, 5월 21일에는 긴장된 국내·외 정세를 이유로 군인의 외출과 출장을 일체 금지시키는 한편 출장 중인 군인과 당원을 5월 27일까지 귀대하도록 지시했다.

북한은 또한 5월 20일, 통혁당과 19개 사회단체연합성명을 그리고 5월 21일에는 통혁당 전라남도 위원장 명의의 담화문을 통하여 광주 시위사태를 "민주화를 위한 성전" "평화적 통일을 위한 애국투쟁"이라고 고무하면서 노동자, 청년 학생, 지식인, 계엄군 장병은 영웅적 투쟁에 합류하라고 선동했다. 5월 21일, 평양에서 대규모 군중대회를 연 것을 기점으로 "광주 반정부투쟁"을 지지·성원하는 군중대회가 북한 전역으로 확대됐다. 광주사태 당시 우리나라와 미국 정보기관이 입수한 정보에 의하면 북한은 9개조의 비정규전 부대를 후방에 투입함과 동시에 남침을 감행하기로 결정하고 광주사태가 전국적 규모로 확대되기를 기다리고 있었다(1988. 6 안전기획부 작성 "광주사태 관련 기본자료"). 광주시민이 겪는 고통을 하루라도 빨리 해소해 주는 것이 계엄 당국의 소망이었지만 북한의 동향이 이러했기에 광주사태가 전국적으로 확산되는 것을 차단하기 위해서라도 재진입작전은 반드시 실시해야만 했고, 또 서둘렀어야 했던 것이다. 이를 놓고 재판부는 재진입작전은 범죄행위였다고 단죄한 것이다. 대한민국 판사가 아니라는 생각을 금할 수 없다.

상무충정작전 수행 지시

이희성 계엄사령관은 5월 26일 22:00시경 소준열 전교사 사령관에게 직접 전화를 걸어 5월 26일 22:00시 이후에는 언제라도 광주 재진입작전을 실행해도 좋다. 다만 쌍방 피해를 최소화할 수 있는 시간을 선택하라고 지시했다. 이희성 계엄사령관으로부터 광주 재진입작전 개시 명령을 받은 소준열 전교사 사령관은 5월 26일 22시 30분경에 전교사 사령관, 20사단장, 31사단장, 특전사 3, 7, 11공수여단장, 보병학교 교장, 포병학교 교장과 기갑학교 교장이 참석하는 상무충정작전에 관한 주요지휘관회의를 소집했다. 소준열 전교사 사령관은 이희성 계엄사령관의 승인을 얻은 세부작전계획 내용을 작전 참가 지휘관에게 알리고 상무충정작전을 27일 01:00분에 개시하라고 명령했다. 소준열 전교사 사령관은 광주 재진입작전의 실시가 확정되자 광주시내와 무장시위대의 정확한 정보를 수집하기 위하여 가발과 사복을 착용한 정보수집요원들을 광주 시내 주요 공격목표 지점에 침투시켜 무장시위대의 배치장소, 인원수, 무기배치 현황, 경계 상태 등을 각 주요 건물별, 지역별로 샅샅이 파악하여 작전부대에 알려주어 작전시 희생자를 극소화하도록 배려했다.

무장시위대의 본거지인 도청 지하실에는 당시에 무장시위대가 약탈한 약 300상자에 이르는 폭약이 은닉되어 있었고 도청을 점거하고 있던 강경파 학생들은 계엄군이 도청을 공격할 경우 이를 폭파하여 저항하겠다고 공언하면서 신관과 뇌관을 장치해 놓고 있는 상태였다. 소준열 전교사 사령관은 계엄군이 도청을 공격할 경우 강경파 학생들이 이성을 잃고 폭약에 점화, 폭파시키면 엄청난 인명 피해는 물론 광주시내의 파괴도 심대할 것을 우려했다. 그는 보병학교 병기기동대에 근무하는 문관 배승일에게 도청에 잠입하여 지하실에 있는 폭약의 신관과 뇌관을 제거하라고 비밀리에 지시를 했다. 배승일 문관은 죽음의 위험을 무릅쓰고 도청에 잠입했다. 그리고 도청 안에 있던 온건파 학생들의 도움을 받아 지하실에 들어가 폭발물에 장치되어 있던 신관과 뇌관을 극적으로 제거하는데 성공했다. 배승일 문관의 용맹스러운 행동으로 도청은 오늘날까지도 건재해 있고 광주 재진입작전에 있어서도 큰 희생자 없이 작전이 성공적으로 수행되었던 것이다.

TNT를 제거한 사람들

계엄군이 철수한 뒤의 광주시는 완전히 무장시위대가 지배하는 치안부재의 도시로 전락했다. 시위대는 탈취한 무기로 나쁜 일들을 저질렀다. 5월 25일에는 광주 지원동 일가족을 카빈총으로 살해했고, 26일에는 학은동에서 3명 일가족을 살해했고, 같은 날 학동에서도 3인 일가족을 살해했고, 금은방, 병원 등에 난입하여 금품을 탈취하기도 했다. 무장시위대의 만행은 여기에 그치지 않았다. 전남도청 지하실에 화순광업소에서 탈취한 8t 트럭 1대 분량의 다이너마이트에 전문가의 솜씨로 뇌관까지 설치하여 언제라도 폭발시킬 수 있는 준비상태로 만들어 놓고 계엄군이 다시 시내로 진입해 오면 이를 폭파시켜 광주시를 불바다로 만들겠다고 협박한 것이다. 이 사실을 가장 우려한 사람들이 학생수습위원장인 전남대생 김창길, 문영동, 김영복 등이었다. 이 폭발물이 터지면 이리역 폭발사고와 같은 규모의 비극을 초래할 것이라는 판단에서였다. 김창길 등은 전투교육사와 은밀히 접촉했고, 전교사는 폭발물 전담요원을 시민군으로 위장투입시켰다. 전교사 병기근무대 소속의 배승일 문관(5급갑) 등을 무장시민군이 장악하고 있는 도청 지하실로 2회씩이나 잠입시켜 25일에는 밤 9시부터 새벽 1시까지, 26일에 다시 잠입하여 오전과 오후에 걸쳐 피를 말리면서 뇌관을 제거했다. 광주사람들로 구성된 무장시위군은 광주시민 전체의 생명을 인질로 삼았지만, 광주에 살지 않는 진압군은 목숨 걸고 광주시민을 히로시마의 악몽으로부터 해방시켜 준 것이다. 광주시민들은 목숨을 구해 준 이들 온건파 학생들과 계엄군에게 생명의 은혜를 입은 것이다. 광주시민들이 이해하는 것처럼 계엄군이 전라도 사람들을 싹쓸이 하러 왔다면 계엄군이 목숨 걸고 시민군으로 위장해 들어가 10시간 이상씩이나 피를 말리며 그 엄청난 분량의 뇌관들을 하나하나 분리해 주지는 않았을 것이다. 아래는 광주일보 특별취재팀이 1996년 1월 10일, "5·18 광주항쟁사" 중 "도청 폭탄뇌관제거"라는 제하에 냈던 기사다.

〈광주일보 1996/10/10〉
　중무장한 계엄군에게 대항하기 위해 시민군들이 광주인근 지역을 돌며 무기 확보에 나선 결과, 상당수의 무기와 폭약을 확보하게 된다. 당시 도청 시민군의 화력은 기관총, 카빈소총, M1소총 등 총기류 2천 5백여 정, 수만 발의 실탄, 다이너마이트 등 폭약류. 이 중 가장 강력한 무기는 다이너마이트. 특히 대한석탄공사 화순광업소 광부들이 8t트럭 분량의 다이너마이트와 도폭선(콤포지션)을 싣고 광주에 와서 전남도청 안에 다이너마이트를 설치한 것은 계엄군의 간담을 서늘케 하기에 충분했다. 이를 관리했던 팀은 폭약류 관리반, 폭약반으로 활약했던 양홍범씨(당시 20세)의 증언을 토대로 당시 상황을 재현해보자. 당초 폭약반은 9명으로 시작됐다. 23일 양씨를 포함한 9명이 처음으로 회의를 열고 위험한 물건이니만큼 철저히 지켜야 하니 원치 않는 사람은 폭약반에서 나가라고 하자 2명이 나가고 7명이 남았다. 이후에도 2명이 줄어 항쟁 마지막까지 폭약반에 남은 사람은 모두 5명. 문영동. 김영복. 양홍범. 박선재. 강남열이었고 이 중 문영동과 김영복이 주도적인 역할을 했다. 당시 폭약량은 리어카 2~3대 분량. 폭약반은 도청내의 사람들에게도 접근이 쉽지 않았다. 자그마한 실수로 지하에 있는 다이너마이트가 터지면 도청은 흔적도 없이 사라지고 인근 지역이 폐허로 변하기 때문이었다.

폭약반은 폭약반출을 철저히 금지했다. 어쩔 수 없이 폭약을 주어야 할 경우에라도 폭약을 박스에 반 정도만 채워주었고 그럴 때마다 책임자들을 불러 함부로 사용하지 말 것을 당부했다. 막무가내로 폭약을 가져가려는 사람들과 싸움을 벌인 것도 한 두 번이 아니었다. 이 와중에서 소위 '계엄군과의 내통'으로 알려진 뇌관제거 사건이 벌어졌다. 25일 오전 10시께. 폭약관리반 문영동. 김영복 등 3명이 지프를 타고 상무대로 들어갔다. 문 등은 당시 전교사에서 김기석 부사령관을 만나 "우리는 도청에서 폭약을 관리하고 있는 사람들"이라고 신분을 밝힌 뒤 "폭약이 너무 위험하기 때문에 뇌관을 분리할 수 있도록 해 달라"고 요청했다. 이때 이들은 그 증표로 다이너마이트 뇌관 6~7백 개를 가져갔다.

문 등은 이날 오후 2시께 도청으로 돌아와 동료들에게 이 같은 사실을 알리고 전교사에서 문관이 파견될 것이라고 했다. 한마디 상의도 없이 문관 파견을 요청한 문에게 비난의 화살이 집중되기도 했으나 폭발위험을 사전에 방지하기 위해서는 뇌관 제거를 해야 한다는 데 폭약반 모두가 암묵적 동의를 하고 있었기 때문에 별다른 충돌은 없었다. 이날 밤 9시께 폭약 제거를 위해 문관 1명이 들어왔다. 문관은 사복을 입었었고 몽키스패너 2~3개와 작업도구를 가져왔다. 그 문관은 촛불을 켜고 반원들이 지켜보는 가운데서 신형 수류탄과 이미 조립해 놓았던 다이너마이트의 뇌관 분리작업을 했다. 새벽 1시까지 일을 했으나 폭약이 워낙 많아 그날 밤 일을 다 마치지 못했다. 일을 끝내지 못한 문관은 내일 다시 오기로 하고 김영복의 안내로 도청을 빠져나갔다. 문관은 다음날인 26일 오전 다시 도청에 들어와 폭약반들과 함께 뇌관 분리작업을 완전히 끝내고 오후1시께 상무대로 복귀했다〈특별취재반〉.

여기에서 광주일보 특별취재반은 '무기화된 다이너마이트가 계엄군의 간담을 서늘하게 하는 것' 이었다고 기사를 썼지만 이는 잘못된 표현이라고 생각한다. 그것이 폭발하면 손바닥만한 광주시에 밀집돼 있는 80만 광주시민이 희생되는 것이지 외곽으로 나가 있는 계엄군의 생명과는 아무런 관계가 없었다. 계엄군의 간담이 서늘했다면 그것은 국가와 국민에 대한 계엄군의 책임의식 때문이었을 것이다. 또한 취재반은 문영동이나 김영복 등 시민군측 사람의 공적만 높이고 배승일 문관에 대한 고마움은 표현하지 않았다. 만일 과격파에 의해 위장 잠입이 들통났다면 죽는 사람은 배 문관이지 문영동 등이 아닌 것이다.

10 | 5월 27일의 광주

5월 27일의 날씨는 화창했다. 이날은 계엄군이 광주 재진입작전을 수행함으로써 6박 7일간의 "해방군천하"에 종지부를 찍어준 날이다. 전교사 사령관은 광주 재진입작전의 기습효과를 달성하기 위해서 27일 00:00시경 광주시 외곽으로 통하는 모든 전화선을 차단하고 26일 22:00시경에 열린 작전회의에서는 광주 재진입작전을 무기 연기한다고 발표한 후 작전지휘관에게만 작전개시 직전에 "작전개시일은 27일 새벽1시"라고 통고하는 등 기밀유지에 노력했다. 광주도청 점령 명령을 받은 3공수여단 특공조는 11대대장 임수원 중령과 제1지역대장 편종식 대위를 위시한 장교 14명, 사병 66명으로 구성되었다. 3공수여단 특공조(11대대, 1지역대)는 23:00시경 광주비행장을 출발하여 주답에 도착한 후 조선대 뒷산으로 이동하여 조선대학교 종합운동장을 돌아 전남기계공고 담을 끼고 조대 앞, 노동청을 거쳐 5월 27일 새벽 4시경 도청 후문에 도착했다.

기밀을 유지했는데도 불구하고 3공수여단이 숙영지를 출발한 지 얼마 되지 않은 27일 새벽 1시경에 확성기를 단 지프차가 광주 시내를 질주하면서 계엄군이 광주에 진입한다는 사실을 방송함으로서 광주 진입로의 주요 목 지점에 있던 무장시위대가 준비태세를 갖추었을 뿐 아니라 지휘본부인 도청 건물 내에 있던 무장시위대 150여 명이 광주공원에 있던 무장시위대 100여 명과 합세함으로써 3공수여단 특공조(80명)가 예상 밖의 수적 열세에 봉착하게 되었다. 이에 20사단 병력이 긴급 출동하여 도청 외곽을 포위함으로써 3공수 특공조는 27일

5월 27일 계엄군

아침 4시10분경에야 겨우 전남도청으로의 진입을 시도할 수 있었다. 3공수여단 특공조가 도청으로 접근하자 도청, 전남대 부속병원, 상무관, 전남도청 옥상에 있던 무장시위대는 기관총 등으로 격렬한 총격을 가해왔다. 3공수여단 특공조는 이에 응사를 하면서 도청 후문을 3중대, 2중대, 1중대, 특공중대, 4중대, 11중대 순으로 타넘어 05:21분에 도청을 완전 점령하고 07:30분경 20사단 61연대에 도청을 인계한 후 08:00시에 부대로 복귀했다. 도청 안에서의 교전으로 3공수여단 특공조 1명이 사망하고 3명이 부상을 입었으며 도청 안에서 끝까지 저항하던 무장시위대 4명이 사살됐다. 이때 체포한 무장시위대 29명과 노획한 LMG 등 무기류 502점은 61연대로 인계됐다.

11공수여단 특공조 37명(4/33, 61대대, 제1지대)은 광주비행장에서 주답으로 공수되어 27일 01:50분경 조선대 뒷산에 도착한 다음 전남도청 뒤로 침투하여 04:38분, 제1목표인 전일빌딩과 관광호텔에 도착했다. 특공조 제1지대가 관광호텔에 진입할 당시 그곳에는 30여 명의 무장시위대가 무기조작법을 교육받는 중이었다. 이들은 11공수여단 특공조가 진입하자 순순히 투항했다. 그러나 전일빌딩에 진입을 시도하던 특공조 제2지대는 빌딩 안에 있던 40여 명의 무장시위대로부터 격렬한 기관총 공격을 받았다. 상호간에 치열한 총격전이 벌어져 특공조 제2지대는 06:20분경에야 전일빌딩을 점령할 수 있었다. 이 과정에서 특공조 2명이 부상을 당했고 무장시위대 3명이 사살됐다. 이어 06:20분, YWCA 건물을 점령하여

06:40분에 20사단 61연대에 인계한 후 07:05분에 광주비행장으로 복귀했다.

　7공수여단 특공조 201명(33대대 8-9 지역대 20/181)은 27일 01:00시경 주둔지인 광주비행장을 출발하여 목표지점인 광주공원으로 출동했다. 광주공원으로 가던 7공수여단 특공조가 용삼동을 지날 무렵 주점에서 술을 마시고 있던 무장시위대에 발견되어 상호 총격전이 있었으나 무장시위대 1명이 사살되고 1명이 체포되자 나머지 무장시위대는 도주했다. 7공수 특공조는 그 후 산발적인 총격을 받았으나 커다란 저항 없이 27일 04:00시경 광주공원에 도착했다. 그런데 이상하게도 무장시위대가 한명도 없었다. 그런데 이는 유인책이었다. 특공조가 다소 마음을 놓고 수색작전을 벌이는 동안 무장시위대로부터 기습을 받은 것이다. 이로 인해 특공조 병사 1명이 사망하고 6명이 부상을 입었다.

　후방지원임무를 담당한 20사단 3개 연대는 27일 02:00시경 숙영지를 출발하여 03:30분경에 광주시내로 진출했다. 20사단 3개 연대는 비교적 순조롭게 광주시에 진입했다. 단지 61연대가 전남의대 근처에서 무장시위대와의 총격전 과정에서 부상자 1명이 발생했고 무장시위대 2명이 사살됐다. 5월 27일 08시, 20사단은 광주 시내를 완전 평정하고 지역수색 및 잔여 무장시위대 수색 임무를 수행했다. 광주 재탈환에 특공조로 투입된 병력은 3공수 80명(도청), 7공수 201명(광주공원), 11공수 37명(전일빌딩)이었고, 공격부대는

20사단 4,557명, 31사단 749명이었다. 광주 재진입작전 수행 중 무장시위대 17명이 사망하였으며, 295명이 체포되었고, 총기 2,836정, 탄약 83,724발, 차량 137대, 폭약 300상자, 수류탄 143발이 회수됐다. 이때 계엄군 피해는 사망 3명, 부상 10명이었다. 5월 25일 오후 6시경, 최규하 대통령이 전교사에 와서 광주 재진입작전을 허락하면서 김재명 육본작전참모에게 재진입작전에 피해가 얼마나 예상되느냐고 물었을 때 김재명은 150명 정도가 될 것이라고 대답했다. 그런데 실제로 발생한 피해는 양측 사망자 20명(시위대 17명, 진압군 3명)에 불과했다. 이희성 계엄사령관은 계엄군의 광주시내 진입이 성공적으로 끝나자 5월 27일 아침 05:19분경 주영복 국방장관에게 작전종료를 보고했고, 05:23분경에는 최규하 대통령에게 광주시가 수복되었음을 보고했다.

11 | 5·18의 지휘부

5월 27일 밤 1시부터 계엄군의 특공작전이 진행되었을 때 전남도청을 끝까지 지키다가 영웅답게 최후를 마감했다는 "윤상원 열사", 그의 본명은 윤개원이었다. 5·18국립묘지에 그는 그의 여인 박기순과 합장되어 있고 묘지번호는 2-11이다. 묘비의 앞면에는 윤개원이라는 이름이 있고, 묘지 뒷면에는 윤상원이라는 이름과 함께 그의 공적이 기록돼 있다. 묘지 앞면의 이름과 뒷면의 이름이 다른 것이다. 수사기록에는 서점 종업원으로 5월 27일 도청 구내에서 자상 (칼 같은 것에 찔린)으로 사망했다고 기록돼 있다. 하지만 박노해가 쓴 "윤상원 평전", 영화 "화려한 휴가" 그리고 인터넷에 떠 있는 그에 관한 52,300여 개의 글들 대부분에는 윤상원이 도청에서 가슴에 총을 맞고 장열하게 최후를 마쳤다는 내용으로 극화 (dramatize)돼 있다. 칼에 찔려 사망한 것과 가슴에 총을 맞고 사망한 것은 엄연히 다르다. 다른 사람도 아니고 5·18의 영웅이요 노동해방의 화신이라는 그의 죽음을 사실과 다르게 전하는 것은 5·18의 신뢰와 격에 관한 문제라고 생각한다.

사건기록 제22권 30,438쪽에는 "광주항쟁 관련 사상자 통계"가 첨부돼 있고, 여기에는 5월 27일의 민간인 사망자는 26명으로 되어 있다. 바로 여기에 윤개원의 이름이 끼어있다. 이들 26명 중 도청 앞과 구내에서 사살당한 시민군은 불과 11명뿐이고 YWCA에서 2명, 전남여고, 무진중학, 전대앞, 효덕동, 지원동, 동명동, 광주고에서 각 1명씩이고 나머지에 대해서는 피해 장소가 밝혀지지 않았다. 광주사태 전반에 걸쳐 발생한 민간 사망자는 166명 중 차량사가 12명, 타박상 18명, 자상 4명, 총상 131명으로 수사결과에 나타나 있다. 1985년 5월 국가안전기획부는 5·18광주 사망자 164명에 대한 사망원인 분석자료 "광주사태 상황일지 및 피해현황"을 내놓았다. 반면 1995년 7월 18일, 서울중앙지검은 "5·18관련사건 수사결과"를 냈다. 여기에는 사망자가 2명 늘어난 166명으로 기록돼 있다. 그런데 이 두 자료 사이에는 상당한 차이가 있다. 안기부가 작성한

164명은 학생 33명, 신원이 확인된 일반민간인 119명, 신원불상자 12명으로 되어 있다. 학생 사망자 33명 중 카빈 총상 2, 가타 총상(무기고 탈취)이 20명이고, M-16 총상이 10명, 사망원인 미상이 1명이다. 신원이 확인된 민간인 119명 중 M-16 총상은 26명, 카빈 및 기타 총상이 58명이다. 신원이 확인된 학생과 민간인 152명 중 M-16으로 사망한 사람은 36명, 카빈상 12명, 기타 총상으로 사망한 사람은 67명이다. 신원이 확인된 학생 및 민간인 사망자 152명 중 총상 사망자는 116명, 76.3%가 총상 사망자다. 총상 사망자 116명 중 36명이 M-16 총상이고, 79명이 무기고에서 나온 총상이다. 즉 총상 사망자 중 69%가 무기고에서 나온 총상인 것이다. 계엄군에는 오직 M-16만 있었고, 당시 시민군에는 10~46정의 M-16이 있어 M-16에 의한 사망자 36명 모두를 계엄군에 의한 것이라 단정짓기도 어렵다. 여튼 1985년 안기부 자료('광주사태 상황일지 및 피해현황' 1985. 5. 95-103쪽)에 의하면 총상으로 인한 사망자 116명 중 69%가 시민군이 보유한 총에 의해 사망한 것이라는 결론이 나온다.

5월 27일의 사망자 명단 중에는 김종배를 필두로 한 제2차 학생수습위원회 간부들이 단 한 사람도 들어 있지 않다. 오직 한 사람 윤개원이 들어 있을 뿐이다. 26명의 사망자 내역을 들여다보면 20세 이하가 15명, 21세로부터 28세까지가 10명 그리고 47세가 1명이다. 윤개원 한 사람만 빼놓고 이른바 시민군 본부의 핵심 인물들은 다 빠져나가고 어리거나 순진한 사람들만 사망한 것이다. 특히 20

세 이하의 어린 학생들이 주로 희생됐다는 것은 이른바 '5·18광주민중혁명'을 주도했다는 시민군 지휘부의 도덕성에 관한 문제라고 생각한다. 하지만 이 시민군 지휘부(학생대책위원회)라는 것도 5월 25일에 급조된 것이다. 광주사태에서 가장 조직적이고 극렬한 공격을 동시다발적으로 벌이게 했던 유혈사태는 5월 25일에 처음으로 급조된 학생대책위원회가 지휘한 것이 아니었다. 그렇다고 윤상원이라는 사람이 지휘한 것도 아니며, 영화 '화려한 휴가'가 시민군 대장이라고 띄워준 박남선(배우 안성기)도 아니다. 박남선은 당시 26세의 골재 채취 화물차 운전수였는데 영화에서는 공수부대 예비역 대령이라고 신분을 도용했다. 공수부대를 증오하는 사람들이 26세 골재 채취 운전수에 불과했던 시민군의 상황실장 박남선을 공수부대 대령 출신으로 둔갑시키고 7공수여단장 신우식 준장과 동기생인 것으로 묘사한 것은 5·18의 열등의식을 웅변적으로 나타내준 것이라고 생각한다. 아마도 광주 시위는 양아치들의 잔치라는 세간의 조롱을 의식했기 때문이 아니었을까?

광주사태는 어지럽게 난립한 소요가 아니라 동시다발적으로 싱크로나이즈 된 화려한 특공작전이었다. 필자는 소위로부터 대위에 이르기까지 44개월 동안 월남전에서 최일선 전투를 치렀다. 이런 경험에 비추어 보아 군이 저들의 입장이 되어 작전을 지휘한다 해도 광주 시위대의 작전처럼 정교한 작전을 치루기 어려웠을 것이라는 생각이 든다. 초기 광주 진압작전에서 계엄군은 수가 적어서 패한 것이 아니라 작전 지휘 능력이 상대적으로 열등해서 패한 것이다. 시위대의 지휘력이 군대의 지휘력보다 우수했던 것이다. 이러한 지휘력을 광주시민들이 발휘했을 것으로는 생각하지 않는다. 또한 5월 18일부터 5월 21일까지 수많은 곳들에서 동시다발로 전개했던 일사불란한 전투가 현장 단위의 시위를 연출해내는 현장지휘관 없이 자연발생적으로 이루어졌다고는 보지 않는다. 군중을 움직일 줄 아는 전문가들이 요소요소에서 시위 현장을 연출해냈을 것이라는 생각을 지울 수 없다. 특히 300여 명이 광주 톨게이트에 매복해 있다가 20사단 지휘부 차량 14대를 탈취하고, 이들을 몰고 09:00시에 방위산업체인 아시아자동차에 도착하자마자 또 다른 300여 명이 아시아자동차로 집결한 사실, 이들 600명이 동시에 전남지역 전체에 산재한 38개 탄약고를 향해 질주하여 불과 4시간 만에 2개 연대에 해당하는 무기를 단숨에 탈취한다는 것은 무기고의 위치를 정확히 알고 출발한 것이며 이러한 첩보작전은 정규 군사작전에서도 찾아보기 어려운 특공작전으로 분류돼야 할 것이다.